AF469378

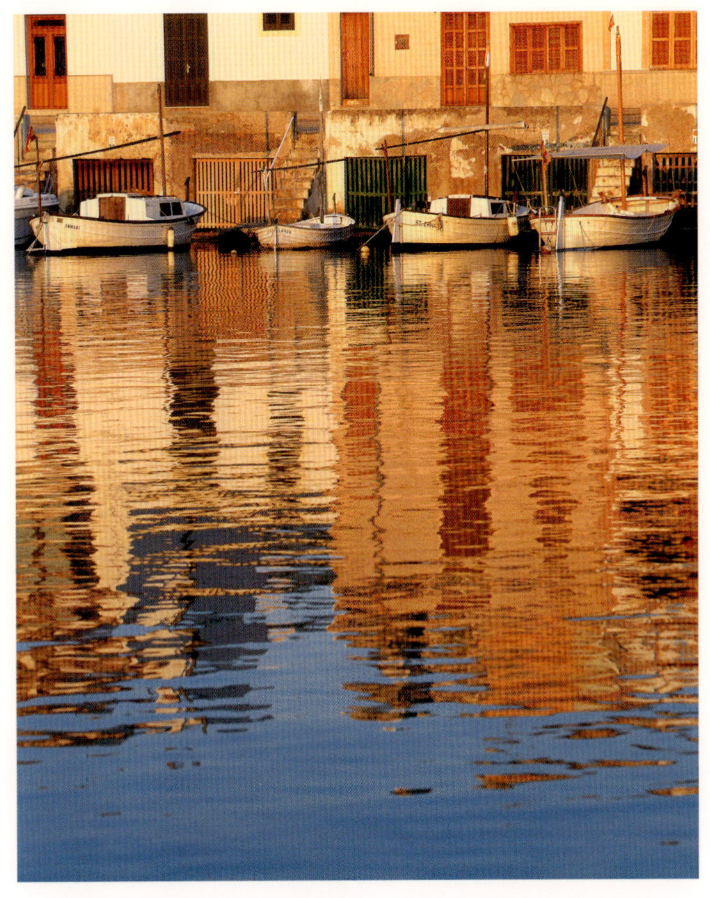

Mallorca

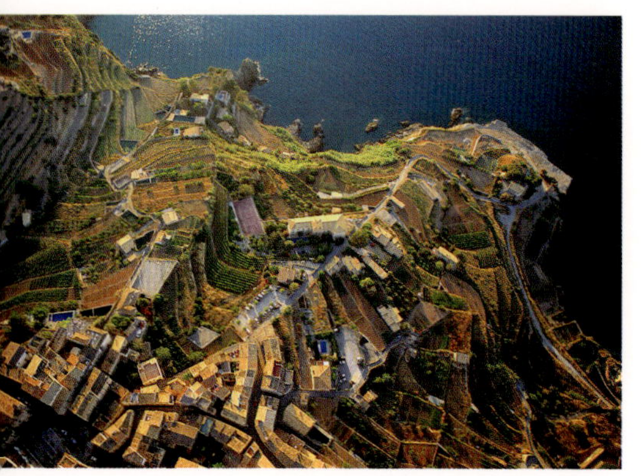
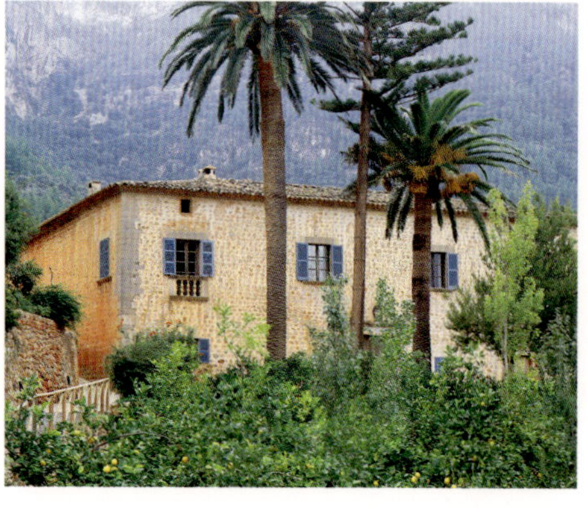
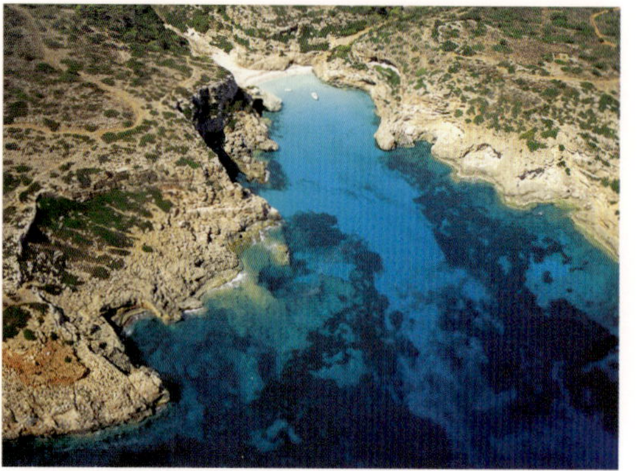
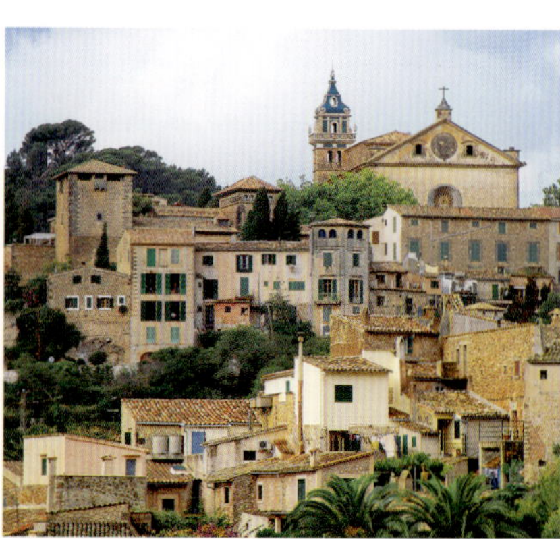

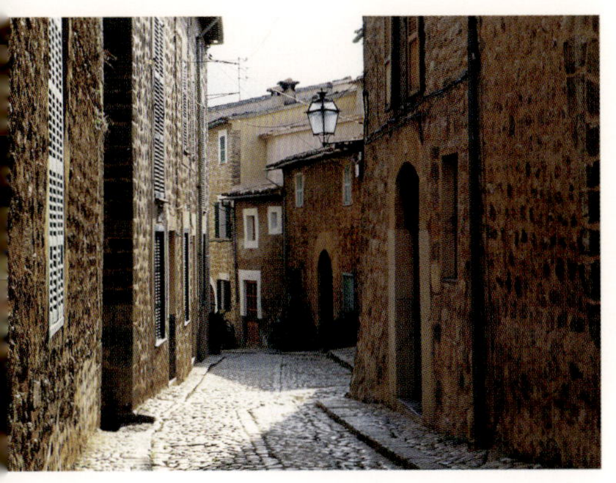

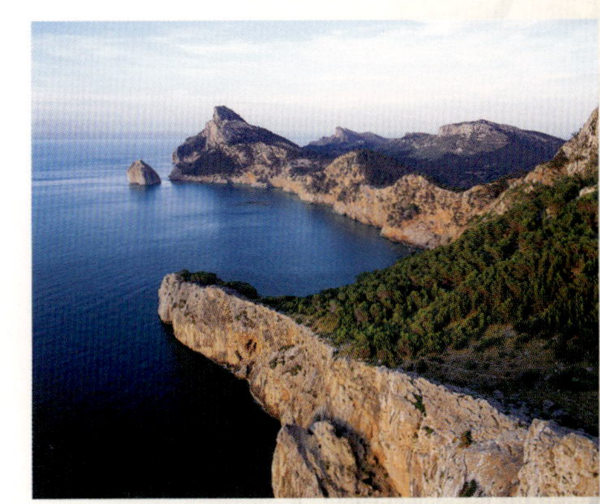

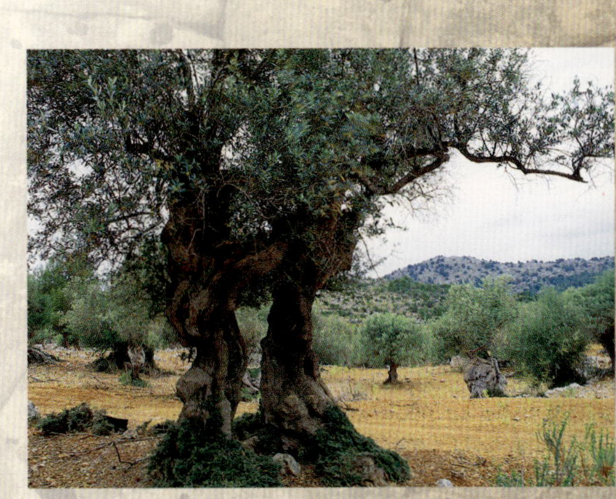

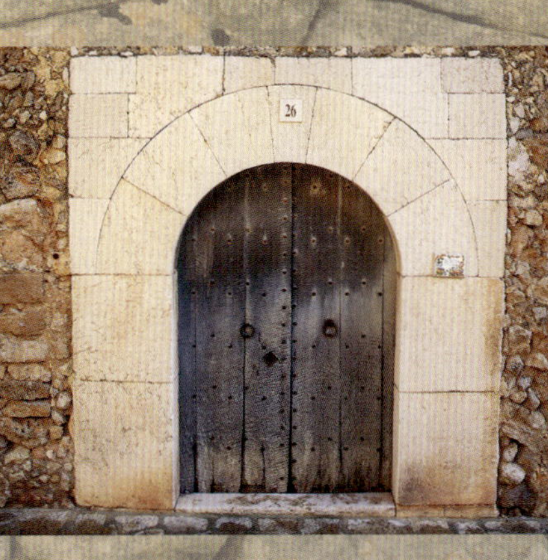

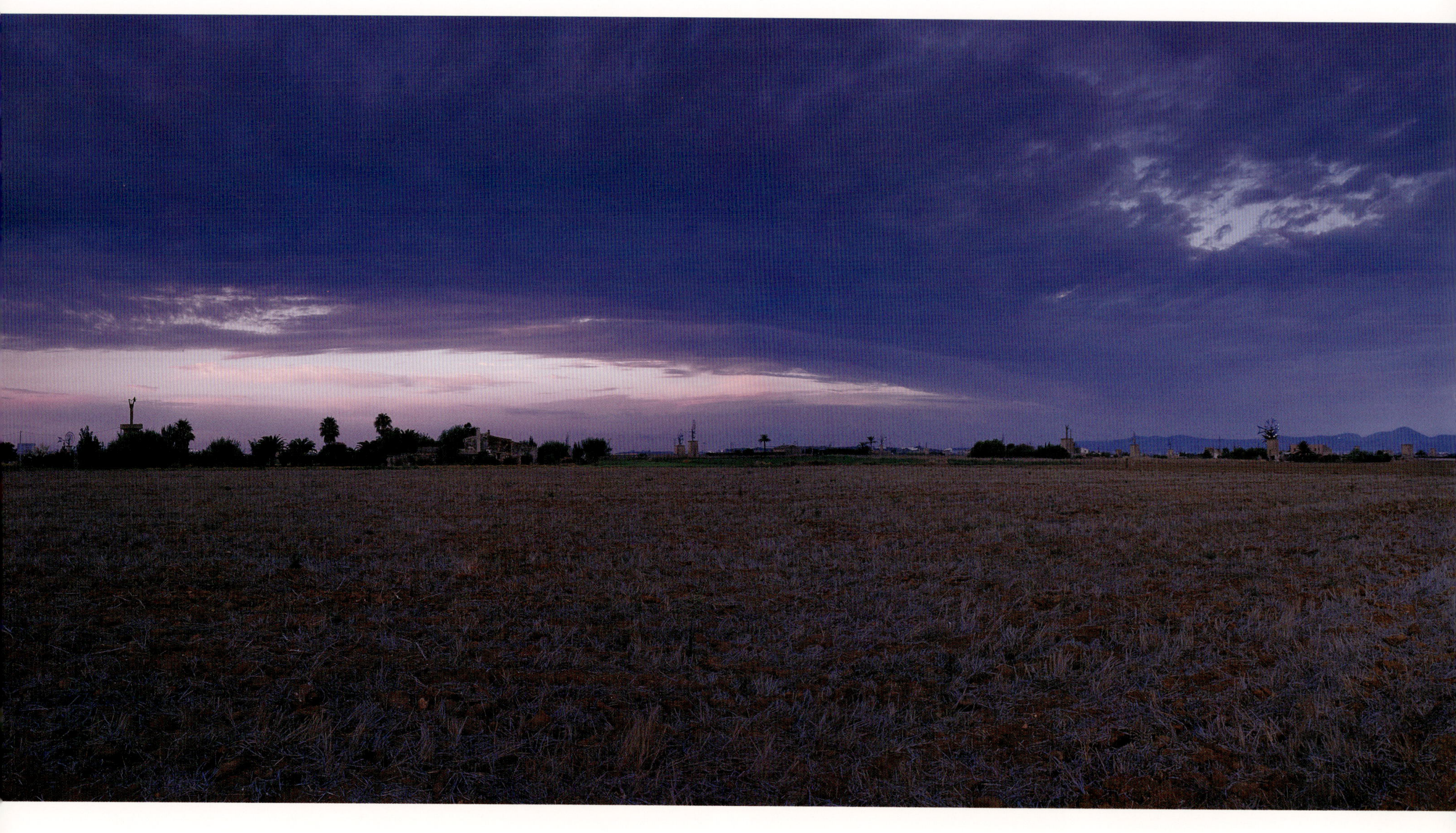

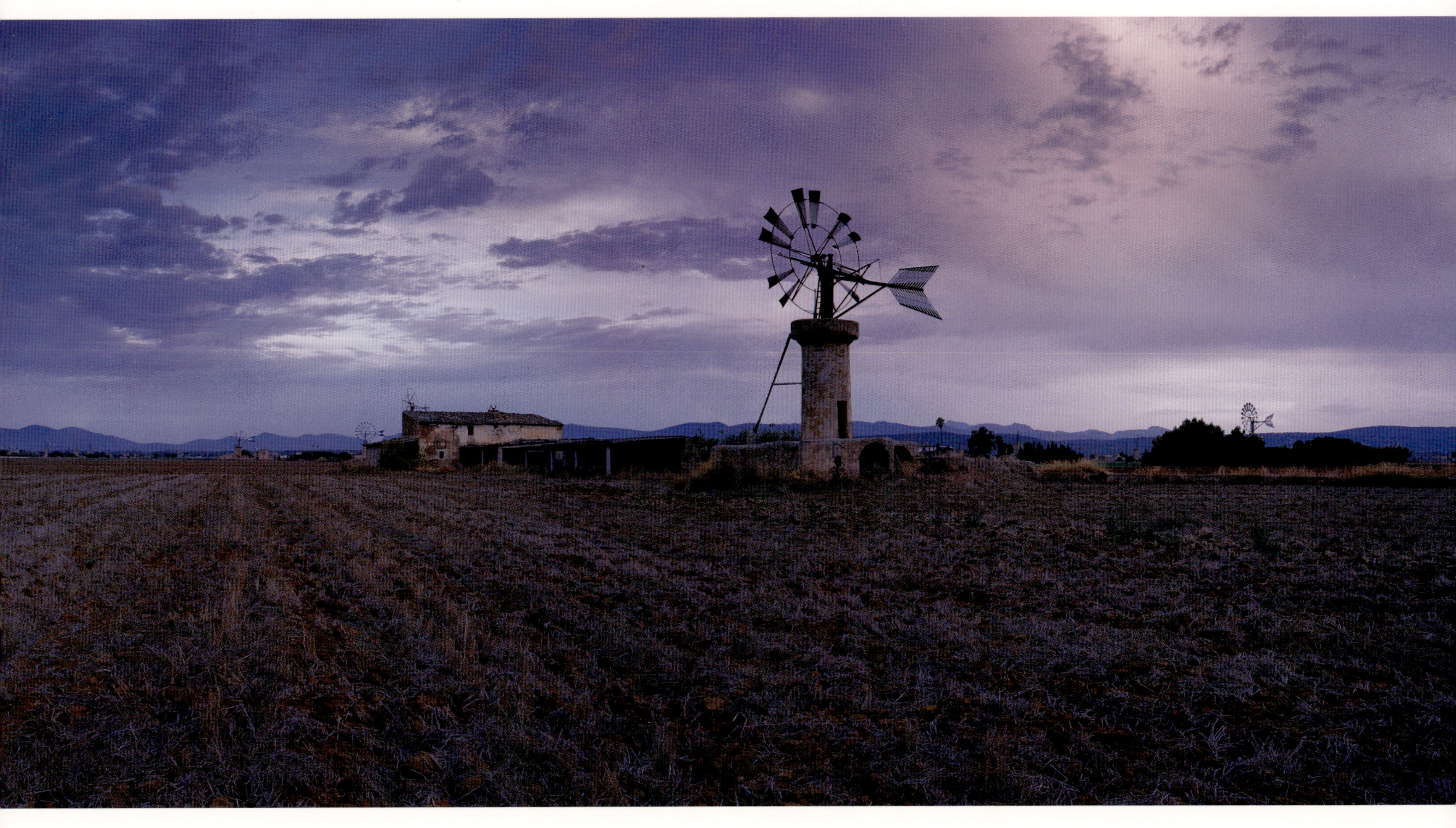

Mallorca

• Mallorca, a worldly paradise of serene and captivating beauty, has attracted humanity since the dawn of civilisation. This is evident in the temples of solid rock built by the tribes of the Bronze Age, the resistant Phoenician citadels, the practical paved streets of the Romans, the exotic Arab arches and the majestic Gothic volumes of the Catalan Christians, who, in the early 13th century and led by King Jaume I of Aragon, colonised the island definitively.

The physical beauty of Mallorca not only lies in the marks of its rich cultural heritage, but also in the natural splendour of the island. Here the separated rocky bays give way to craggy cliff tops, long sandy beaches that languish beneath the Mediterranean sun, picturesque hamlets set deep in the shadows of steep mountains and fertile plains that produce abundant harvests.

The diversity of Mallorca's landscape and the richness of its culture, as well as the three-hundred enviable days of sun each year, have attracted famous people to its coastline throughout history. These include French novelist George Sand and her lover, the musician and composer Frederic Chopin; artists such as the painter and sculptor Joan Miró and the writer Robert Graves fell in love with the island so much that they settled here. Another illustrious visitor, named in 1887 Adoptive Son of Mallorca, was His Imperial and Serene Royal Highness the Archduke of Austria Louis Salvador (1847-1915), who, in love with the island, came to be the owner of 1,700 hectares and would write a monumental encyclopaedia, *Die Balearen in Wort und Bild*, in which he described like no other the grand magnificence of a still unspoilt archipelago in those times. Additionally, Albert Camus, winner of the Nobel Prize for Literature and, more recently, King Juan Carlos I and the Spanish royal family, the model Claudia Schiffer and the actor Michael Douglas, promoter of the Costa Nord Foundation, in Valldemosa.

Mallorca, the old Roman *insula maior*, later *Maiorica*, today attracts millions of tourists every year who delight in the varied and amazing beauty of this unique multicultural spot.

• Mallorca, un paraíso terrenal de belleza serena y cautivadora, ha atraído a la humanidad desde los mismos albores de la civilización. Así lo atestiguan los templos de roca sólida construidos por las tribus de la Edad de Bronce, las resistentes ciudadelas fenicias, las prácticas calles pavimentadas de los romanos, los exóticos arcos árabes o los majestuosos volúmenes góticos de los cristianos catalanes, quienes, a comienzos del siglo XIII y comandados por el rey Jaime I de Aragón colonizaron la isla definitivamente.

La belleza física de Mallorca no sólo reside en las huellas de su rico patrimonio cultural, sino también en el esplendor natural de la isla. Aquí las bahías rocosas apartadas dan paso a acantilados escarpados, a largas playas arenosas que languidecen bajo el sol del Mediterráneo, a pintorescas aldeas enclavadas en las sombras de las escarpadas montañas o a llanuras fértiles que producen cosechas en abundancia.

La diversidad del paisaje de Mallorca y la riqueza de su cultura, así como también los tres cientos envidiables días de sol al año, han atraído a lo largo de la historia a gente famosa a sus costas. Como la novelista francesa George Sand y su amante, el músico y compositor Frederic Chopin. Artistas como el pintor y escultor Joan Miró o el escritor Robert Graves se enamoraron tanto de la isla que se establecieron aquí. Otro visitante ilustre, nombrado en 1887 Hijo Adoptivo de Mallorca, fue Su Alteza Imperial y Real el Serenísimo Señor Archiduque de Austria Luis Salvador (1847-1915), quien, enamorado de la isla, llegaría a ser propietario de 1.700 hectáreas y escribiría una monumental enciclopedia, *Die Balearen in Wort und Bild*, en la que describe como nadie la gran magnificencia de un archipiélago todavía virgen por aquel entonces. También, Albert Camus, ganador del premio Nobel de literatura y, más recientemente, el rey Juan Carlos I y la familia real española, la modelo Claudia Schiffer o el actor Michael Douglas, impulsor de la Fundación Costa Nord, en Valldemosa.

Mallorca, la antigua *insula maior* romana, más tarde *Maiorica*, atrae en la actualidad a millones de turistas cada año que se deleitan en la variada y asombrosa belleza de este lugar multicultural único.

● Mallorca, ein Paradies auf Erden in seiner gelassenen und bezaubernden Schönheit, hat die Menschen schon seit Anbeginn der Zivilisation angelockt. Davon zeugen die Tempel aus festem Felsgestein, errichtet von den Stämmen der Bronzezeit, die der Zeit trotzenden Zitadellen der Phönizier, die praktischen gepflasterten Straßen der Römer, die exotischen arabischen Bögen und die majestätischen gotischen Gebäude der katalanischen Christen, die zu Anfang des 13. Jh. unter der Führung von Jakob I. von Aragonien die Insel endgültig kolonialisierten.

Die physische Schönheit von Mallorca zeigt sich nicht nur in den Spuren, die die reiche Vergangenheit hinterlassen hat, sondern auch in der überwältigenden Schönheit der Natur. Einsame felsige Buchten wechseln sich mit zerklüfteten Steilküsten ab, große Sandstrände erstrecken sich unter der Sonne des Mittelmeers, bukolische Dörfer liegen im Schatten der steilen Berge und fruchtbare Ebenen bringen dem Menschen reiche Ernten.

Die Vielfalt der mallorquinischen Landschaft, der kulturelle Reichtum und die dreihundert Sonnentage im Jahr, um die man die Insel nur beneiden kann, locken schon seit langen Zeiten berühmte Persönlichkeiten an die Küsten der Insel. So die französische Schriftstellerin George Sand und ihren Liebhaber, den Musiker und Komponisten Frederic Chopin. Und Künstler wie der Maler und Bildhauer Joan Miró und der Schriftsteller Robert Graves verliebten sich so sehr in diese Insel, dass sie sich auf ihr niederließen. Ein anderer berühmter Besucher, der 1887 zum Adoptivsohn Mallorcas erklärt wurde, war Seine Kaiserliche und Königliche Hoheit, Seine Durchlaucht, der Erzherzog von Österreich Ludwig Salvator (1847 - 1915), der sich in die Insel verliebte und dort 1700 Hektar Land erwarb. Auch schrieb er eine umfassende Enzyklopädie, *Die Balearen in Wort und Bild*, in der er wie sonst niemand die Herrlichkeit dieser Inselgruppe beschreibt, deren Natur in jener Epoche noch nahezu unberührt war. Auch Albert Camus, der mit dem Nobelpreis für Literatur ausgezeichnet wurde, und in der heutigen Zeit der König Juan Carlos und die spanische Königsfamilie, das Modell Claudia Schiffer, der Schauspieler Michael Douglas, der die Stiftung Costa Nord in Valldemosa ins Leben rief, waren und sind oft auf dieser Insel anzutreffen.

Mallorca, die einstige römische *insula maior* und später *Maiorica*, zieht heute jedes Jahr Millionen von Touristen an, die die vielfältige und überwältigende Schönheit dieser einzigartigen, multikulturellen Insel genießen.

Palma

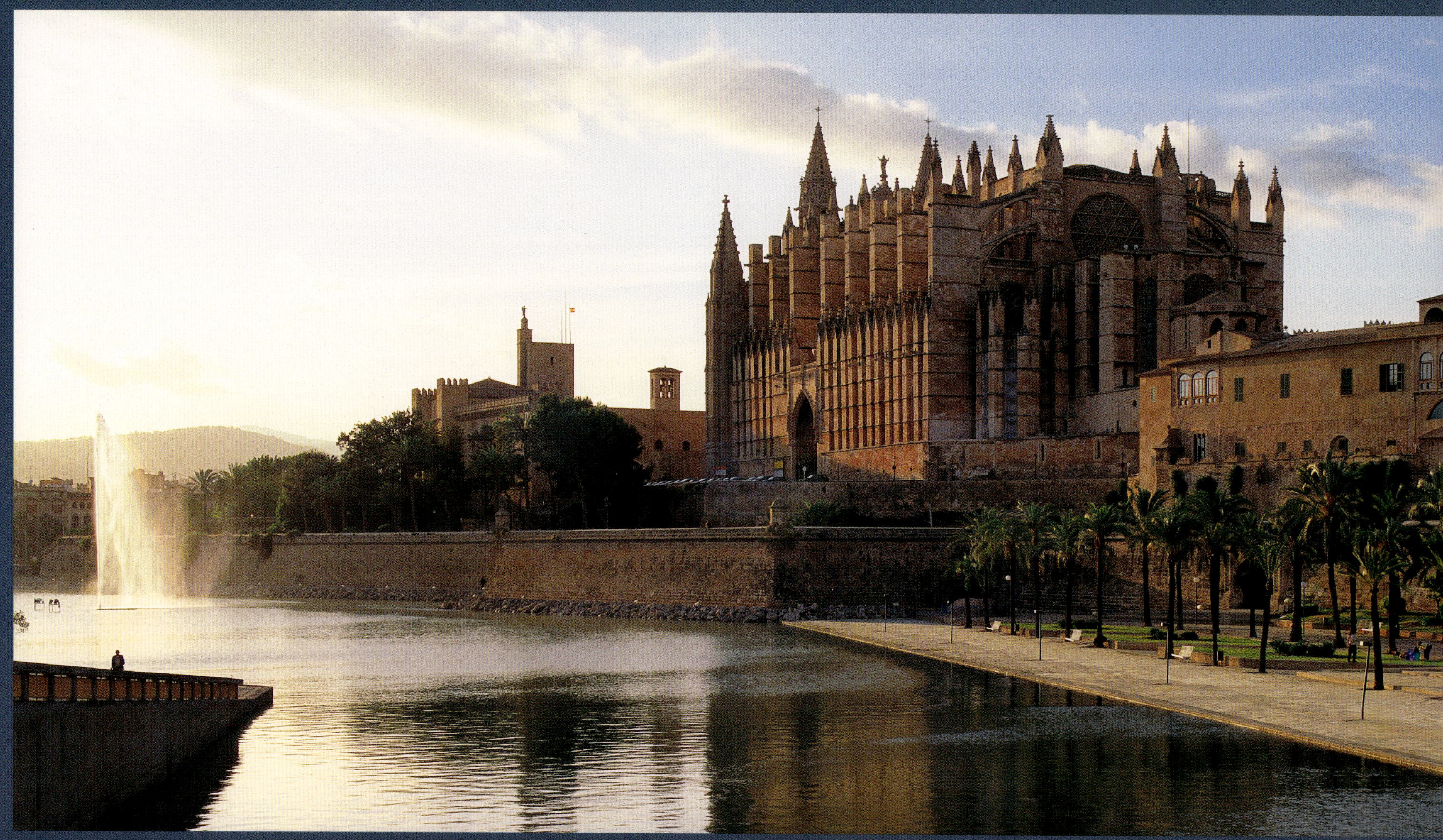

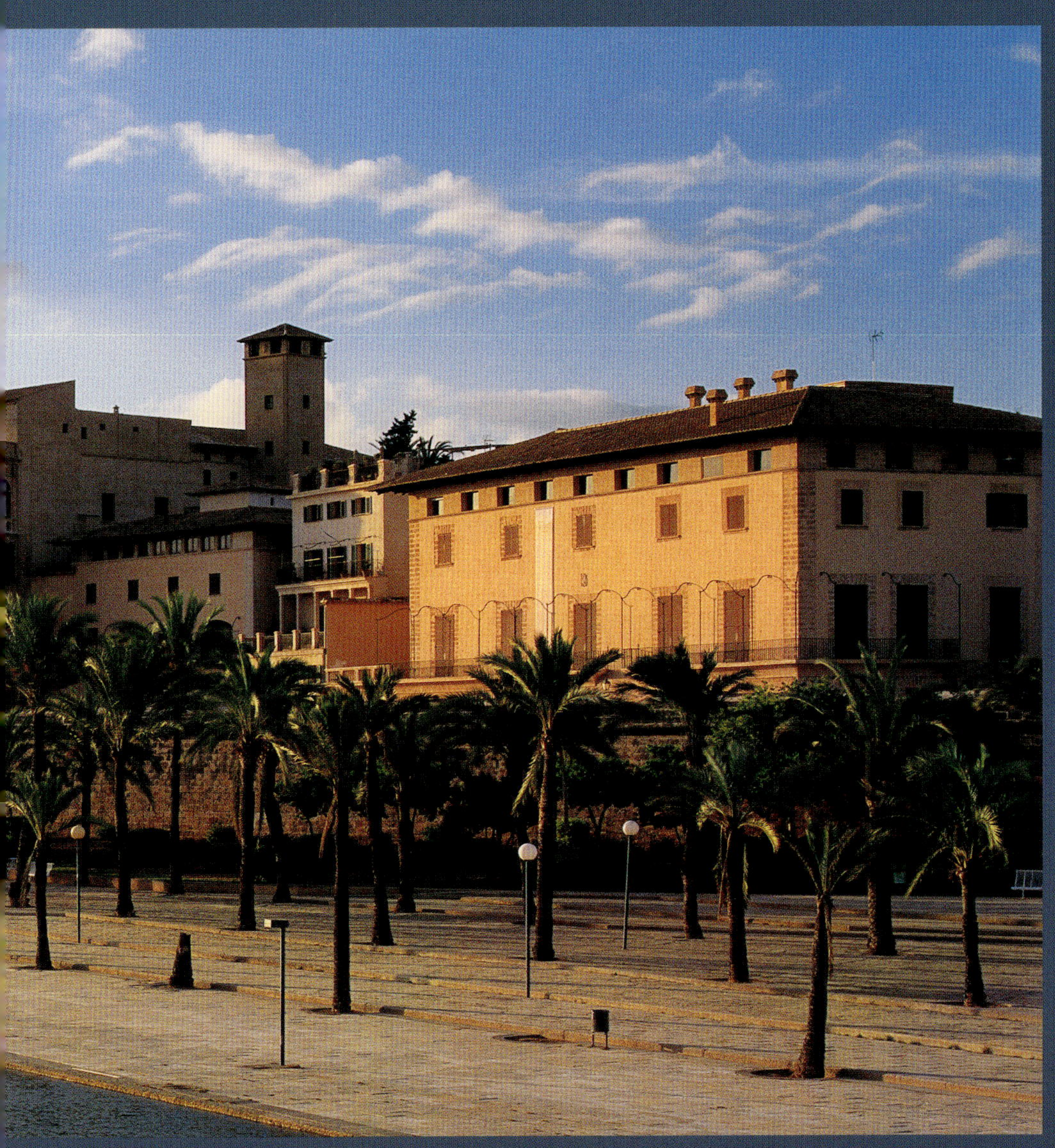

• *Palma* | Founded by the Romans, Palma de Mallorca, or simply *Ciutat* (city), which is what the local Mallorca people call their capital, was conquered by the Arabs in 798 and "re-conquered" by the Christian kingdoms in 1229 by the young Jaume I *the Conqueror*, King of the Catalan-Aragon Crown, who on entering the city, admiringly stated that Medina Mayurqa was the most beautiful city he had ever set his eyes on.

Today, as in the past, Palma is a pearl in the blue of the sea, "a present of the Mediterranean, a beautiful poem in stone created over centuries, where beauty and style are adored", as the German writer Bernhard Kellermann stated.

In the outline of its splendid bay, in whose calm waters are housed marinas and commercial ports, the silhouettes of the Almudaina Palaces, and especially the Cathedral, stand out, reflected in the waters of the beautiful lake of the Parc de la Mar, where the people of Palma stroll and enjoy concerts and other leisure activities. To the left of the bay, Sa Llotja and the Consolat del Mar, and, in the background, like minarets, the bell towers of Santa Cruz, Santa Eulalia, San Francisco and Santa Clara, providing a harmonious and unique whole.

• *Palma* | Fundada por los romanos, Palma de Mallorca, o simplemente Ciutat (ciudad), que es como los mallorquines llaman a su capital, fue conquistada por los árabes en 798 y "reconquistada" para los reinos cristianos en 1229 por el joven Jaime I el Conquistador, rey de la corona catalanoaragonesa, quien al entrar en la ciudad, admirado, manifestó que Medina Mayurqa era la ciudad más bella que habían observado sus ojos.

Hoy, como ayer, Palma es una perla en el azul del mar, "un presente del Mediterráneo, una hermosa poesía en piedra creada durante siglos, donde se ama la belleza y el estilo", como aseguró el escritor alemán Bernhard Kellermann.

En el perfil de su espléndida bahía, en cuyas apacibles aguas se alojan puertos deportivos y comerciales, destacan las siluetas del Palacio de la Almudaina y especialmente de la Catedral, reflejada en las aguas del bello estanque del Parc de la Mar, donde los palmesanos pasean y disfrutan de conciertos y otras actividades lúdicas. A la izquierda de la bahía, la Lonja y el Consulado de Mar, y, al fondo, cual minaretes, los campanarios de Santa Cruz, Santa Eulalia, San Francisco y Santa Clara, ofrecen un conjunto armonioso y único.

• *Palma* | Das von den Römern gegründete Palma de Mallorca oder auch einfach nur *Ciutat* (Stadt), wie die Mallorquiner ihre Hauptstadt nennen, wurde 798 von den Arabern erobert und von den christlichen Reichen unter der Führung des Königs Jakob I., der Eroberer, König der katalanisch-aragonesischen Krone rückerobert. Als Jakob I. in die Stadt einzog, war er so von ihrer Schönheit überwältigt, dass er sagte, Medina Mayurqa sei die schönste Stadt, die seine Augen je gesehen hätten.

Auch heute noch ist Palma eine Perle im Blau des Meeres, „ein Geschenk des Mittelmeers, ein wundervolles Gedicht aus Stein, das im Lauf der Jahrhunderte entstand, und wo man die Schönheit und den Stil liebt", wie dies der deutsche Schriftsteller Bernhard Kellermann ausdrückte.

In dem Profil der wundervollen Küste, in deren friedlichem Wasser Sport- und Handelshäfen zu finden sind, ragen die Silhouetten des Palastes der Almudaina und die Kathedrale auf und spiegeln sich in dem wundervollen Teich des Parc de la Mar wider, wo die Menschen Palmas einen Spaziergang machen, sich Konzerte ansehen und anderen Freizeitaktivitäten nachgehen. Auf der linken Seite der Bucht liegen die Lonja (Fischbörse) und das Consulado del Mar, und im Hintergrund ragen wie Minarette die Kirchtürme von Santa Cruz, Santa Eulalia, San Francisco und Santa Clara auf, und formen ein einzigartiges, harmonisches Bild.

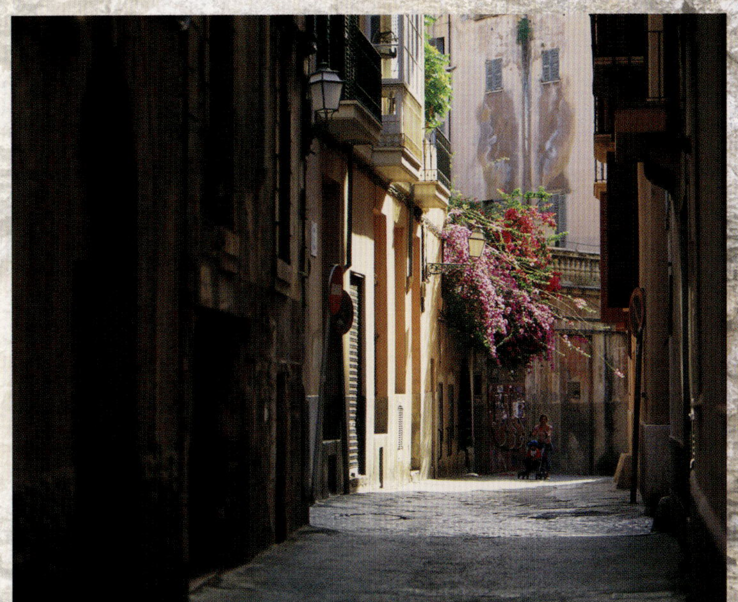

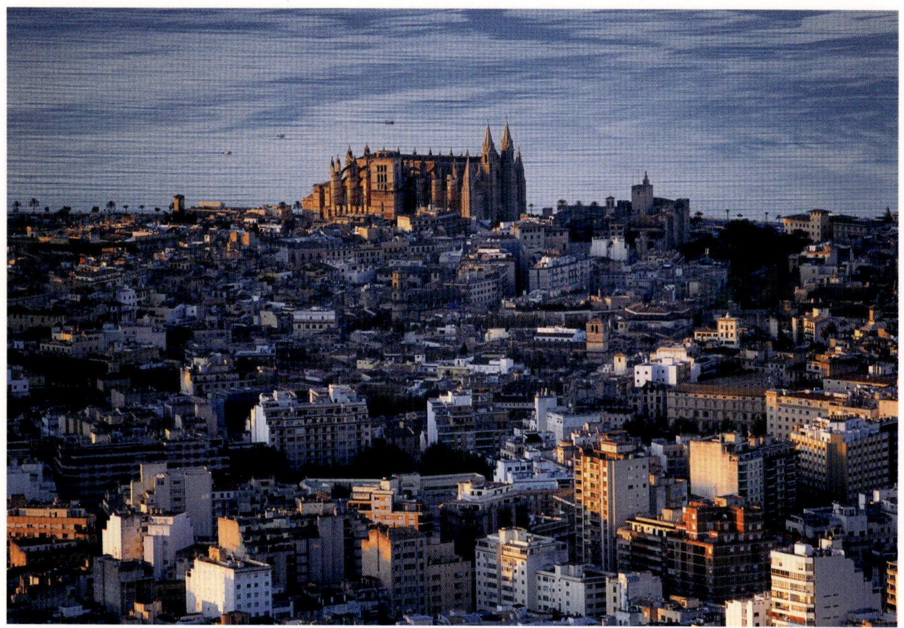

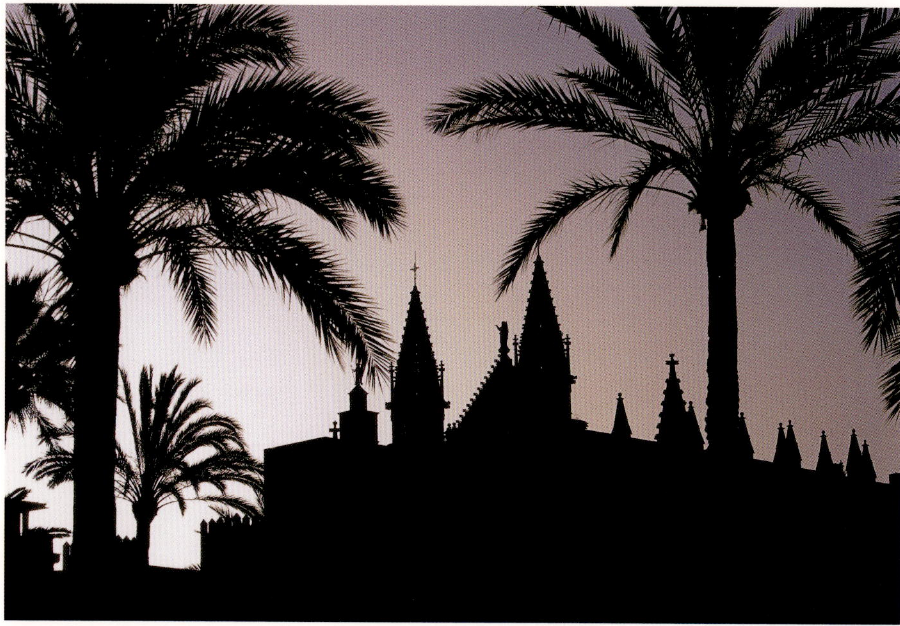

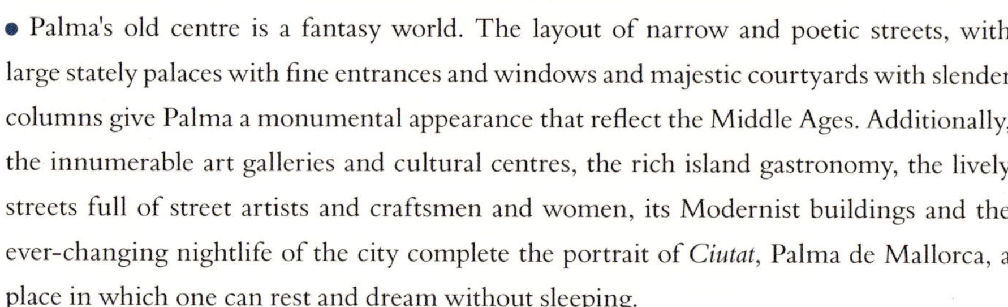

• Palma's old centre is a fantasy world. The layout of narrow and poetic streets, with large stately palaces with fine entrances and windows and majestic courtyards with slender columns give Palma a monumental appearance that reflect the Middle Ages. Additionally, the innumerable art galleries and cultural centres, the rich island gastronomy, the lively streets full of street artists and craftsmen and women, its Modernist buildings and the ever-changing nightlife of the city complete the portrait of *Ciutat*, Palma de Mallorca, a place in which one can rest and dream without sleeping.

• Su casco antiguo es de ensueño. La trama de calles estrechas y poéticas, con grandes palacios señoriales de bellos portales y ventanas y majestuosos patios con esbeltas columnas dan a Palma un aspecto monumental que remite en muchos lugares a la Edad Media. Además, las innumerables galerías de arte y centros culturales, la rica gastronomía isleña, las animadas calles llenas de artistas callejeros y artesanos, sus edificios modernistas y la siempre cambiante vida nocturna de la ciudad completan el retrato de *Ciutat*, Palma de Mallorca, un lugar en el que sin dormir se puede reposar y soñar.

• Die Altstadt von Palma ist wie ein Traum. Die engen, malerischen Gassen mit den großen Palästen und ihren schönen Portalen und Fenstern und majestätischen Innenhöfen mit schlanken Säulen geben Palma ein historisches Flair, das an vielen Orten an das Mittelalter erinnert. Und zahlreiche Kunstgalerien und Kulturzentren, die reiche Gastronomie der Insel, die lebendigen Straßen voller Straßenkünstler und Kunsthandwerker, die modernistischen Gebäude und das abwechslungsreiche Nachtleben der Stadt vervollständigen das Bild von *Ciutat*, Palma de Mallorca, ein Ort, an dem man ausruhen und träumen kann, ohne zu schlafen.

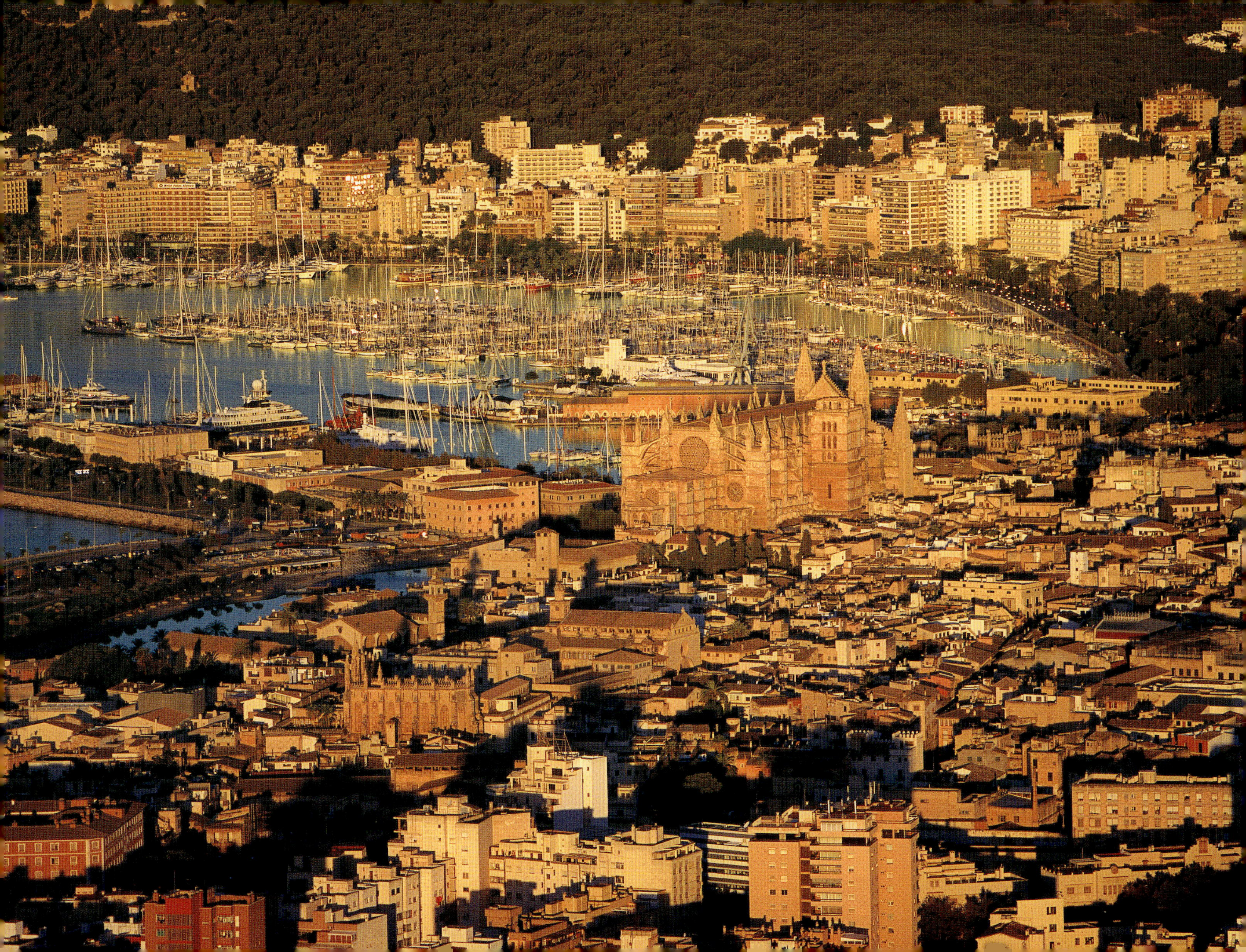

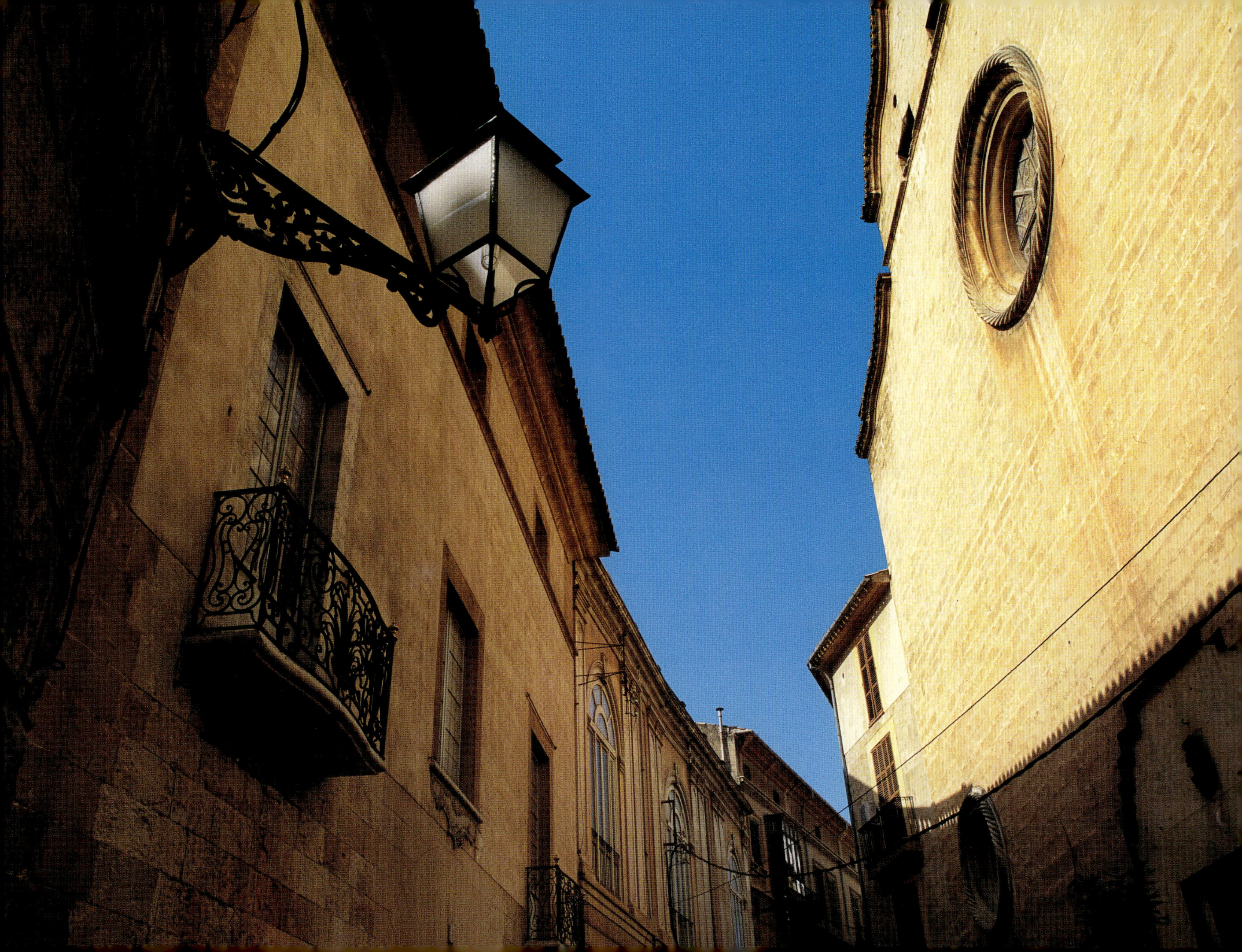

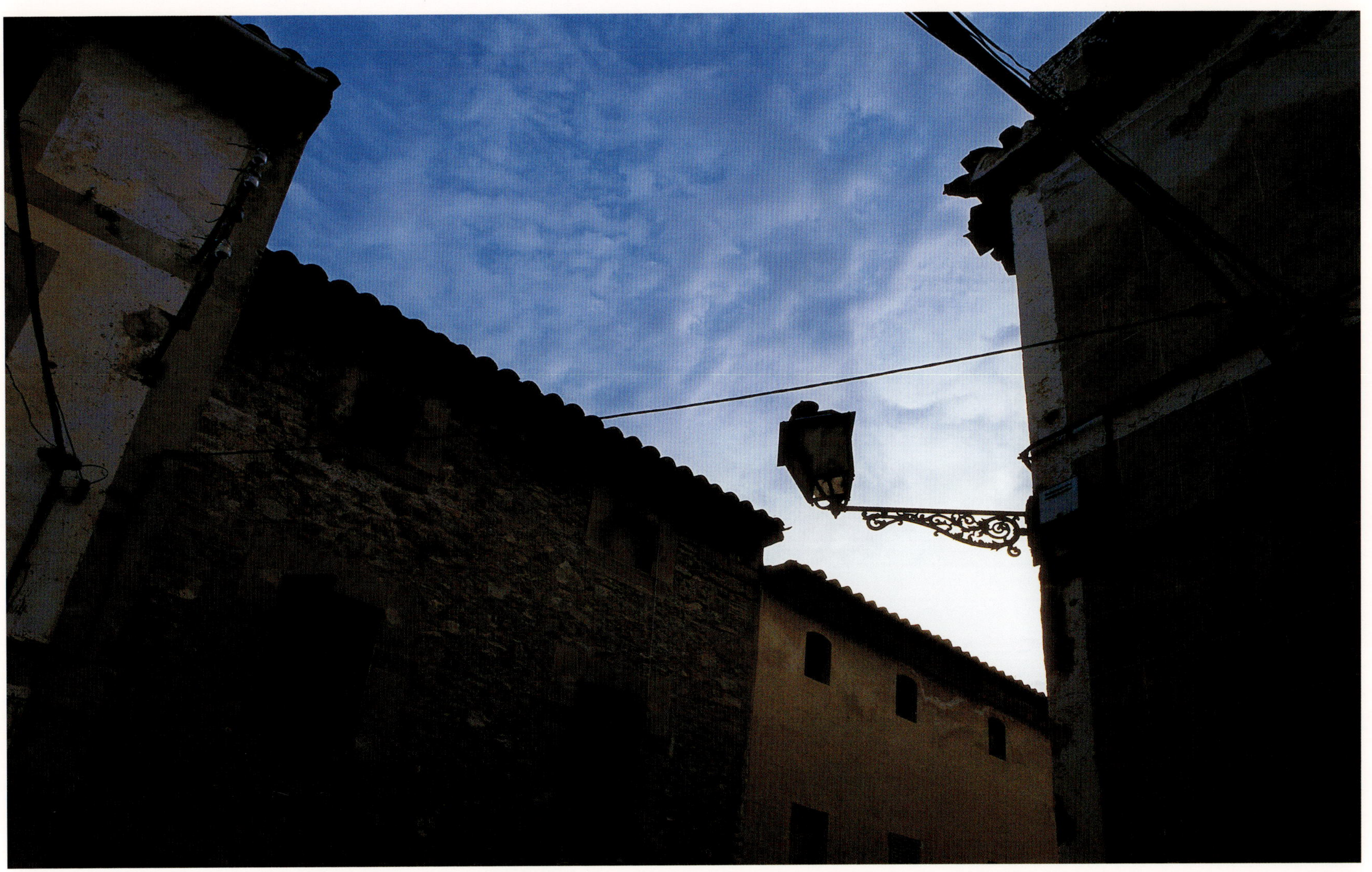

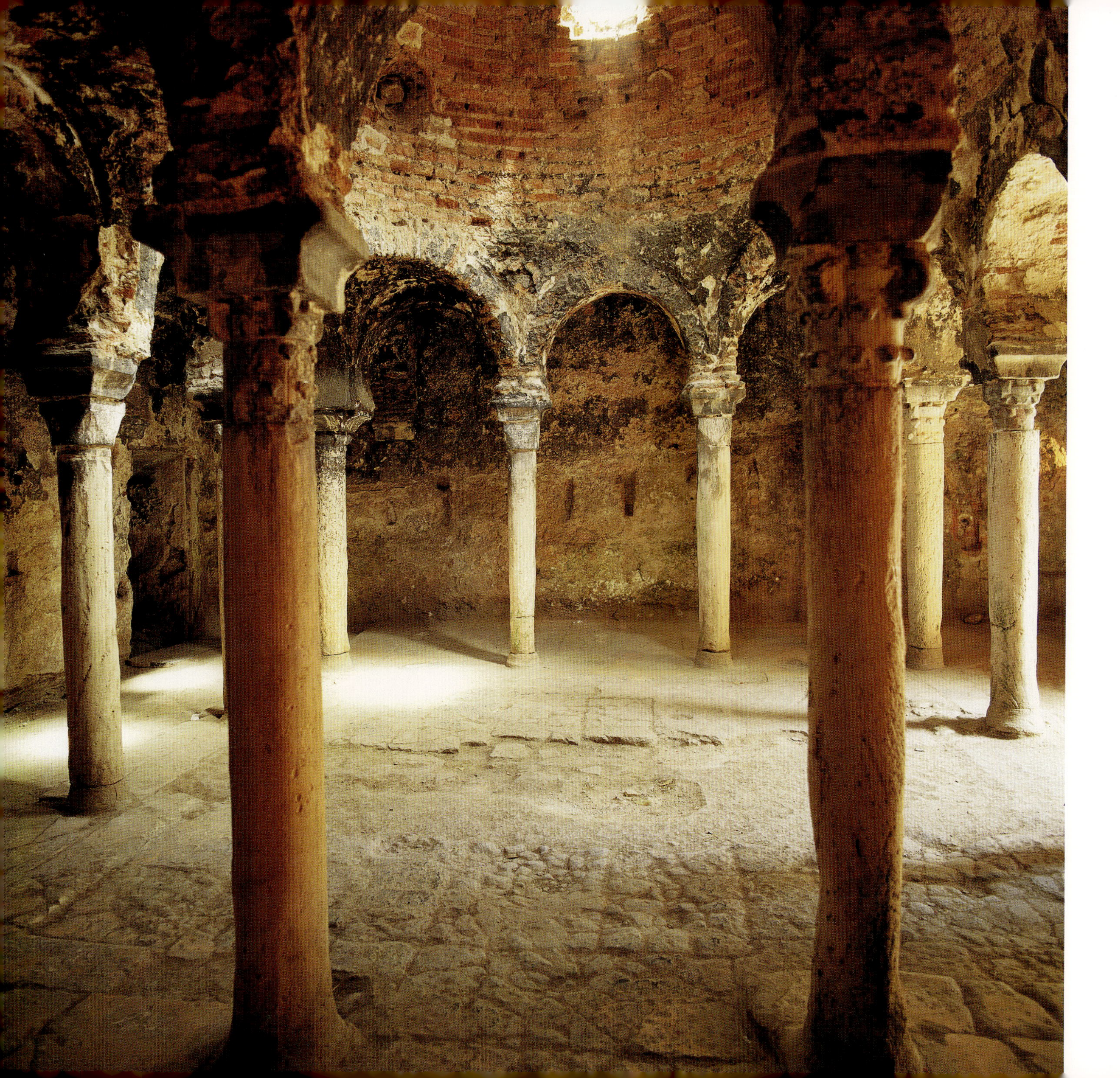

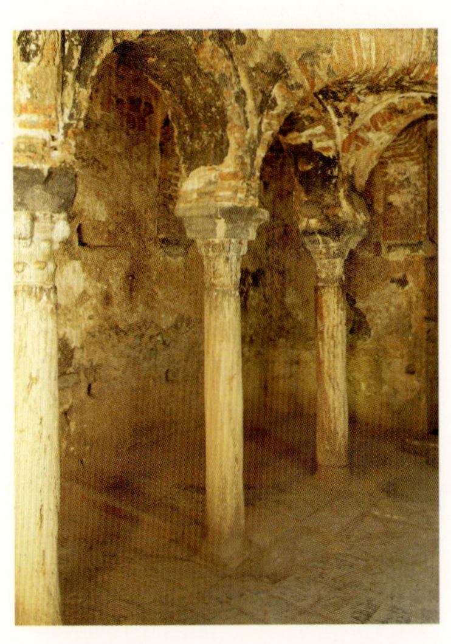

• *Arab Baths* | One of the best conserved witnesses to Muslim architecture in Palma are the Arab baths. These baths were built between the 10th and 12th centuries and erected from older elements, capitals from previous eras: Muslim, Byzantine and Roman. The main hall has twelve columns that support horseshoe arches and a brick cupola with several circular openings, through which natural light filters.

• *Los baños árabes* | Es uno de los testimonios que mejor se conservan de la arquitectura musulmana en Palma. Estos baños fueron edificados entre los siglos X y XII y se construyeron a partir de elementos más antiguos, como por ejemplo, capiteles de épocas anteriores: musulmanes, bizantinos y romanos. La sala principal presenta doce columnas que soportan arcos de herradura y una cúpula de ladrillos con varias aberturas circulares a través de las cuales fluye la luz natural.

• *Die arabischen Bäder* | Diese Bäder gehören zu den besterhaltenen moslemischen Bauwerken in Palma. Sie wurden zwischen dem 10. und dem 12. Jh. auf noch älteren Elementen errichtet, so sieht man beispielsweise Kapitelle aus früheren Epochen: moslemische, byzantinische und römische Kapitelle. Im Hauptsaal stützen zwölf Säulen die Hufeisenbögen und eine Kuppel aus Ziegelstein mit verschiedenen runden Öffnungen, durch die Tageslicht einströmt.

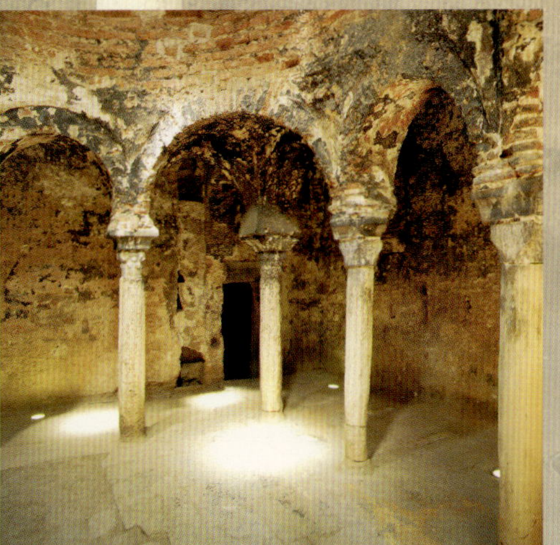

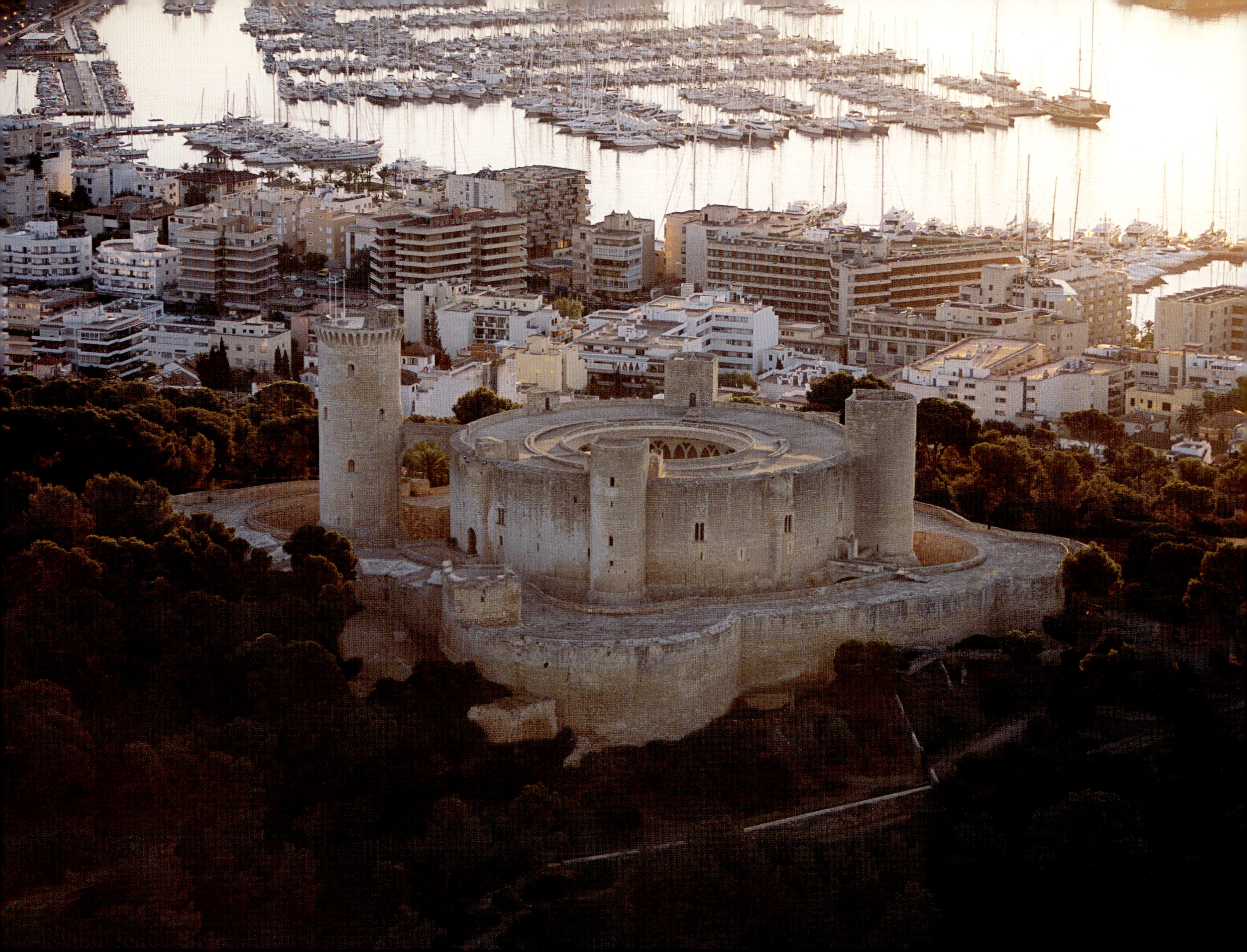

• *Castell de Bellver* | The main feature of the castle is its circular ground plan which makes it a singular building compared to European castles from the Gothic period. It was built at the behest of King Jaume II of Mallorca between 1300 and 1310 on a hill 113 metres high with defensive and palatial functions, which provides a strong contrast between the austere architecture of the exterior and the refined appearance of the interior. The construction, arranged around a central courtyard, has a ground floor with semicircular arches, flat ceilings and an upper floor with pointed arches and cross-vaulting in the purest Gothic style. Today it is the home of the Museum of the History of the City and houses the Despuig Collection of Classical Sculpture as well as providing visitors with panoramic views of the city and its bay.

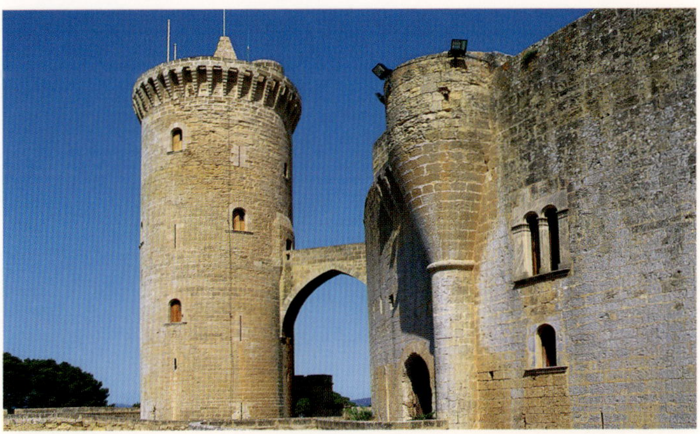

• *Castell de Bellver* | La característica principal del castillo es su planta circular que lo convierte en un edificio singular en relación a los castillos europeos de la época gótica. Fue construido por orden del rey Jaime II de Mallorca entre 1300 y 1310 sobre una colina de 113 m con funciones defensivas y palaciegas, lo que supone un fuerte contraste entre la arquitectura austera del exterior y el aspecto refinado del interior. La construcción, dispuesta alrededor de un patio central, presenta una planta baja con arcos de medio punto y techos planos y una superior con arcos apuntados y bóveda de crucería en el más puro estilo gótico. Actualmente es sede del Museo de Historia de la Ciudad y alberga la Colección Despuig de Escultura Clásica, y su visita permite contemplar vistas panorámicas de la ciudad y su bahía.

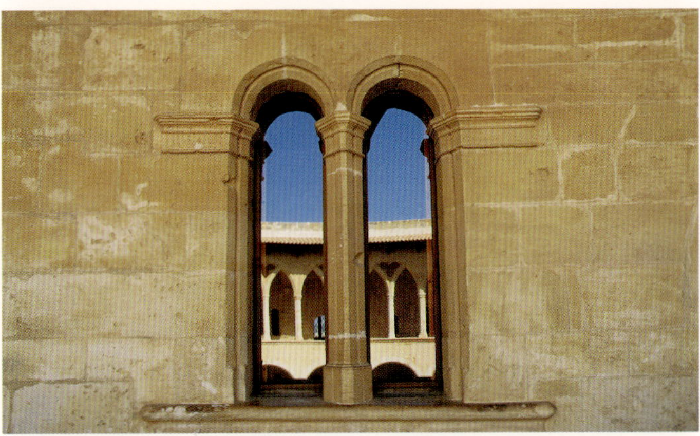

• *Castell de Bellver* | Das Hauptmerkmal dieser Burg ist der runde Grundriss, der sie zu einem einzigartigen Bauwerk im Vergleich mit anderen europäischen Burgen der Gotik macht. Die Burg wurde auf Veranlassung des Königs Jakob II. von Mallorca zwischen 1300 und 1310 auf der 113 m hohen Anhöhe gebaut, und sie sollte zur Verteidigung und als Palast dienen. Deshalb kann man auch einen starken Kontrast zwischen der schlichten Gestaltung der Fassade und der verfeinerten Innengestaltung beobachten. Der Bau umgibt einen zentralen Innenhof und besteht aus einem Erdgeschoss mit Halbkreisbögen und einer flachen Bedachung, und einem oberen Stockwerk mit Spitzbögen und einem Kreuzgewölbe im reinsten gotischen Stil. Zur Zeit befindet sich hier der Sitz des Geschichtsmuseums der Stadt. Auch die Sammlung Despuig der klassischen Bildhauerkunst wird hier ausgestellt. Bei einem Besuch dieses Museums hat man einen wundervollen Blick über die Stadt und die Bucht.

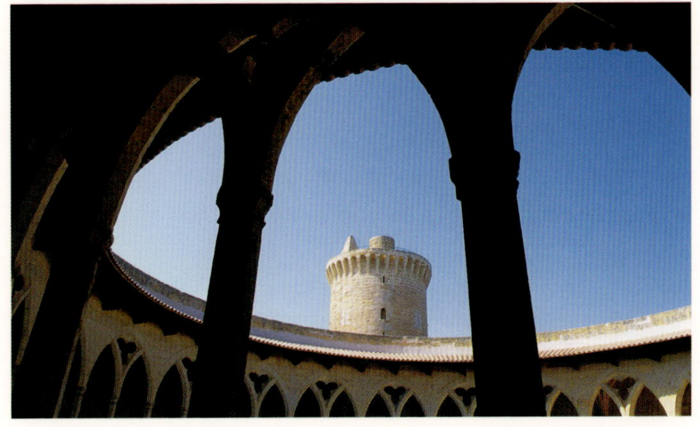

• *Cathedral of Palma – La Seu* | The legend goes that, surprised by a dangerous storm on his expedition to Mallorca (1229), Jaume I promised the Virgin Mary that he would build her a great temple on the island if they survived the storm. He did not break that promise and over a Muslim mosque he began to build the Cathedral (La Seu, as it is known in Palma). Its construction took more than two centuries and it was consecrated in 1601. The initial plan was of a single nave, but it was modified in the 15th century, having three naves and increasing the height of the central one to 44 metres (one of the highest in Europe), which, along with its immense rose window, have given it the appellative of "Cathedral of Light". In 1902, the renovations were commissioned to Gaudí, who intervened in a decisive way to return the natural verticality and luminosity of Gothic style to it, as well as creating his own original ornaments (such as the baldachin that covers the main altar, the ceramic decoration on the choir walls, liturgical furnishings or the polychrome choir stalls) combining brilliantly the elegance of Gothic with the audacity of Modernism. Another added attraction was the inauguration, in 2007, of the polychrome ceramic altarpiece created by Miquel Barceló and which covers almost all the walls of the chapel of the Holy Sacrament.

• *Catedral de Palma – La Seu* | Cuenta la leyenda que, sorprendido por una peligrosa tormenta en su expedición a Mallorca (1229), Jaime I prometió a la Virgen construirle un gran templo en la isla si salían con bien. Y no faltó a su promesa y sobre una mezquita musulmana se empezó a construir la Catedral (La Seu, como se conoce en Palma). Su construcción se alargó durante más de dos siglos y se consagró en 1601. El plan inicial de una sola nave, se modificó en el siglo XIV pasando a ser de tres naves y aumentando la altura de la central hasta los 44 metros (una de las más altas de Europa), lo que, junto con su inmenso rosetón y los numerosos vitrales, le han valido el apelativo de la "Catedral de la Luz". En 1902, las reformas que se querían introducir fueron encargadas a Gaudí, quien intervino de forma decisiva para devolver el natural verticalismo y luminosidad del gótico además de crear ornamentos originales suyos (como el baldaquín que cubre el altar mayor, la decoración cerámica de las paredes del coro, mobiliario litúrgico o la policromía de la sillería del coro) combinando de forma magistral la elegancia del gótico y la audacia del modernismo. Otro atractivo añadido ha sido la inauguración, en 2007, del retablo de cerámica policromada creado por Miquel Barceló y que cubre casi todos los muros de la capilla del Santísimo.

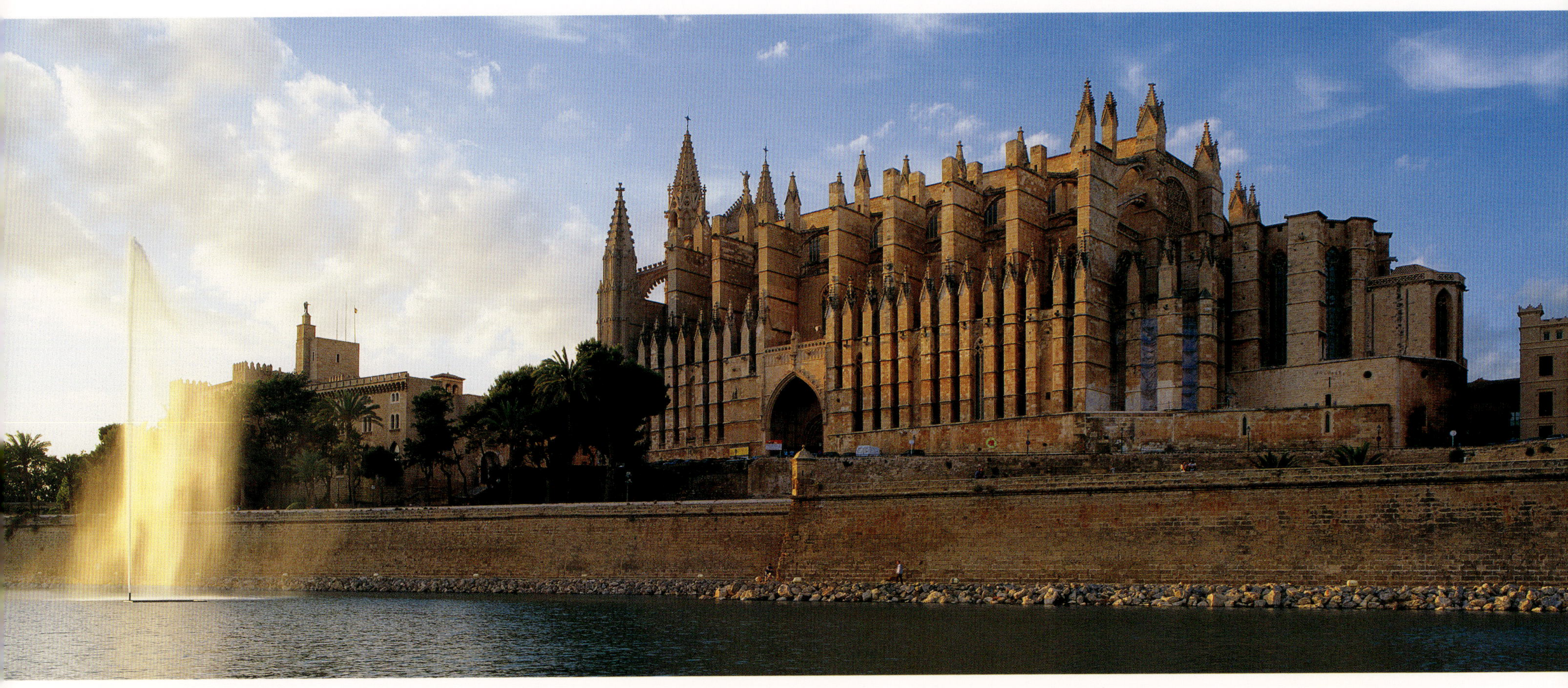

• *Die Kathedrale von Palma – La Seu* | Der Legende nach wurde Jakob, der I. bei seiner Reise nach Mallorca (1229) von einem gefährlichen Sturm überrascht und er versprach der Jungfrau, ihr eine große Kirche auf der Insel zu errichten, falls alles gut ginge. Und er erfüllte dieses Versprechen und begann auf der moslemischen Moschee mit der Errichtung der Kathedrale (La Seu, wie man sie in Palma nennt). Die Bauarbeiten zogen sich mehr als zwei Jahrhunderte hin, und erst im Jahr 1601 wurde die Kathedrale geweiht. Anfänglich war nur ein einziges Kirchenschiff geplant. Dies änderte man jedoch im 14. Jh. und errichtete eine Kathedrale mit drei Schiffen und erhöhte das Mittelschiff auf 44 Meter, so dass sie heute eine der höchsten Europas ist. Aufgrund dieser überwältigenden Höhe, der riesigen Fensterrose und den vielen Kirchenfenstern nennt man sie auch die „Kathedrale des Lichtes". 1902 wurde Gaudí mit der Renovierung der Kathedrale beauftragt, und er nahm umfassende Eingriffe vor, die der Kathedrale ihre natürliche Vertikalität und das typische Licht der Gotik zurückgaben. Außerdem sind zahlreiche seiner eigenen, typischen Elemente zu finden, so der Baldachin über dem Hochaltar, die Keramikverzierungen an den Wänden des Chors, das liturgische Mobiliar und das vielfarbige Chorgestühl. Gaudí kombinierte auf meisterhafte Weise die Eleganz der Gotik mit dem Wagemut des Modernisme. Ein weiteres wundervolles Werk wurde 2007 eingeweiht. Es handelt sich um ein Retabel aus polychromer Keramik, die von Miquel Barceló geschaffen wurde und fast die gesamte Wand der Kapelle des Allerheiligsten bedeckt.

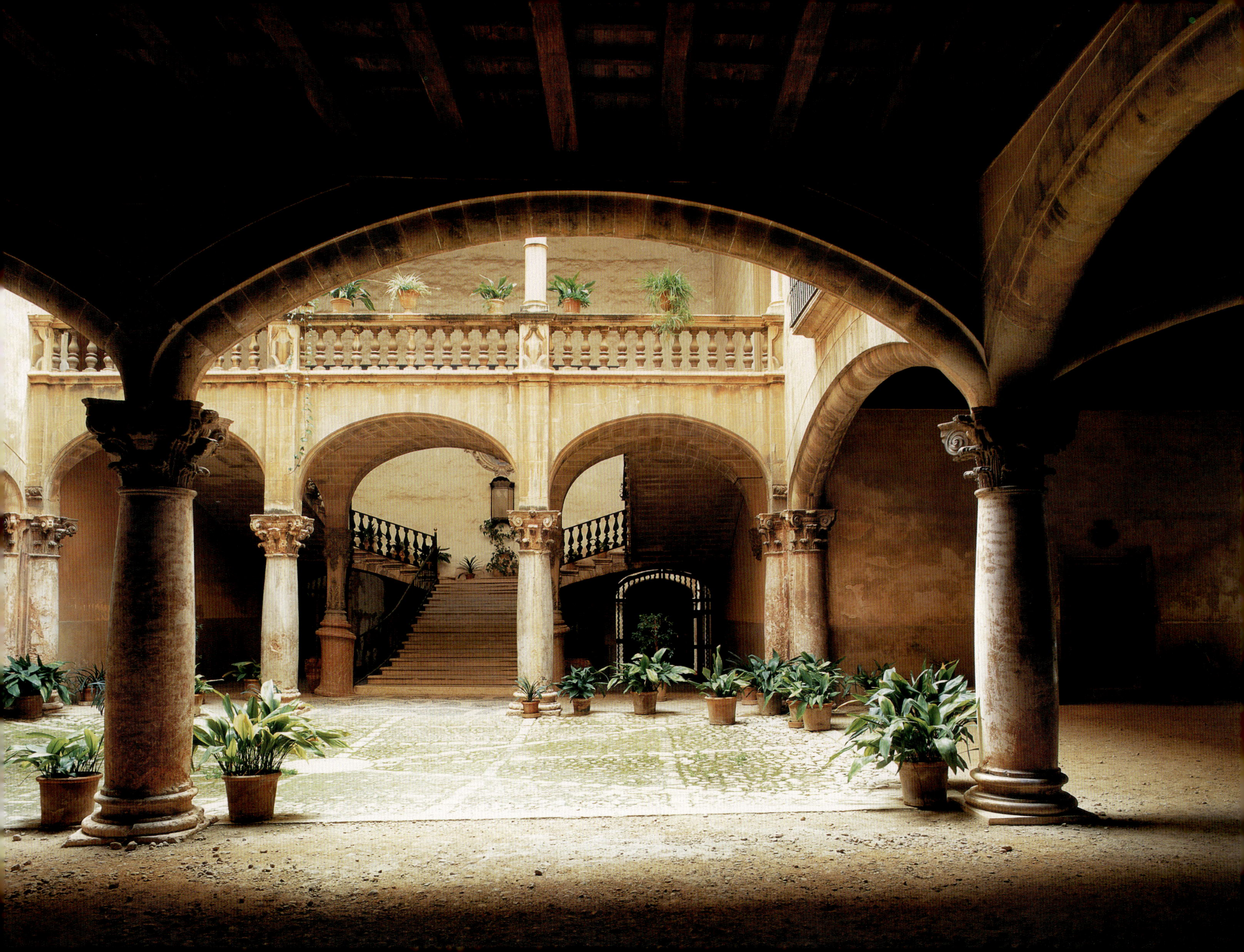

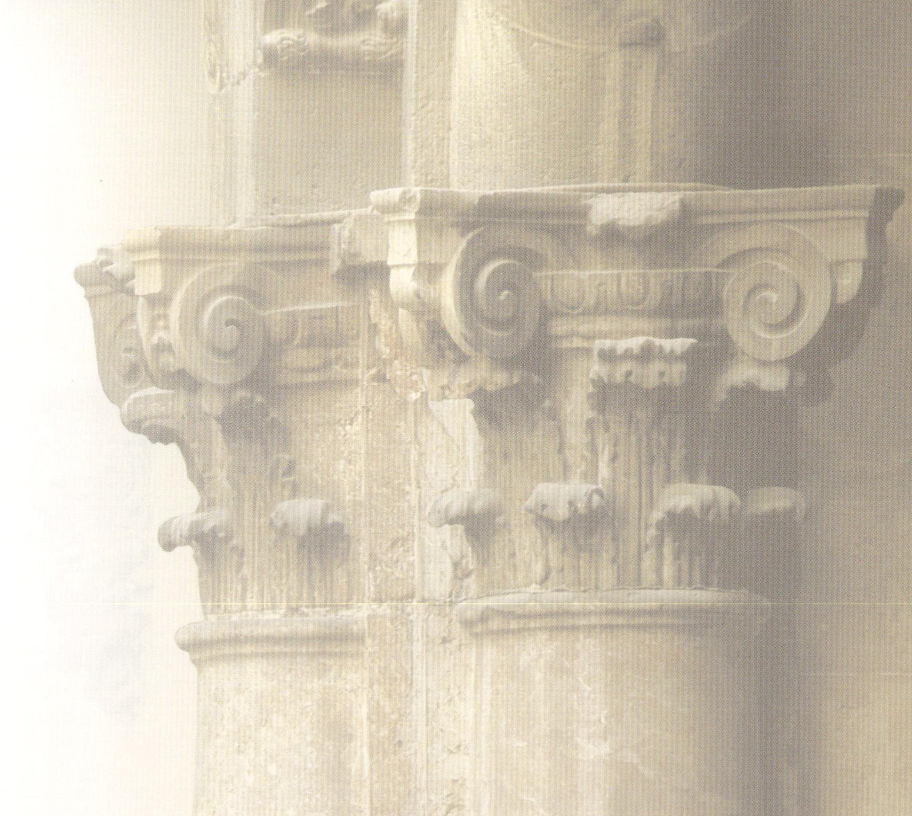

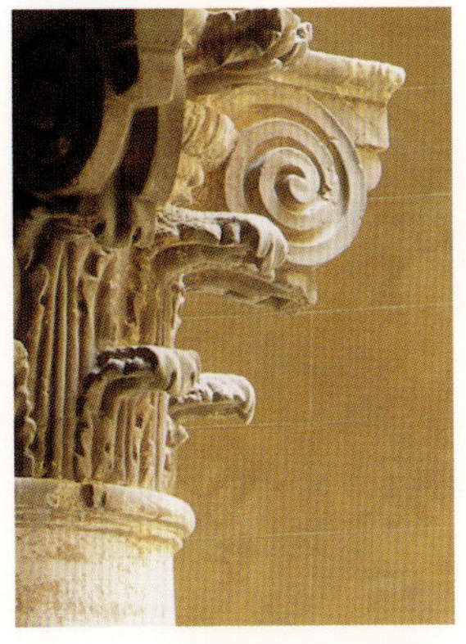

• *Courtyards of Palma* | One cannot do anything else but think of the courtyards when recalling the houses and palaces of Palma. These beautiful open spaces sprinkled with shrubs in pots and cascading flowers, elegant arches, intricate columns and picturesque works in wrought iron, have always been in the heart of the people of Mallorca's homes. Peaceful and light, they provide a welcome rest from the shady and narrow streets and from the imposing buildings of the compact medieval city.

• *Patios de Palma* | Uno no puede hacer otra cosa sino pensar en sus patios cuando se acuerda de las casas y los palacios de Palma. Estos hermosos espacios abiertos salpicados con arbustos en macetas y flores en cascada, arcos elegantes, columnas intrincadas y pintorescas obras de hierro forjado, han estado siempre en el corazón de los hogares mallorquines. Tranquilos y luminosos, ofrecen un descanso grato de las calles sombreadas y estrechas y de los edificios imponentes de la compacta ciudad medieval.

• *Innenhöfe vom Palma* | Wenn man sich an die Häuser und Paläste von Palma erinnert, muss man unvermeidlich an die Innenhöfe denken. Dieser wundervollen, offenen Räume voller kleiner Sträucher in Töpfen und Blumenkaskaden, eleganter Bögen, verschlungener Säulen und malerischer Schmiedeeisenarbeiten bildeten immer schon das Herz eines mallorquinischen Zuhauses. In diesen ruhigen, hellen Höfen kann man sich von den schattigen, engen Gassen und den beeindruckenden Gebäuden der dicht bebauten, mittelalterlichen Stadt erholen.

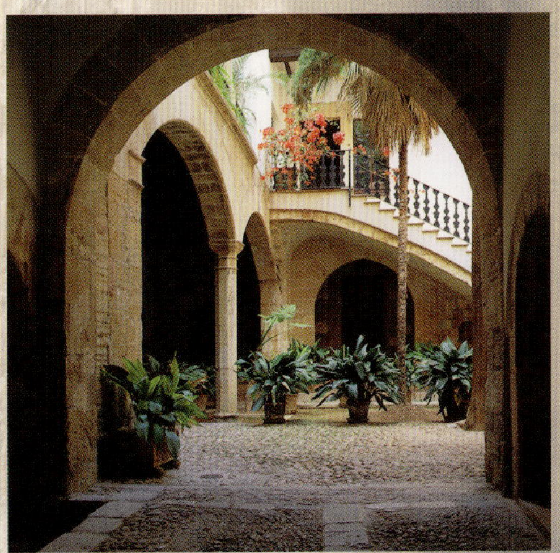

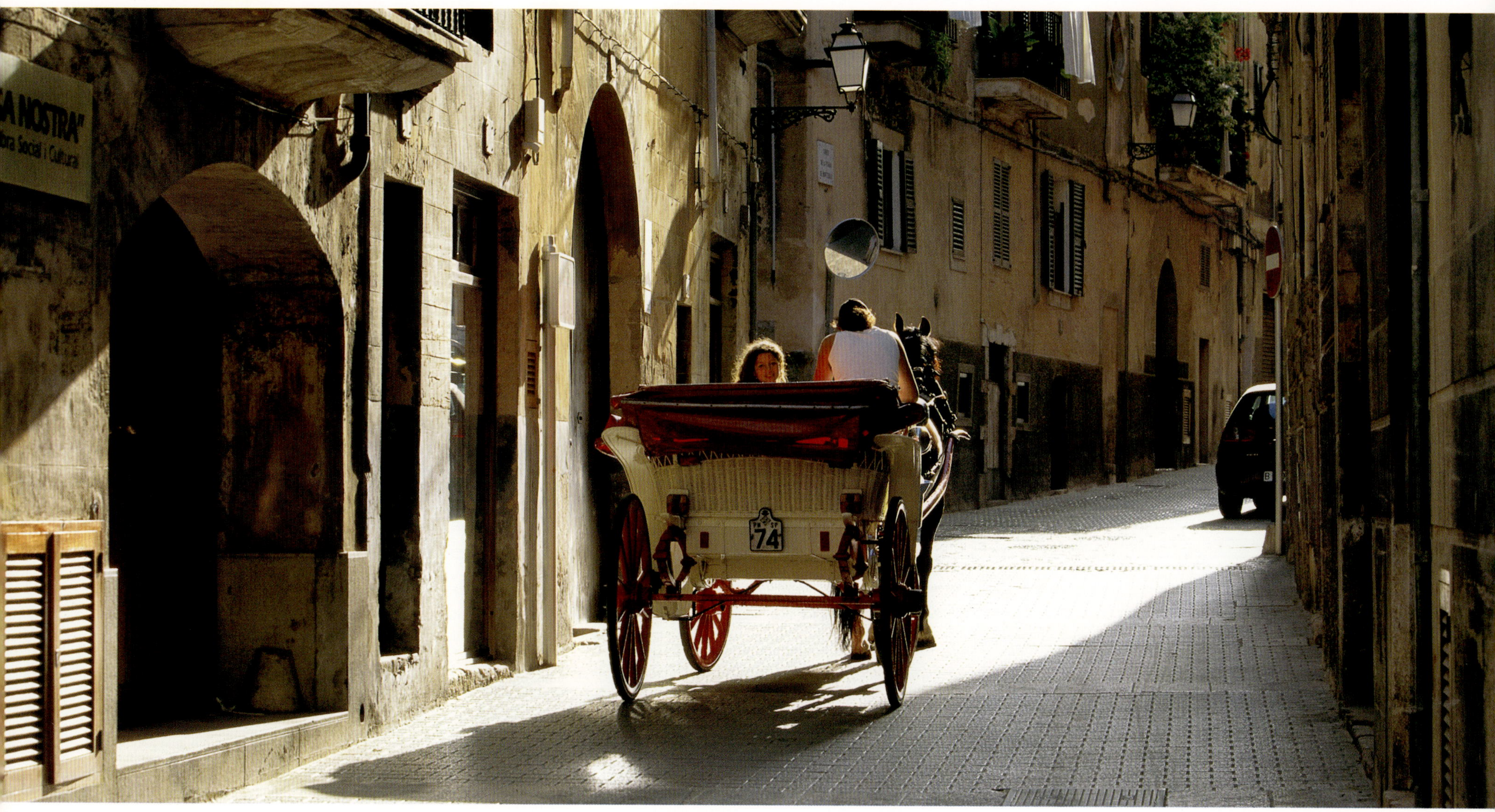
SA NOSTRA"
Social i Cultural
74

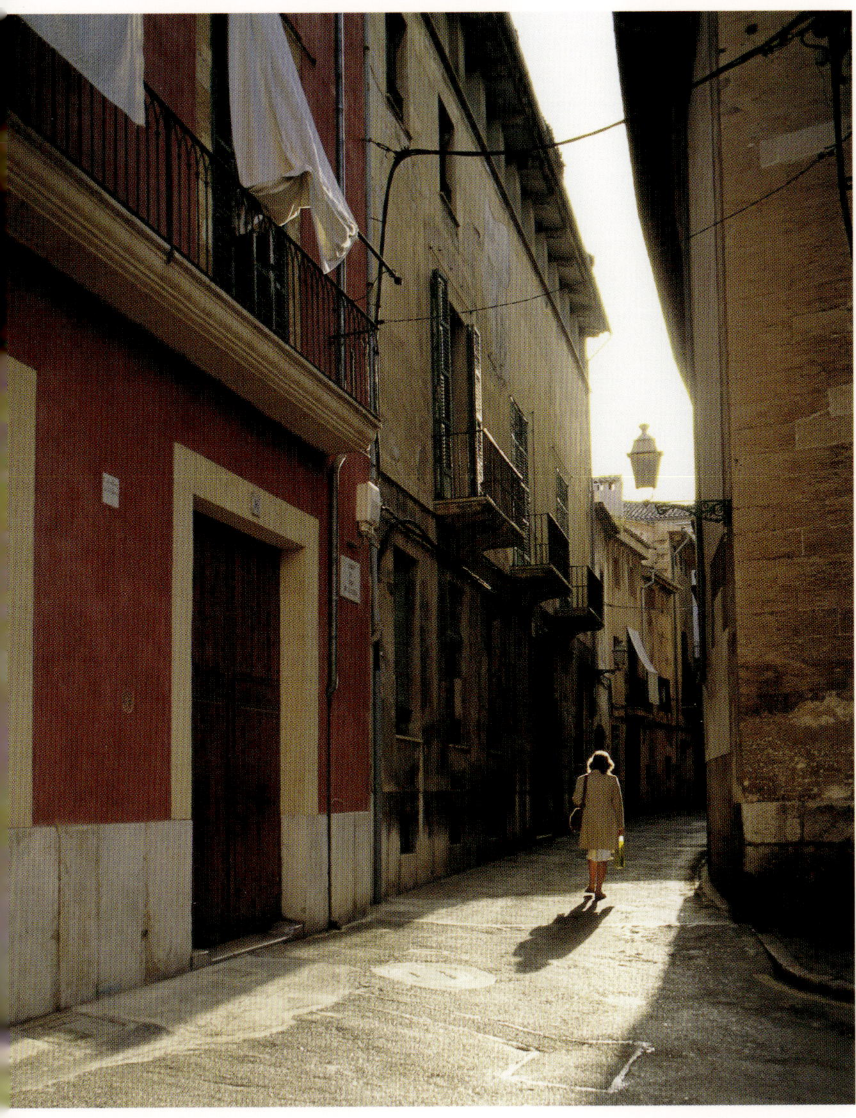

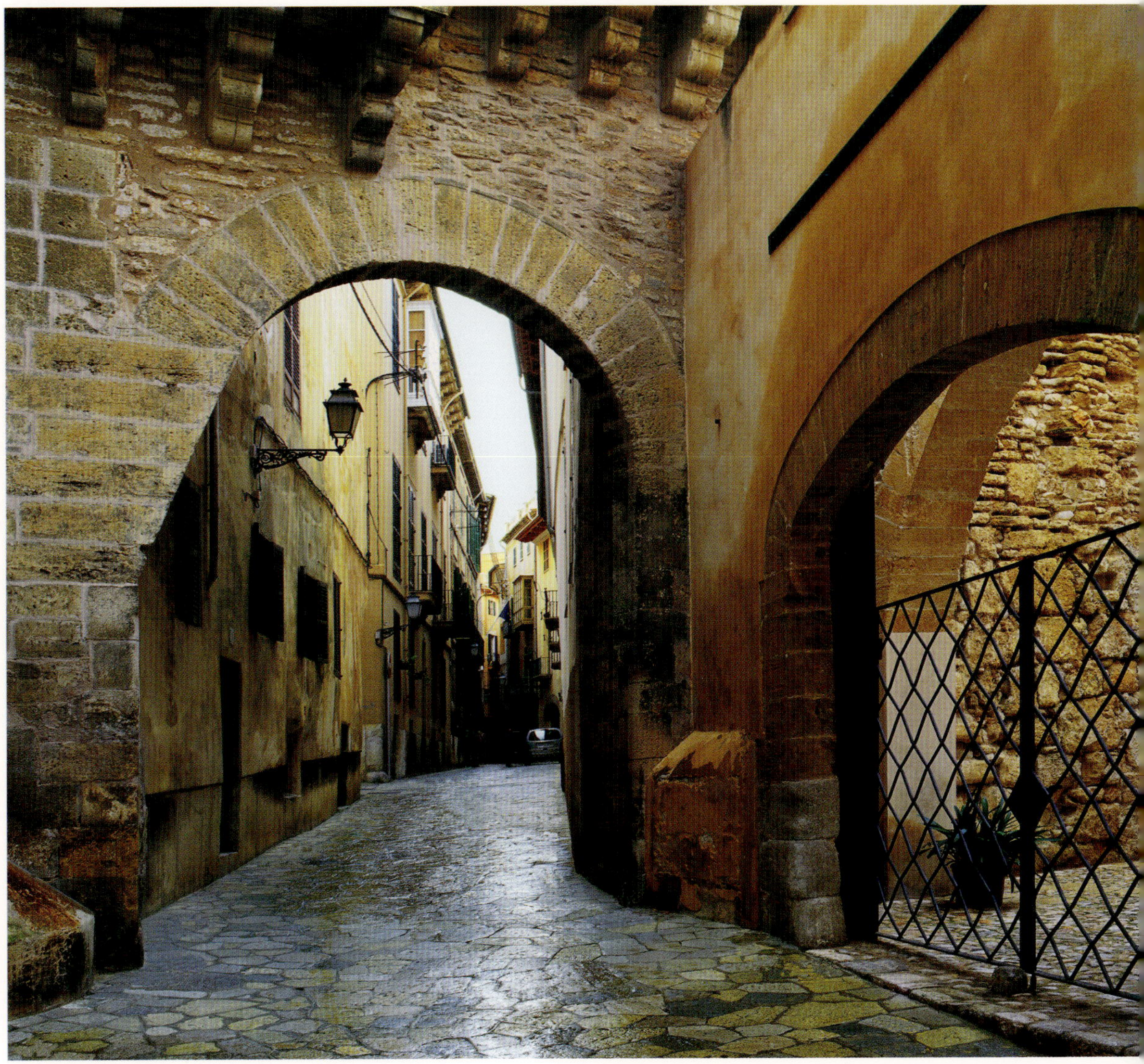

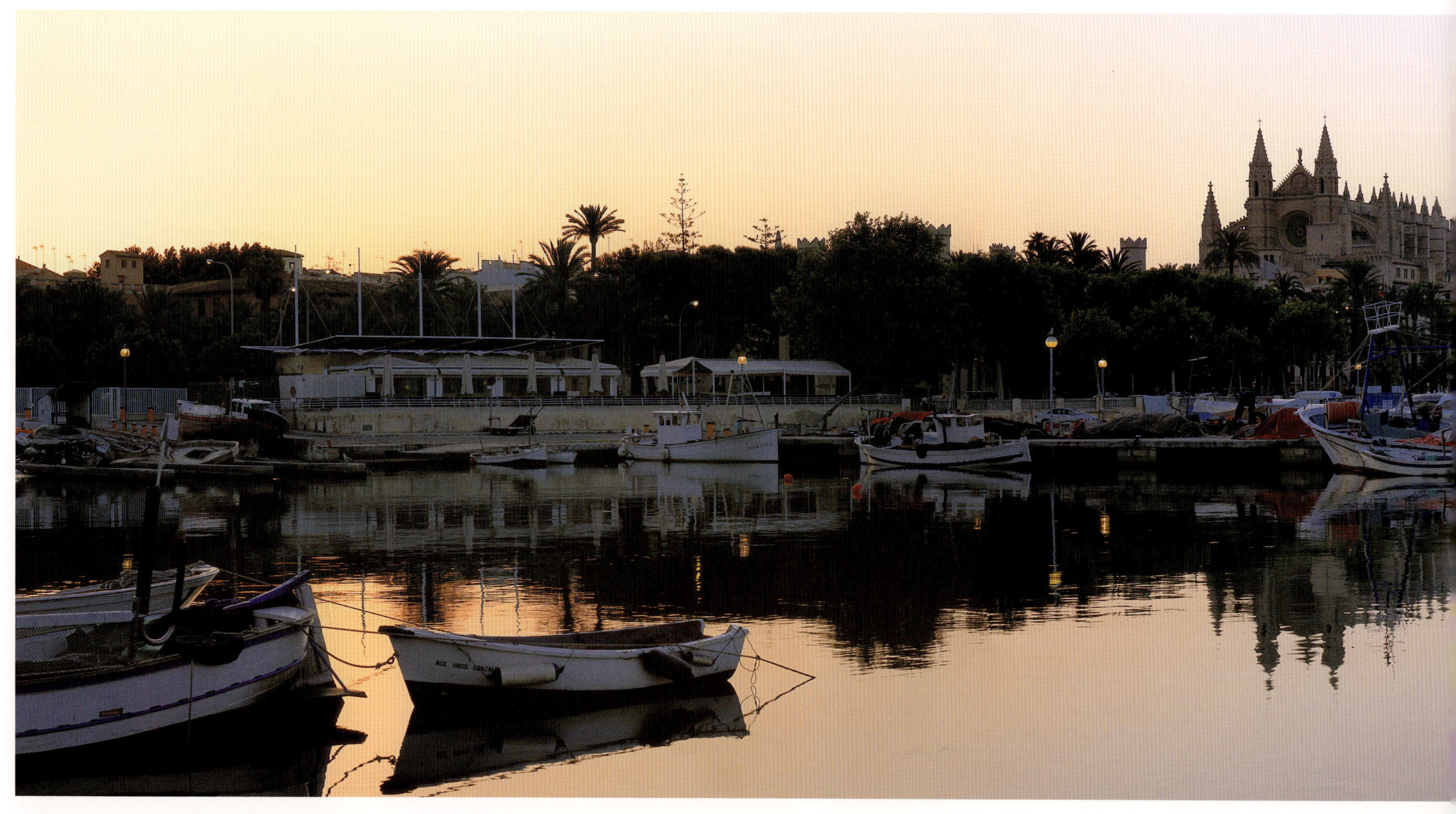

• *Port of Palma* | This busy port is one of the largest in the Mediterranean and the best protected from the weather. There are several sports clubs with thousands of motorboats and luxury yachts that, along with the vessels moored in the commercial port, provide a marked contrast with the simple fishing boats of the Balearics known as *llaüt* (catboat), which rock gently in their wharves at the end of the day.

• *Puerto de Palma* | Este concurrido puerto es uno de los más grandes del Mediterráneo y el más protegido de los elementos. Hay varios clubes deportivos con miles de lanchas a motor y yates de lujo que, junto con las embarcaciones amarradas en el puerto comercial, presentan un marcado contraste con los sencillos barcos pesqueros de las Baleares conocidos como *llaüt* (laúd), que se mecen suavemente en sus muelles al caer el día.

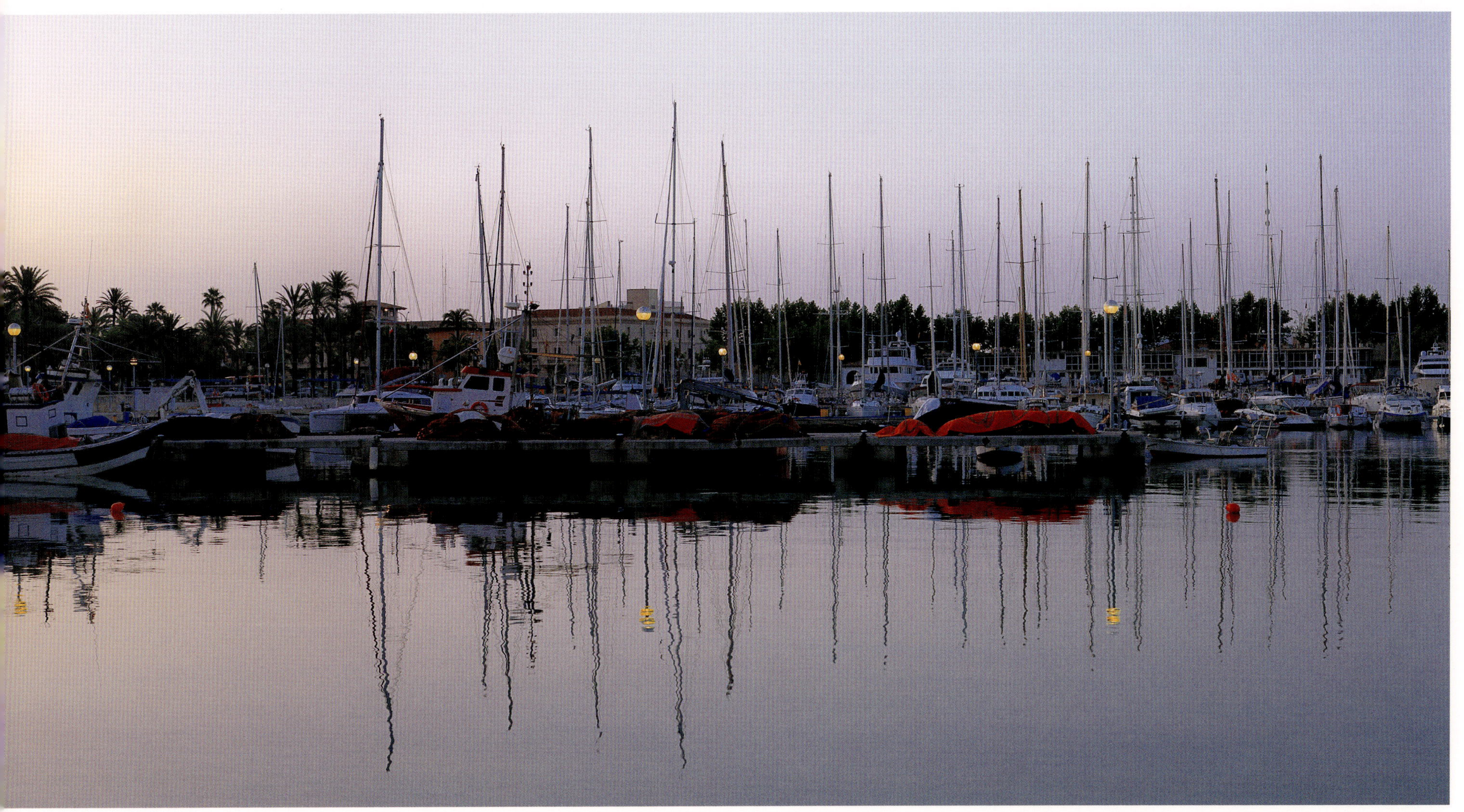

• *Der Hafen von Palma* | Dieser belebte Hafen ist einer der größten des Mittelmeers und auch der, der am besten vor den Elementen geschützt ist. Hier sind verschiedene Sportclubs mit zahlreichen Motorbooten und Luxusjachten anzutreffen, die in Eintracht mit den Schiffen, die im Handelshafen anlegen, einen starken Kontrast zu den einfachen Fischerbooten der Balearen, den *llaüt* bilden, die sich sanft im Wasser am Kai wiegen, wenn der Tag zu Ende geht.

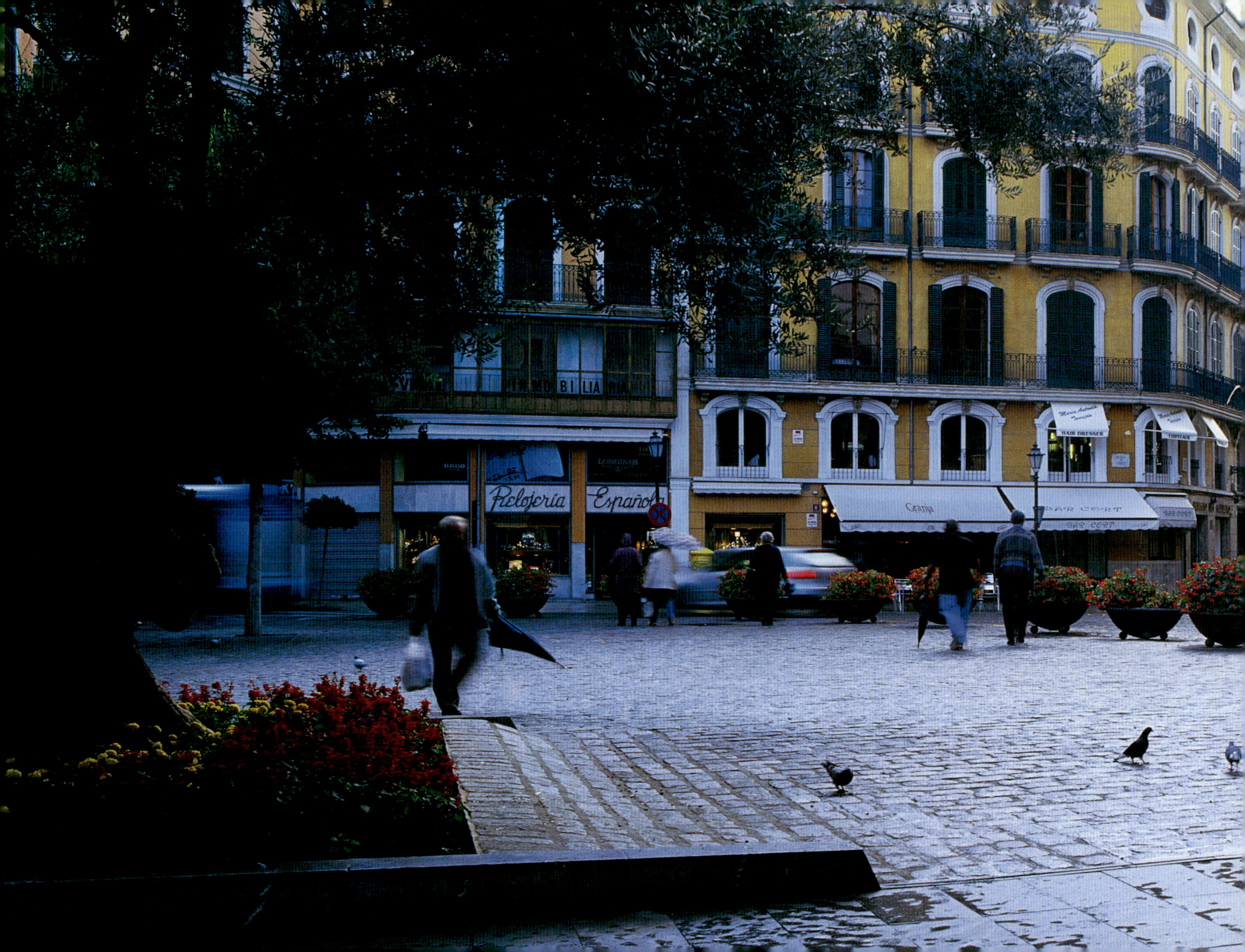
INMOBILIARIA
LONGINES
Relojeria
Española
HAIR DRESSER
Granja
BAR CORT
BAR CORT

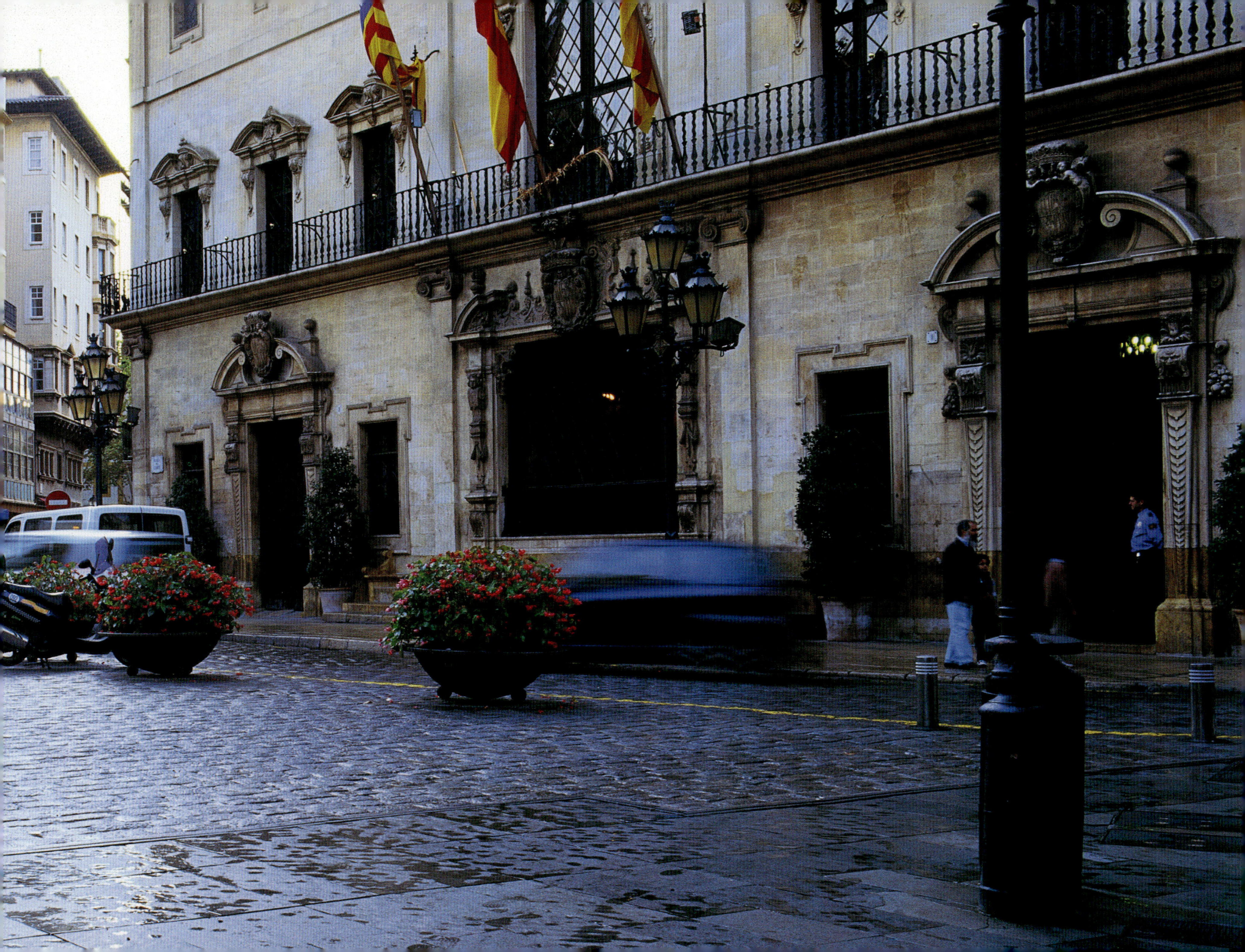

Tramuntana (la península de Ponent)

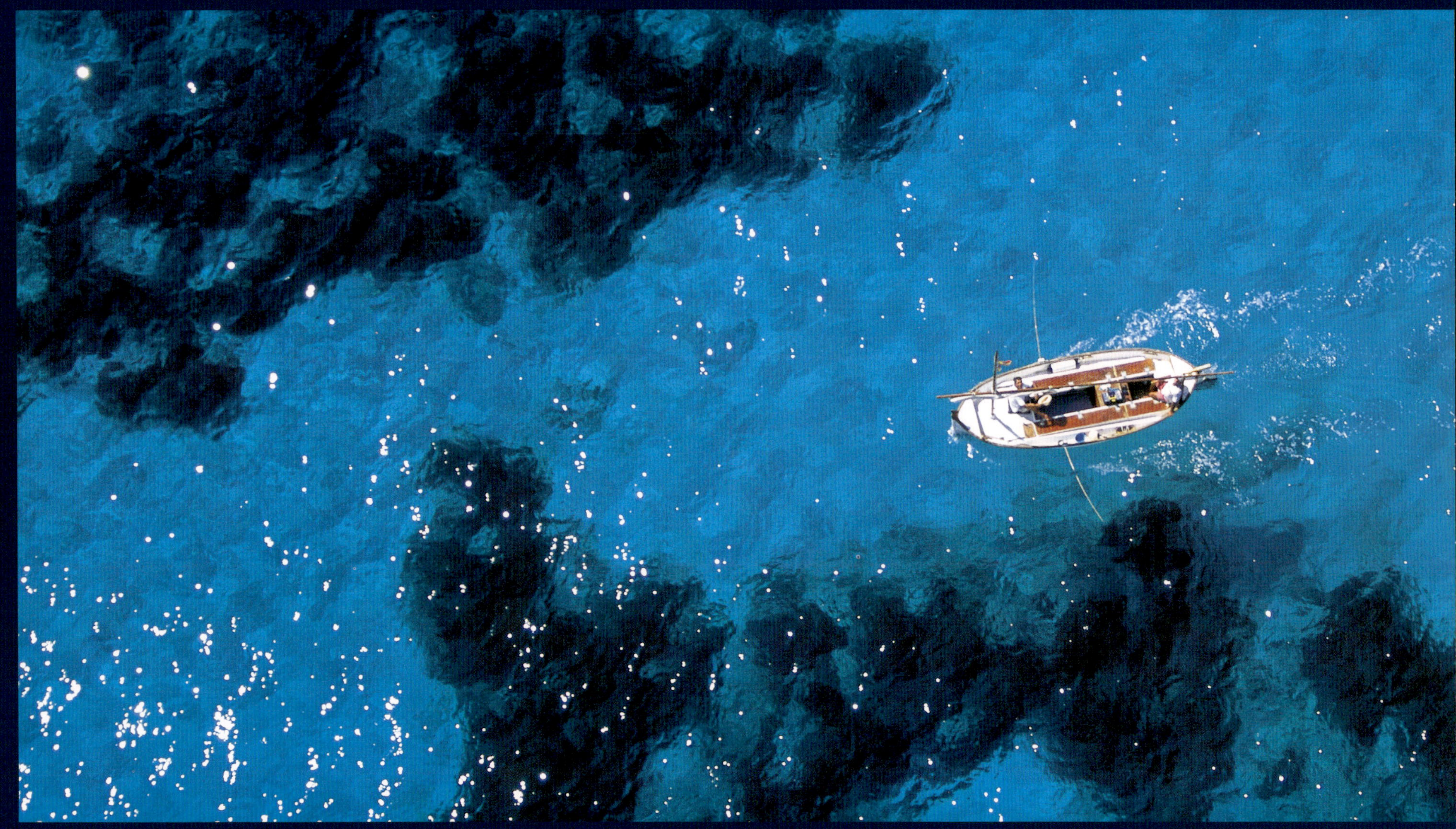

• *The Ponent peninsula* | *Ponent* (Western) is the name given to the section of Mallorca's southwest coast that runs from Palma to the island of Sa Dragonera. This coast is notably generous in small and picturesque bays whose shallow waters sparkle like turquoises beneath the sun of the Mediterranean and where bathers make the most of its splendid beaches. These lands in the extreme southwest of Mallorca were inhabited until the 1960s by fishermen and farmers who worked hard to make a living. However, with the arrival of tourism all this changed and many of the small landowners built hotels to accommodate the summer visitors, increasing in number each year, and soon this section of coastline became one of the wealthiest in Europe, although not without its aesthetic and ecological costs, which a series of environmental measures currently aim to address.

• *La península de Ponent* | *Ponent* (Poniente) es el nombre que se da al tramo de costa del sudoeste mallorquín que va desde Palma hasta la isla de Sa Dragonera. Esta costa es notablemente generosa en pequeñas y pintorescas bahías cuyas aguas poco profundas centellean como turquesas bajo el sol del Mediterráneo y donde los bañistas aprovechan sus espléndidas playas. Estas tierras del extremo sudoeste de Mallorca estaban habitadas hasta los años 60 del pasado siglo por pescadores y campesinos que trabajaban duramente para ganarse la vida. Pero con la llegada del turismo todo esto cambió y muchos de los pequeños propietarios construyeron hoteles para hospedar a los veraneantes, en aumento cada año, y pronto este tramo de costa se convirtió en uno de los más ricos de Europa, aunque no sin costes estéticos y ecológicos a los que ahora una serie de medidas medioambientales intenta poner remedio.

• *Die Halbinsel Ponent* | *Ponent* (Westen) ist der Name, mit dem man den Küstenabschnitt des Südwesten Mallorcas, der von Palma bis zur Insel Sa Dragonera reicht, bezeichnet. Diese Küste ist voller kleiner, malerischer Buchten mit seichtem Wasser, das türkisfarben in der Sonne des Mittelmeers glitzert und den Strandbesucher zu einem wundervollen Bad einlädt. In dieser Region am südwestlichen Ende Mallorcas lebten bis zu den Sechzigerjahren des vergangenen Jahrhunderts nur Fischer und Bauern, die hart für ihren Lebensunterhalt arbeiten mussten. Aber mit der Ankunft des Tourismus änderte sich diese Situation radikal, und viele der Menschen, die einen Besitz hatten, errichteten Hotels, um die jedes Jahr zahlreicher kommenden Sommergäste unterzubringen. So wurde dieser Küstenstrich bald zu einer der reichsten Regionen Europas, wobei jedoch ein hoher Preis in Sachen Ästhetik und Naturschutz bezahlt wurde. Heute versucht man diese Umwelt- und Architektursünden durch eine Reihe von Eingriffen zu beheben.

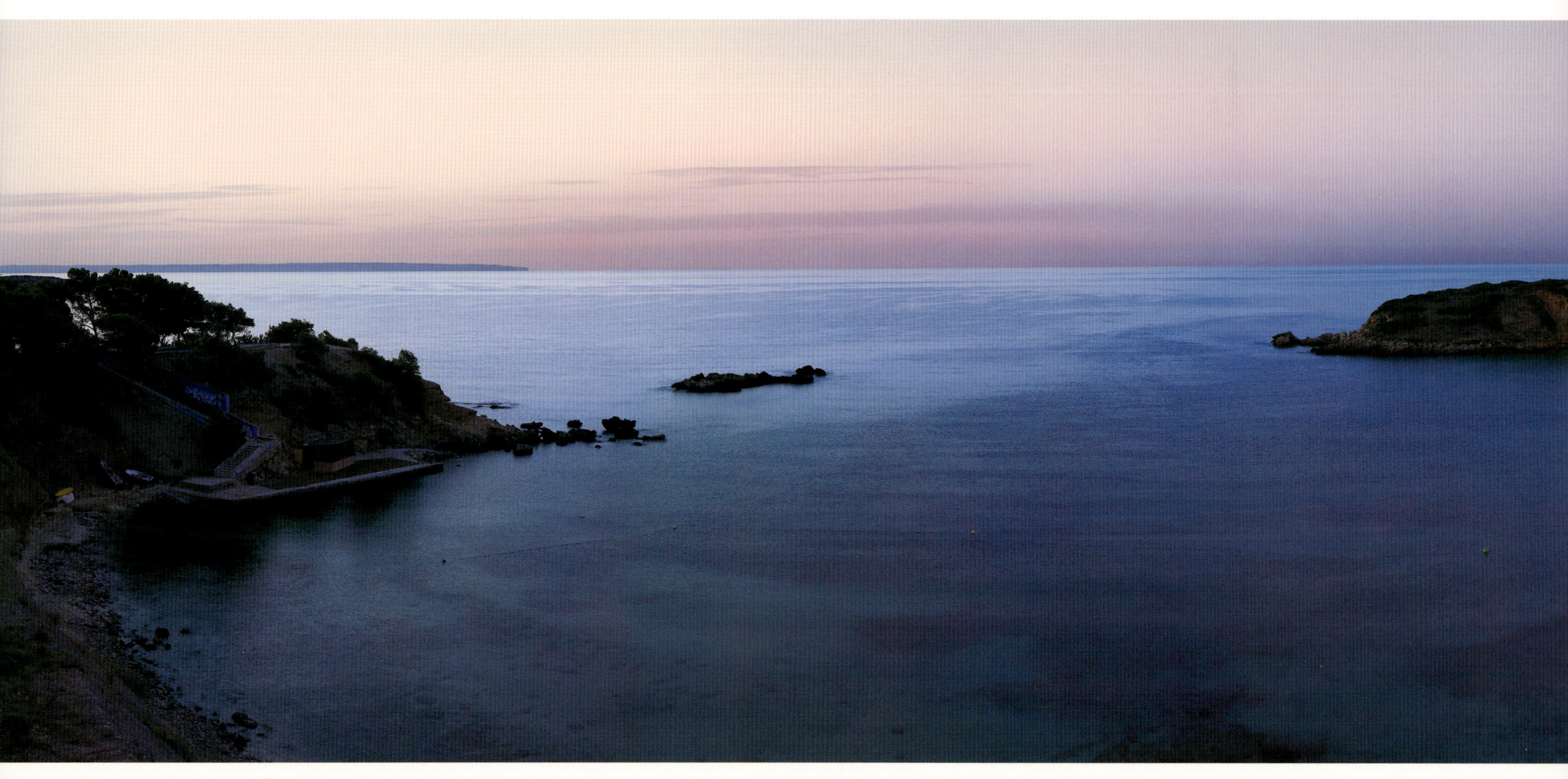

• *Portals Nous* | Portals Nous is one of the most exclusive spots in Mallorca. Here are concentrated sumptuous residences, luxury boats, exquisite restaurants and exclusive boutiques, all frequented by the famous in a cosmopolitan and glamorous atmosphere.

• *Portals Nous* | Es éste uno de los lugares más exclusivos de Mallorca. Aquí se concentran suntuosas residencias, embarcaciones de lujo, exquisitos restaurantes y boutiques exclusivas, todo ello frecuentado por gente famosa en una atmósfera cosmopolita y glamourosa.

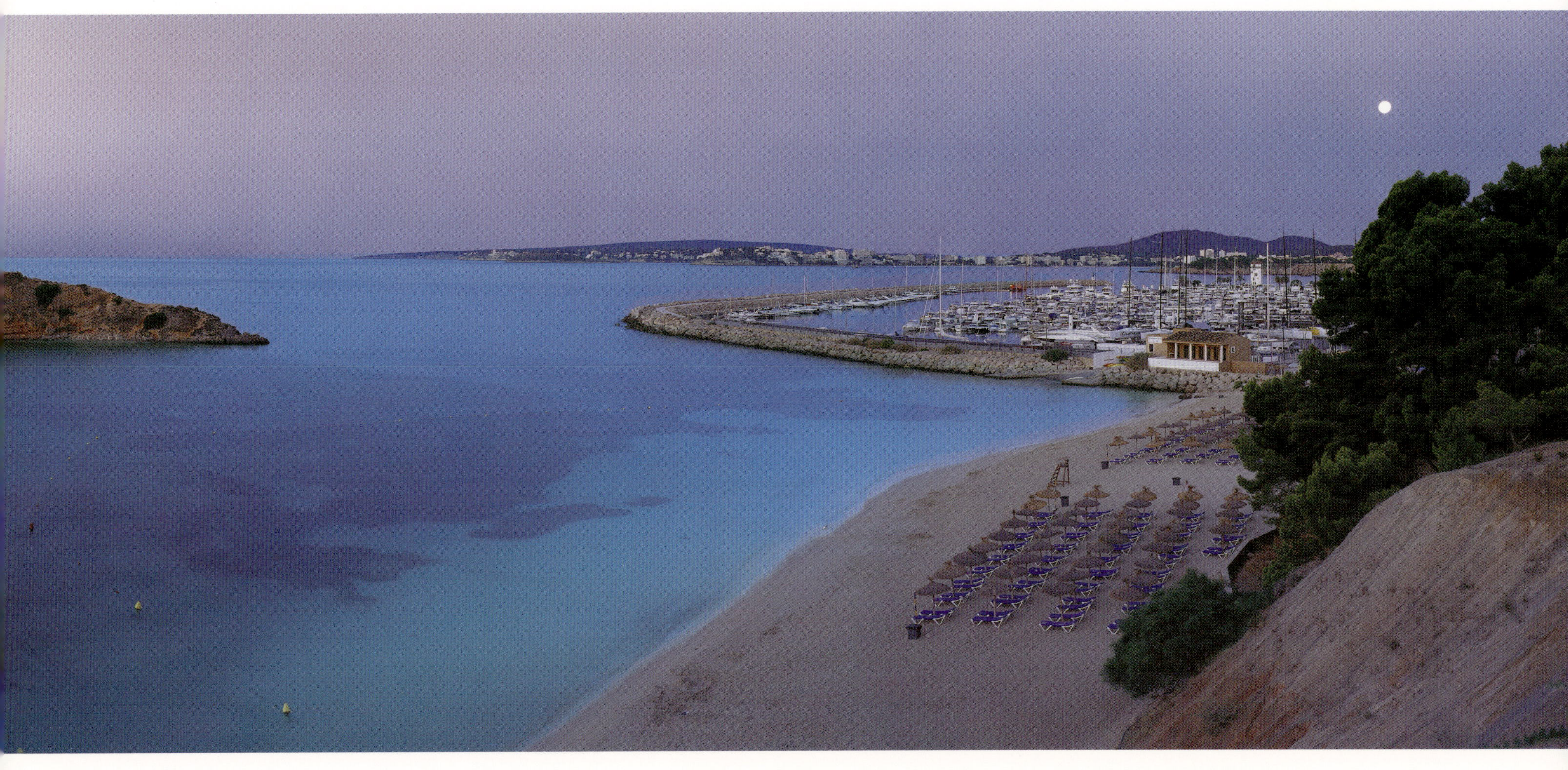

• *Portals Nous* | Es handelt sich um einen der exklusivsten Orte Mallorcas. An diesem kosmopolitischen und glamourösen Ort konzentrieren sich prachtvolle Villen, Luxusjachten, teure Restaurants und exklusive Boutiquen, die von berühmten Menschen aufgesucht werden.

Following Page / Página siguiente / Folgende Seite: Portals Vells

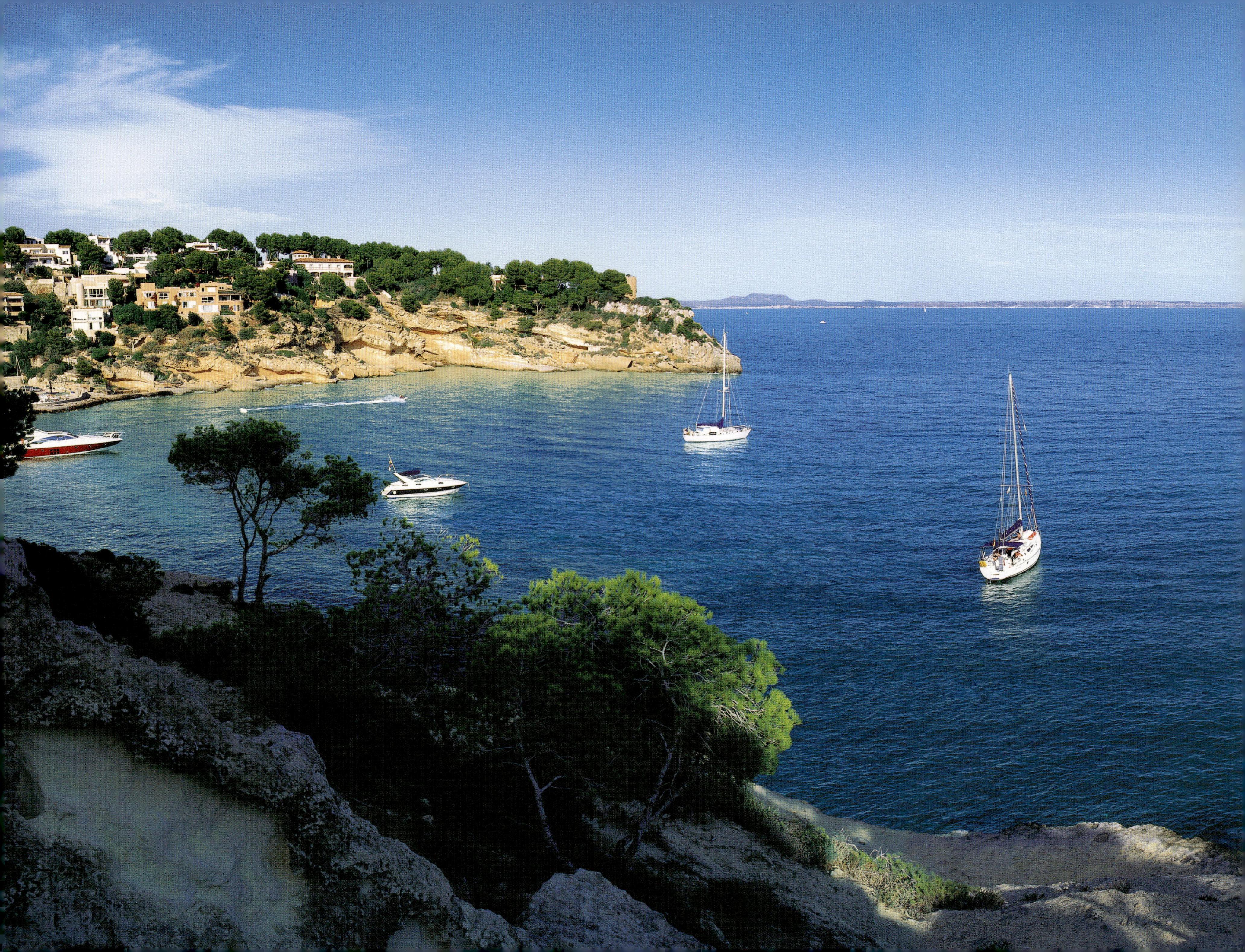

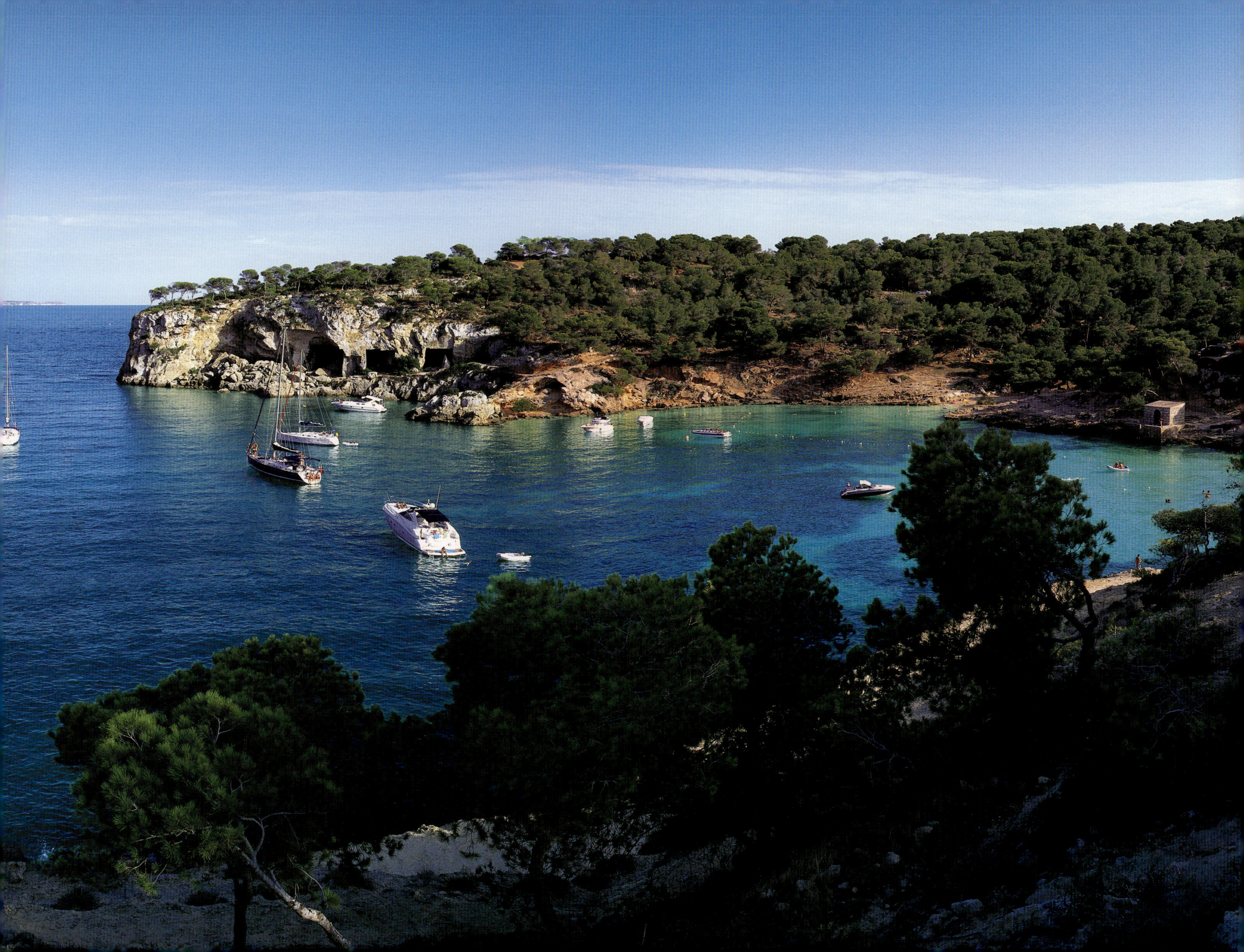

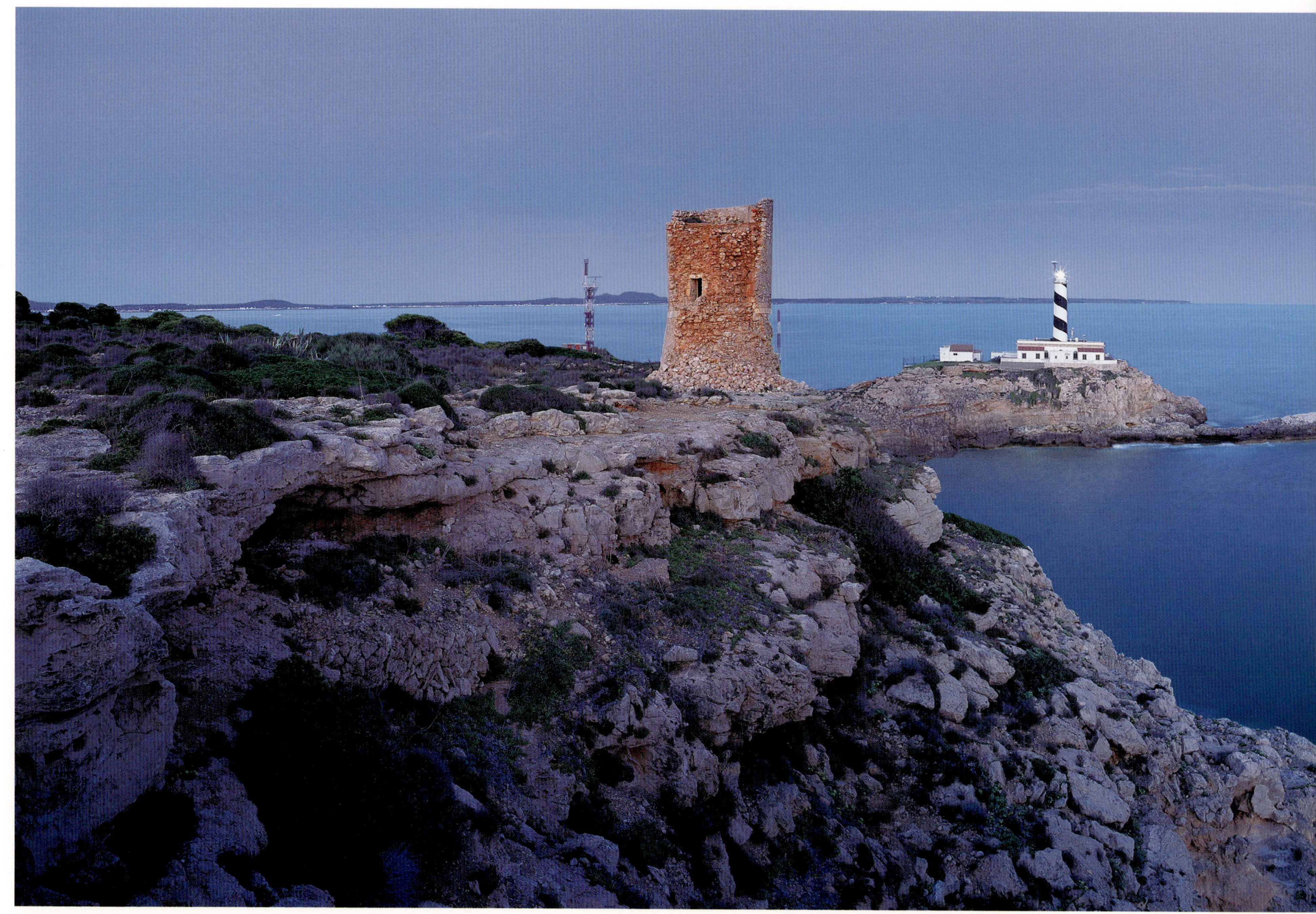

• *Cap de Cala Figuera* | This cape, crowned at its end by a lighthouse decorated with a spiral in black and white, forms the western limit of the Bay of Palma. Behind the lighthouse, in a higher spot, a 17th-century stone-built watchtower stands on guard facing the sea and recalls a time in which the island was under threat of attack by pirates. The Cap de Cala Figuera, along with the nearby coves of Portals Vells and Refaubetx is one of the best-conserved landscapes of the island and is considered a Natural Area of Special Interest.

• *Cap de Cala Figuera* | Este cabo, coronado en su extremo por un faro decorado con una espiral en blanco y negro, forma el límite occidental de la bahía de Palma. Tras el faro, en un lugar más elevado, una atalaya de piedra del siglo XVII monta guardia cara al mar y recuerda un tiempo en que la isla estaba bajo la amenaza del saqueo de los piratas. El cabo de Cala Figuera, junto con las cercanas calas de Portals Vells y Refaubetx es uno de los paisajes mejor conservados de la isla y está considerado Área Natural de Especial Interés.

• *Cap de Cala Figuera* | Dieses Kap, das von einem mit einer schwarz-weißen Spirale geschmückten Leuchtturm gekrönt ist, bildet das westliche Ende der Bucht von Palma. Hinter dem Leuchtturm erhebt sich auf einer Anhöhe ein steinerner Wachturm aus dem 18. Jh., der über das Meer wacht und an die Zeit erinnert, in der die Insel von Piratenangriffen bedroht war. Das Kap von Cala Figuera und die nahe gelegenen Buchten Portals Vells und Reaubetx gehören zu den Landschaften der Insel, die am besten erhalten blieben und deshalb als Naturraum von besonderem Interesse (Área Natural de Especial Interés) eingestuft wurden.

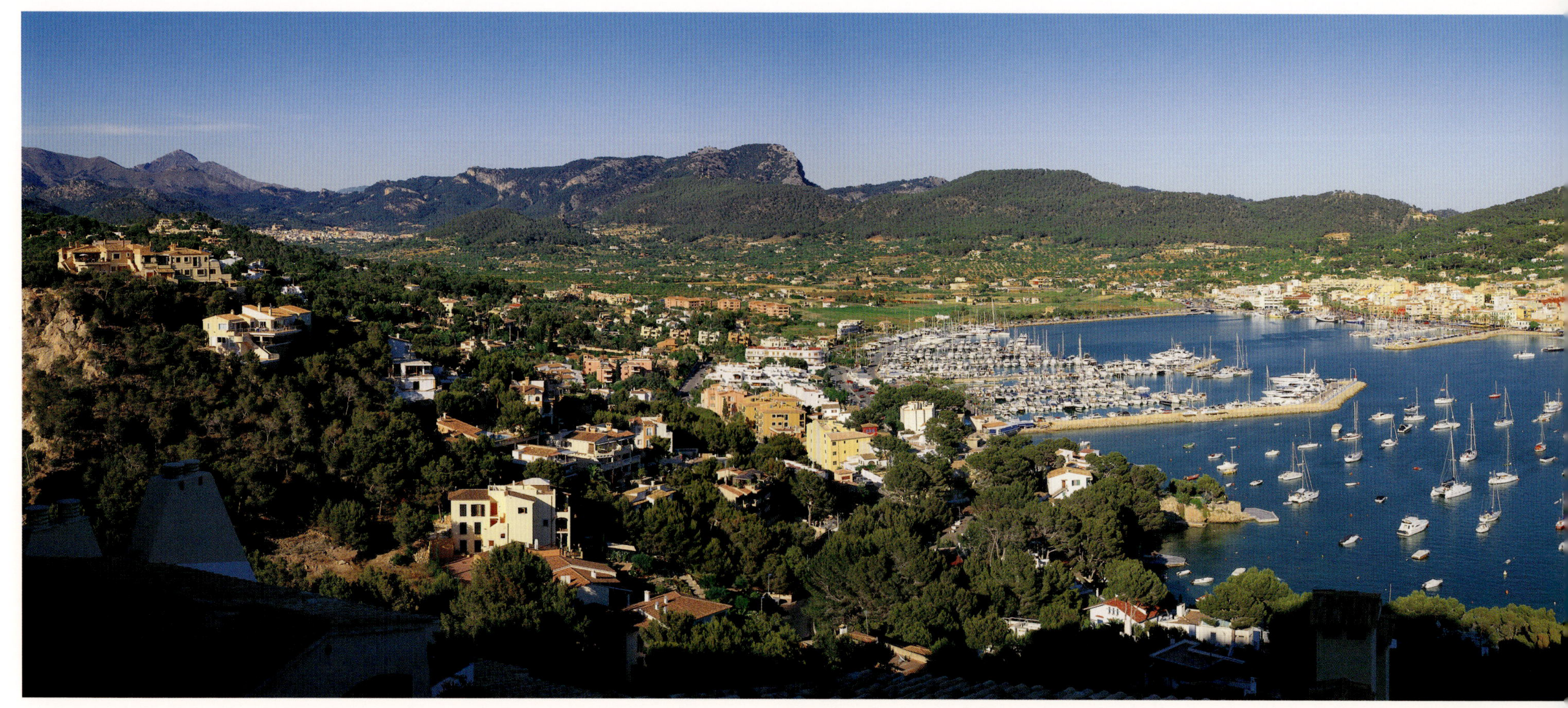

• *Port d'Andratx* | Of Roman origins, when it was known as *Andrachium*, this natural port, built around the mouth of the Es Saluet stream, has the reputation for being one of the most beautiful in the Mediterranean, with magnificent, luxury villas on the surrounding slopes. To the east of the port, from the Sa Mola cape, there is a magnificent view of the island of Sa Dragonera and on particularly clear days one can make out the island of Ibiza in the distance.

• *Port d'Andratx* | De orígenes romanos, cuando se conocía como *Andrachium*, este puerto natural, surgido entorno a la desembocadura del torrente de Es Saluet, tiene la reputación de ser uno de los más bellos del Mediterráneo, con magníficas y lujosas villas en las pendientes que lo circundan. Al este del puerto, desde el cabo de Sa Mola hay una magnifica vista de la isla de Sa Dragonera y en días especialmente claros hasta se divisa en la lejanía la isla de Ibiza.

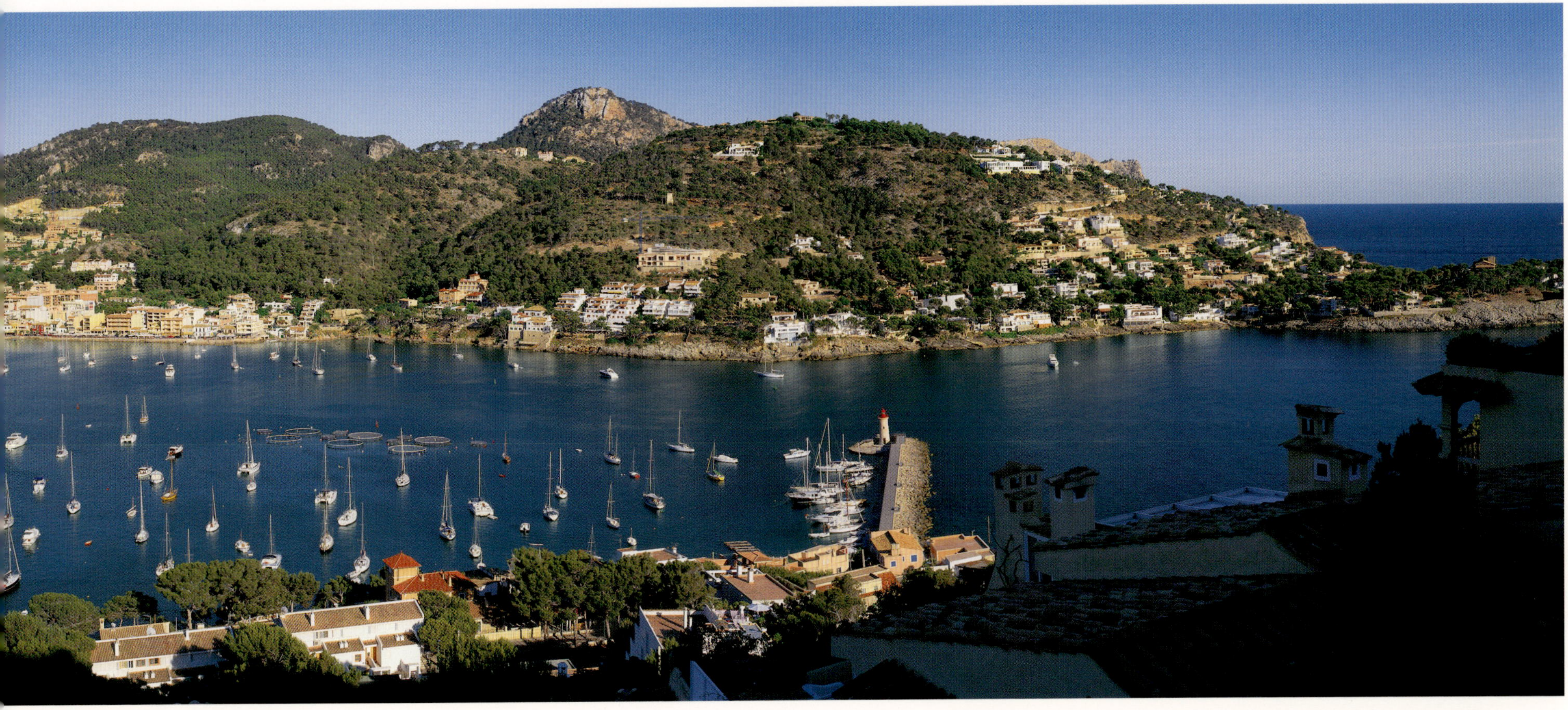

● *Port d'Andratx* | Dieser Naturhafen römischen Ursprungs hieß einst *Andrachium* und er entstand um die Mündung der Bachschlucht Es Saluet. Er steht im Ruf, einer der schönsten Häfen des Mittelmeers zu sein, umgeben von Hängen voller wundervoller, luxuriöser Villen. Im Osten des Hafens hat man vom Kap Sa Mola aus einen wundervollen Blick auf die Insel Sa Dragonera, und an klaren Tagen kann man in der Ferne die Insel Ibiza sehen.

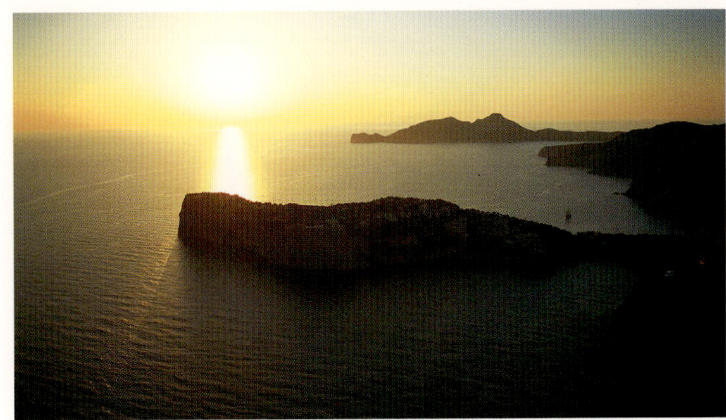

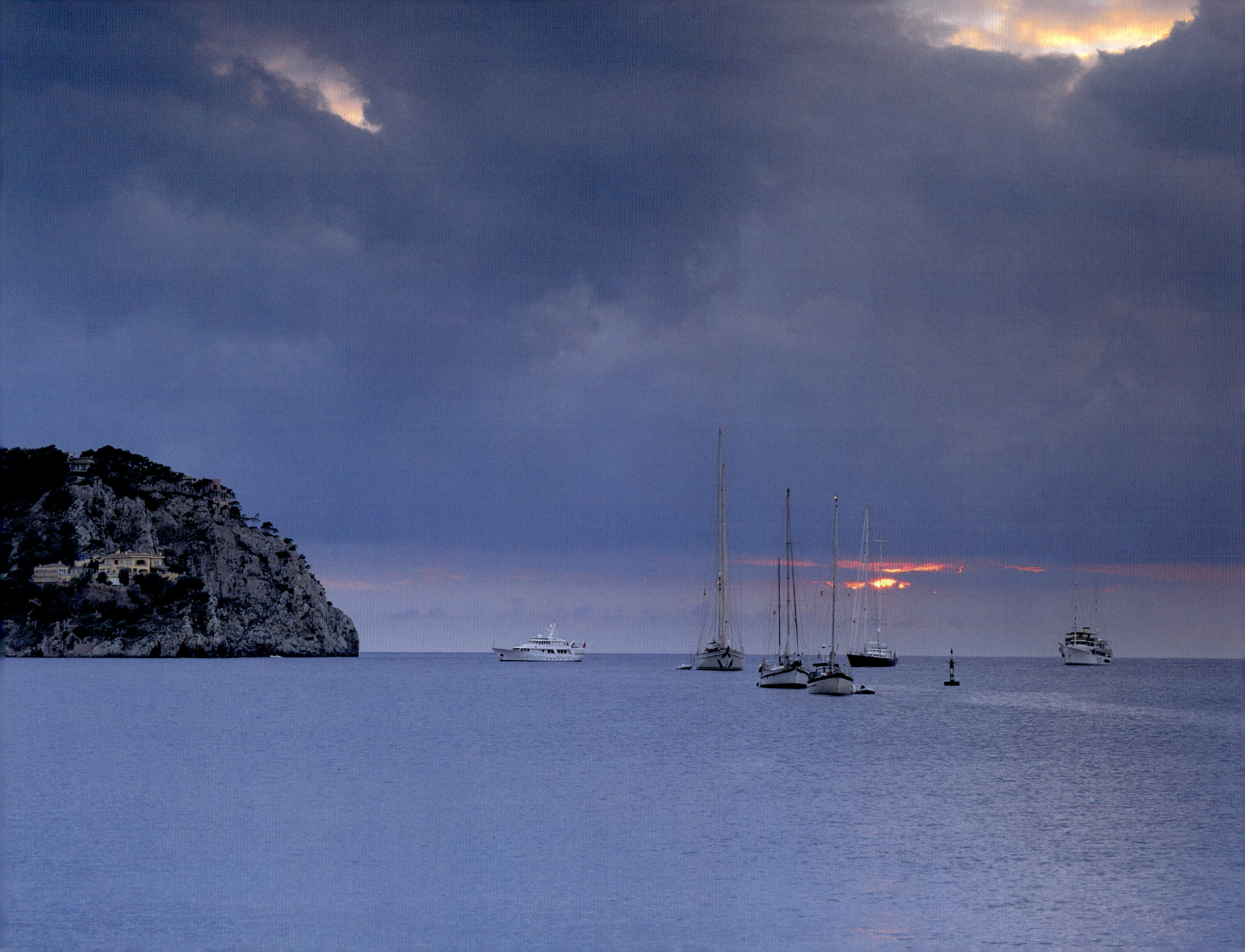

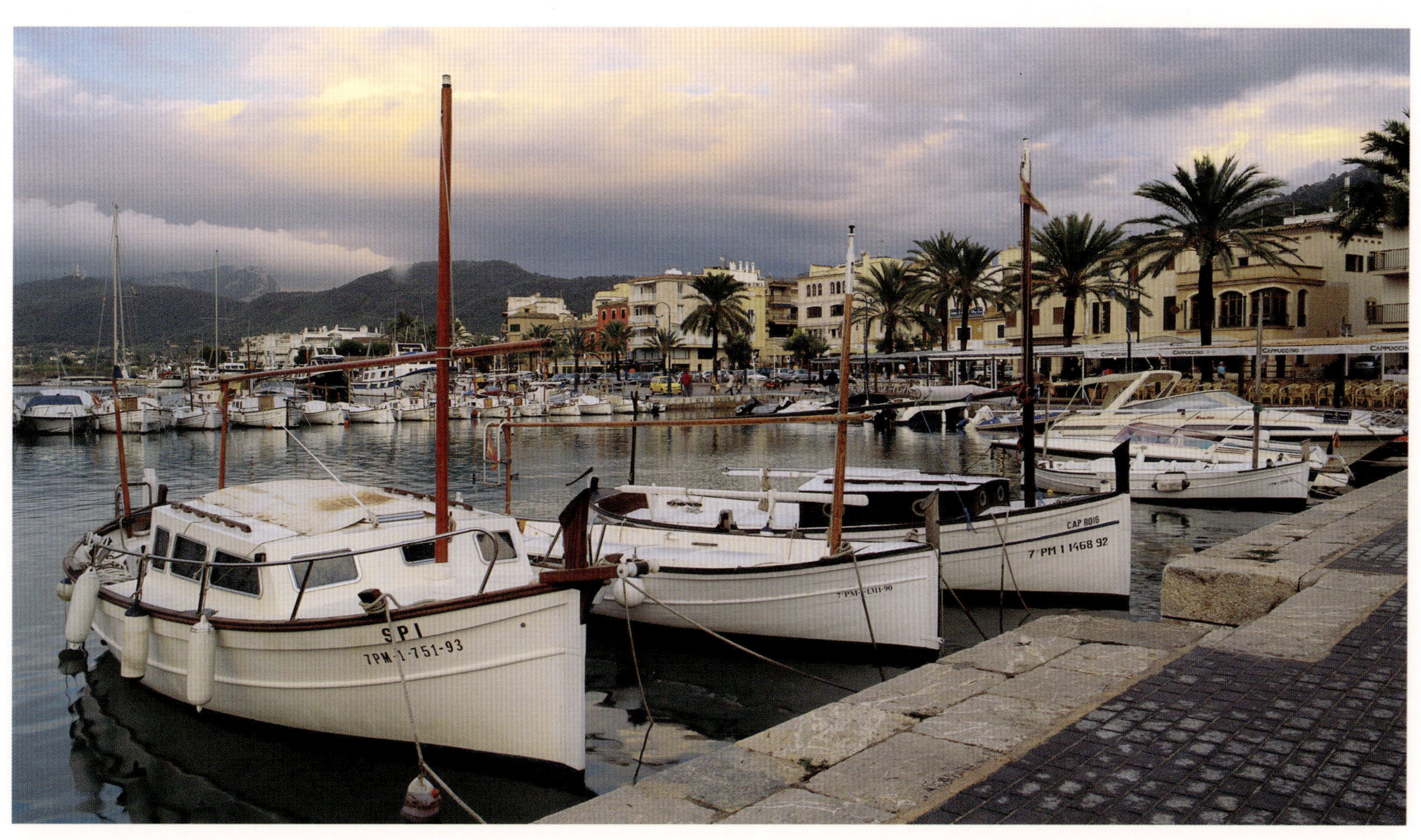
SPI
7PM-1-751-93
CAP ROIG
7ªPM 1 1468 92

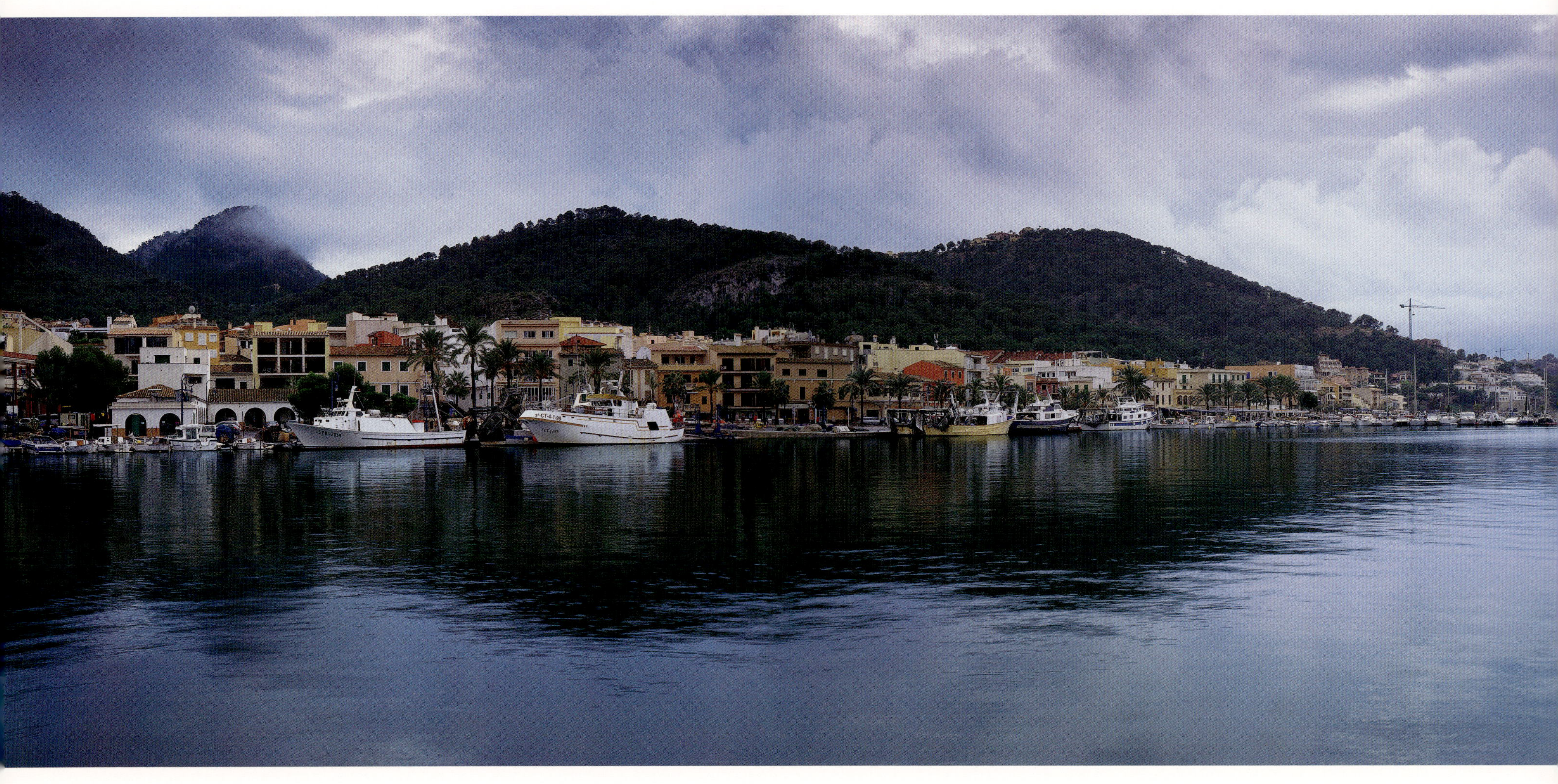

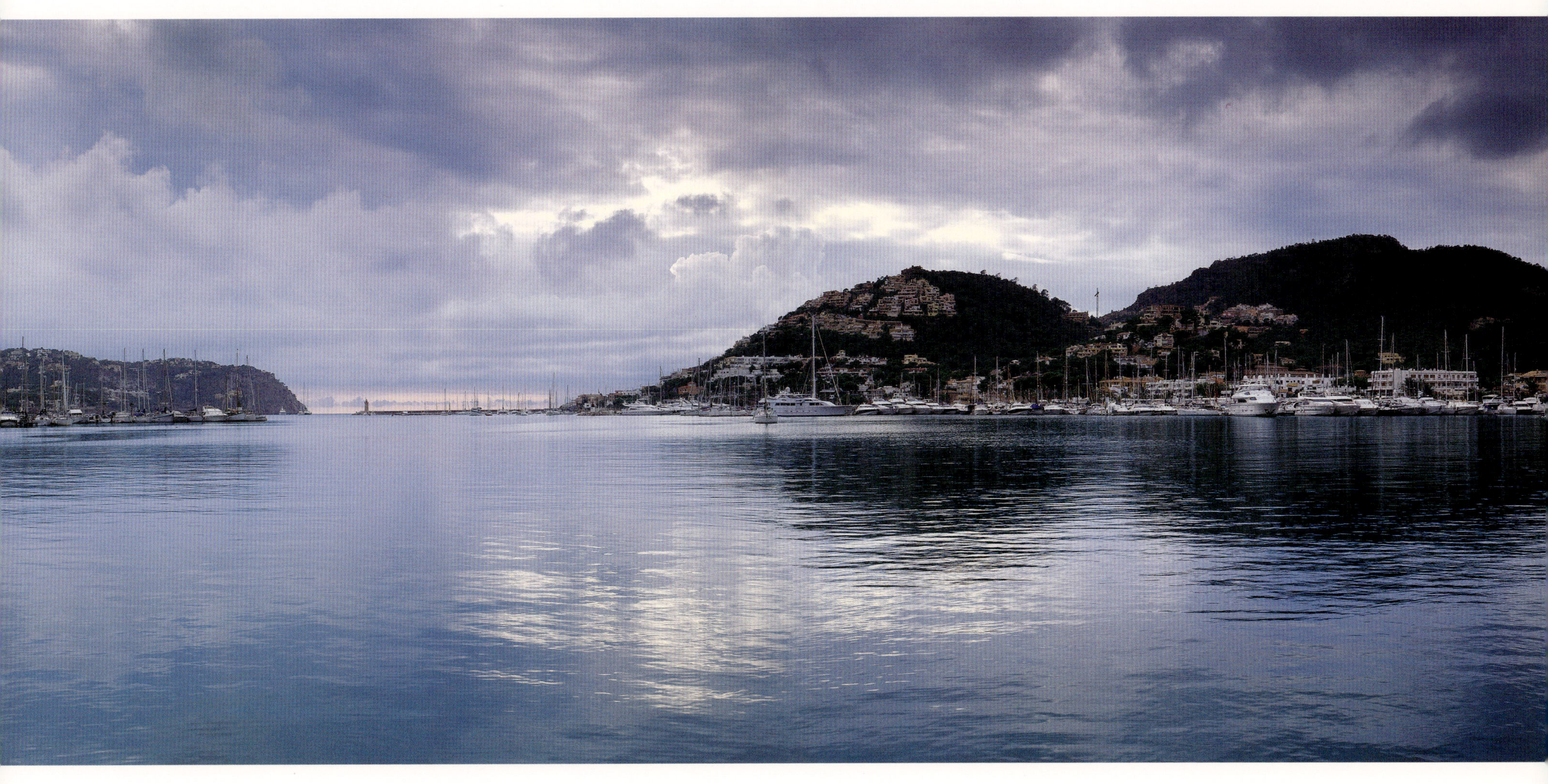

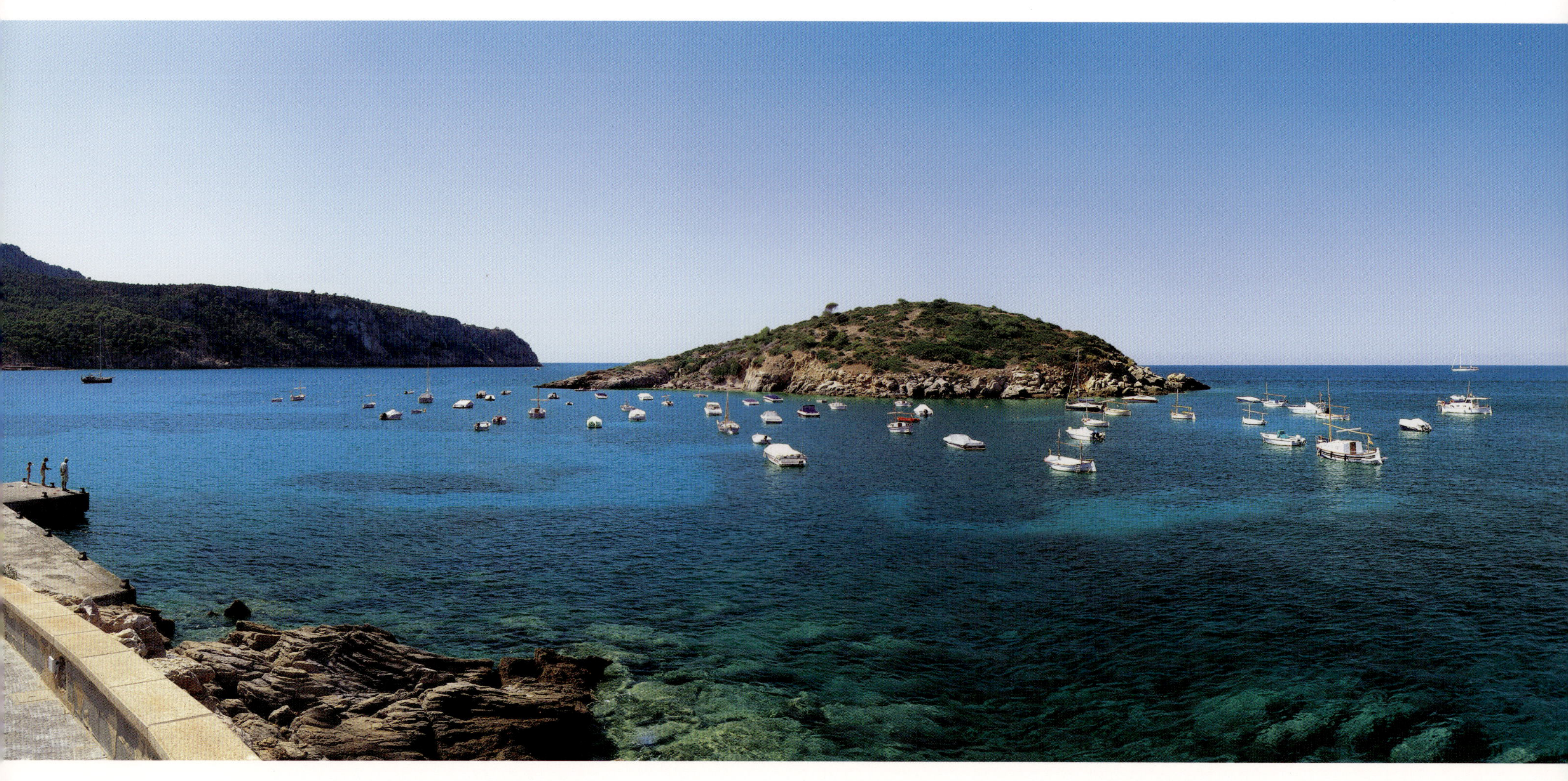

• *Sant Elm* | An old fishing village, protected from the sea by the Es Pantaleu islet, Sant Elm possesses the westernmost beach in Mallorca, and provides a good anchorage for sailing boats. Sant Elm is the natural departure point for La Trapa and Sa Dragonera.

• *Sant Elm* | Antiguo centro de pescadores, protegido del mar por el islote de Es Pantaleu, Sant Elm tiene la playa más occidental de Mallorca, y ofrece un buen anclaje para las embarcaciones a vela. Sant Elm es el punto de partida natural hacia La Trapa y Sa Dragonera.

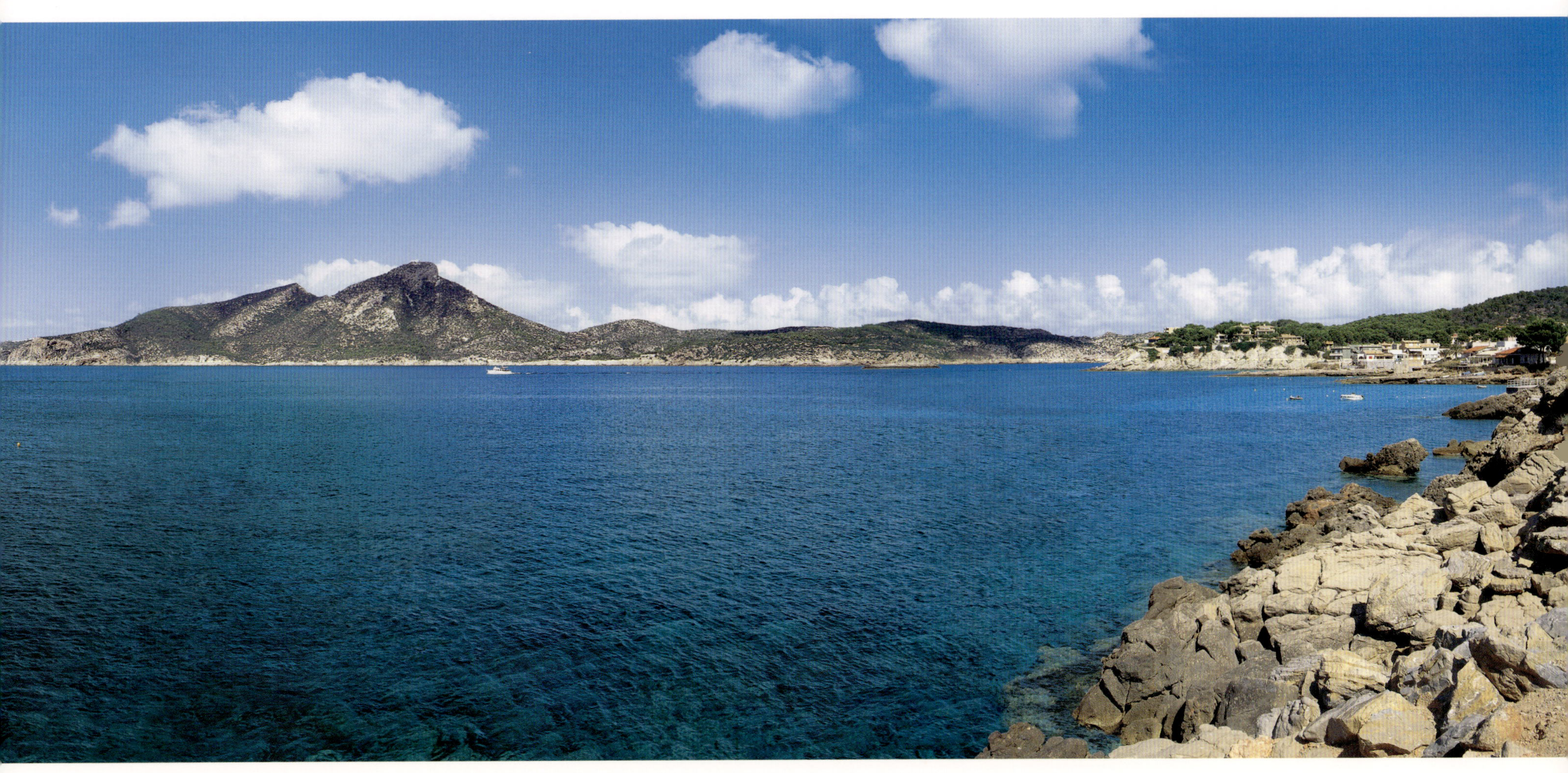

• *Sant Elm* | Dieses einstige Fischerdorf, das von der Felsinsel Es Pantaleu vom Meer geschützt ist, besitzt den westlichsten Strand Mallorcas und bietet Segelschiffen einen wundervollen Ankerplatz. Von Sant Elm aus erreicht man La Trapa und Sa Dragonera.

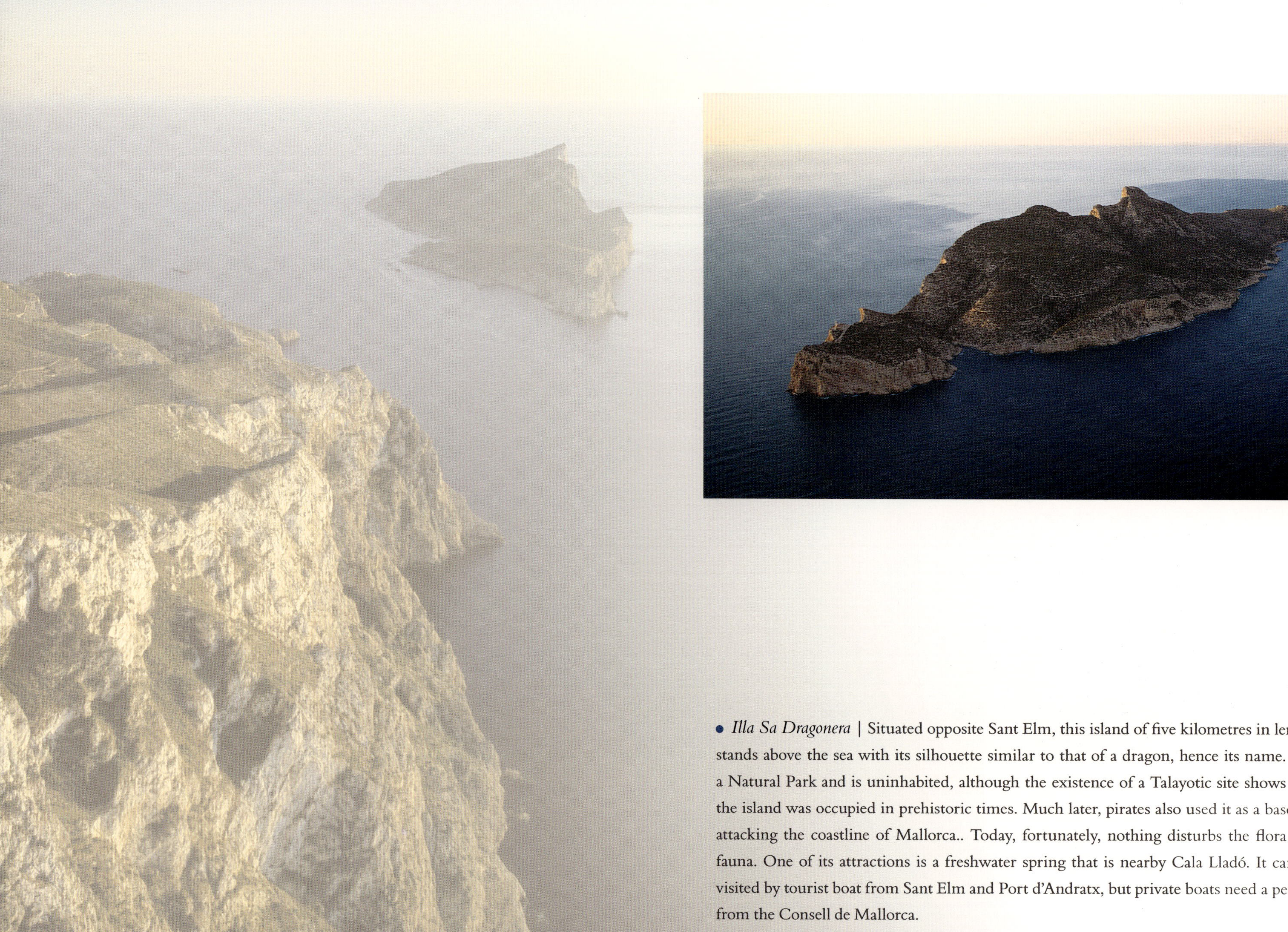

• *Illa Sa Dragonera* | Situated opposite Sant Elm, this island of five kilometres in length stands above the sea with its silhouette similar to that of a dragon, hence its name. It is a Natural Park and is uninhabited, although the existence of a Talayotic site shows that the island was occupied in prehistoric times. Much later, pirates also used it as a base for attacking the coastline of Mallorca.. Today, fortunately, nothing disturbs the flora and fauna. One of its attractions is a freshwater spring that is nearby Cala Lladó. It can be visited by tourist boat from Sant Elm and Port d'Andratx, but private boats need a permit from the Consell de Mallorca.

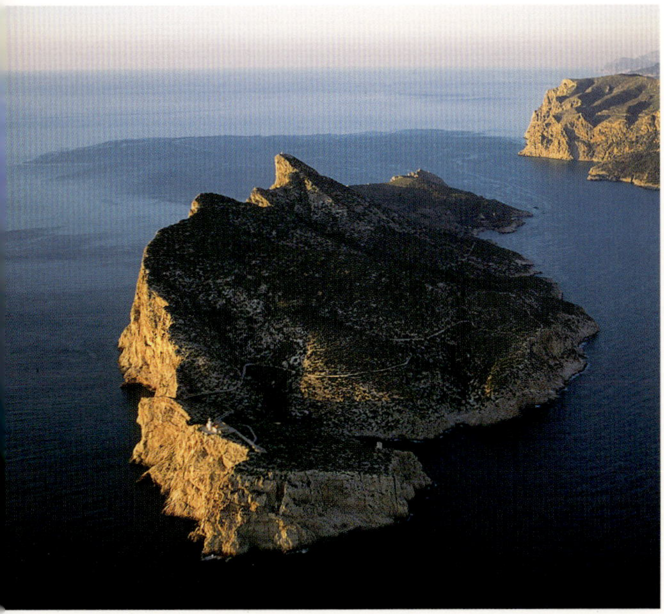
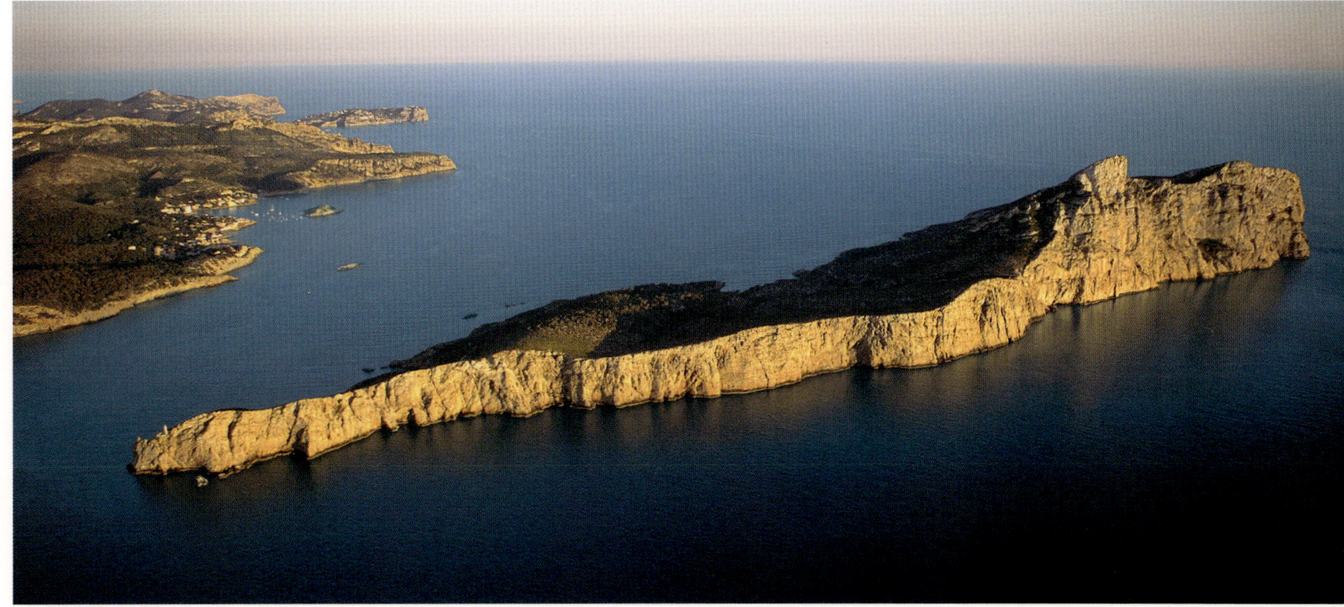

Illa Sa Dragonera | Situada frente a Sant Elm, esta isla de unos cinco kilómetros de longitud se eleva desde el mar con su silueta similar a la de un dragón y de ahí su nombre. Actualmente es un Parque Natural y está deshabitada, aunque la existencia de un yacimiento talayótico demuestra que la isla estuvo ocupada en tiempos prehistóricos. Mucho más tarde, también los piratas la utilizaron como base para atacar las costas mallorquinas. Hoy en día, afortunadamente, nada perturba la fauna y la flora. Una de sus atracciones es un manantial de agua dulce que se encuentra cerca de la cala Lladó. Puede visitarse con embarcaciones turísticas desde Sant Elm y Port d'Andratx, pero las embarcaciones privadas necesitan un permiso del Consell de Mallorca.

Illa Sa Dragonera | Vor Sant Elm liegt diese ungefähr fünf Kilometer lange Insel. Sie ragt drachenförmig aus dem Meer heraus, daher der Name, Dragón bedeutet Drachen auf Spanisch. Heute ist sie ein Naturpark und unbewohnt, obwohl eine talayotische Siedlung beweist, dass die Insel in prähistorischen Epochen bewohnt war. Viele Jahrhunderte später benutzten Piraten die Insel als Ausgangspunkt, um die mallorquinischen Küsten anzugreifen. Heutzutage wird die Fauna und Flora der Felseninsel glücklicherweise nicht mehr ge- und zerstört. Die Insel besitzt eine Süßwasserquelle, sie liegt in der Nähe der Bucht Lladó. Man kann die Insel mit Touristenbooten von Sant Elm und Port d'Andratx aus erreichen. Private Boote benötigen eine Genehmigung vom Inselrat von Mallorca.

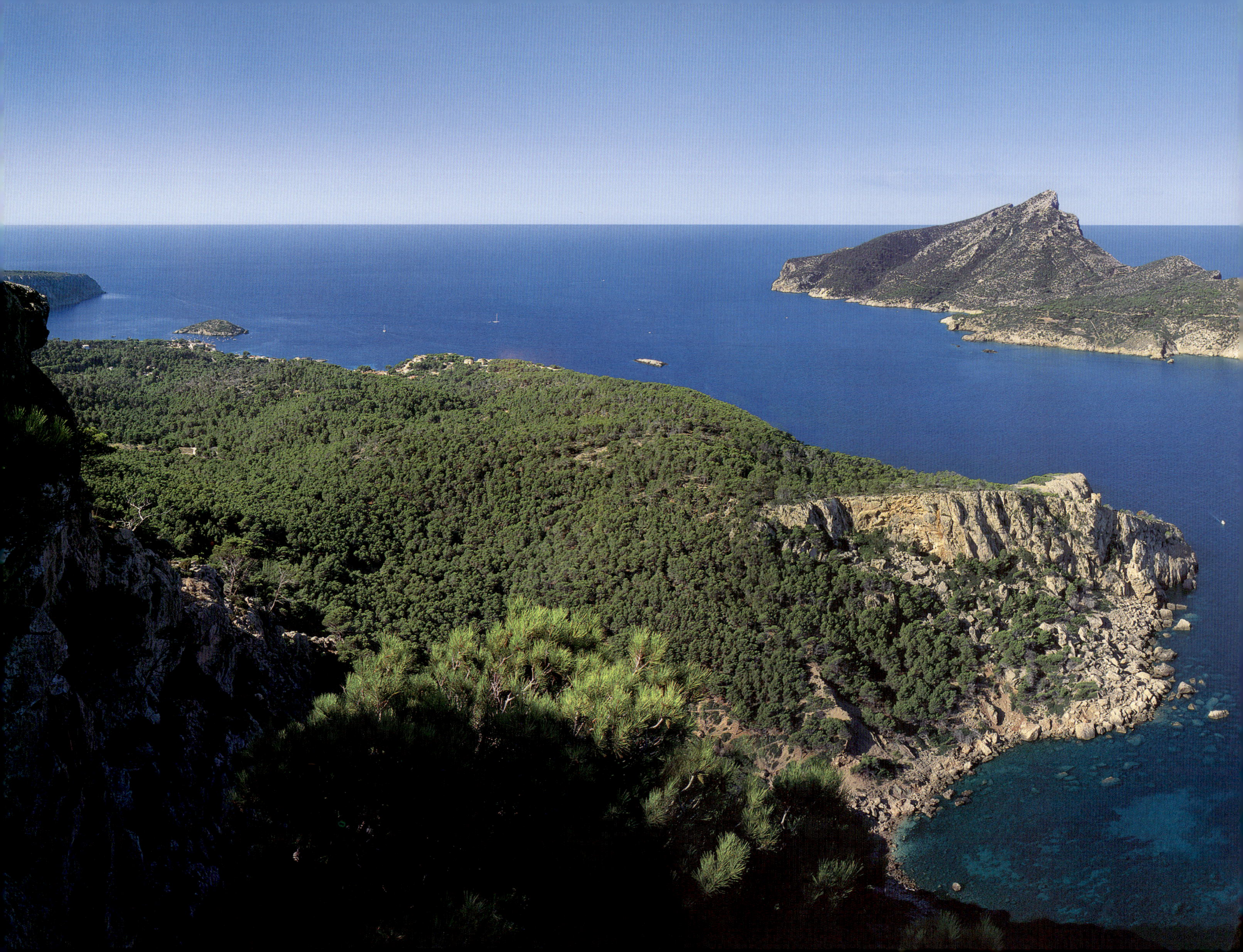

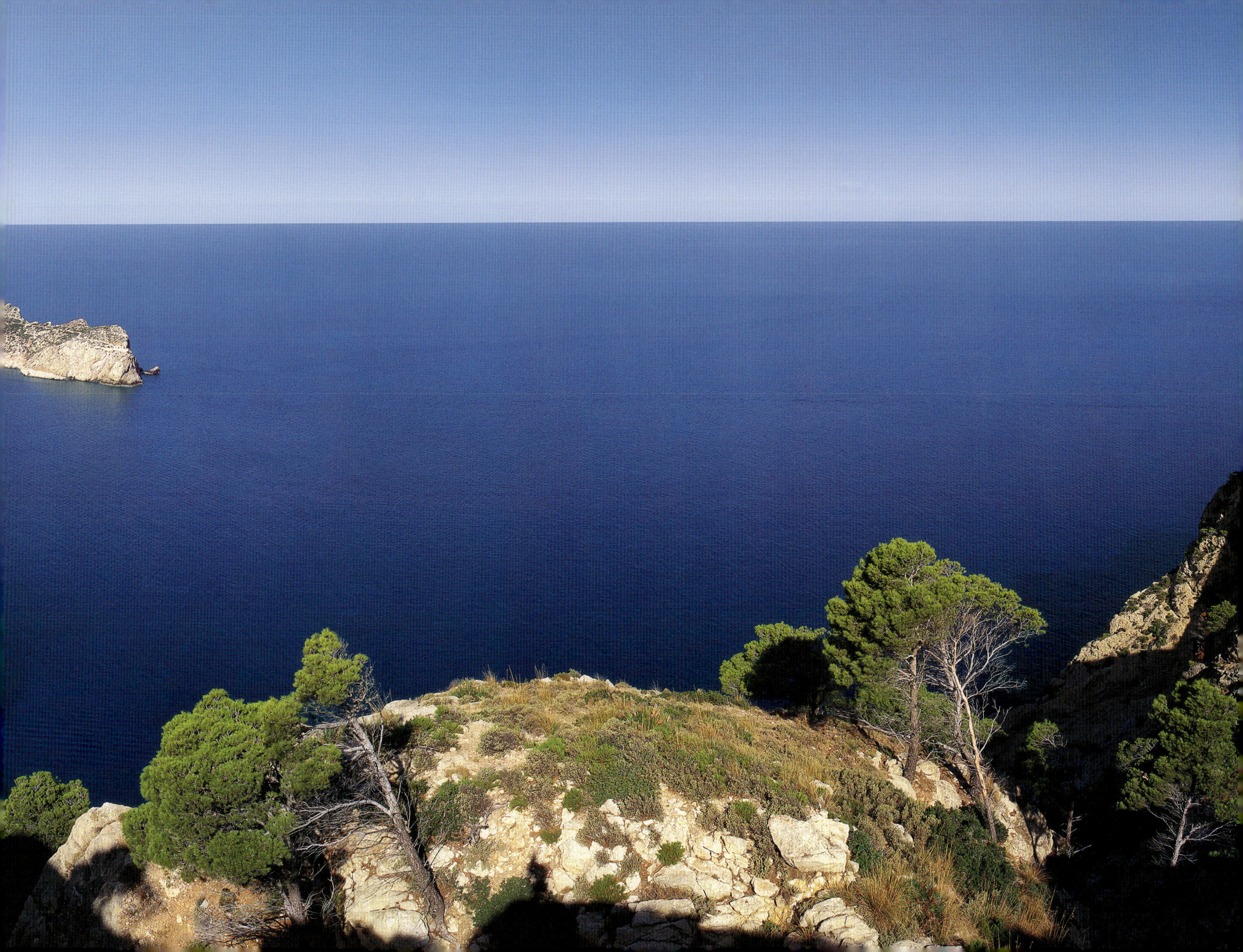

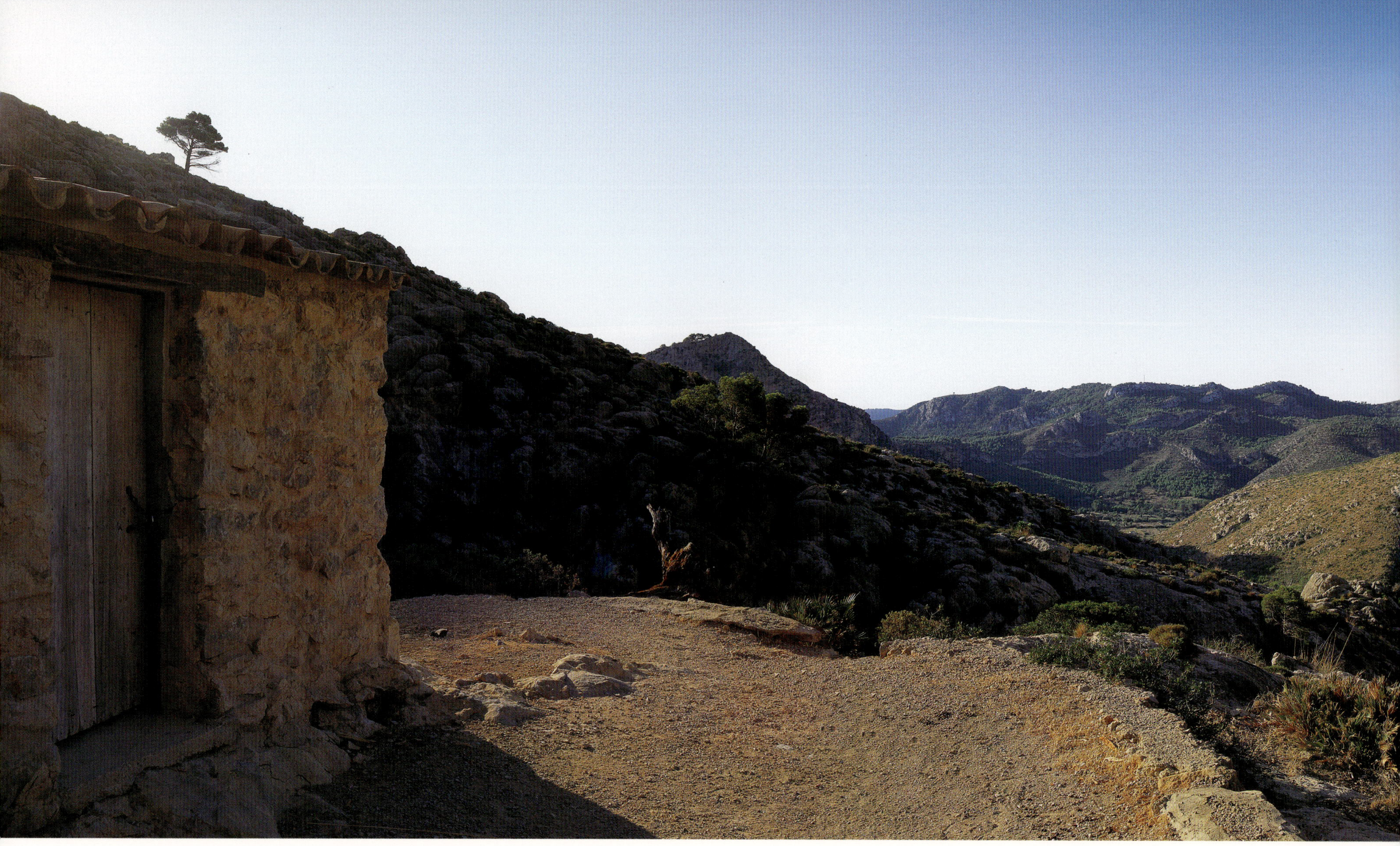

• *La Trapa* | The old valley of Sant Josep has been known as La Trapa since a group of Trappist monks, fleeing from the French revolution, built a monastery and lived in it between 1810 and 1820. Today the estate is the property of the GOB (Balearic Ornithological Group), which works untiringly for the conservation of this natural space, with one the best panoramic views of Sa Dragonera.

• *La Trapa* | El antiguo valle de Sant Josep se conoce como la Trapa desde que un grupo de monjes trapenses, huyendo de la revolución francesa, construyeran un monasterio y lo habitaran entre 1810 y 1820. Actualmente, la finca es propiedad del GOB (Grupo Ornitológico Balear), que trabaja incansablemente para la conservación de este espacio natural, que presume de una de las mejores vistas panorámicas de Sa Dragonera.

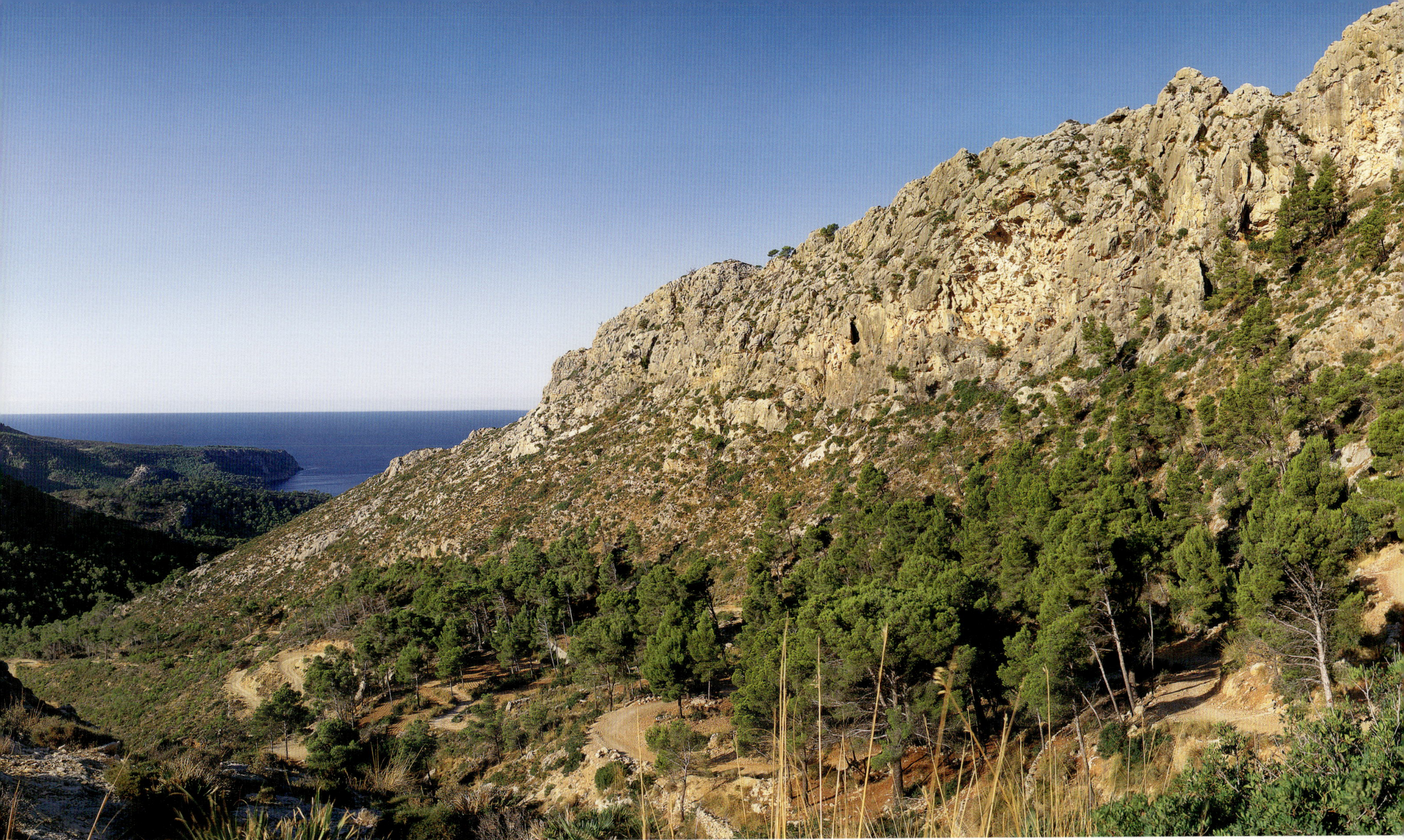

• *La Trapa* | Das alte Tal Sant Josep wird als La Trapa bezeichnet, seitdem eine Gruppe von Trappistenmönchen, die vor der französischen Revolution flohen, hier ein Kloster errichteten und dieses zwischen 1810 und 1820 bewohnten. Heute ist dieses Kloster im Eigentum des GOB, des Ornithologieverbands der Balearen, der sich unermüdlich um den Erhalt dieses Naturraums bemüht. Von hier hat man den schönsten Panoramablick auf Sa Dragonera.

Tramuntana (Estellencs - Formentor)

• *From Estellencs to Formentor* | The northwest part of Mallorca takes its name from the dominant mountainous land, the Serra de Tramuntana, the "mountains of the north wind". This county, due to its special orography, is a paradise where even today it retains an infinite number of pleasant corners that give off the perfume of former times: megalithic remains, Arab constructions, Roman ruins and, above all, the imposing presence of nature and the rural world are an invitation to enjoy an unforgettable experience. This region receives the most rainfall and some peaks such as Puig Major (1,447 m), Puig de Massanella (1,352 m), Puig Tomir (1,103 m) or Puig des Teix (1,062 m) remain covered by a blanket of snow throughout winter and although the temperatures are high in summer, there is an abundance of water thanks to these natural reserves, which means the island can produce the finest olive oil and juiciest oranges that fill the air with their delicious aroma. The range descends into the sea with craggy cliffs that protect some of the island's most beautiful coves.

Tramuntana, more than any other region in Mallorca, has had the power to seduce its visitors and leave an indelible mark on their hearts. The French writer George Sand fell in love with the beautiful city of Valldemossa, since it was here where she and her lover, the Polish composer Frederic Chopin, took refuge for some months during the summer of 1838. Archduke Louis Salvador of Austria similarly became enchanted and also left many records of his love for the island, particularly this spectacular part.

• *De Estellencs a Formentor* | La parte noroeste de Mallorca toma su nombre del terreno montañoso dominante, la Serra de Tramuntana, las "montañas del viento del norte". Esta comarca, debido a su especial orografia es una especie de paraíso donde se conservan aún infinidad de rincones entrañables que desprenden el perfume de otras épocas: restos megalíticos, construcciones árabes, ruinas romanas y, sobre todo, la presencia imponente de la naturaleza y del mundo rural invitan a disfrutar de una experiencia inolvidable. Es ésta la región más húmeda de Mallorca y algunos picos como el Puig Major (1.447 m), el Puig de Massanella (1.352 m), el Puig Tomir (1.103 m) o el Puig des Teix (1.062 m) permanecen cubiertos por un manto de nieve durante los meses de invierno y aunque las temperaturas se elevan en verano hay abundancia de agua gracias a estas reservas naturales, lo que permite producir el aceite de oliva más fino y jugosas naranjas que llenan el aire con su delicioso aroma. La sierra se sumerge en el mar con escarpados acantilados que protegen algunas de las calas más bellas de la isla.

Tramuntana, más que cualquier otra región de Mallorca, ha tenido el poder de seducir a sus visitantes y dejar una marca indeleble en sus corazones. La escritora francesa George Sand se enamoró de la bella ciudad de Valldemossa, ya que fue aquí en donde ella y su amante, el compositor polaco Frédéric Chopin, se refugiaron algunos meses durante el invierno de 1838. El Archiduque Luis Salvador de Austria se enamoró de manera similar y también dejó muchos registros de su amor por la isla, particularmente de esta región espectacular.

• *Von Estellencs nach Formentor* | Der Nordwesten Mallorcas verdankt seinem Namen der wichtigsten Gebirgskette, der Serra de Tramuntana, die „Berge des Nordwindes". Dieser Landkreis mit seiner überwältigenden Landschaft ist eine Art Paradies, in dem sich unendlich viele, wundervolle Winkel erhalten haben, die an längst vergangene Epochen erinnern. So gibt es megalithische Überreste, arabische Bauten, römische Ruinen und vor allem die überwältigende Natur und eine ländliche Welt, die zu einer unvergesslichen Erfahrung einladen. Es handelt sich um die niederschlagreichste Region Mallorcas, und manche Bergspitzen wie der Puig Major (1.447 m), der Puig de Massanella (1.352 m), der Puig Tomir (1.103 m) und Puig des Teix (1.062 m) sind den ganzen Winter über von Schnee bedeckt. Obwohl die Temperaturen im Sommer stark steigen, gibt es aufgrund der natürlichen Wasserreserven ausreichend Wasser, so dass man hier das beste Olivenöl und die saftigsten Orangen der Insel produzieren kann, die ihren feinen Duft in Luft verströmen. Die Gebirgskette taucht mit abschüssigen Steilküsten, die einige der schönsten Buchten der Insel umgeben, ins Meer.

Tramuntana hat wie keine andere Region Mallorcas die Macht, seine Besucher zu verführen und eine unauslöschliche Spur in ihren Herzen zu hinterlassen. Die französische Schriftstellerin George Sand verliebte sich in das wunderschöne Städtchen Valldemossa, wo sie sich mit ihrem Liebhaber, dem polnischen Komponisten Frédéric Chopin, im Winter 1838 einige Monate lang aufhielt. Der Erzherzog Ludwig Salvator von Österreich verliebte sich auf eine ähnliche Weise in die Insel und hinterließ dort die Spuren dieser Liebe, insbesondere in dieser überwältigenden Region.

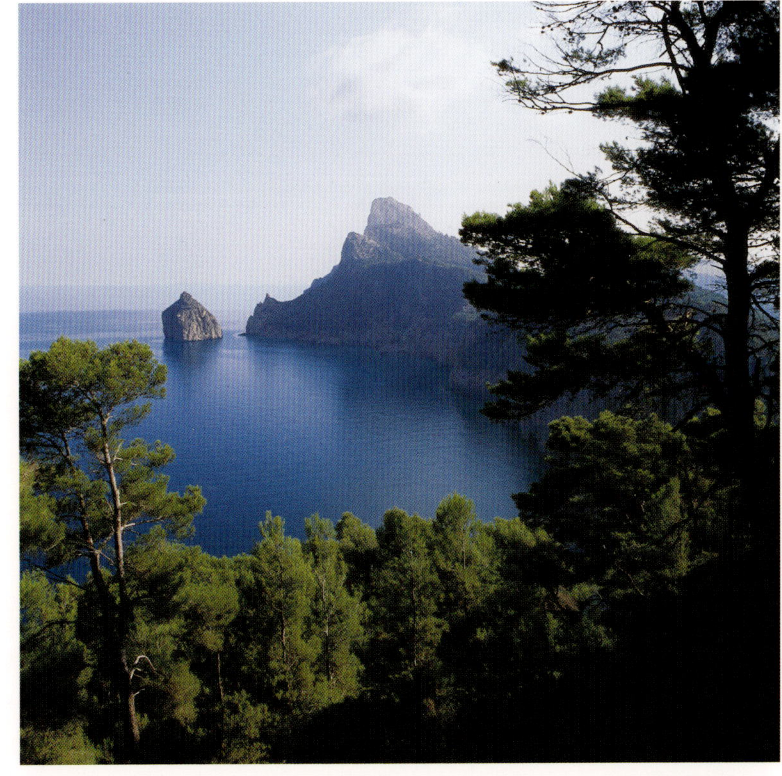

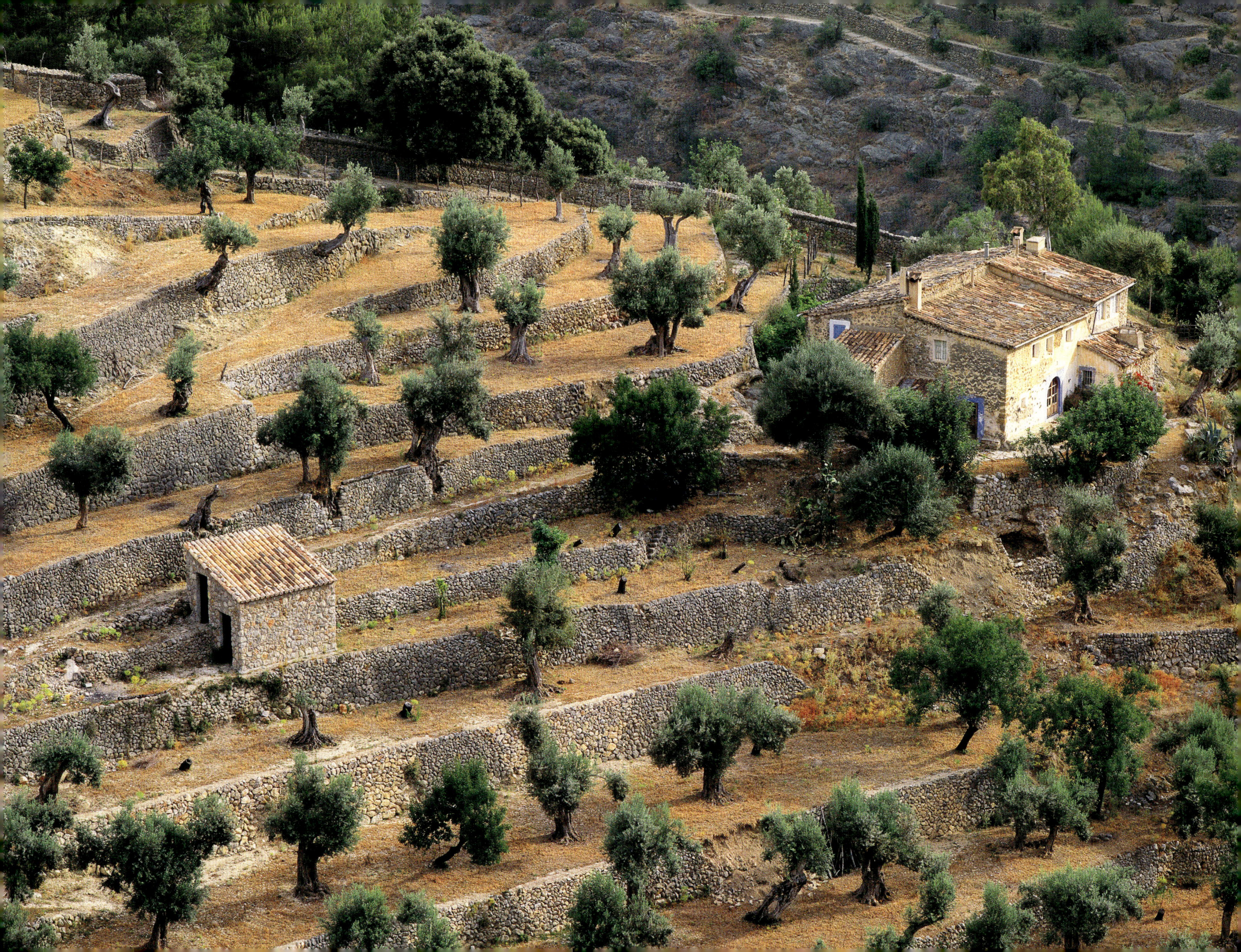

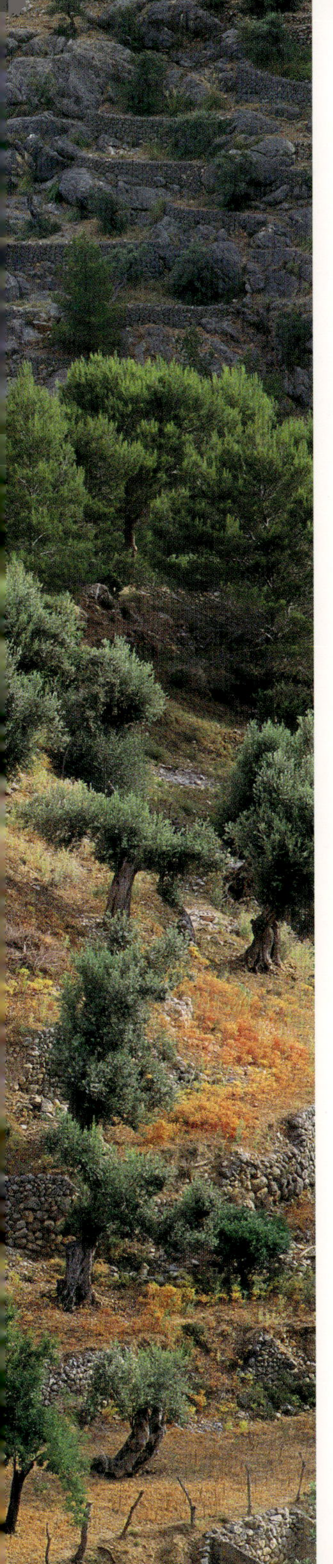

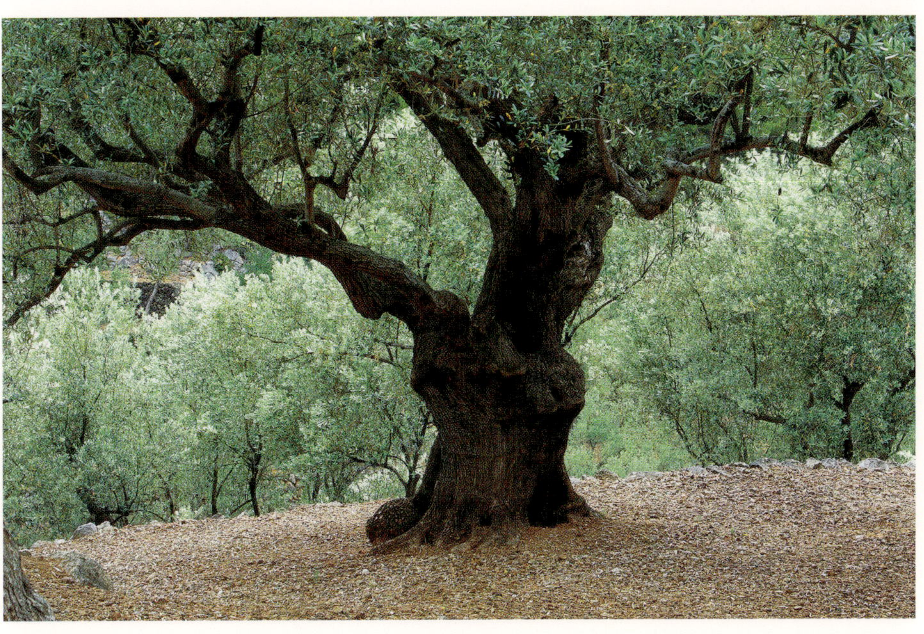

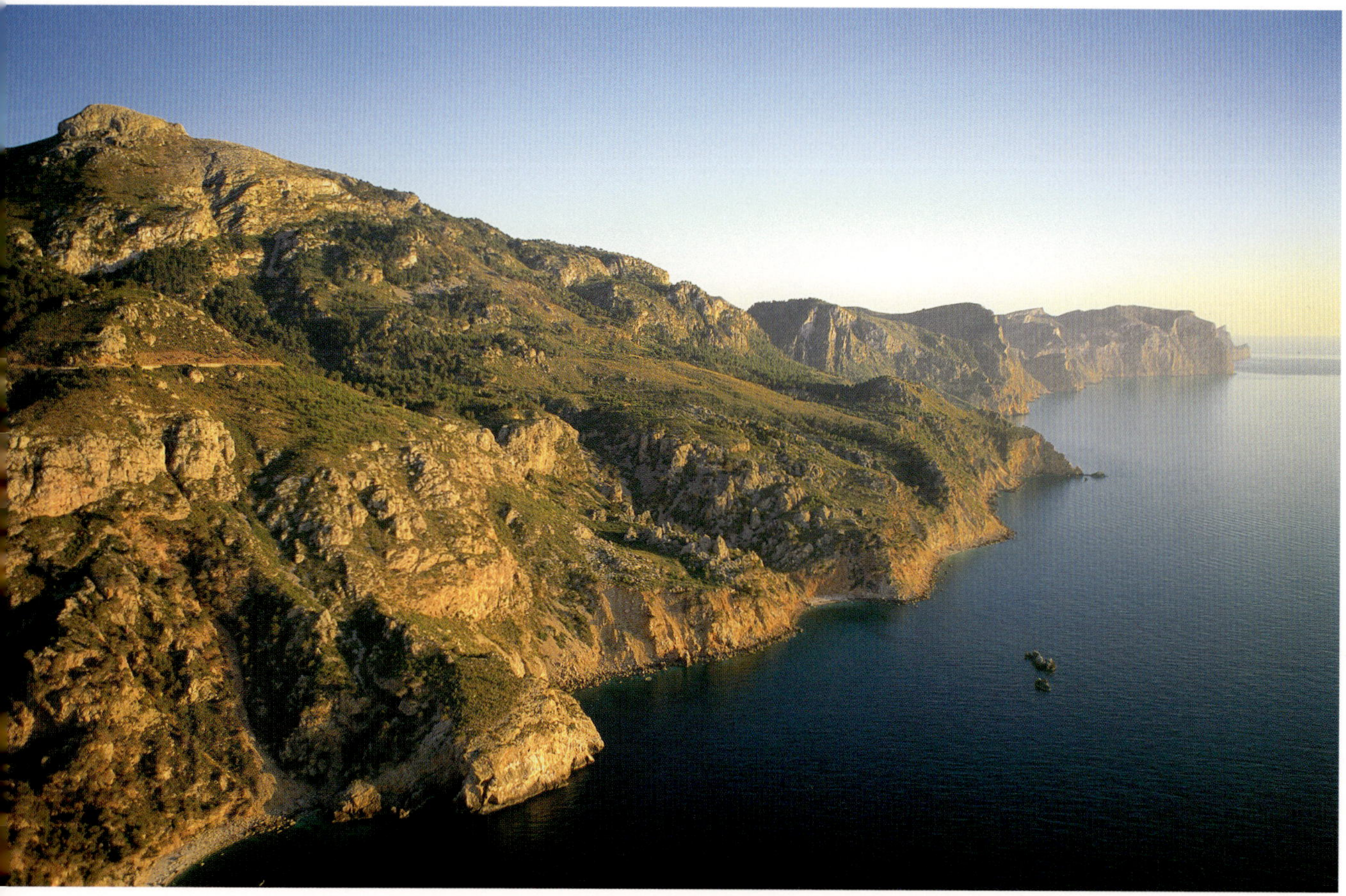

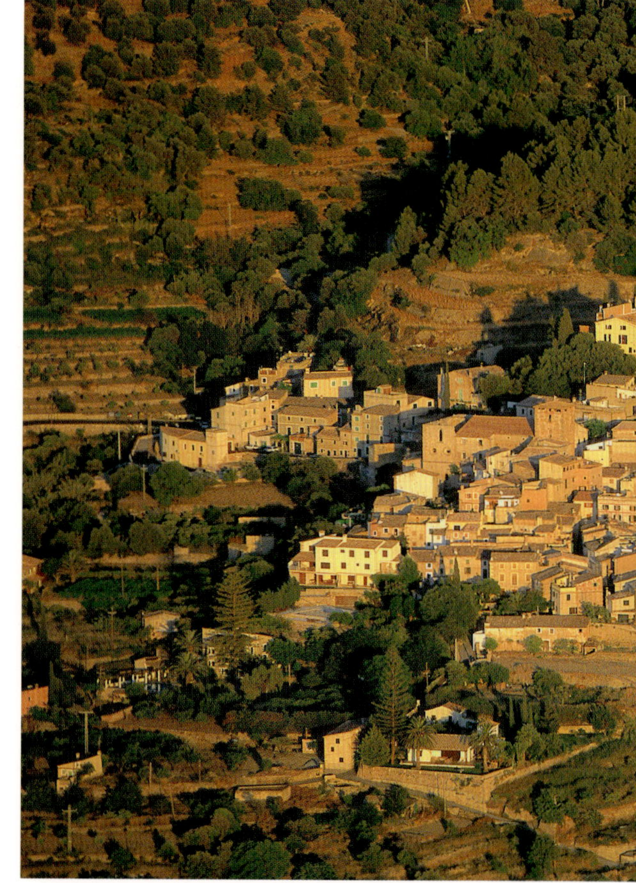

Estellencs

• The Tramuntana coast is different from the coastline of the rest of the island. The sea is very deep and there are less coves and cosy inlets. The numerous cliffs that drop from spectacular heights make this part of the island difficult to reach from the sea. Many of the coastal towns are built on the slopes that penetrate the Mediterranean.

• La costa de Tramuntana es diferente a las líneas costeras del resto de la isla. El mar es muy profundo y hay menos calas y ensenadas acogedoras. Multitud de acantilados que caen desde alturas espectaculares hacen de esta parte de la isla una zona de difícil acceso desde el mar. Muchos de los pueblos costeros se elevan por las pendientes que penetran en el Mediterráneo.

• Die Tramuntana-Küste unterscheidet sich von den anderen Küsten der Insel. Das Meer ist hier sehr tief und es gibt weniger einladende Buchten. Die zahlreichen Steilküsten, die in ihrer beeindruckenden Höhe bis an das Ufer des Meeres reichen, machen die Zufahrt an diesen Küstenstrich vom Meer aus sehr schwierig. Viele der Küstendörfer erstrecken sich über die Abhänge, die bis in das Mittelmeer abfallen.

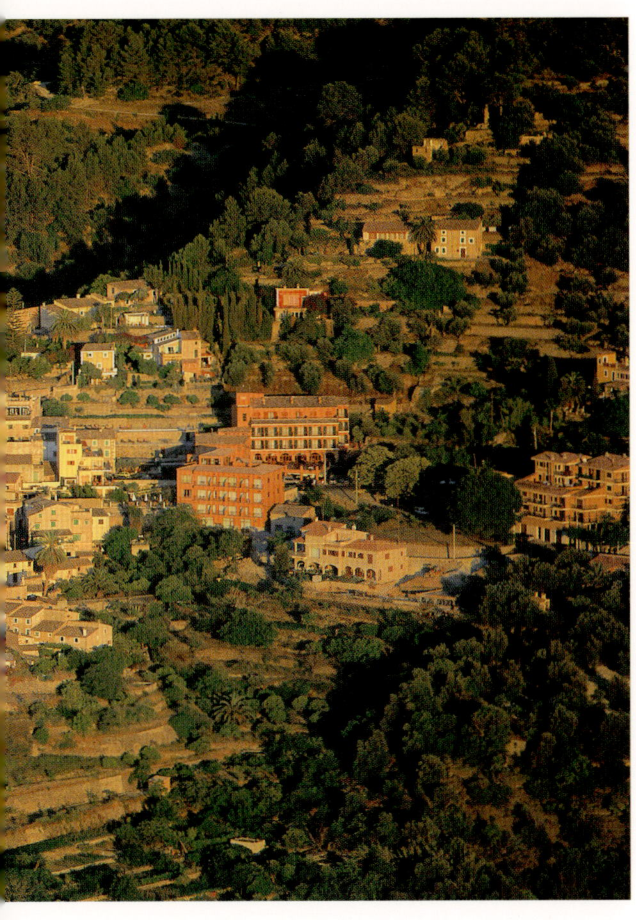

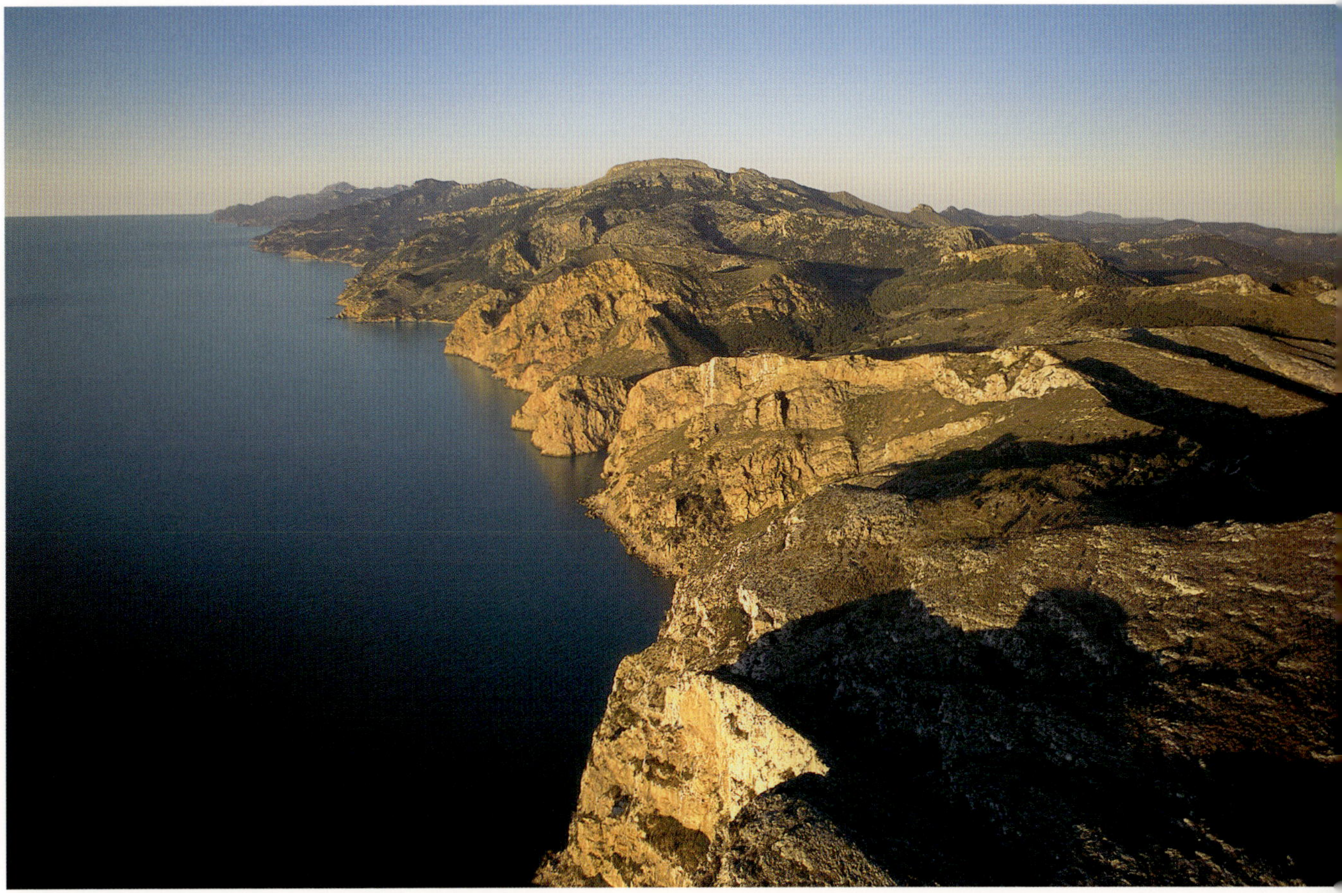

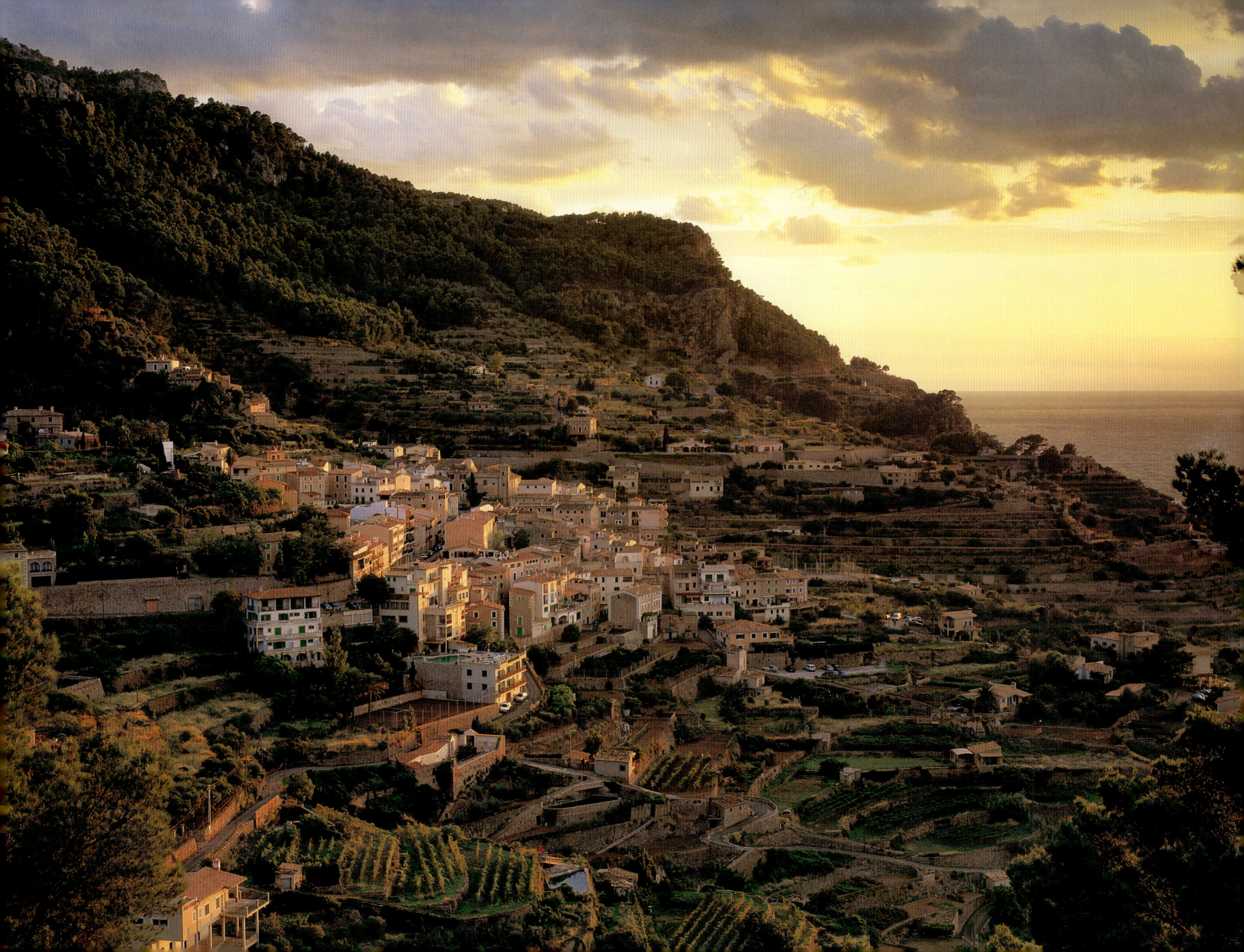

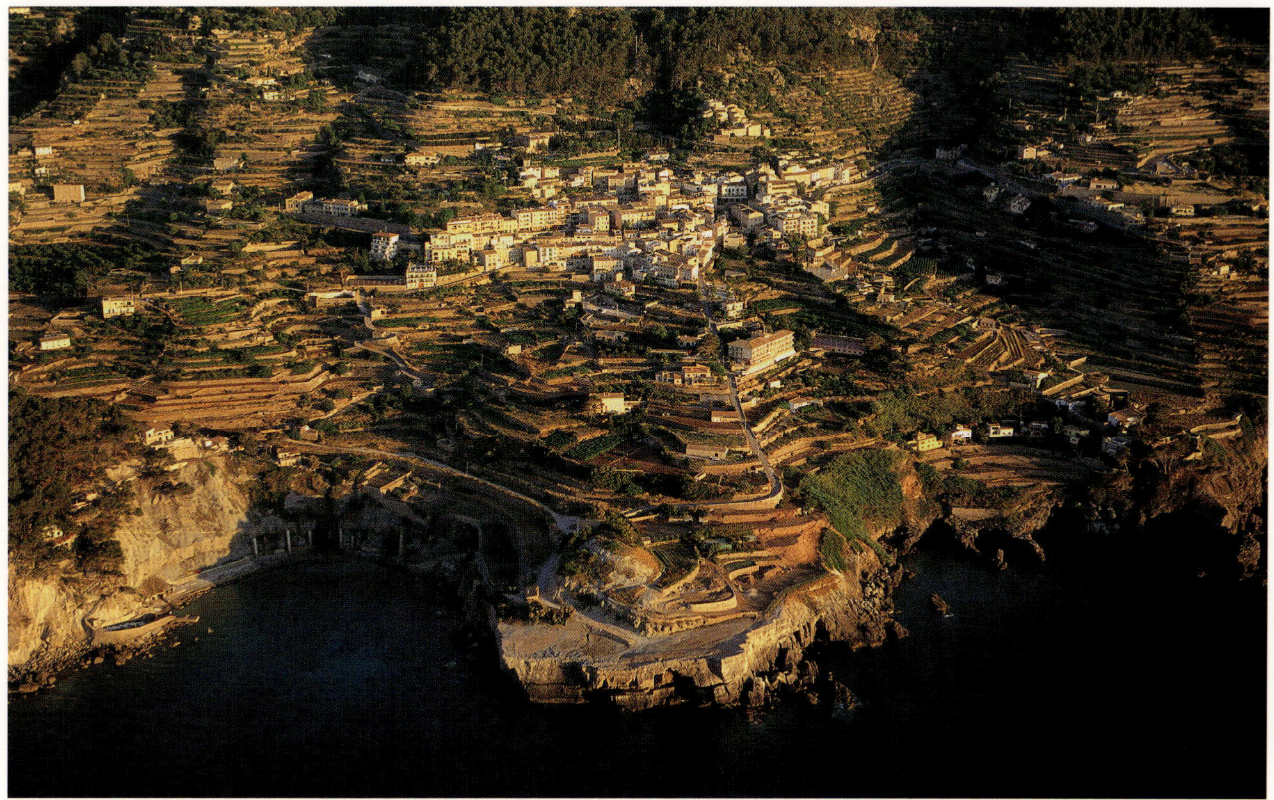

• *Banyalbufar* | Like ripples at the shore of a lake, the terraced crops of Banyalbufar drop to the Mediterranean. This technique of cultivation, as well as the hydraulic network of irrigation ditches, canals, fountains and washhouses, date back to Muslim domination (10th century), who founded the town as *Bahaya al-bujar*, which means "built alongside the sea". A traditional crop is the malvasia grape, which produces a dry, fresh wine with great aromatic power and can be bought in some of the town's bodegas.

• *Banyalbufar* | Como las ondas en constante expansión de un lago, así descienden hasta el Mediterráneo los cultivos en terraza de Banyalbufar. Esta técnica de cultivo, así como la red hidráulica de acequias, canales, fuentes y lavaderos, datan de la dominación de los musulmanes (siglo X), quienes fundaron el pueblo como *Bahaya al-bujar*, que significa "construido junto al mar". Un cultivo tradicional es el de la uva malvasía, que produce un vino seco y fresco de gran potencia aromática y que puede adquirirse en algunas de las bodegas del pueblo.

• *Banyalbufar* | So wie sich die Wellen in einem See langsam ausbreiten, fallen die Terrassenbeete in Banyalbufar wellenförmig ins Meer hinab. Diese Anbautechnik und das Wasserversorgungsnetz mit Bewässerungsgräben, Quellen und Teichen stammen noch aus der Zeit der moslemischen Herrschaft (10. Jh.). Sie waren es, die das Dorf *Bahaya al-bujar* gründeten. Der Name bedeutet „am Meer erbaut". Hier wird traditionell die Rebsorte Malvasia angebaut, aus der man einen frischen, trockenen Wein mit einem starken Aroma gewinnt. Man kann diesen Wein in einigen der Bodegas im Dorf erwerben.

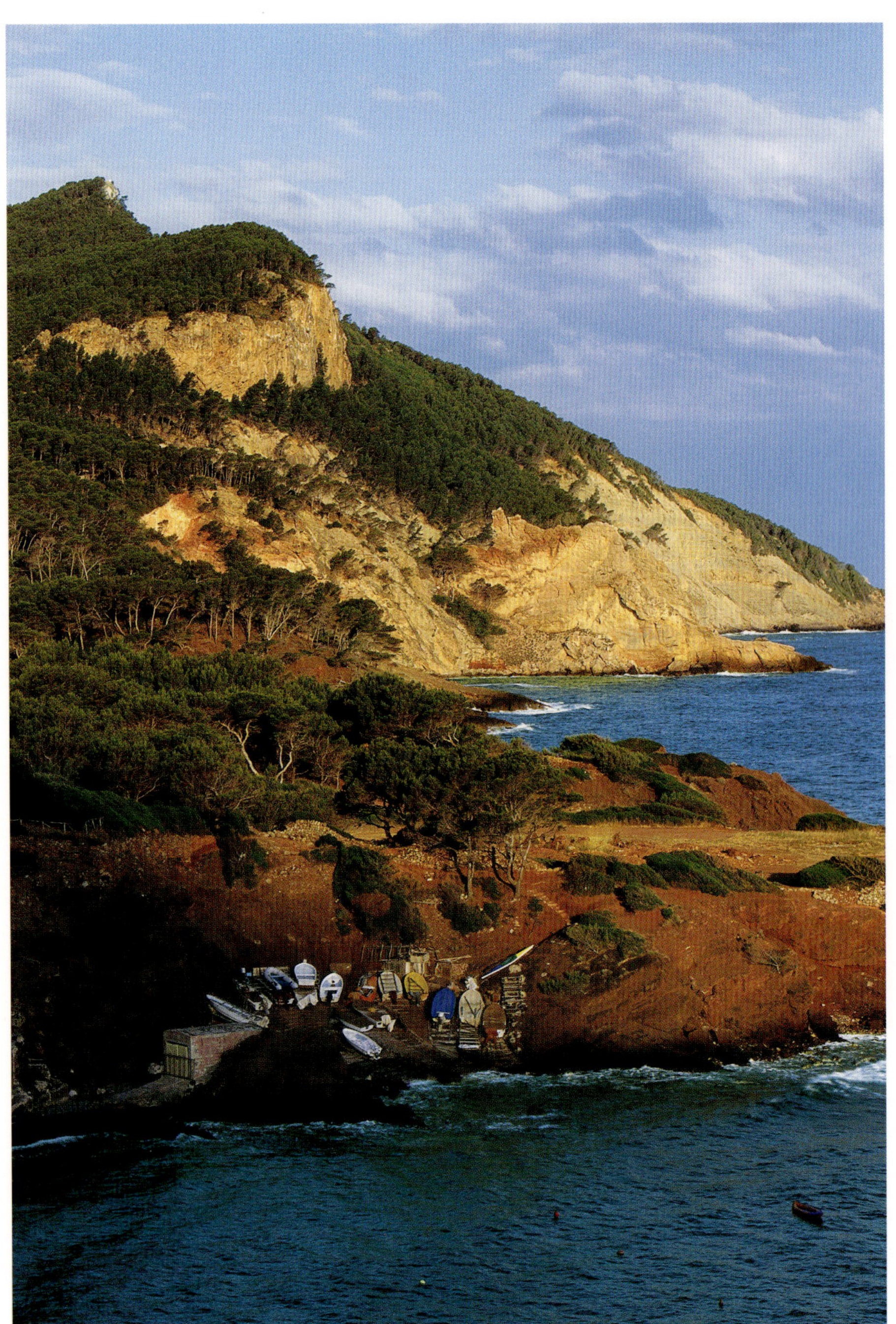

• *Port des Canonge and Port de Valldemossa* | It is worthwhile taking the narrow winding roads that lead to these small ports. Visitors who make the effort will be rewarded by an idyllic landscape, a calm atmosphere and the well-conserved charms of these fishing villages.

• *Port des Canonge y Port de Valldemossa* | Vale la pena recorrer los serpenteantes y estrechos caminos que conducen hasta estos pequeños puertos. Los visitantes que hacen el esfuerzo se ven recompensados por un paisaje idílico, una atmósfera tranquila y los encantos bien conservados de estas aldeas pesqueras.

• *Port des Canonge und Port de Valldemossa* | Es lohnt sich, den gewundenen und engen Pfaden zu folgen, die in diese kleinen Häfen führen. Die Besucher, die diese Anstrengung unternehmen, werden mit einer idyllischen Landschaft, viel Ruhe und dem Zauber dieser alten Fischerdörfer belohnt.

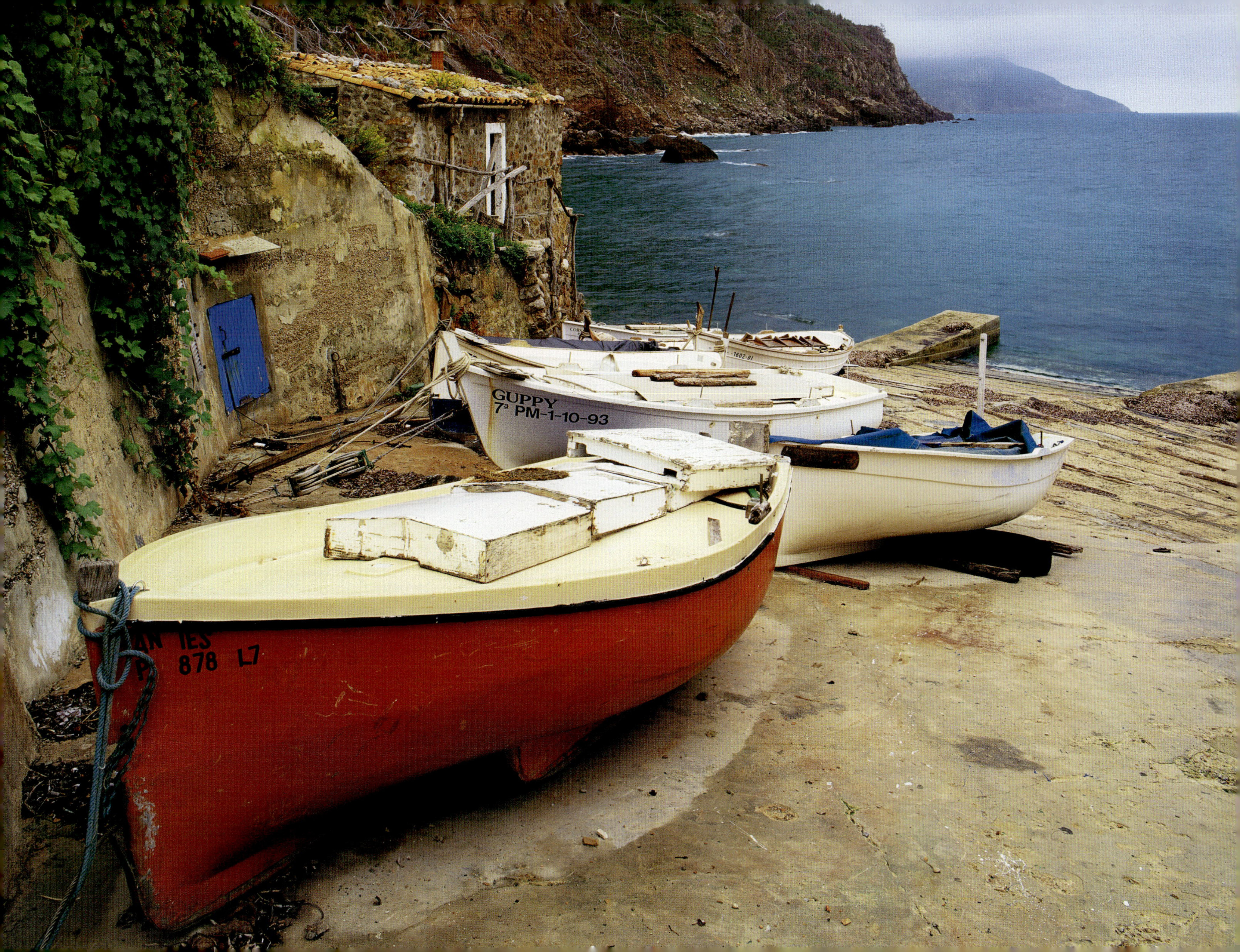
GUPPY
7ª PM-1-10-93
878 L7

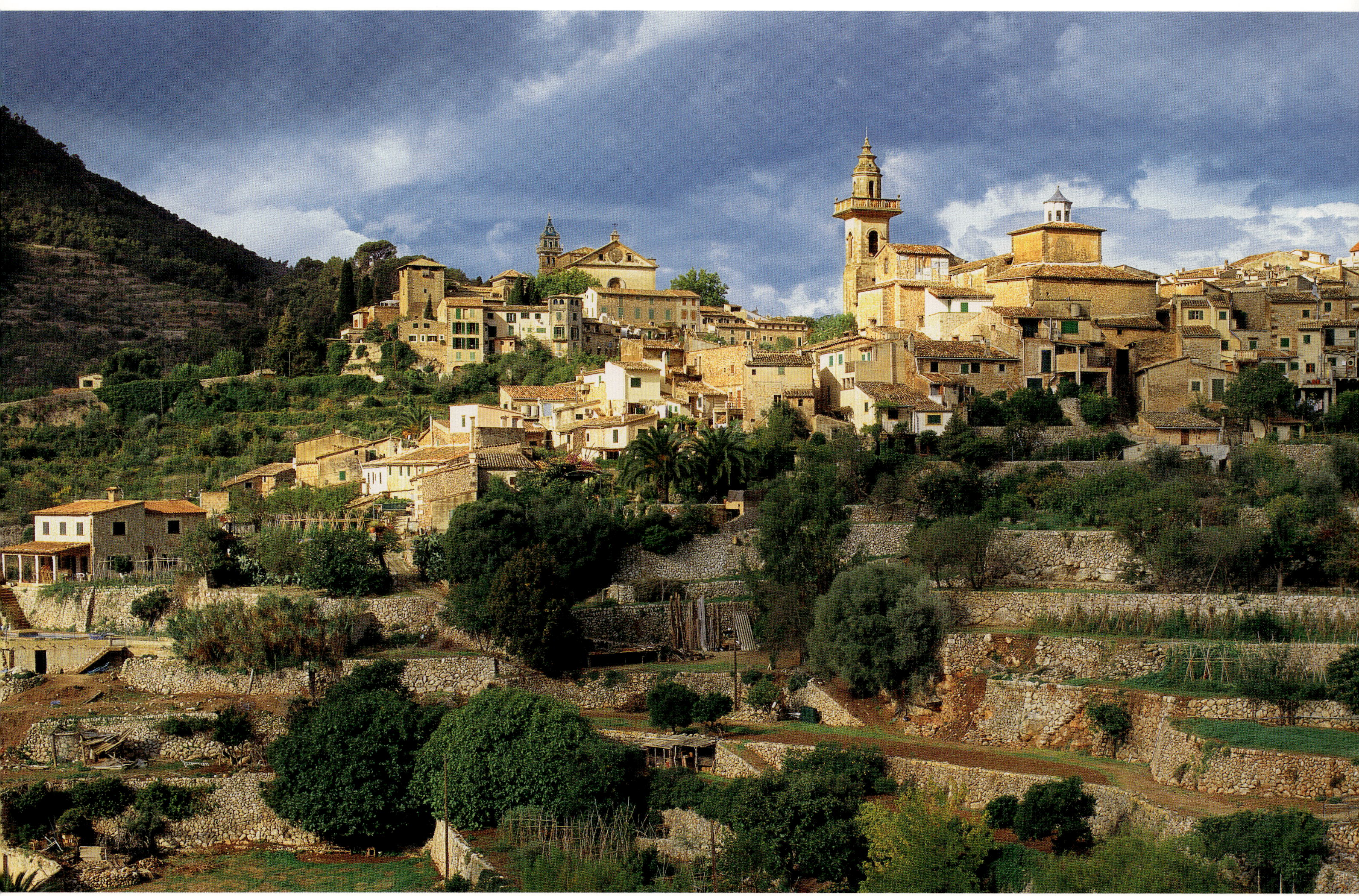

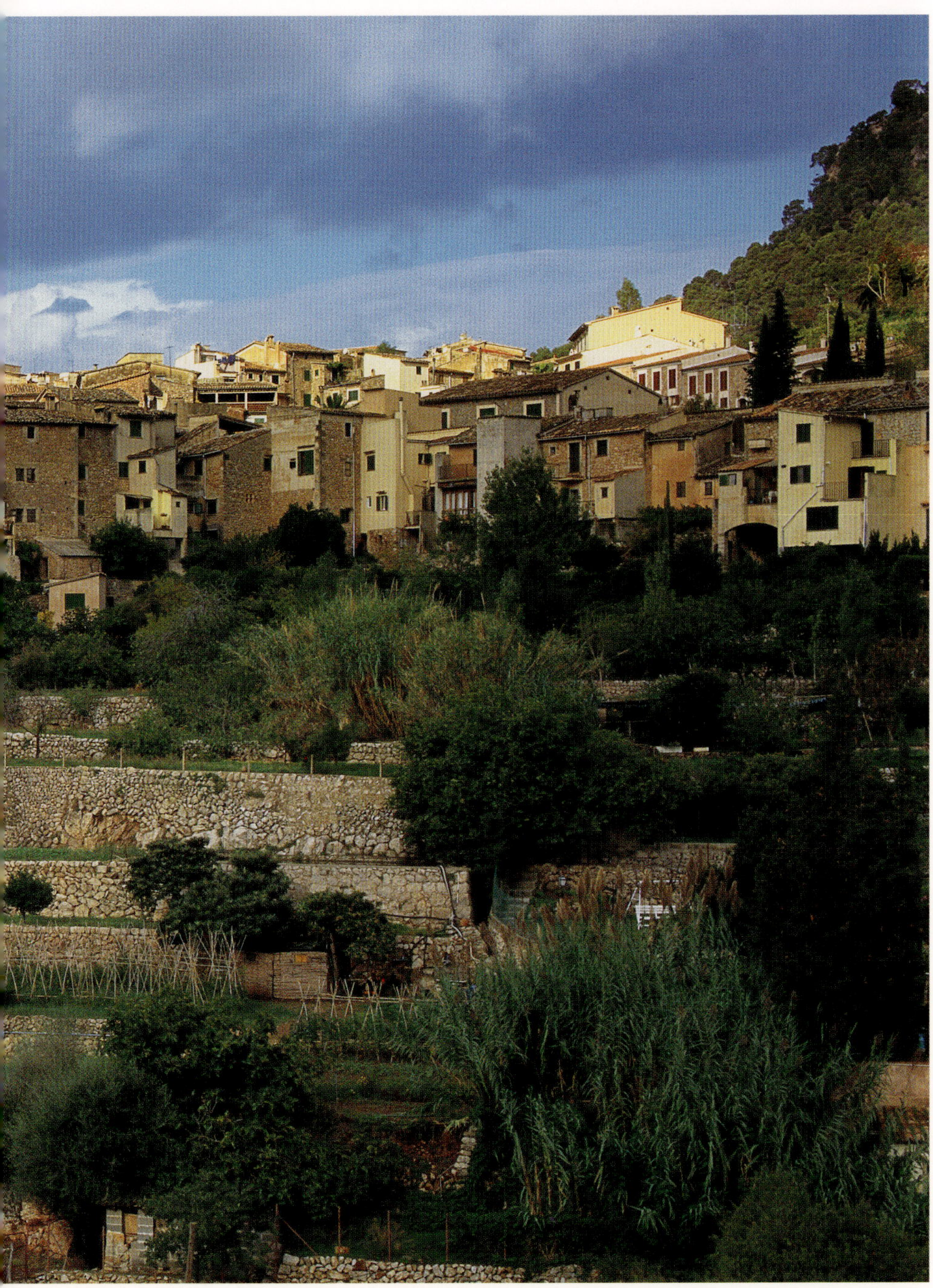

• *Valldemossa* | The origins of Valldemossa date back to Muslim domination of the island. At the beginning of the 14th century, King Jaume II of Mallorca built a summer residence here which, shortly after, was given to Carthusian monks who turned it into a monastery, the most famous icon of Valldemossa today.

• *Valldemossa* | Los orígenes de Valldemossa se remontan a la dominación musulmana de la isla. A comienzos del siglo XIV, el rey Jaume II de Mallorca construyó aquí una residencia de verano que, poco tiempo después, fue entregada a los monjes cartujanos quienes la convirtieron en un monasterio, el icono más famoso hoy en día de Valldemossa.

• *Valldemossa* | Die Ursprünge von Valldemossa gehen auf die moslemische Herrschaft zurück. Zu Beginn des 16. Jh. errichtete der König Jakob, II. von Mallorca hier eine Sommerresidenz, die kurz darauf den Kartäusermönchen zur Verfügung gestellt wurde, die aus dieser Residenz ein Kloster machten. Dieses Kloster ist heute das berühmteste Bauwerk von Valldemossa.

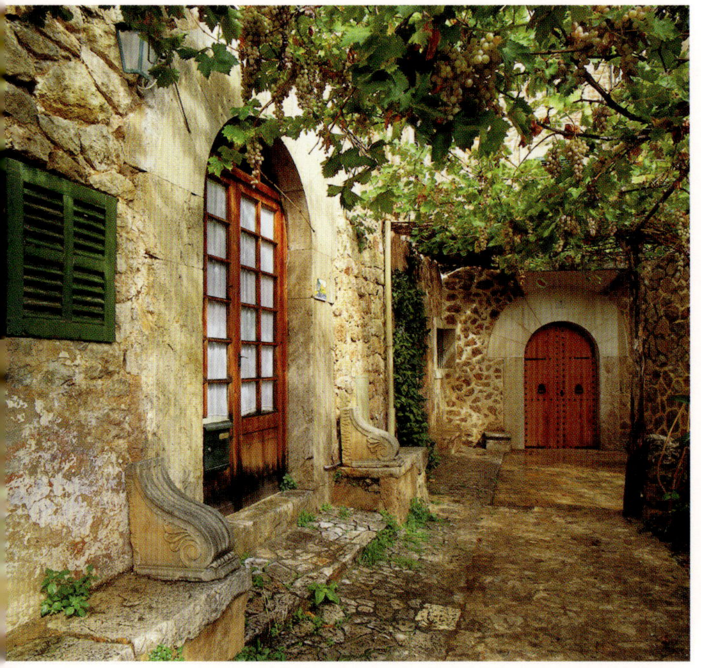

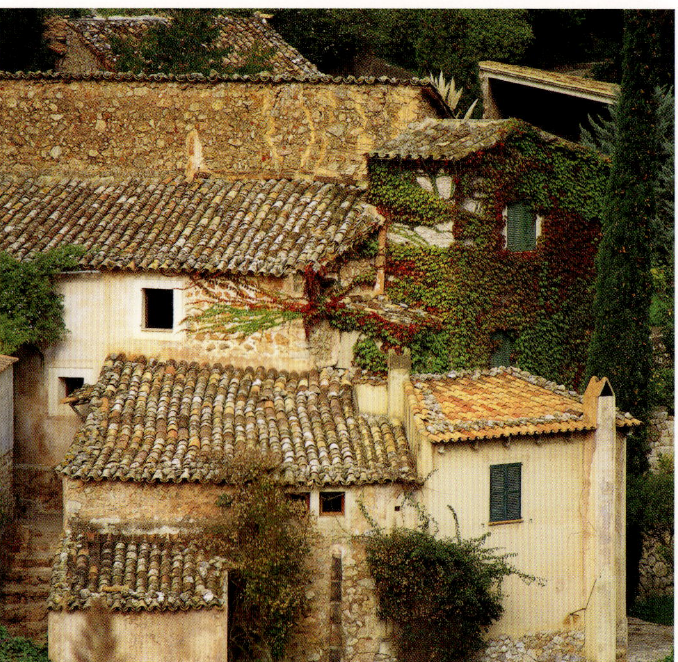

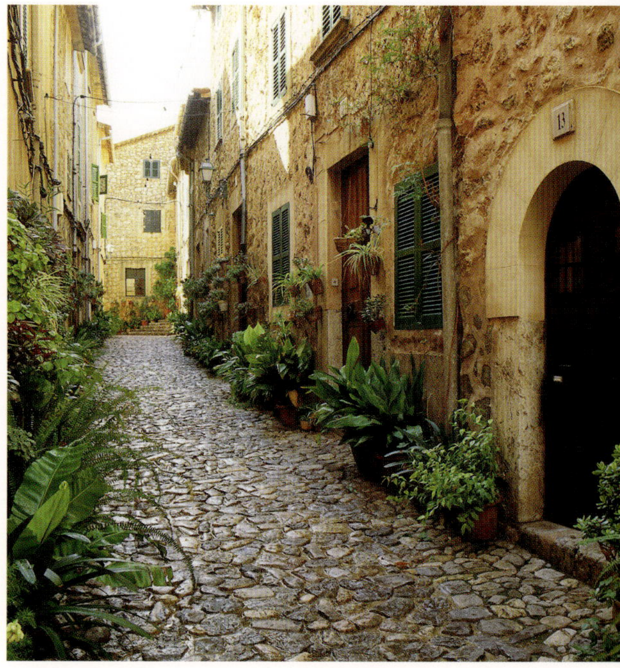

• Situated 400 metres above sea level, Valldemossa opens out before the visitor like a delicately cared-for garden, with almond and olive trees that flower due to the abundance of water in the area. The spire of the church's bell tower reaches up to the sky and, further down, the houses spread along charming narrow cobbled streets with honey-coloured cobblestones in a show of popular Mallorca architecture, with stone façades, many of which have the entrance portal with a semicircular arch. In the oldest part of Valldamossa you will find some houses with decorative painted eaves of the façade roof, a common feature in mountain villages, the aim of which is to protect the house and its inhabitants.

• Situada a 400 metros sobre el nivel de mar, Valldemossa se abre ante el visitante como un jardín cuidado primorosamente, con almendros y olivos que florecen gracias a la abundancia de agua en la zona. La aguja del campanario de la iglesia se eleva hacia el cielo y, más abajo, las casas se extienden por encantadores callejones pavimentados con adoquines color miel en una muestra de la arquitectura popular mallorquina, con fachadas de piedra, muchas de las cuales presentan el portal de entrada con arco de medio punto. En la parte más antigua de Valldemossa, es donde se encuentran algunas casas con tejas pintadas en el alero del tejado de la fachada, una característica frecuente en los pueblos de montaña, cuya finalidad era proteger la casa y a sus habitantes.

• Valldemossa liegt 400 Meter über dem Meeresspiegel und erstreckt sich vor den Besuchern wie ein sorgfältig gepflegter Garten mit Mandel- und Olivenbäumen, die aufgrund des Wasserreichtums dieser Region gut gedeihen. Der spitze Glockenturm der Kirche ragt in den Himmel, und darunter breiten sich die Häuser entlang der bezaubernden Gassen aus, die mit honigfarbenem Pflaster bedeckt sind. Das Dorf wirkt mit seiner typisch mallorquinischen Architektur, den Steinfassaden, viele davon mit einem Eingangsportal mit Halbkreisbogen, wie eine Ausstellung der Inselarchitektur. Im ältesten Teil von Valldemossa stehen einige Häuser mit bemalten Kacheln am Vordach. Diese Vordächer mit Kacheln sieht man häufig an den Häusern der Bergdörfer, sie schützen das Haus und dessen Bewohner.

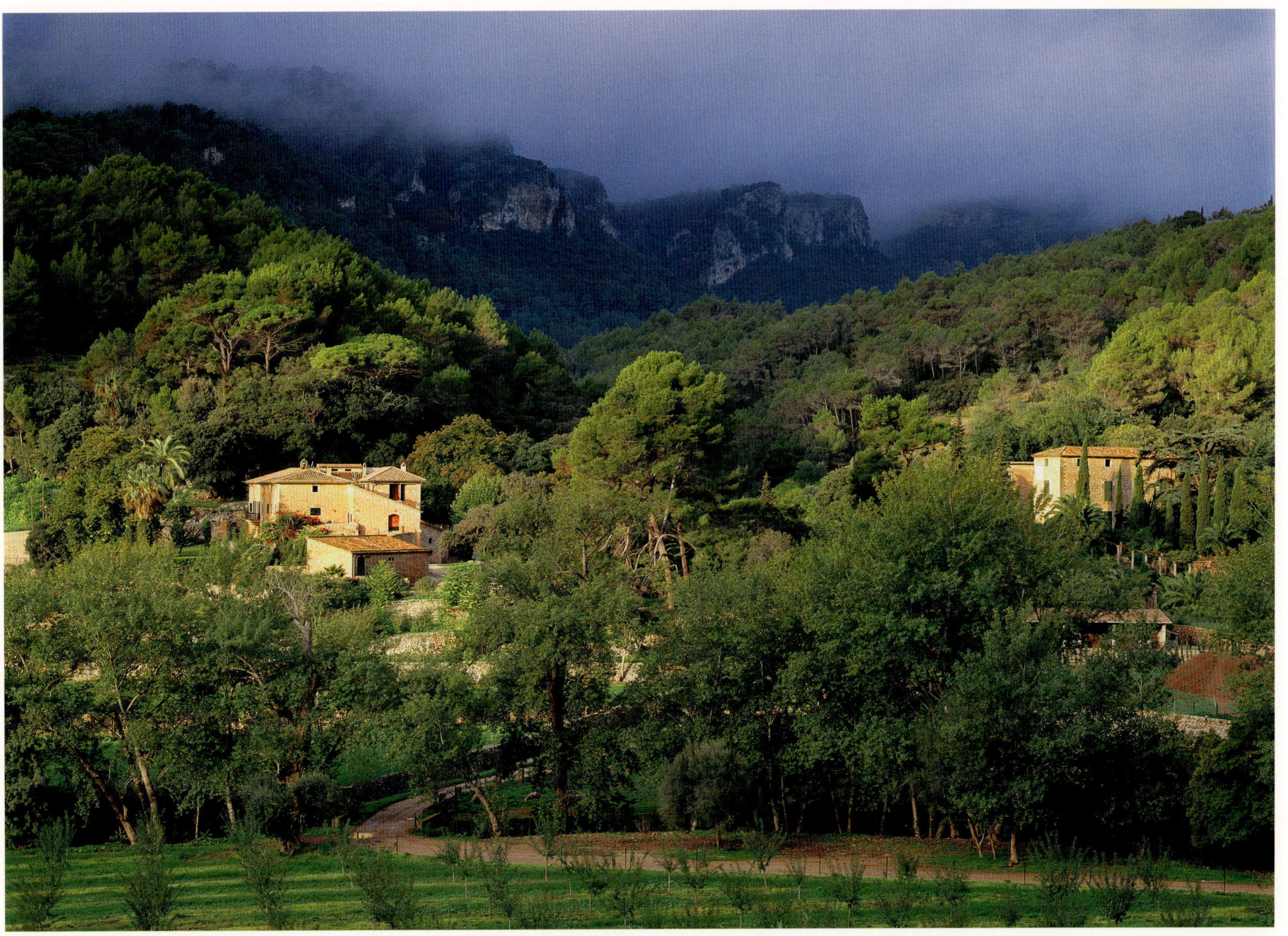

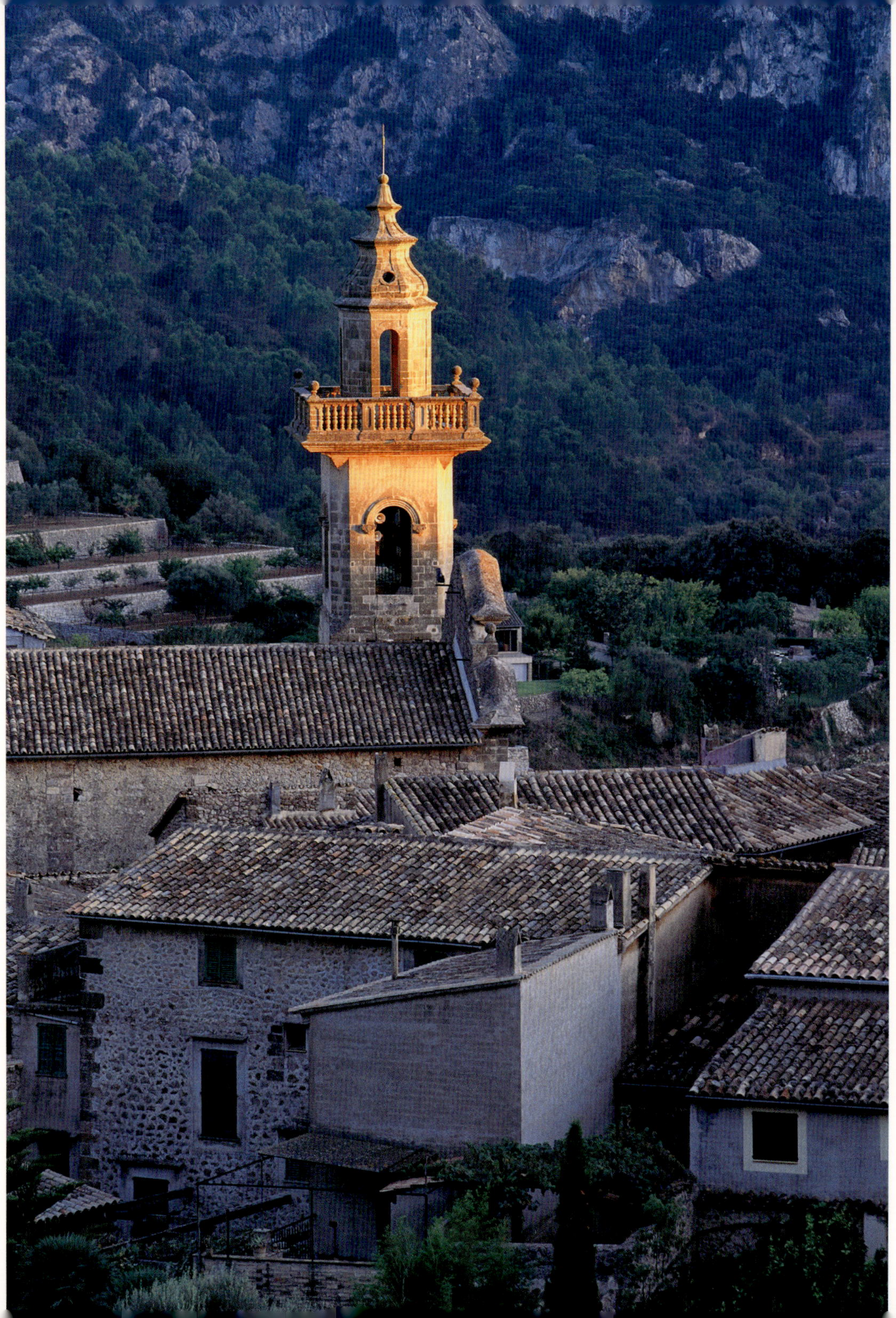

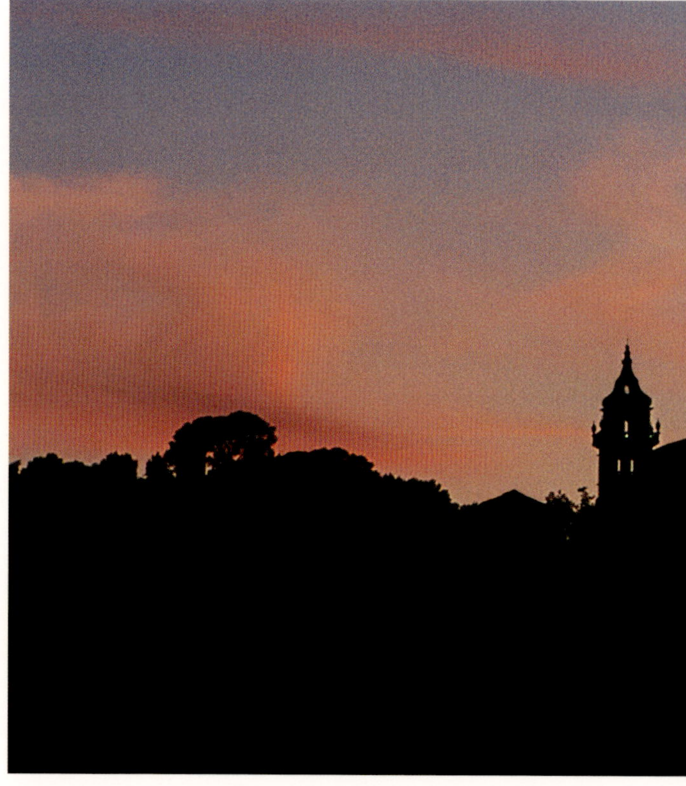

● Valldemossa was the town to which George Sand and Chopin fled when their affair became a scandal in Paris. In 1838, they took refuge in the old Carthusian monastery abandoned by the monks shortly before. In Sand's novel, *A Winter in Mallorca*, the writer, while stating her disdain for the peasants, describes the area as "the most beautiful and charming place" of all those she had known in her life. Today, Valldemossa has lost nothing of the beauty that George Sand fell in love with.

● Fue Valldemossa la ciudad a la cual George Sand y Chopin escaparon cuando su affaire se convirtió en un escándalo en

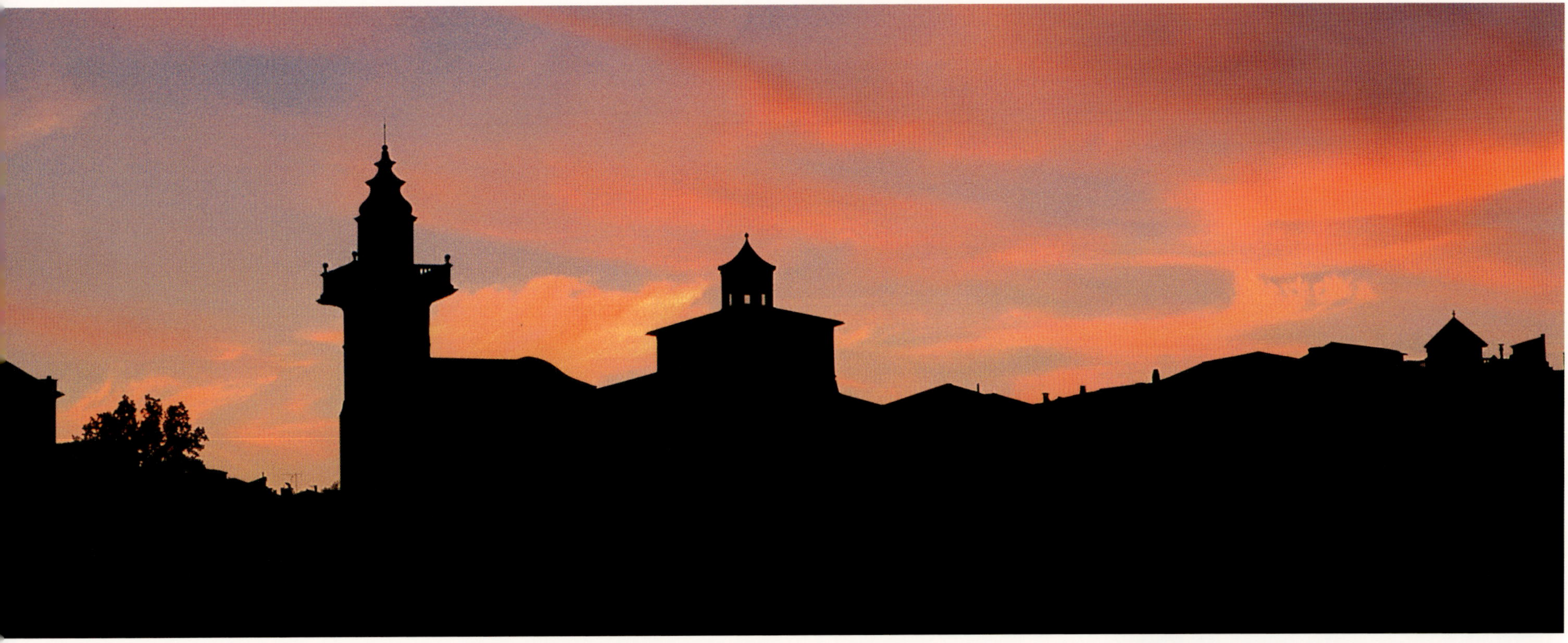

París. En 1838, se refugiaron en el viejo monasterio cartujano abandonado por los monjes poco tiempo atrás. En la novela de Sand, *Un invierno en Mallorca*, la escritora, aunque manifiesta su desdén por los campesinos, describe la zona como “el lugar más hermoso y más encantador” de cuantos ella había conocido en toda su vida. Hoy, Valldemossa no ha perdido nada de la belleza de la cual George Sand se enamoró.

• Valldemossa war die Stadt, in die sich George Sand und Chopin zurückzogen, als ihre Affäre in Paris zu einem Skandal wurde. Es war das Jahr 1838, und sie zogen sich in das Kartäuserkloster zurück, das kurz vorher von den Mönchen verlassen worden war. In dem Roman von Sand, *Ein Winter auf Mallorca*, beschrieb die Schriftstellerin die Region als „den schönsten und bezauberndsten Ort“, den sie in ihrem Leben kennen gelernt hatte. Allerdings zeigte sie auch Verachtung für die Bauern der Region. Auch heute hat Valldemossa nichts von dieser Schönheit eingebüßt, in die sich George Sand verliebt hatte.

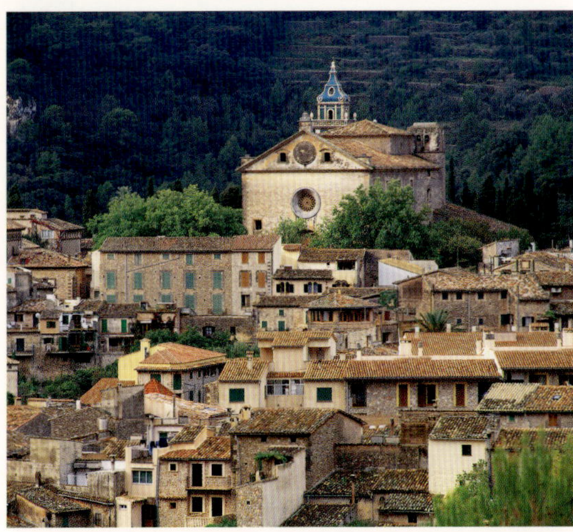

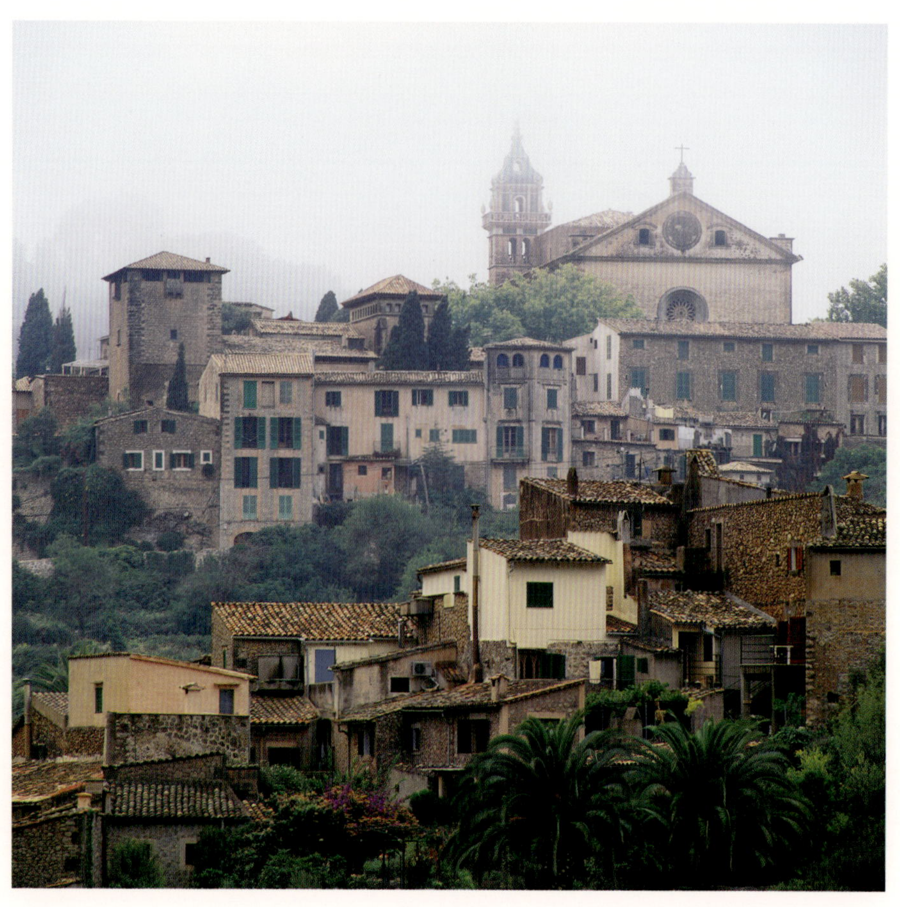

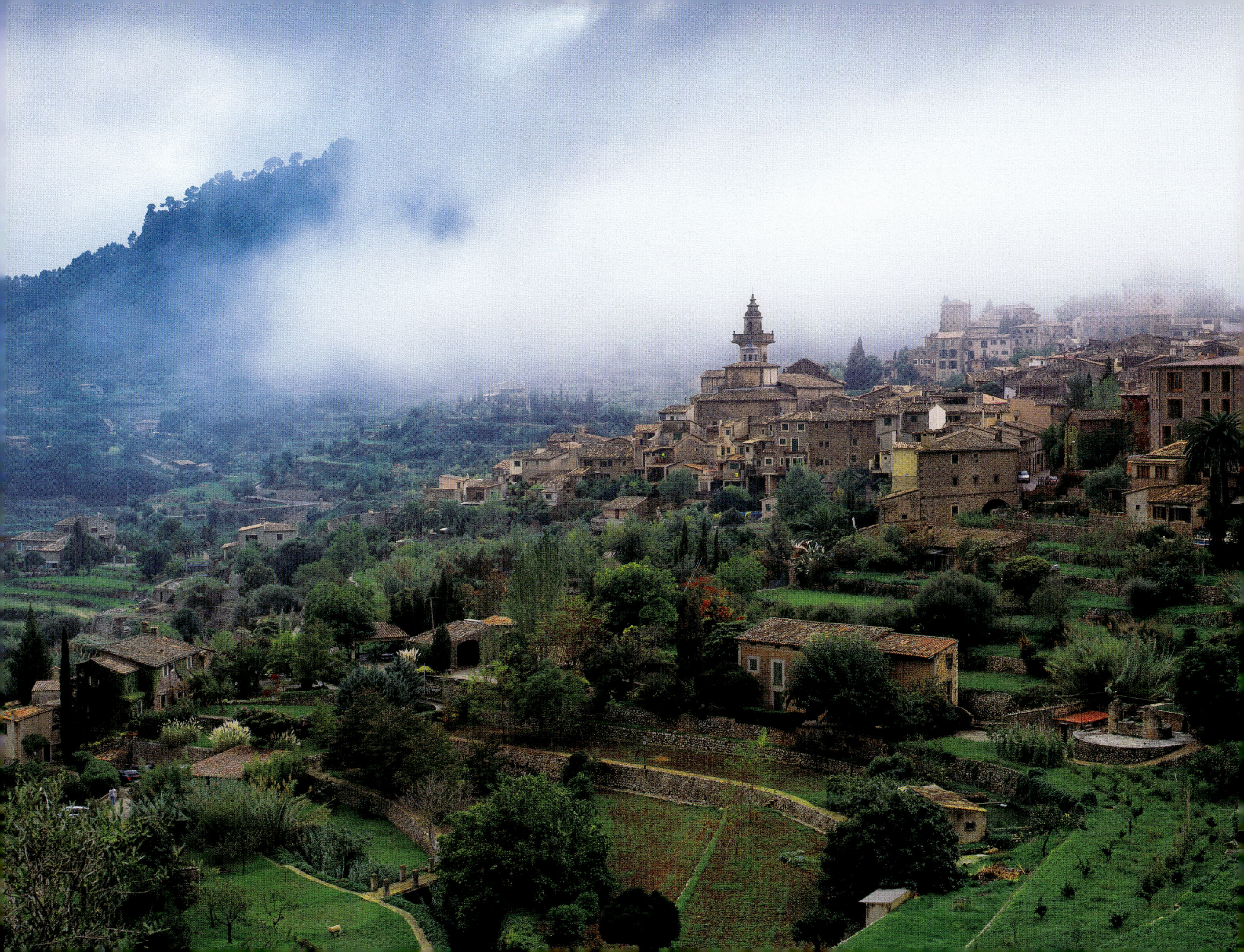

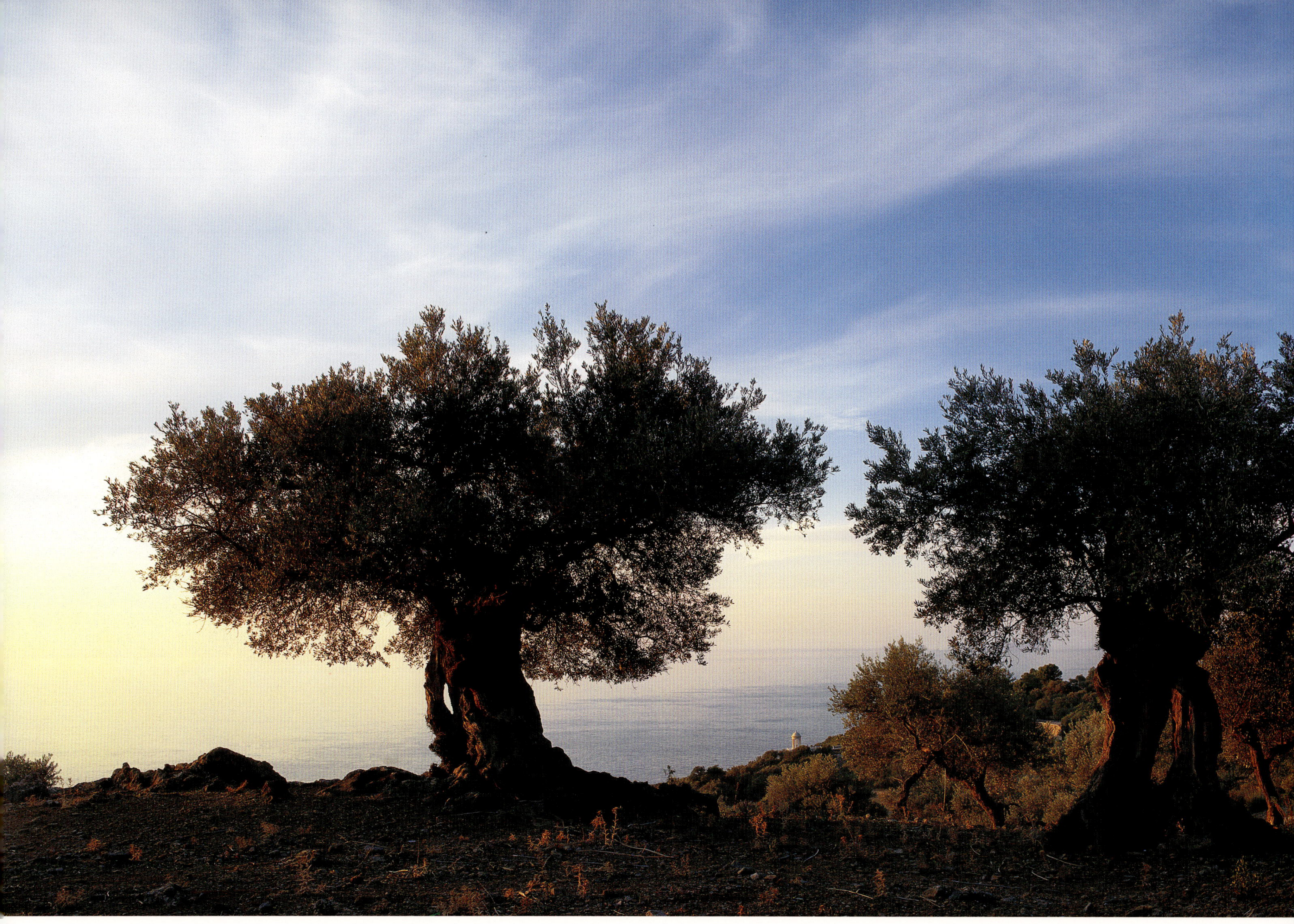

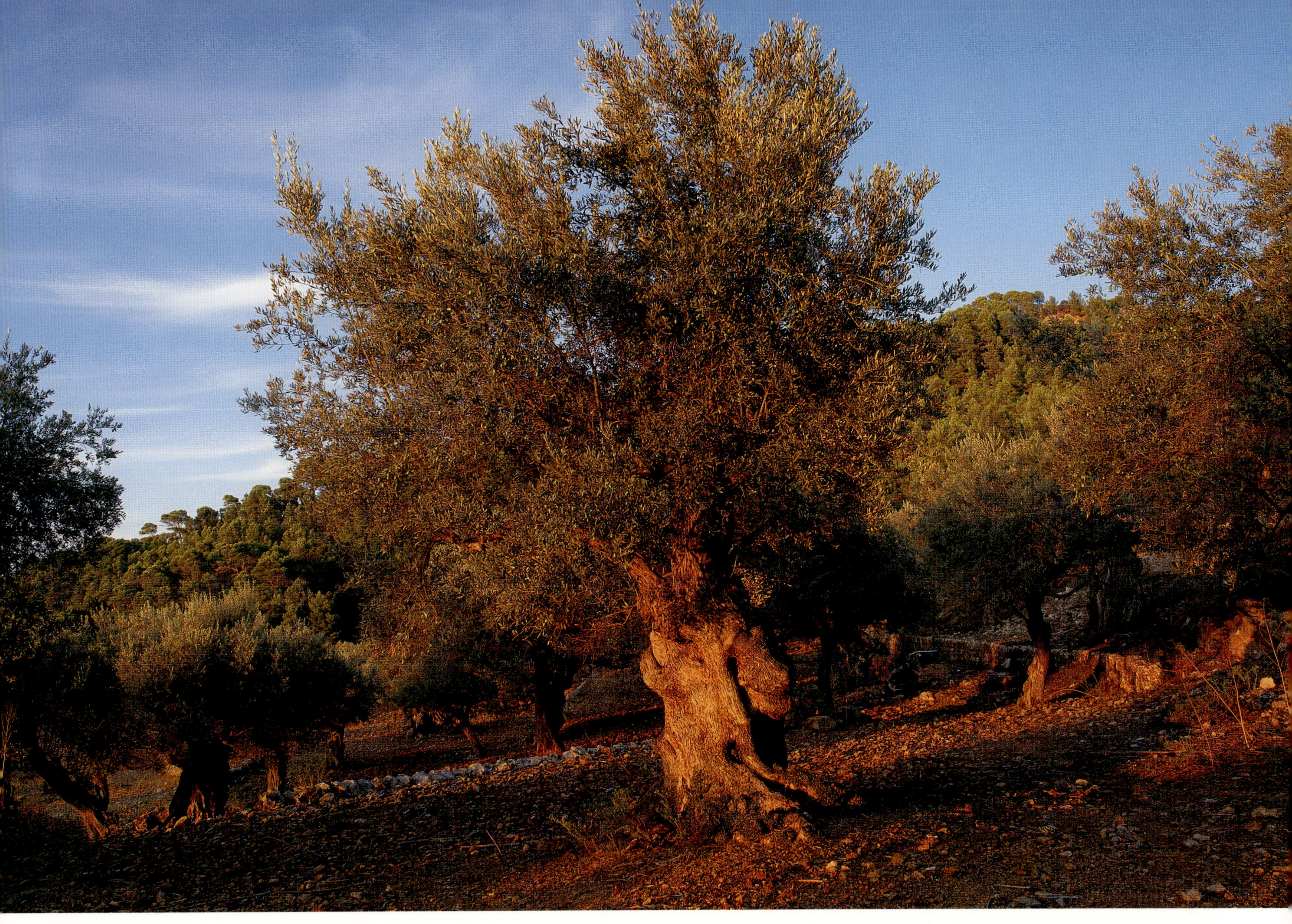

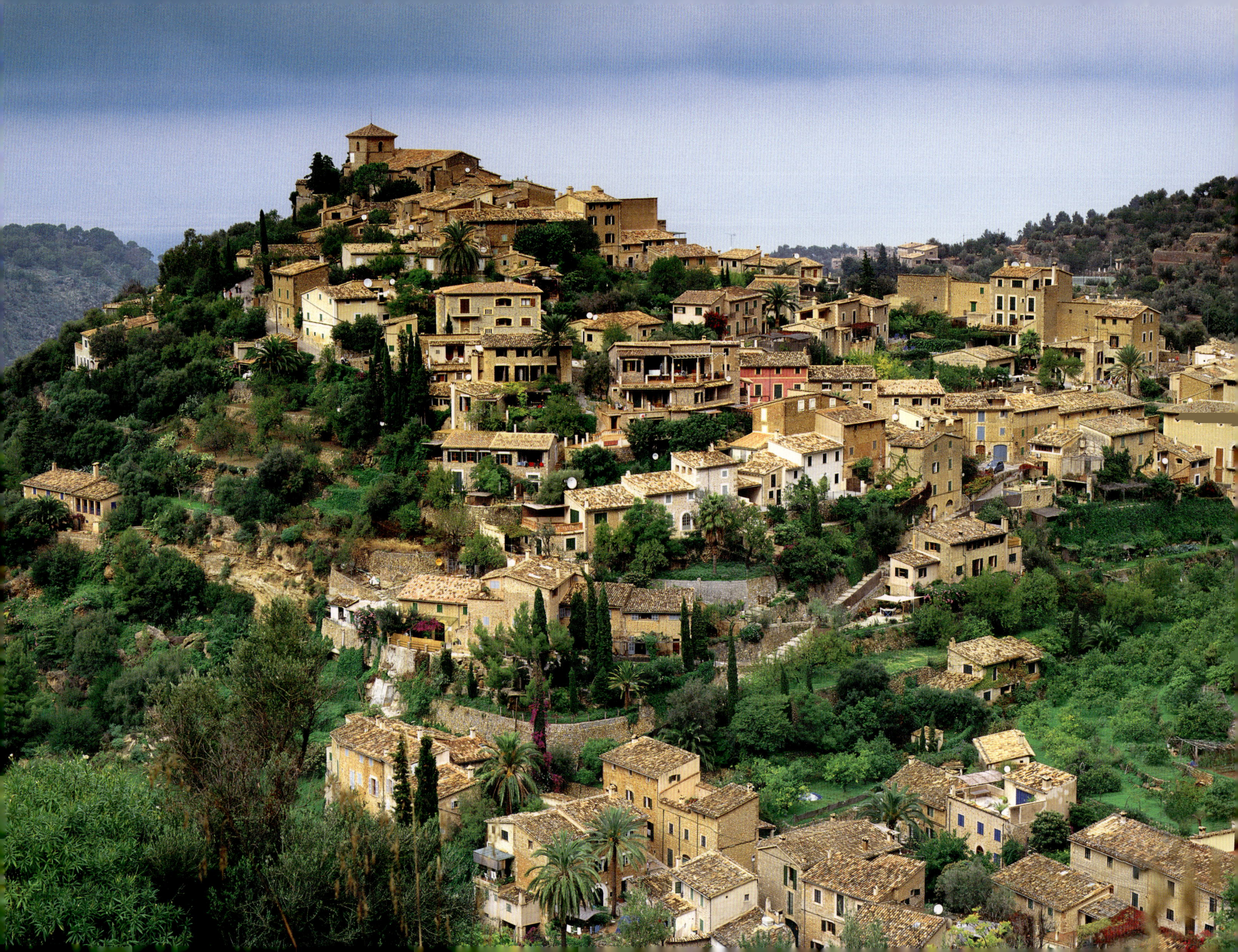

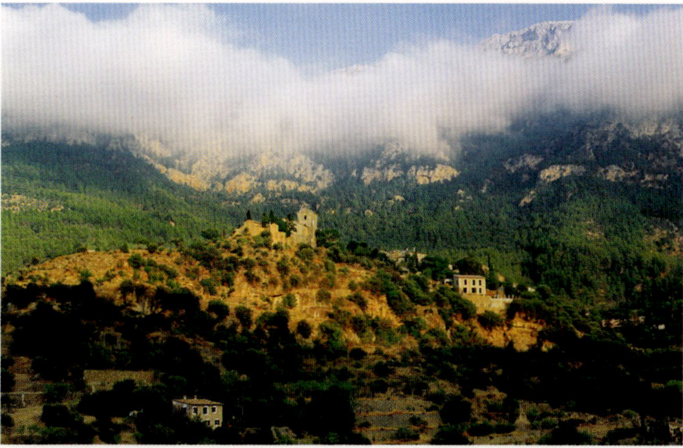

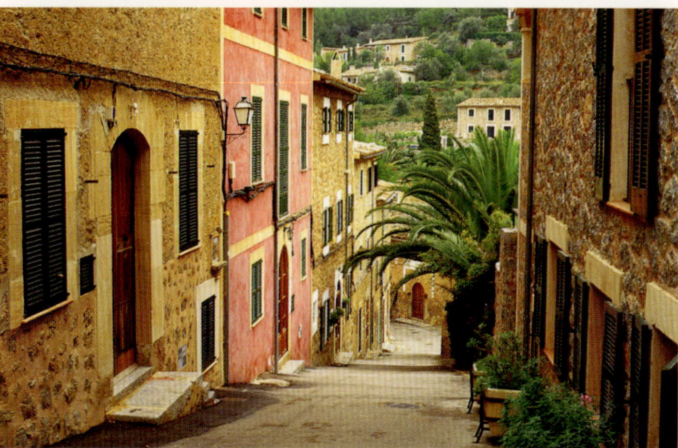

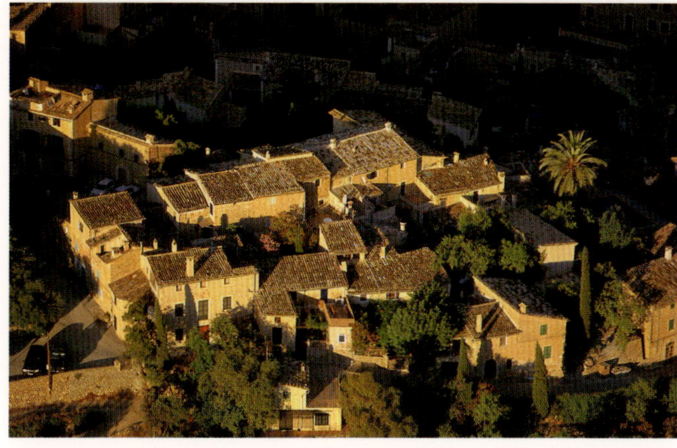

• *Deià* | On approaching Deià from Sóller, the first view of the town, with the imposing Puig des Teix (1,062 m) as a backdrop, is impressive. At the top of a hill, like the icing on a cake, is the old stone church of Sant Joan Baptista built in 1754, and below it, the rest of the town seems to cascade down the hillside. Founded in the 10th century by the Arabs and traditionally dedicated to agriculture and fishing, Deià has become popular with tourists yet has not lost its unique charm and the extraordinary beauty of its landscape.

• *Deià* | Al aproximarse a Deià por el camino de Sóller, la primera visión del pueblo, con el imponente Puig des Teix (1.062 m) como telón de fondo, es impresionante. En la cima de una colina, como la guinda de un pastel, se encuentra la antigua iglesia de piedra de Sant Joan Baptista construida en 1754, y debajo de ella, el resto del pueblo parece descender en cascada por la ladera. Fundado en el siglo X por los árabes y tradicionalmente dedicado a la agricultura y a la pesca, Deià se ha convertido en un municipio turístico sin perder su singular encanto y la extraordinaria belleza de su paisaje.

• *Deià* | Wenn man auf der Straße von Sóller nach Deià kommt, ist der erste Blick auf das Dorf mit dem gewaltigen Puig des Teix (1 062 m) im Hintergrund überwältigend. Oben auf dem Hügel, wie eine Kirsche auf dem Kuchen, steht die alte steinerne Kirche Sant Joan Baptista, die 1754 errichtet wurde. Unter der Kirche zieht sich das Dorf kaskadenförmig den Hang hinab. Deià wurde im 10. Jh. von den Arabern gegründet und widmete sich in der Vergangenheit der Landwirtschaft und dem Fischfang. Der Tourismus hat die Gemeinde verändert, hat jedoch den ganz besonderen Zauber des Ortes und die Schönheit der Landschaft nicht beeinträchtigt.

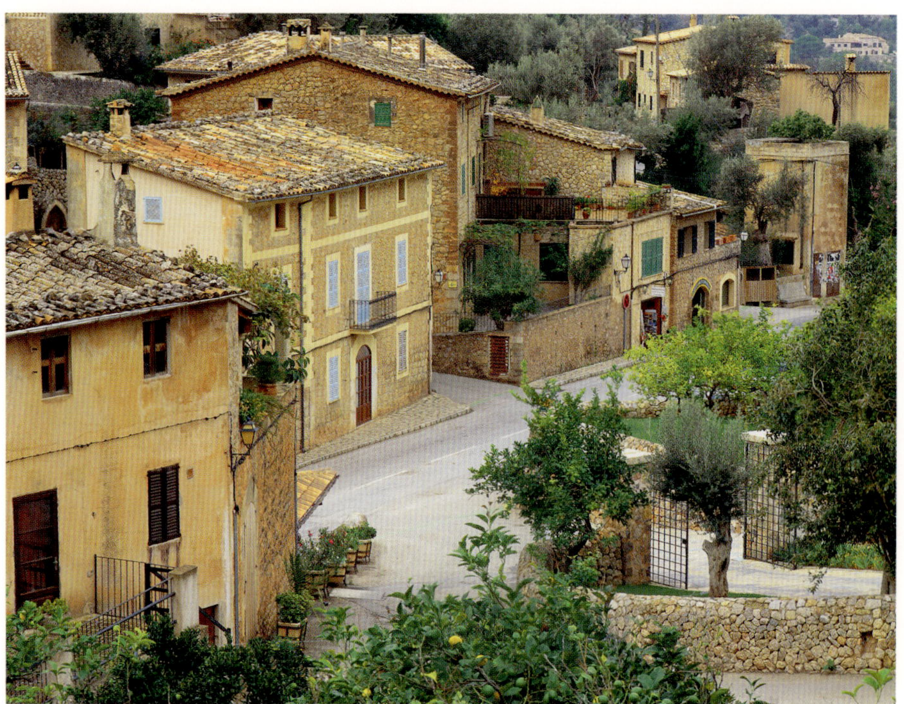

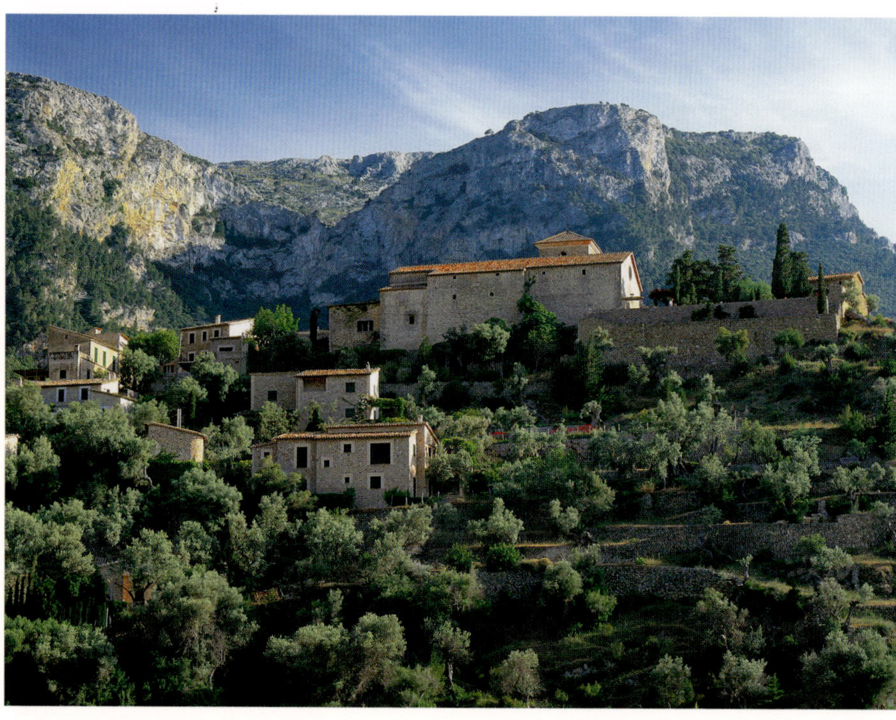

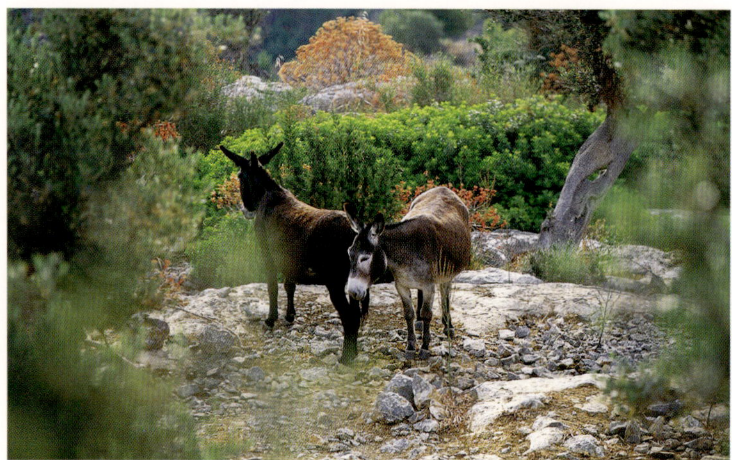

• Although Deià is relatively small, some illustrious figures have placed it on the map. One of them was Robert Graves, the English poet and novelist, who lived in the town from the mid-20th century and whose tomb is marked with a simple gravestone in the cemetery alongside the church.

• Aunque Deià es relativamente pequeño, algunas personas ilustres lo han puesto en el mapa. Una de ellas fue Robert Graves, el poeta y novelista inglés, que residió en el pueblo desde mediados del siglo XX y cuya tumba está señalada con una simple lápida en el cementerio junto a la iglesia.

• Obwohl der Ort relativ klein ist, haben berühmte Persönlichkeiten ihn in ihre persönliche Landkarte eingetragen. Einer dieser Menschen war Robert Graves, der englische Dichter und Romanautor, der ab Mitte des 20. Jh. hier lebte. Auf seinem Grab auf dem Friedhof neben der Kirche erinnert ein einfacher Gedenkstein an den Dichter.

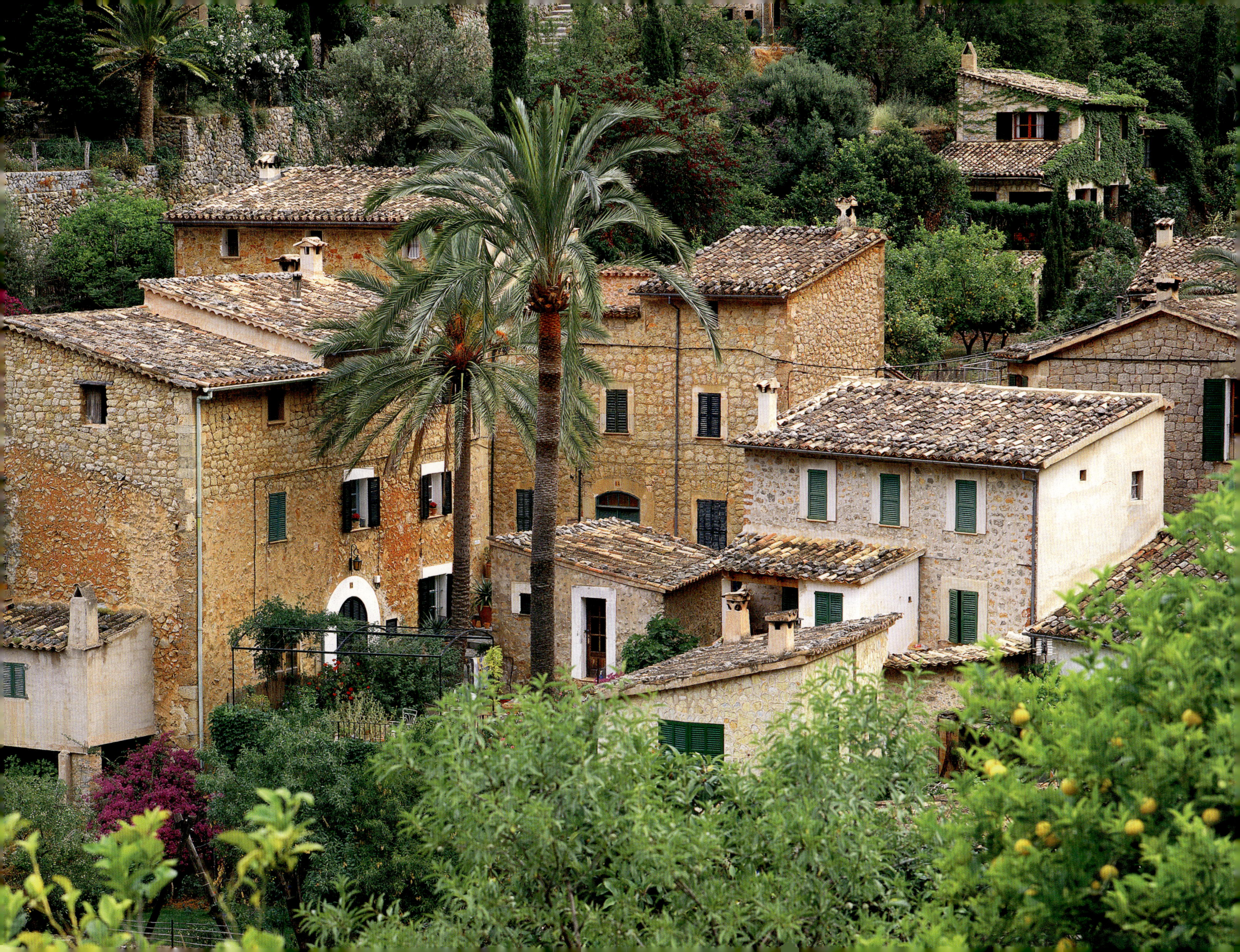

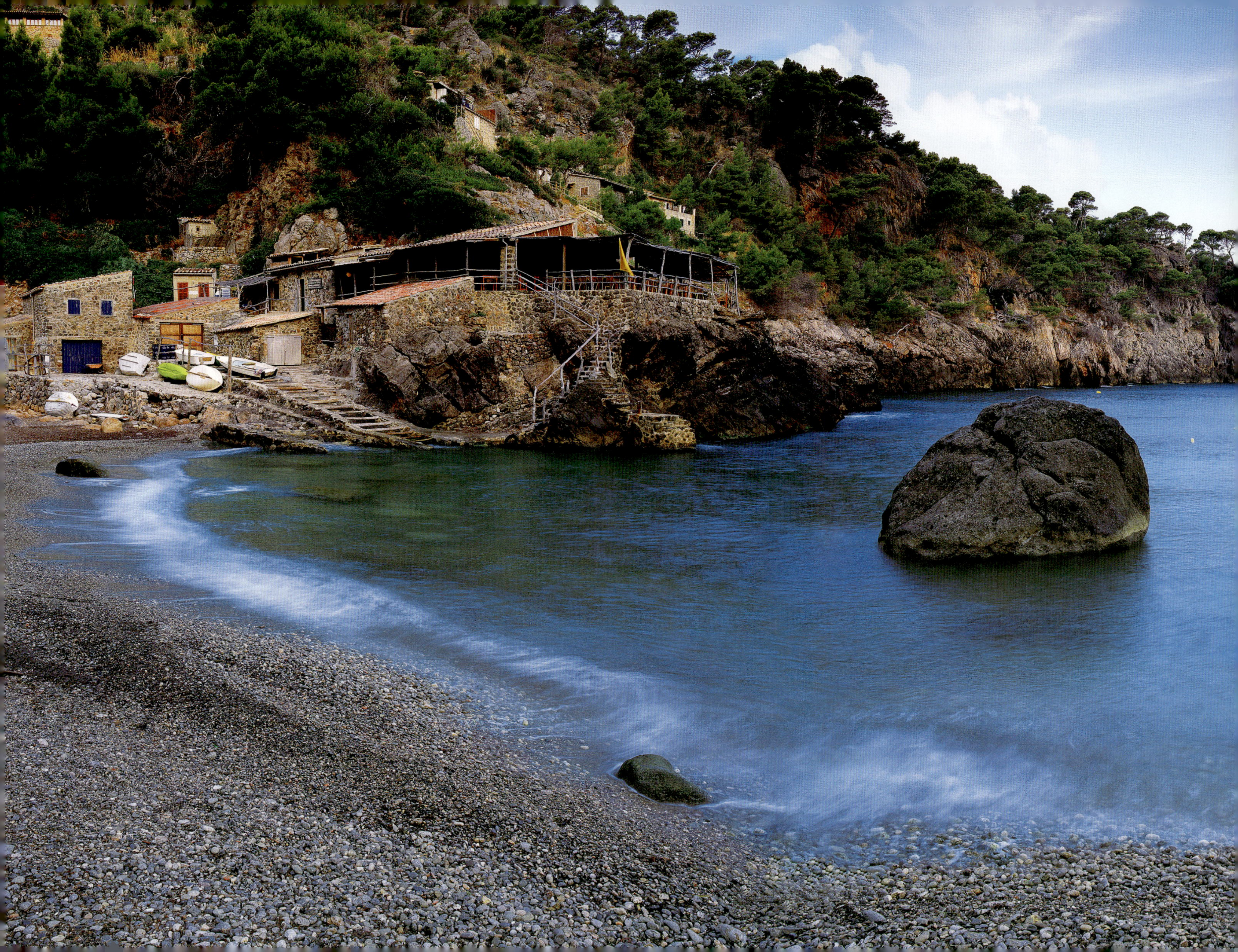

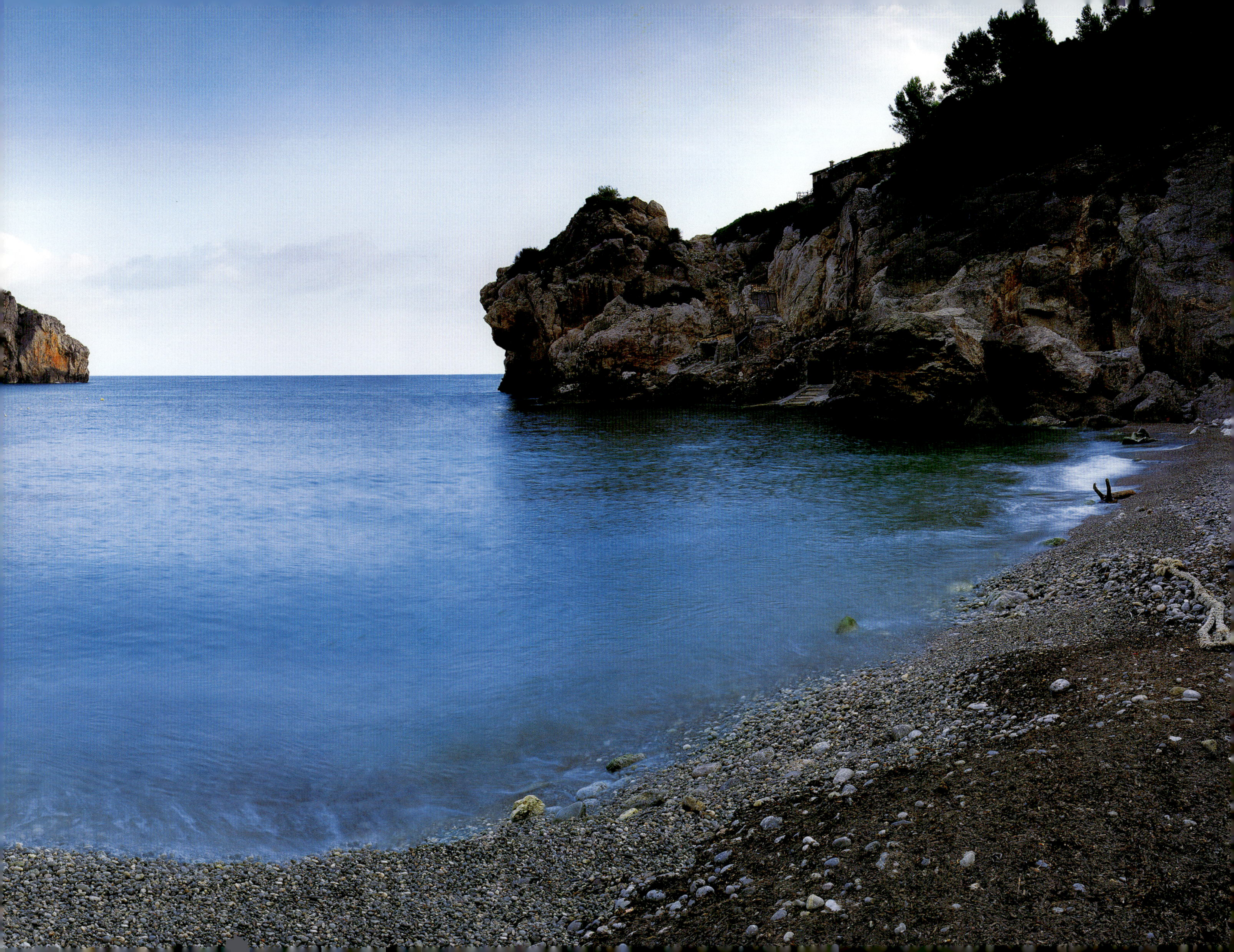

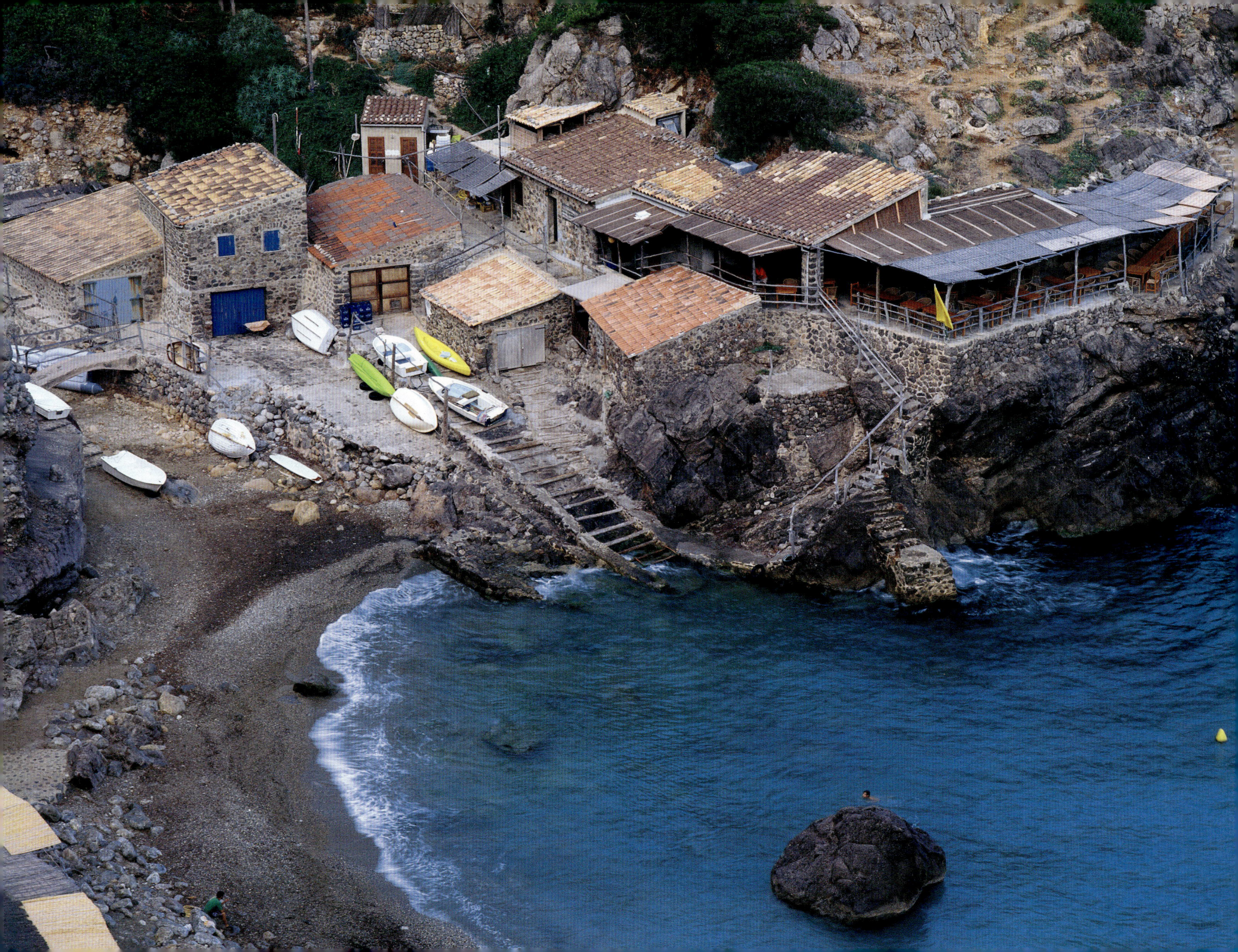

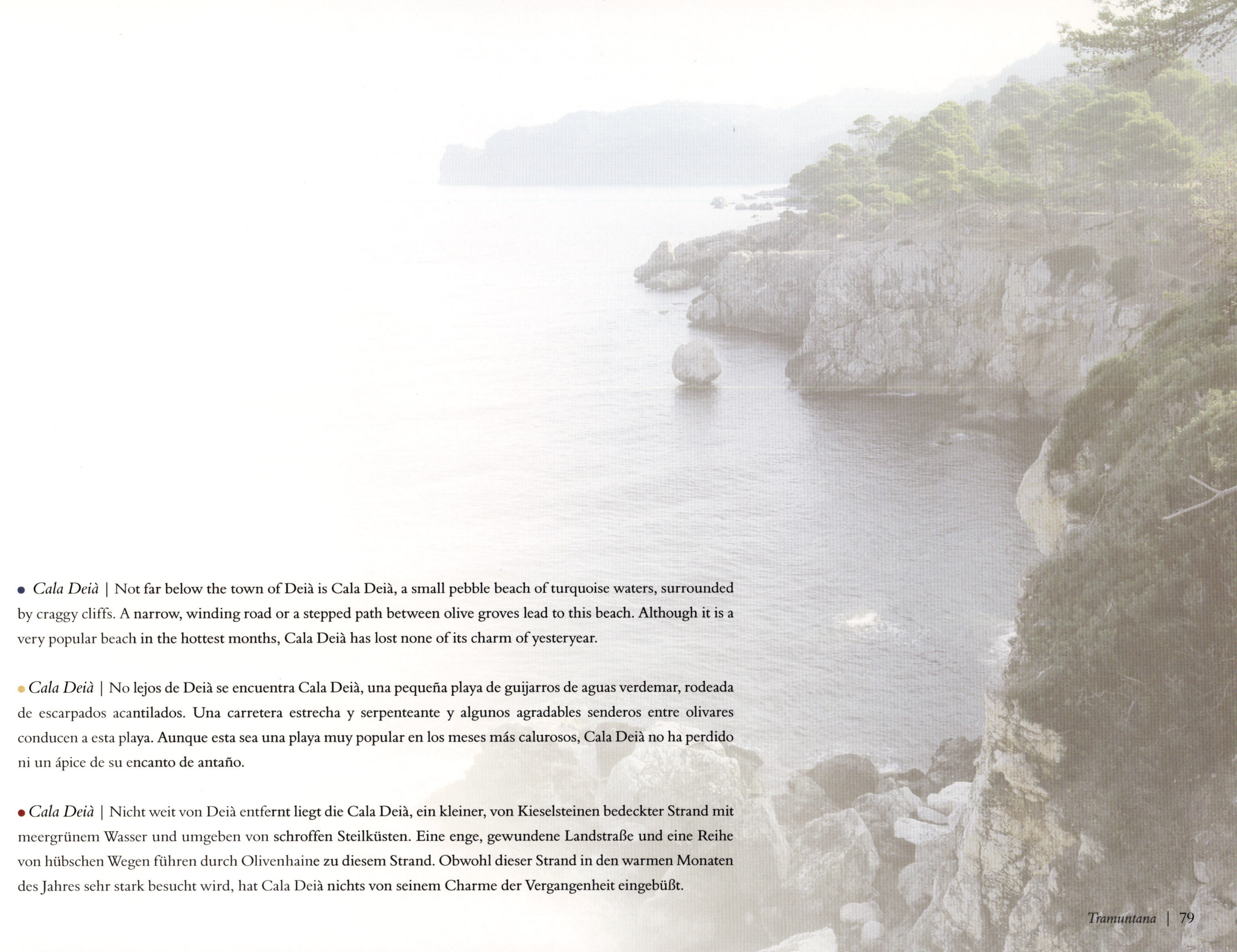

• *Cala Deià* | Not far below the town of Deià is Cala Deià, a small pebble beach of turquoise waters, surrounded by craggy cliffs. A narrow, winding road or a stepped path between olive groves lead to this beach. Although it is a very popular beach in the hottest months, Cala Deià has lost none of its charm of yesteryear.

• *Cala Deià* | No lejos de Deià se encuentra Cala Deià, una pequeña playa de guijarros de aguas verdemar, rodeada de escarpados acantilados. Una carretera estrecha y serpenteante y algunos agradables senderos entre olivares conducen a esta playa. Aunque esta sea una playa muy popular en los meses más calurosos, Cala Deià no ha perdido ni un ápice de su encanto de antaño.

• *Cala Deià* | Nicht weit von Deià entfernt liegt die Cala Deià, ein kleiner, von Kieselsteinen bedeckter Strand mit meergrünem Wasser und umgeben von schroffen Steilküsten. Eine enge, gewundene Landstraße und eine Reihe von hübschen Wegen führen durch Olivenhaine zu diesem Strand. Obwohl dieser Strand in den warmen Monaten des Jahres sehr stark besucht wird, hat Cala Deià nichts von seinem Charme der Vergangenheit eingebüßt.

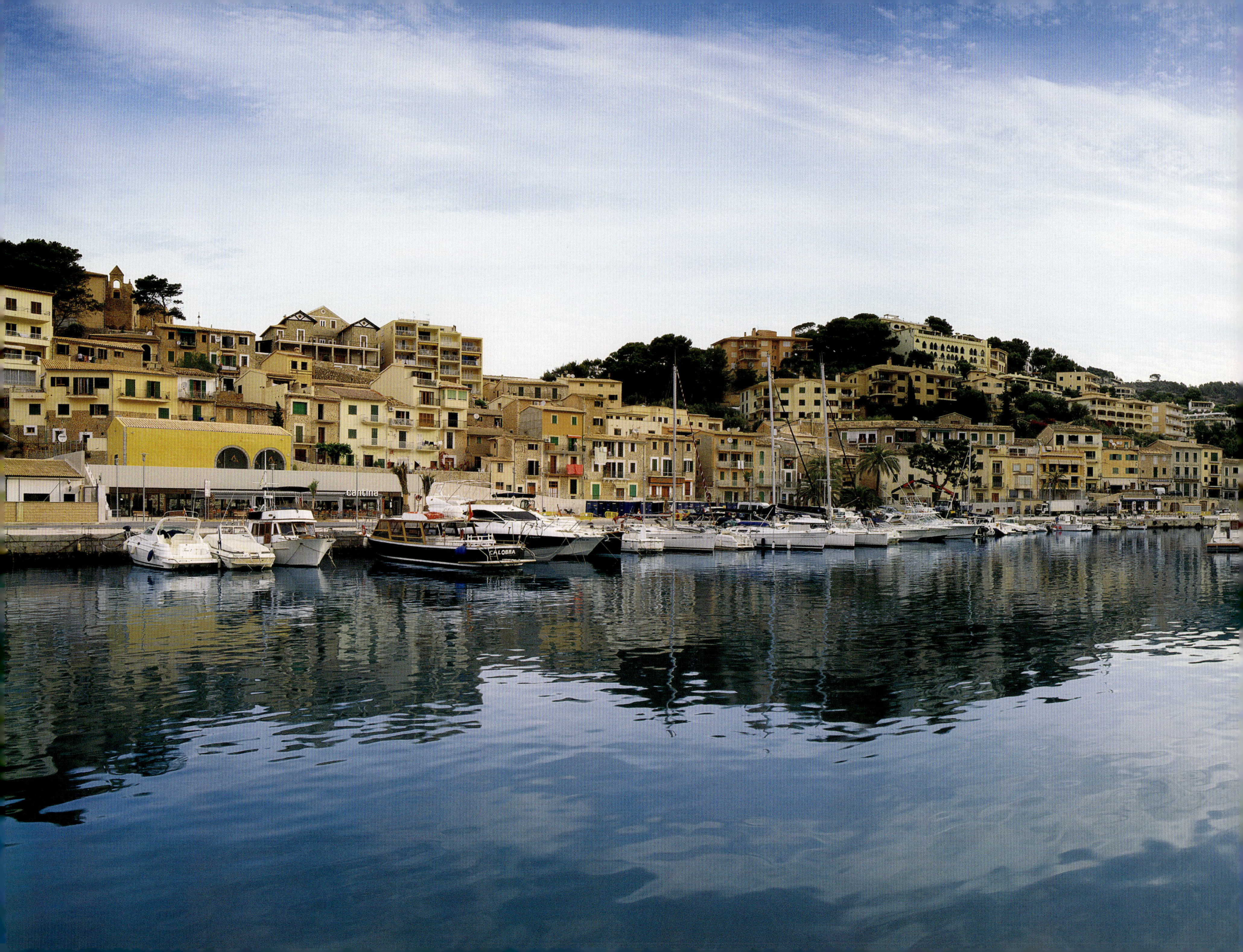
cantina
CALOBRA

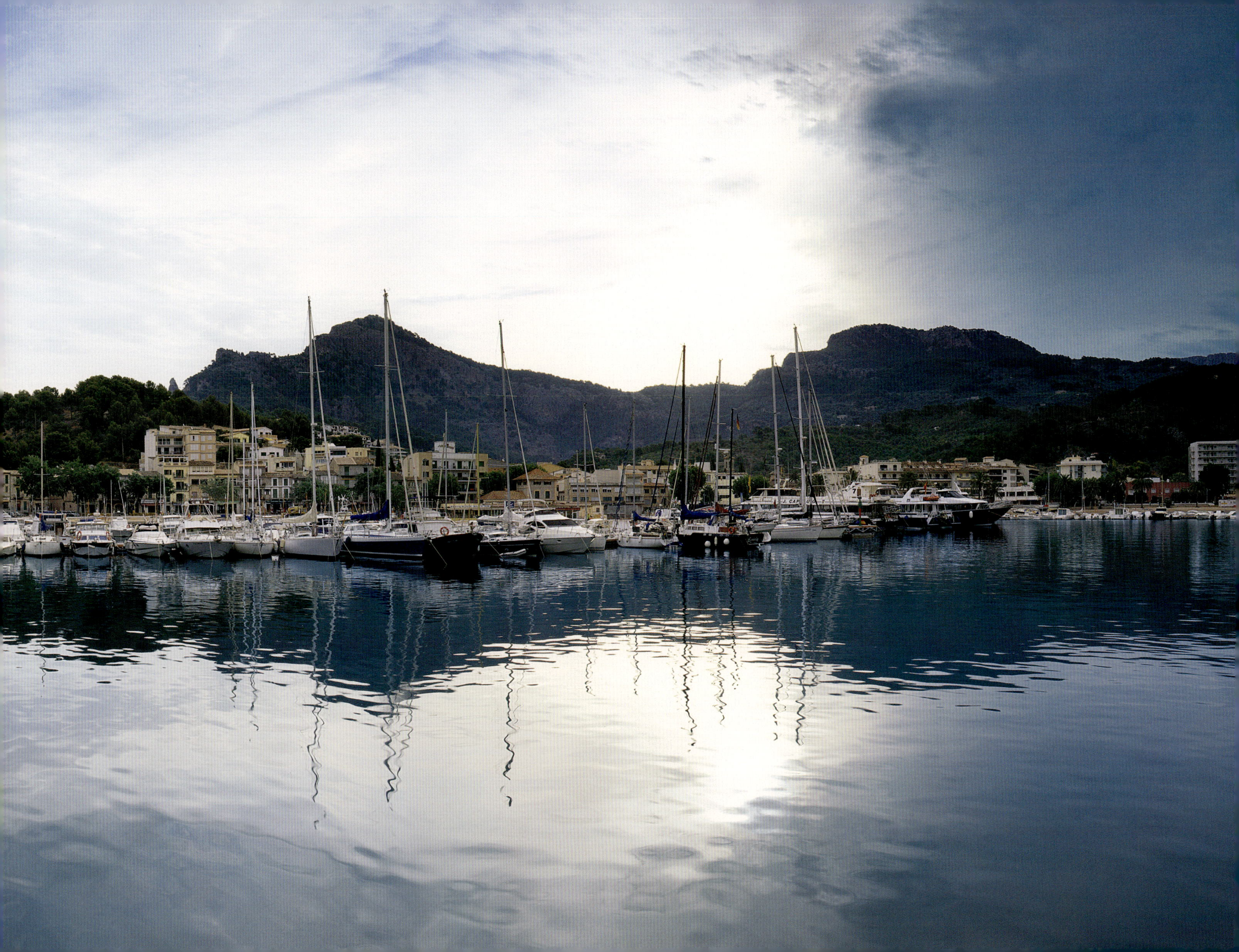

• *Sóller* | The town of Sóller is a few kilometres inland from Port de Sóller, in the largest valley of the Serra de Tramuntana. Called *sulliar*, which means "gold" in Arabic, due to the golden olive oil that was cultivated here, Sóller, in many aspects, is still the "golden" valley thanks to the cultivation of its famous oranges. The city is characterised by its tram, the last in Mallorca, which has been operational since 1913, and which covers the 5 km between Sóller and Port de Sóller. On one side of the port is the 16th-century fortress known as Castell del Port, built to protect the coast from pirate attacks, just like the Torre Picada watchtower, seated on the cliffs of the bay.

• *Sóller* | La ciudad de Sóller se encuentra a algunos kilómetros tierra adentro del Port de Sóller, en el valle más grande de la Serra de Tramuntana. Denominada *sulliar*, que significa "oro" en árabe, debido al dorado aceite de oliva que cultivaban aquí, Sóller, en muchos aspectos, sigue siendo un valle "dorado" gracias al cultivo de sus famosas naranjas. La ciudad se caracteriza por su tranvía, el último de su clase en Mallorca que sigue funcionando desde 1913, y que recorre los 5 km entre Sóller y Port de Sóller. A un lado del puerto, se encuentra la fortaleza del siglo XVI conocida como Castell del Port, construida para proteger la costa de los ataques de piratas, al igual que la atalaya de Torre Picada, asentada sobre los acantilados de la bahía.

• *Sóller* | Die Stadt Sóller liegt ein paar Kilometer von Port de Sóller entfernt, in dem größten Tal der Serra de Tramuntana. Der Ortsname leitet sich von *sulliar*, Gold auf Arabisch, ab, und der Name ist auf das goldenen Olivenöl zurückzuführen, das hier gewonnen wird. Sóller ist auch weiterhin in vielerlei Hinsicht das „goldene" Tal, denn hier werden auch die beliebten Orangen der Region angebaut. Die Stadt ist für ihre typische Straßenbahn berühmt, die letzte, die sich auf Mallorca erhalten hat. Die Straßenbahnlinie wurde im Jahr 1913 eingeweiht und sie fährt die 5 km lange Strecke von Sóller bis Port de Sóller. Auf einer Seite des Hafens steht die Festung Castell del Port aus dem 16. Jh., die errichtet wurde, um den Ort vor Piratenangriffen zu schützen. Dem gleichen Zweck diente der Wachtturm Torre Picada, der sich auf der Steilküste über die Bucht erhebt.

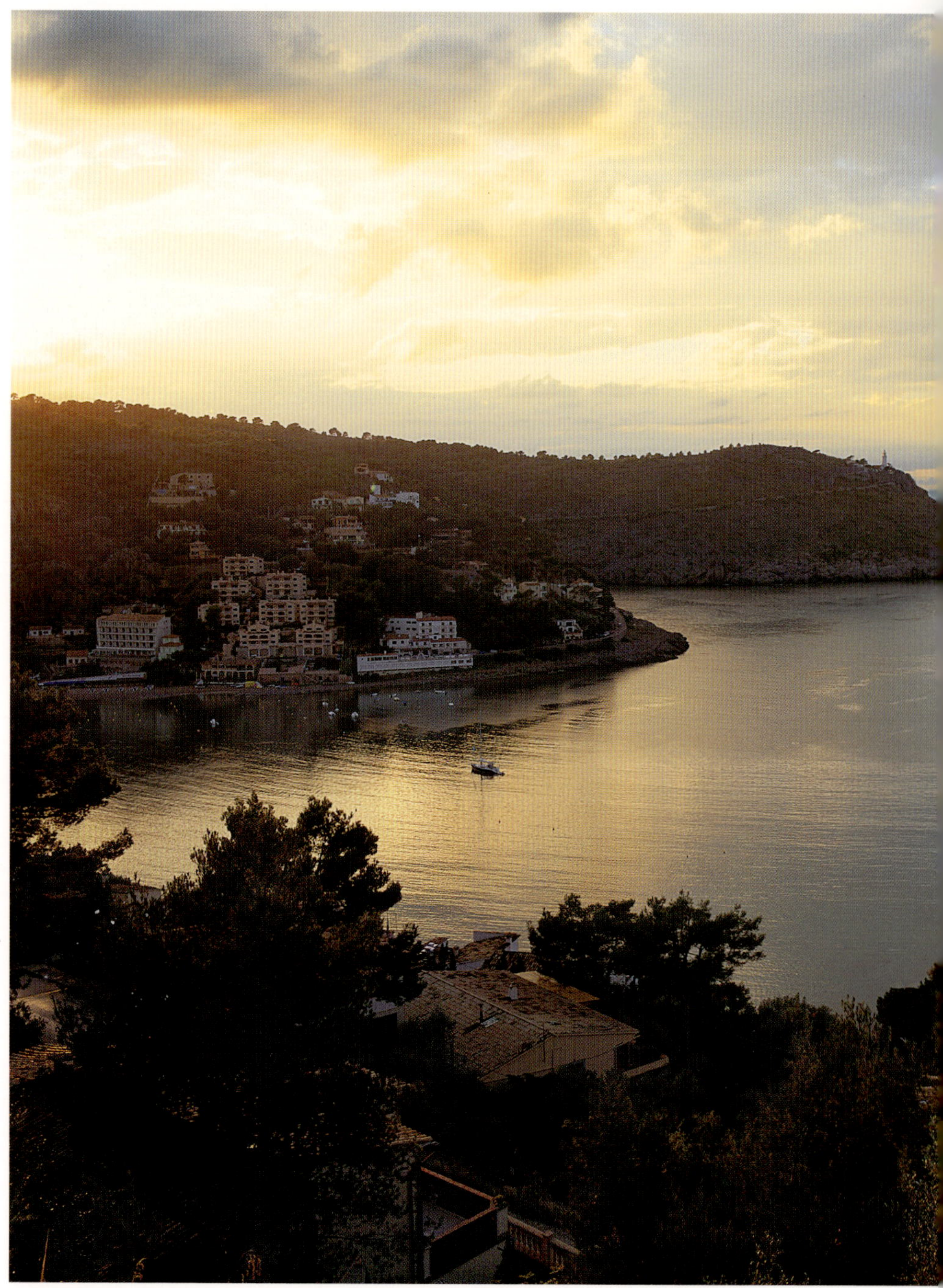

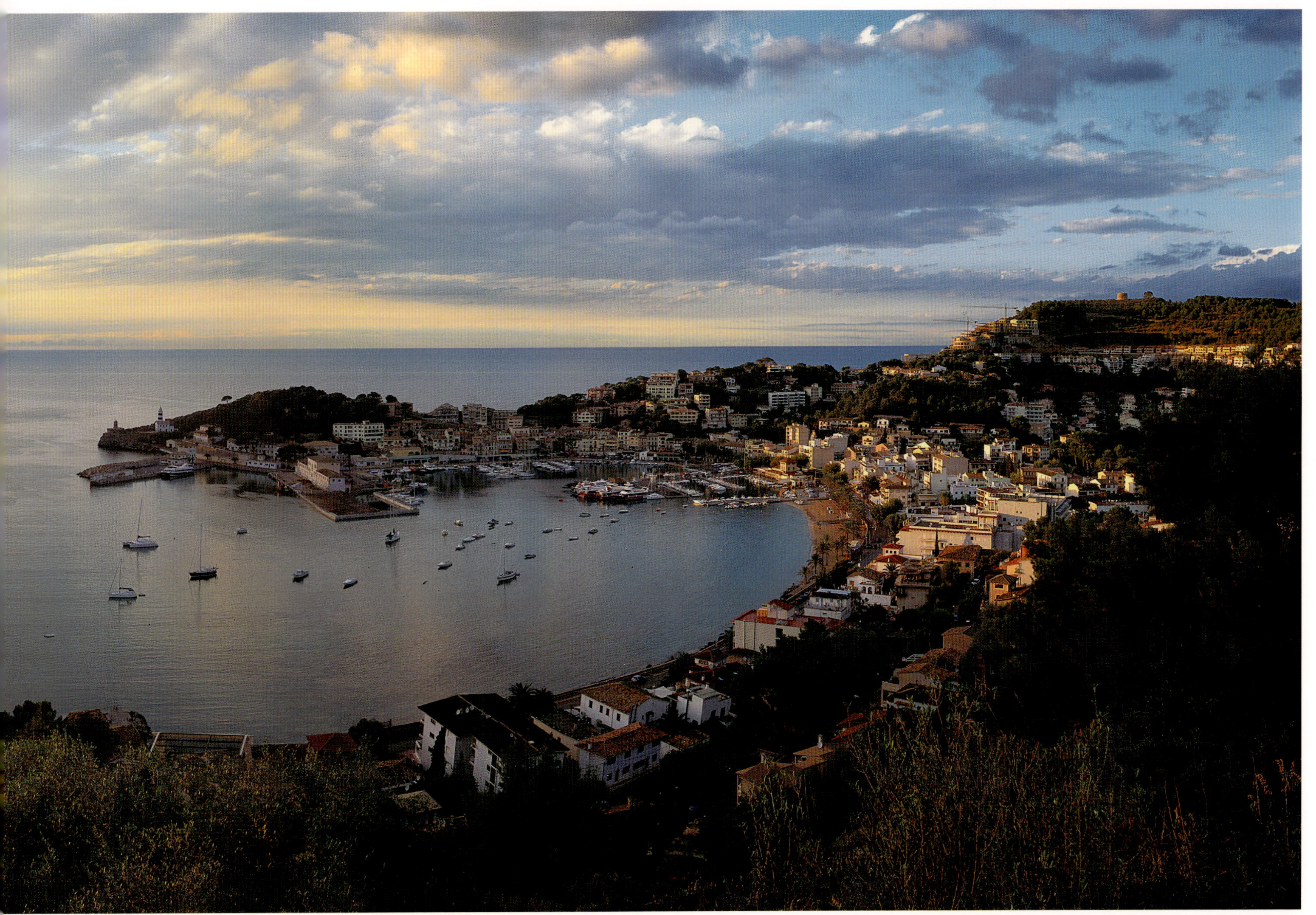

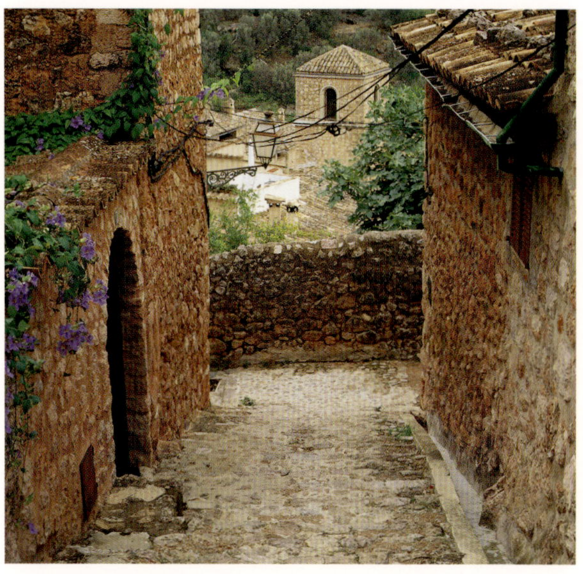

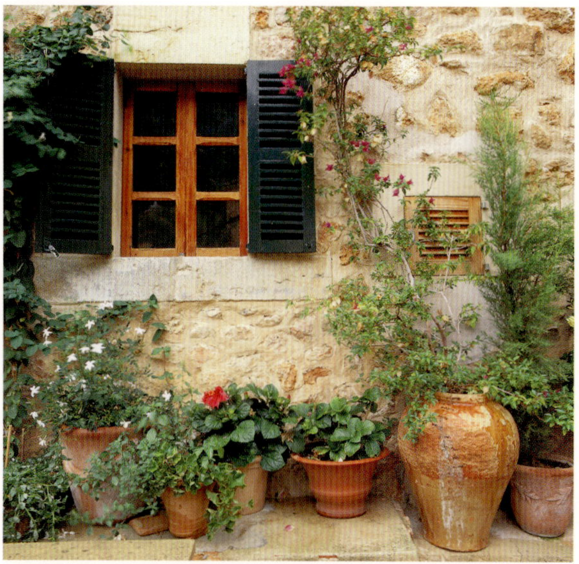

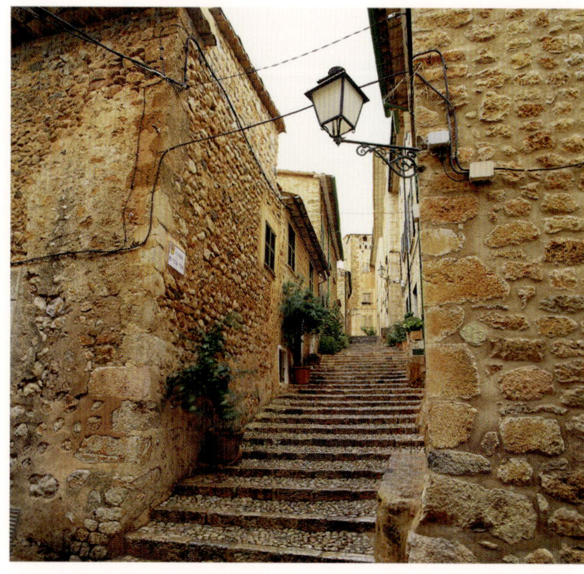

• *Fornalutx* | The small town of Fornalutx rests on the slope of the fertile valley that it shares with Sóller and the town of Biniaraix. Surrounded by sunny orchards of orange trees and terraces of old olive trees, Fornalutx is a town of unarguable scenic and architectural interest. Set deep at the foot of Puig Major (1,447 m), the highest peak of the Serra de Tramuntana, and bathed in light through the citrus tree groves at certain times of day, it takes on pictorial qualities.

• *Fornalutx* | El pequeño pueblo de Fornalutx descansa en la pendiente del fértil valle que comparte con Sóller y el pueblo de Biniaraix. Rodeado de huertos soleados de naranjos y terrazas de viejos olivos, Fornalutx puede considerarse un conjunto de indiscutible interés paisajístico y arquitectónico y cuenta con premios a nivel nacional en este sentido. Enclavado al pie del Puig Major (1.447 m), el pico más alto de la Serra de Tramuntana, la luz que lo baña en determinados momentos del día a través de las arboledas de cítricos, adquiere calidades pictóricas.

• *Fornalutx* | Das kleine Dorf Fornalutx liegt auf dem Hang eines fruchtbaren Tales, das es sich mit Sóller und Binaiaraix teilt. Fornalutx ist von sonnigen Orangenhainen und Terrassenbeeten mit alten Olivenbäumen umgeben. Der Ort ist zweifellos von großem landschaftlichen und architektonischen Interesse und wurde für diese Schönheit schon mit mehreren nationalen Preisen ausgezeichnet. Er liegt am Fuße des Berges Puig Major (1 447 m), dem höchsten Gipfel der Serra de Tramuntana. Das Licht, das sich zu bestimmten Tageszeiten durch die Zitronenbäume filtert und in die Gassen fällt, kann man in einfachen Worten eigentlich gar nicht beschreiben.

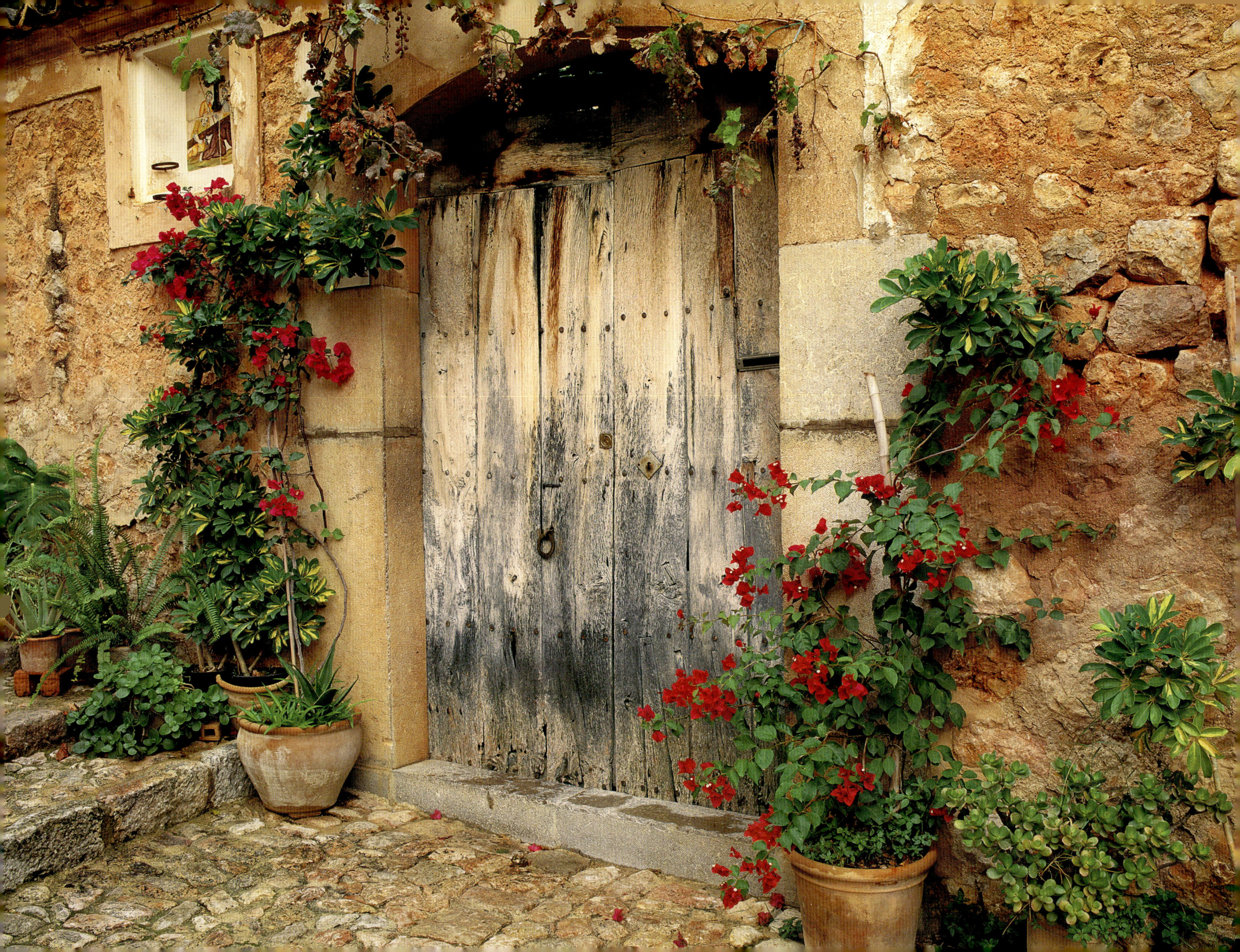

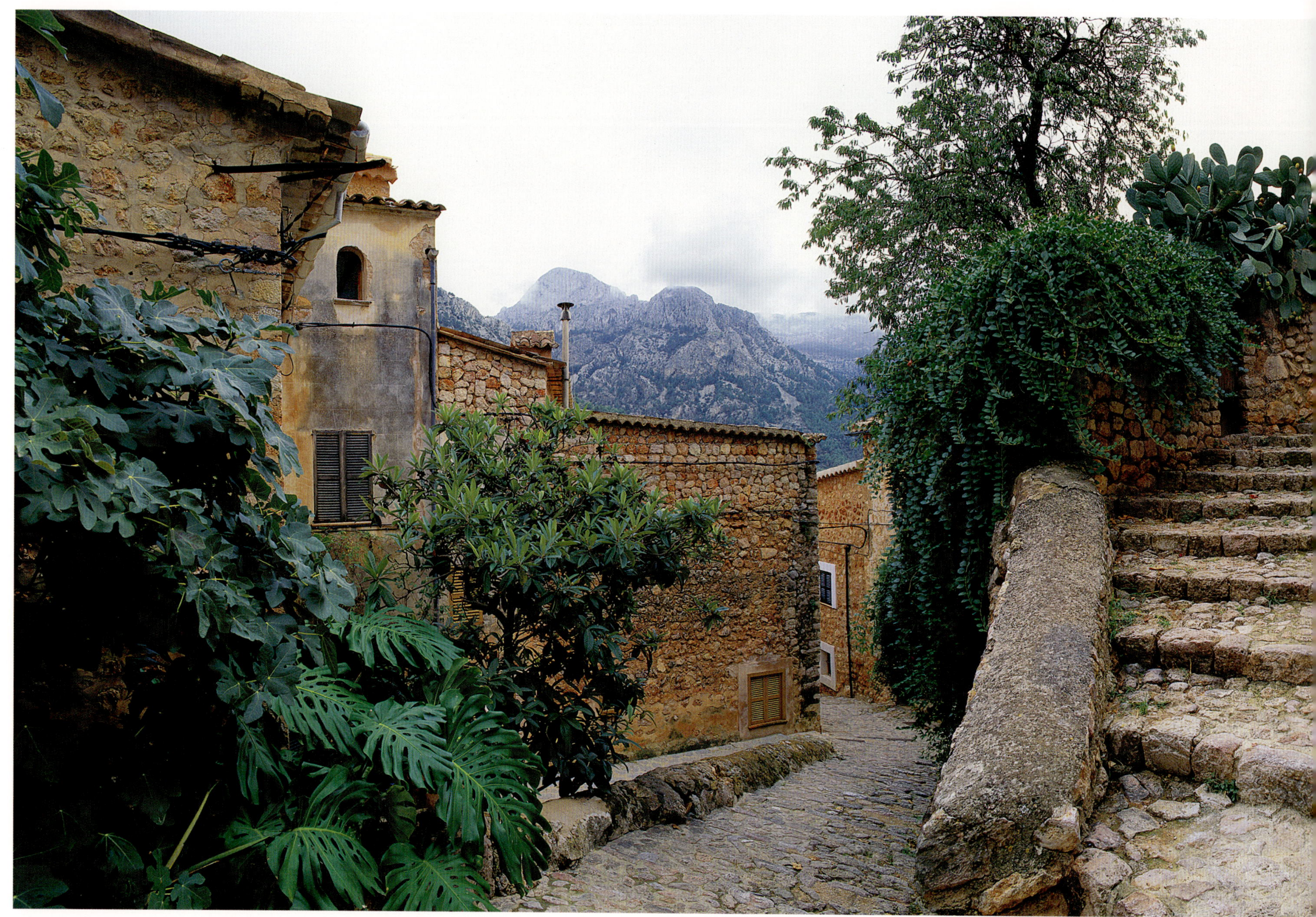

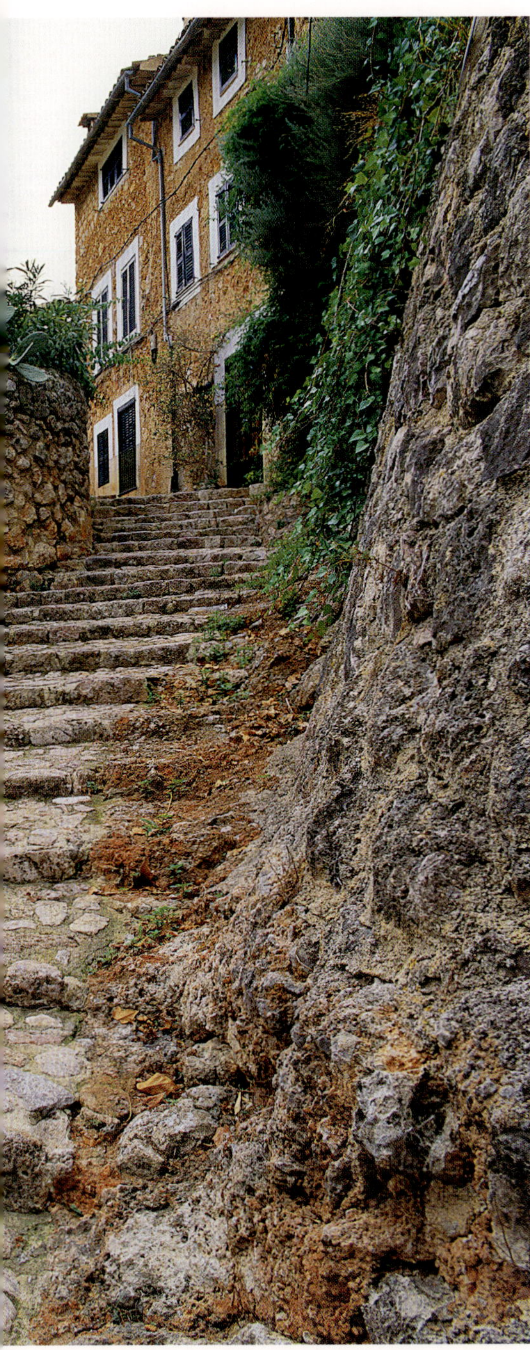

• Fornalutx, one of the quietest and most picturesque villages on the island, is a charming cluster of houses built with natural stone of the area. Many of the homes have tiles painted on the eaves, most likely a tradition of Islamic origin, as is the old farmstead that gave its name to the town. Its narrow cobbled streets are steep with steps used by donkeys in years gone by, and are scattered with plant pots with colourful flowers.

• Fornalutx, uno de los lugares más tranquilos y pintorescos de la isla es una combinación encantadora de casas rústicas construidas con la piedra natural de la zona, que irradia un hermoso resplandor dorado, y muchas de ellas con tejas pintadas en los aleros, tradición, probablemente, de origen islámico, como lo es también la antigua alquería que dio lugar al pueblo. Sus estrechas calles adoquinadas son empinadas y muchas de ellas tienen escalones que facilitan el ascenso de los animales de carga y están embellecidas con numerosas macetas de flores.

• Fornalutx ist einer der ruhigsten und malerischsten Orte der Insel. Die bezaubernden ländlichen Häuser, erbaut aus den Steinen der Region, strahlen einen wundervollen goldenen Schimmer aus. Viele der Häuser sind mit bemalten Ziegeln am Vordach geschmückt, diese Tradition ist sicherlich islamischen Ursprungs. Auch der alte Bauernhof, aus dem sich das Dorf entwickelt hat, wurde in der Zeit der Araber errichtet. Die engen gepflasterten Gassen sind sehr steil, und in vielen befinden sich Stufen, die den Lasttieren den Aufstieg erleichtern. Die Gassen sind von vielen farbenfrohen Blumentöpfen gesäumt.

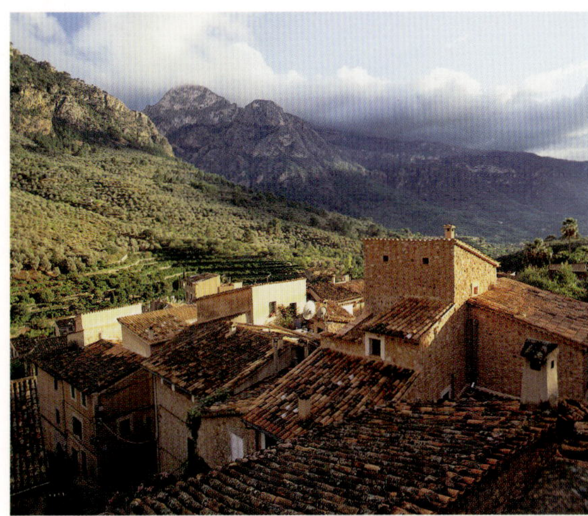

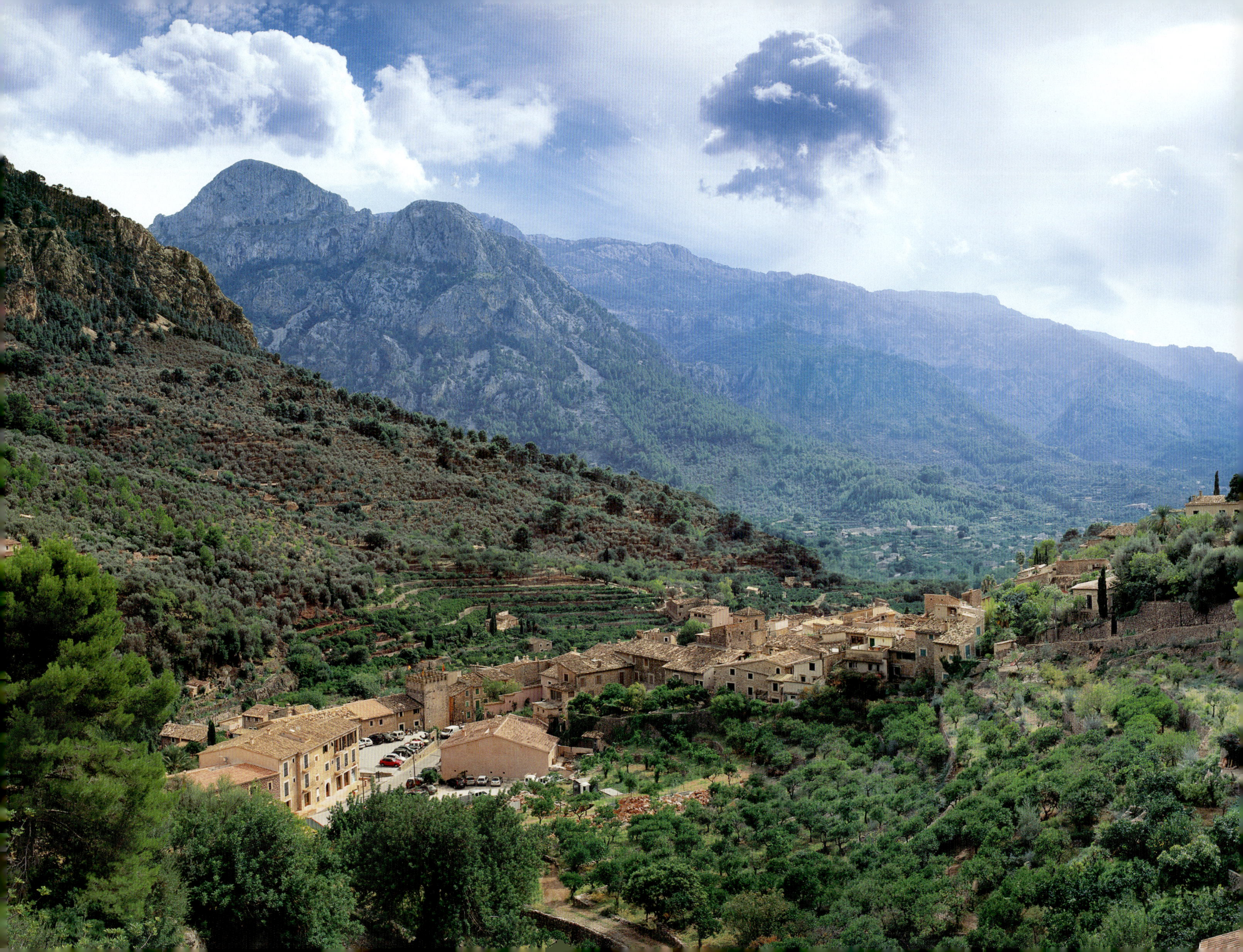

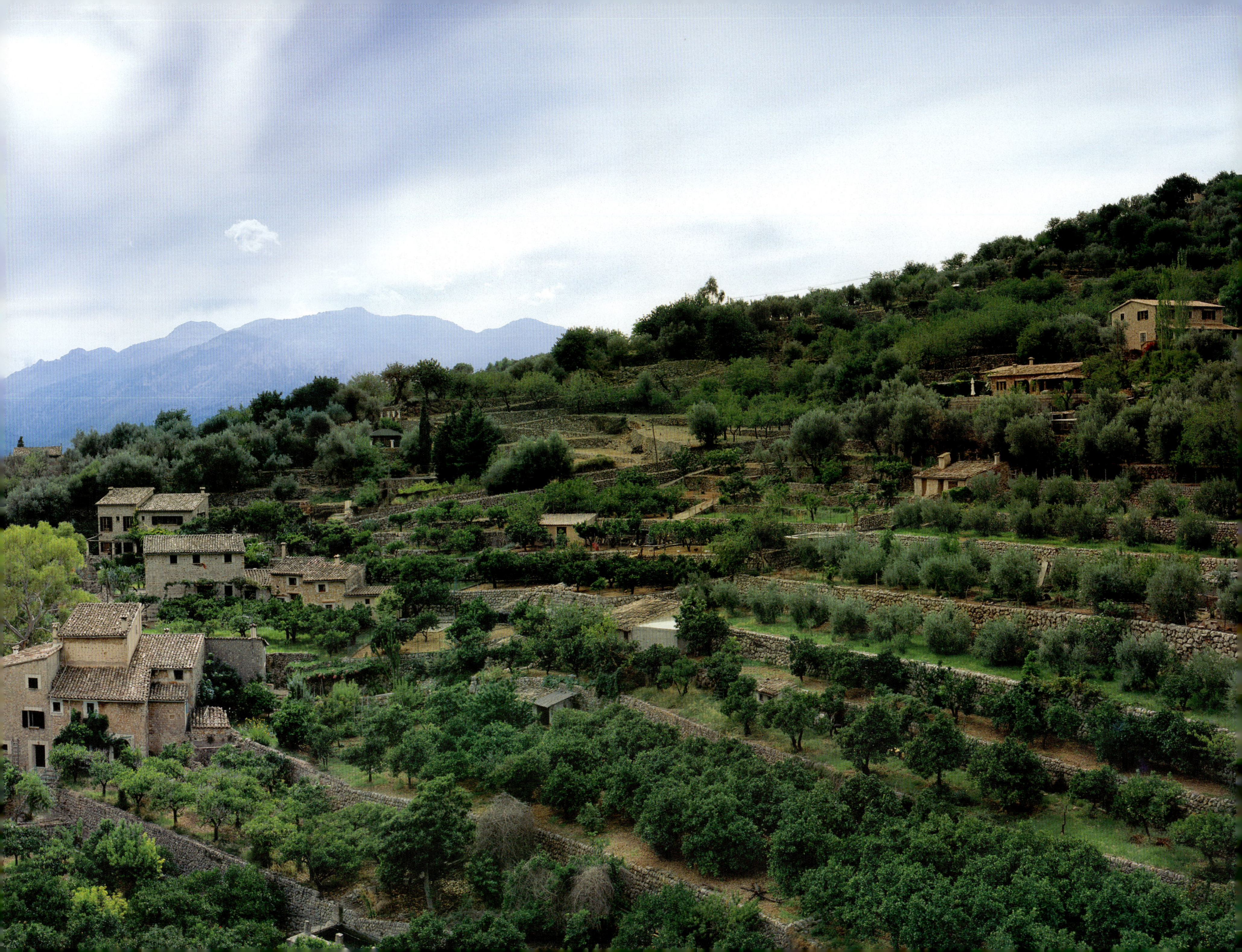

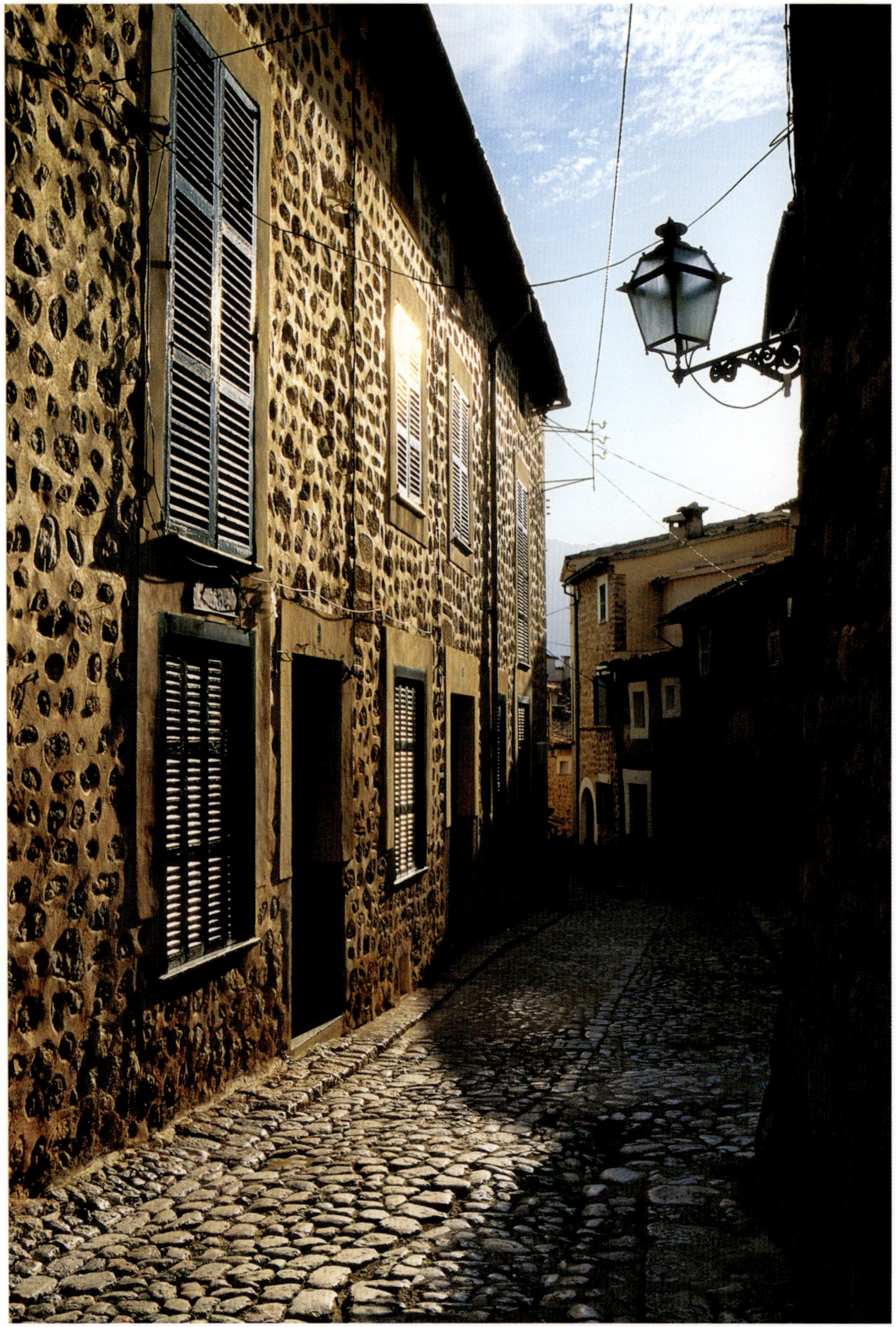

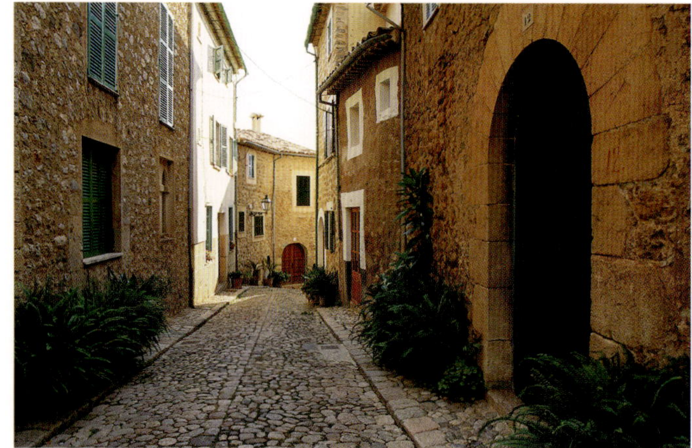

• *Biniaraix* | The town of Biniaraix, 2 kilometres from Sóller, founded alongside the Biniaraix stream, also stands out for its narrow, cobbled streets sprinkled with orange trees. One of the best ways of enjoying the mountains of the Serra de Tramuntana is to explore the area on foot. You can depart from the old washing baths in the village and continue up the valley on an old pilgrims' path that leads to the monastery of Lluc. The craggy slope is covered by pebbles and there is a difference of 600 metres in some three kilometres of route, but the fragrant aroma of rosemary, the wild goats on the crags, the sparkling streams of the valleys and the toothed peaks that rise up, make the walk well worth the effort.

• *Biniaraix* | El pueblo de Biniaraix, a 2 kilómetros de Sóller, nacido junto al torrente de Biniaraix, destaca también por sus calles estrechas y empedradas salpicadas de naranjos. Una de las mejores maneras de gozar de las montañas de la Serra de Tramuntana es explorar el área a pie. Puede iniciarse el camino junto a los antiguos lavaderos públicos para tomar por el barranco de Biniaraix, una vieja senda de peregrinos que conduce al monasterio de Lluc. La pendiente escarpada está cubierta por guijarros y hay un desnivel de 600 metros en unos tres kilómetros de recorrido, pero el fragante aroma del romero, las cabras salvajes que vagan en los riscos, los arroyos centelleante de los valles y los picos dentados que se elevan en lo alto justifican la caminata.

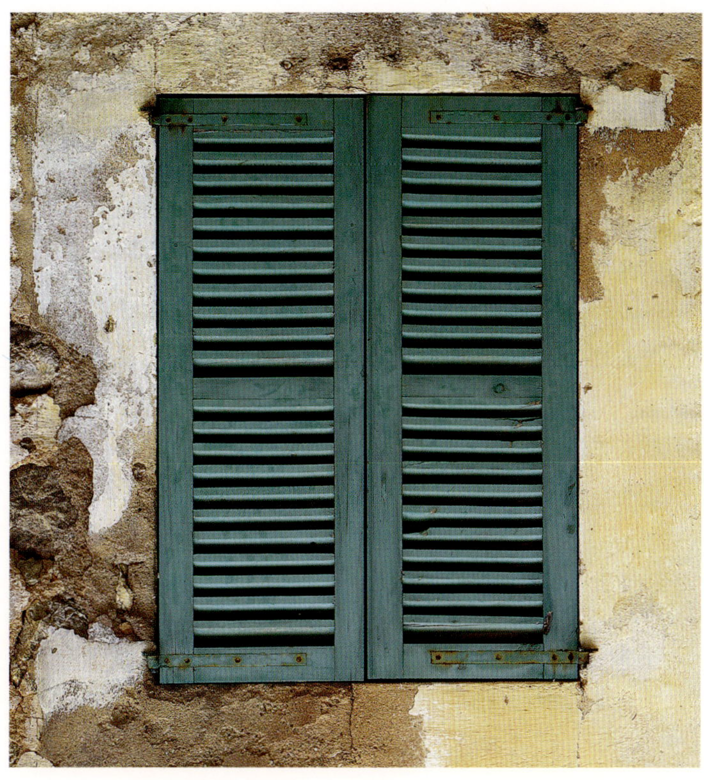

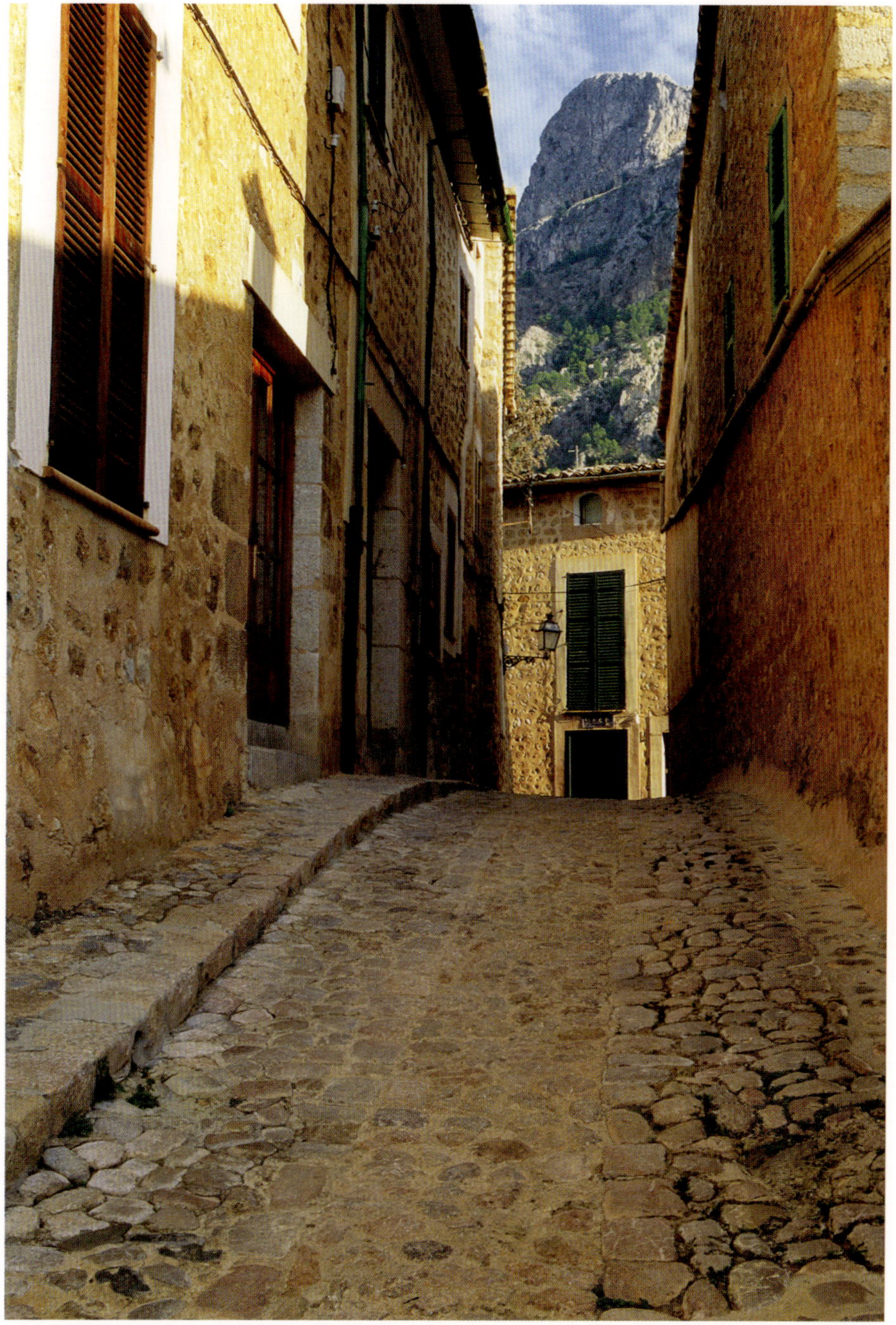

• *Biniaraix* | Das Dorf Binaraix liegt 2 Kilometer von Sóller entfernt am gleichnamigen Sturzbach Torrent de Biniaraix. Das Dorf ist von engen, gepflasterten Gassen durchzogen, und hin und wieder sieht an einen Orangenbaum. Eine der schönsten Formen, die Berglandschaft der Serra de Tramuntana zu entdecken, ist eine Wanderung. Man kann den Weg an den alten, öffentlichen Watschplätzen durch die Schlucht des Biniaraix beginnen. Von hier führt ein alter Pilgerfahrt zum Kloster von Lluc. Die abschüssige Steigung ist von kleinen Steinen bedeckt, und man überwindet auf der 3 km langen Strecke einen Höhenunterschied von 600 Metern. Aber der Rosmarinduft, die wilden Ziegen, die man auf den Felsen beobachten kann, die glitzernden Bäche in den Tälern und die zerklüfteten Felsen am Wegesrand belohnen für diese Mühe.

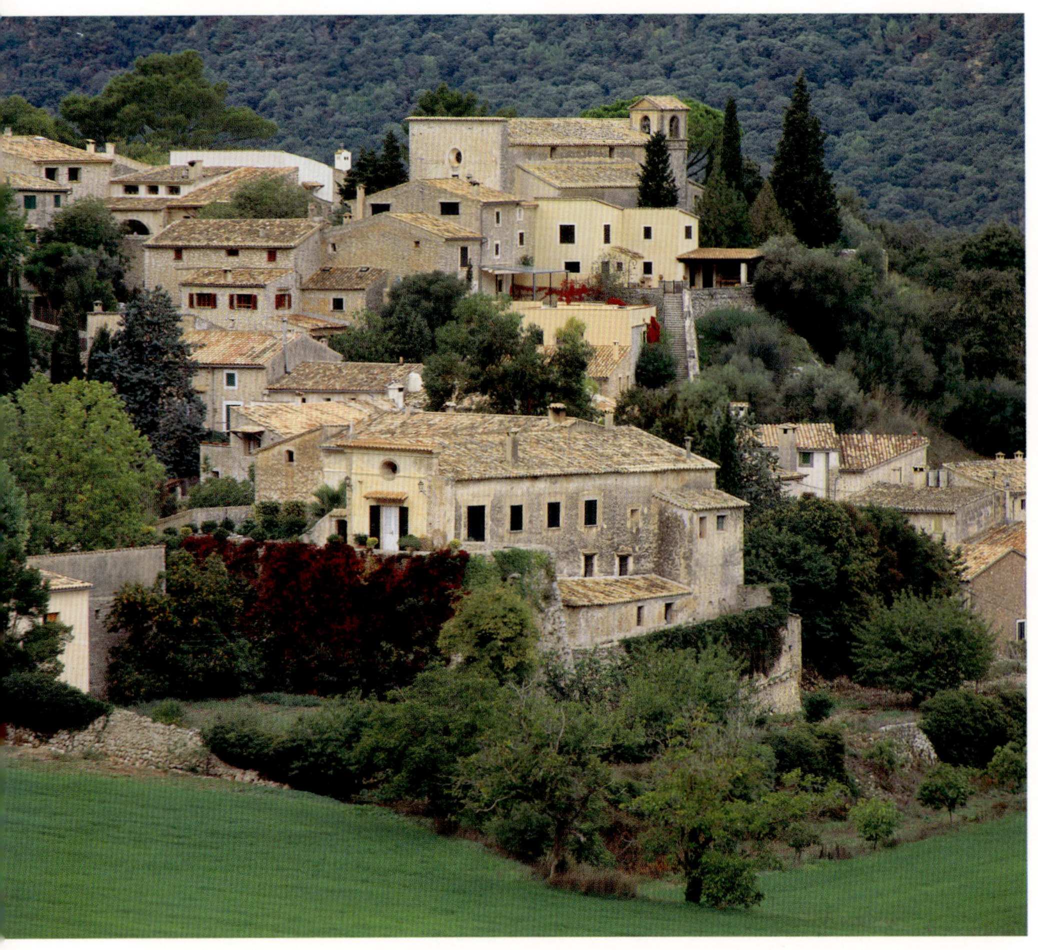

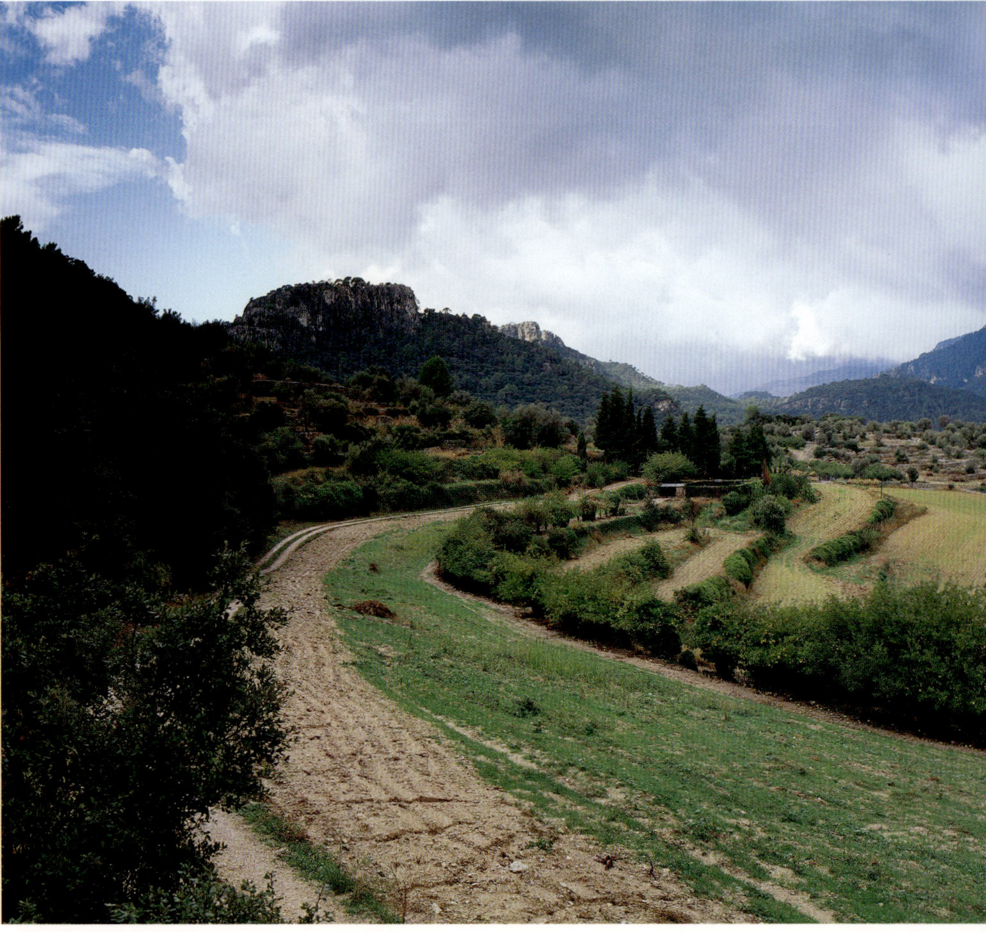

• *Orient* | Set deep between Serra d'Alfàbia and Puig d'Alaró, this small village of stone houses has an atmosphere of splendid serenity. Of note are its staggered streets and in the lower part, the picturesque public washhouses and the Creu dels Llavadosos. At its highest point stands the parish church of Sant Jordi, built in the 18th century over the ruins of what is most likely a 13th-century oratory.

• *Orient* | Enclavada entre Serra d'Alfàbia y Puig d'Alaró, esta pequeña aldea de casas de piedra presenta una atmósfera de espléndida serenidad. Resaltan sus calles escalonadas y en la parte baja los pintorescos lavaderos públicos y la Creu dels Llavadosos. En su punto más alto se encuentra la iglesia parroquial de Sant Jordi, construida en el siglo XVIII sobre las ruinas, probablemente, de un antiguo oratorio del siglo XIII.

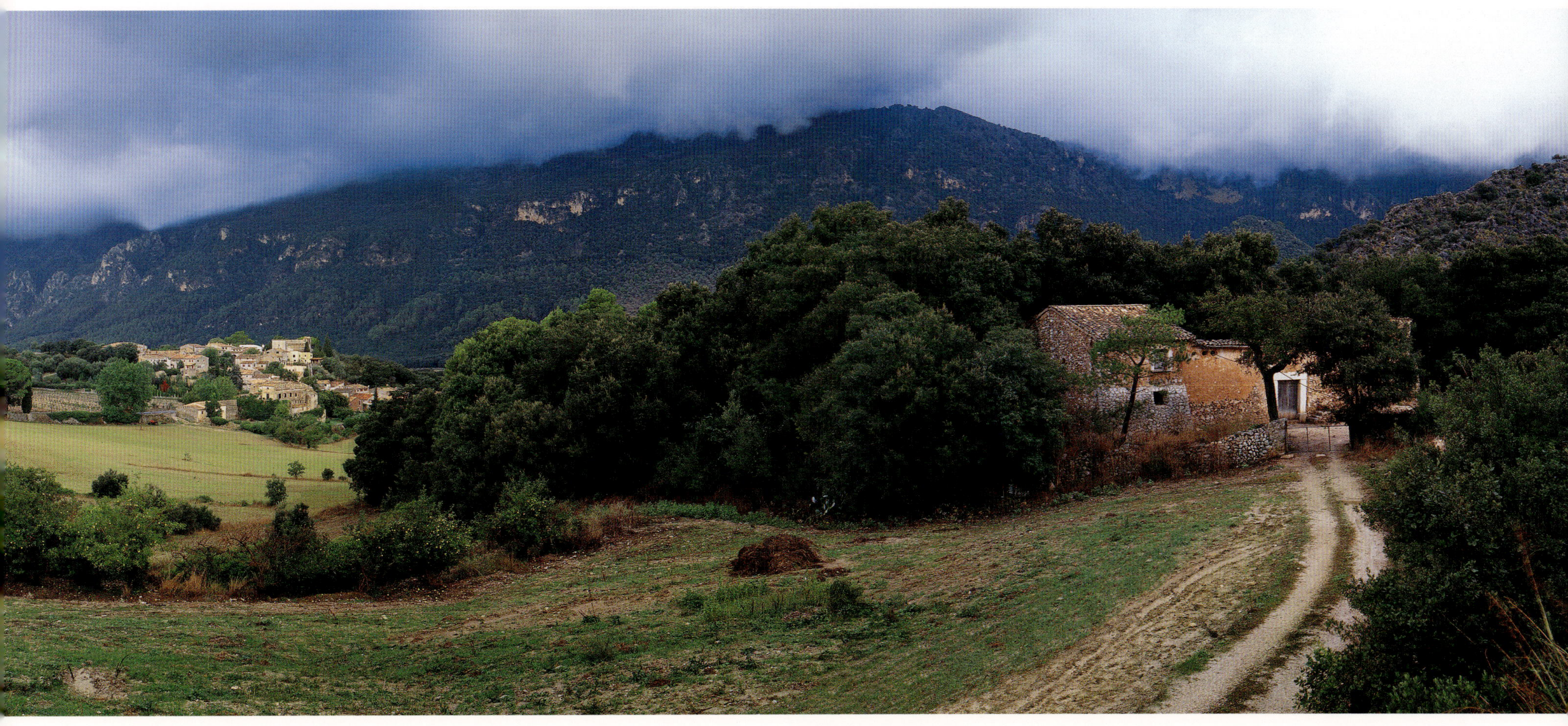

• *Orient* | Zwischen der Gebirgskette Serra d'Alfàbia und dem Berg Puig d'Alaró liegt dieses kleine, friedliche Dorf mit seinen Häusern aus Naturstein. Besonders hübsch sind die kleinen Gassen mit Treppenstufen und im unteren Teil des Dorfes die öffentlichen Waschplätze und das Kreuz Creu dels Llavadosos. Auf dem höchsten Punkt des Dorfes erhebt sich die Pfarrkirche Sant Jordi, die im 18. Jh. auf den Ruinen eines Gebäudes errichtet wurde, bei dem es sich wahrscheinlich um eine alte Kapelle aus dem 13. Jh. handelte.

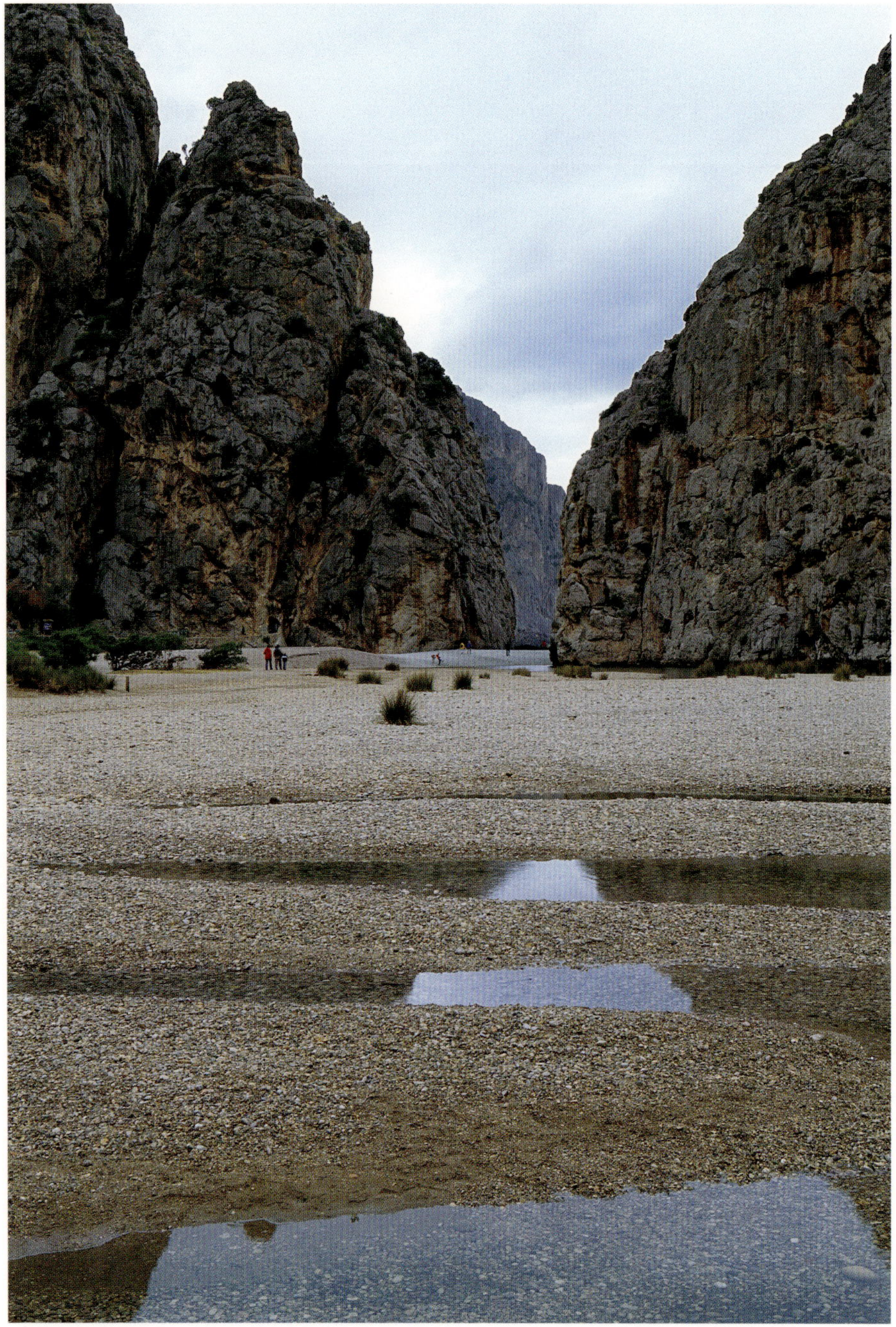

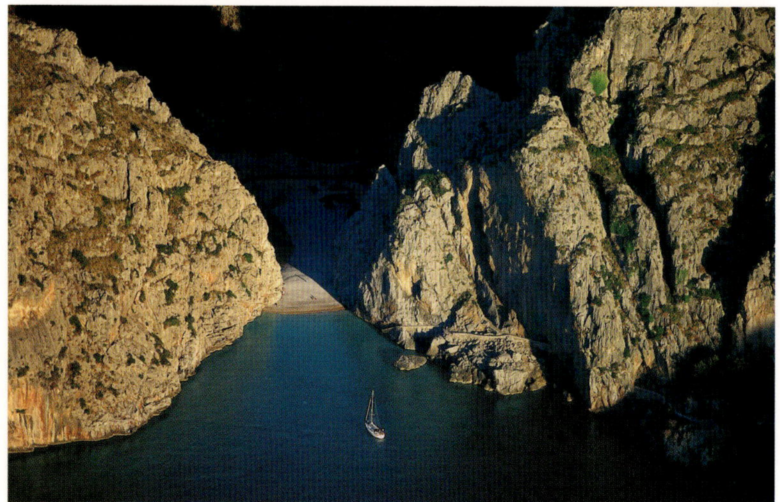

• *Sa Calobra* | In the cove of Sa Calobra the relief of the Serra de Tramuntana has a very particular physiognomy with walls of rock that rise several hundred metres on both sides of the Torrent de Pareis formed by the joining of the Gorg Blau and Lluc streams, which flows into the cove. The impressive pinnacles of this stream and of Sa Calobra have inspired artists over the years and the sheers cliffs and pristine, rugged landscapes have been the setting for many films. The mouth of the stream can be reached by the road from Sóller to Lluc along a winding route that features a hair-raising 360° bend known popularly as the Nus de sa Corbata. The easiest route is by boat from Port de Sóller. In both cases, to reach Sa Calobra one must make the last stretch by foot via a 200-m-long tunnel excavated in the living rock.

• *Sa Calobra* | En la cala de Sa Calobra el relieve de la Serra de Tramuntana presenta una fisonomía muy particular con paredes de roca que se elevan a varios cientos de metros a ambos lados del Torrent de Pareis, que desemboca en la cala. Los pináculos de este torrente –resultado de la unión algo más al interior de los arroyos Gorg Blau y Lluc–. y de Sa Calobra han inspirado a más de un artista, y su paisaje ha sido utilizado como exteriores de algunas películas por su aspecto indómito y no contaminado por la mano humana. Se

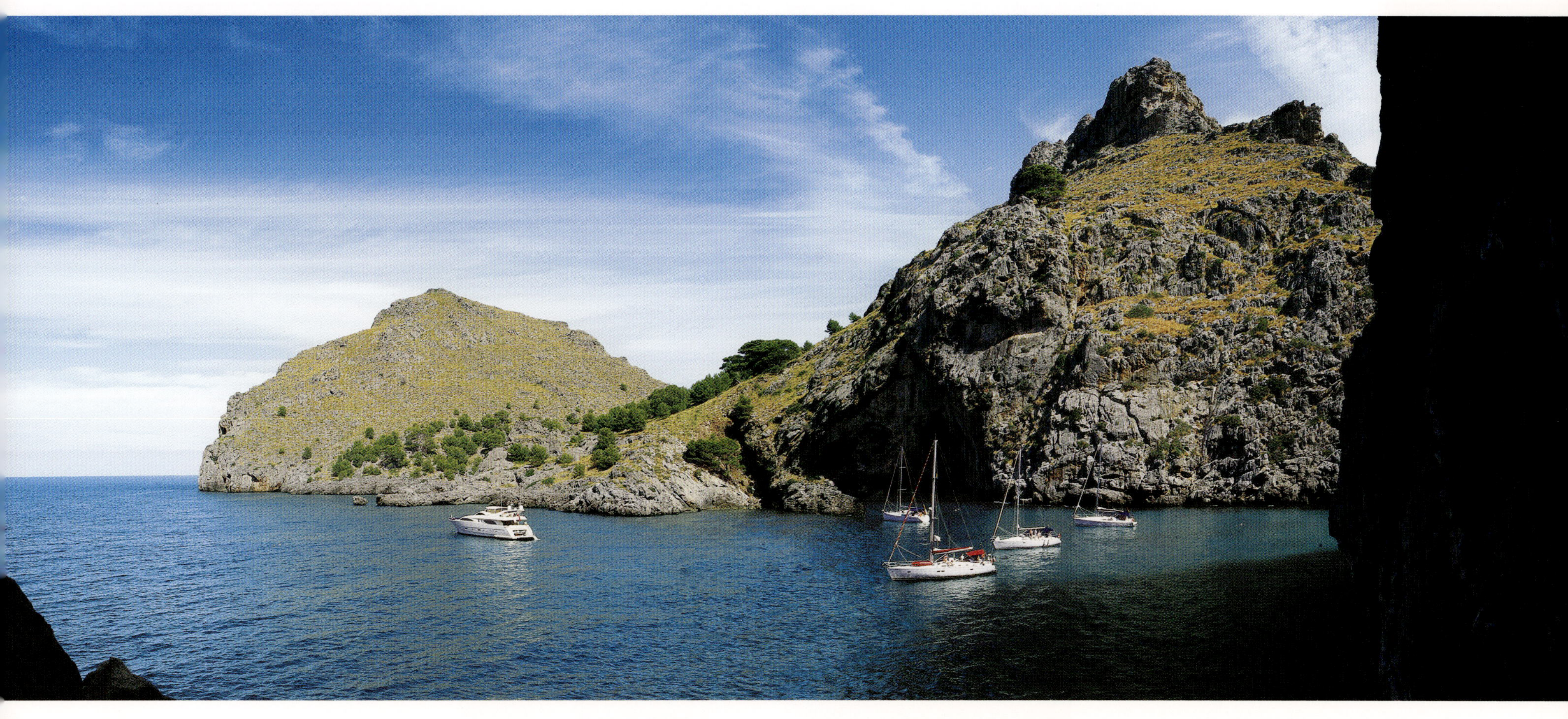

llega por la carretera de Sóller a Lluc por un trazado serpenteante en el que destaca una vertiginosa curva de 360° conocida popularmente como el Nus de sa Corbata (el nudo de la corbata). La ruta más fácil es por barco desde el Port de Sóller. En ambos casos, para acceder a Sa Calobra hay que realizar un último tramo a pie por un túnel de 200 m excavado en la roca viva.

• *Sa Calobra* | In der Bucht Sa Calobra nimmt die Gebirgskette der Serra de Tramuntana recht einzigartige Formen an. Die Bachschlucht Torrent de Pareis, die in der Bucht mündet, ist hier von Felswänden umgeben, die mehrere hundert Meter in den Himmel ragen. Die Gipfel entlang dieser Schlucht, die weiter im Landesinneren an der Mündung der Bäche Gorg Blau und Lluc entstanden, und auch die von Sa Calobra haben viele Künstler inspiriert, und in dieser wilden und von der Menschenhand nicht berührten Landschaft wurde schon so mancher Film gedreht. Man erreicht die Bucht über die Landstraße von Sóller nach Lluc über enge Kurven, eine davon macht eine Biegung von 360° und wird im Volksmund als der Krawattenknoten (Nus de sa Corbata) bezeichnet. Der einfachste Weg ist per Schiff vom Hafen von Sóller aus. Egal, ob man im Auto oder Schiff kommt, das letzte Stück muss man zu Fuß durch einen 200 m langen Tunnel zurücklegen, der in den Felsen geschlagen wurde.

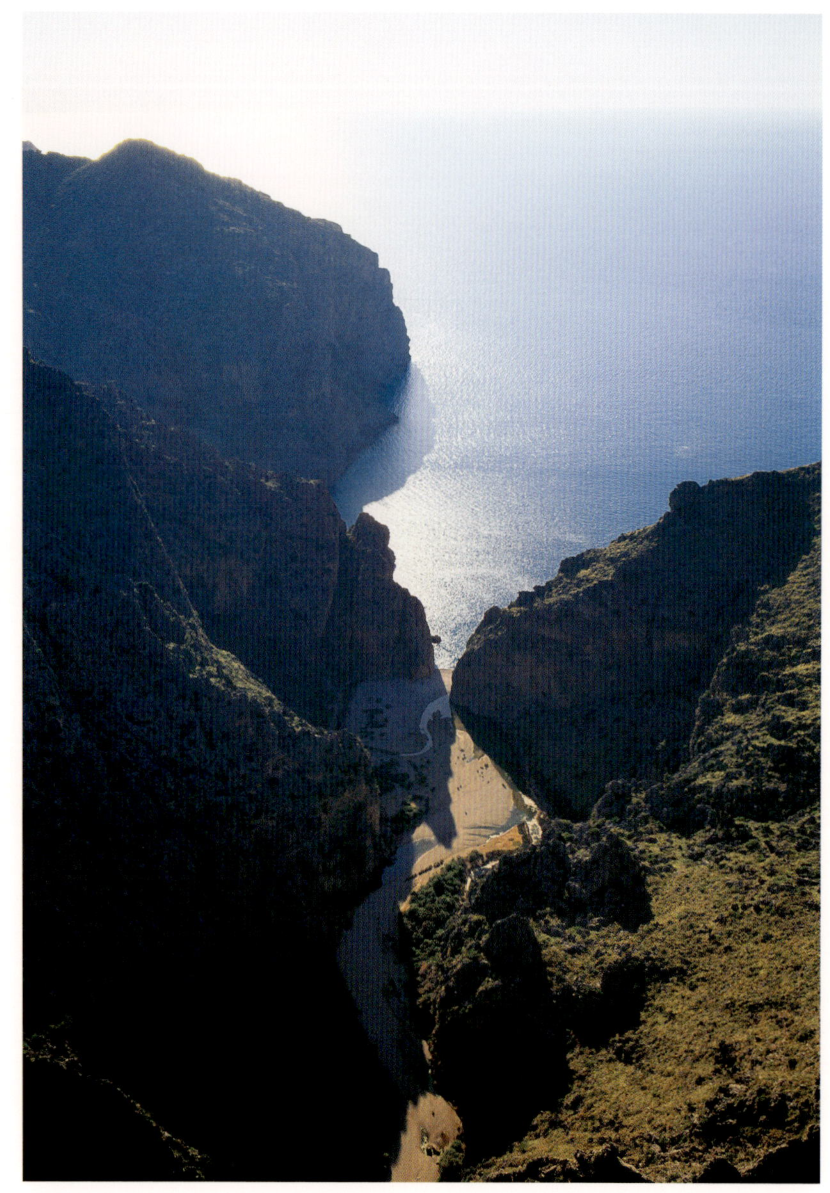

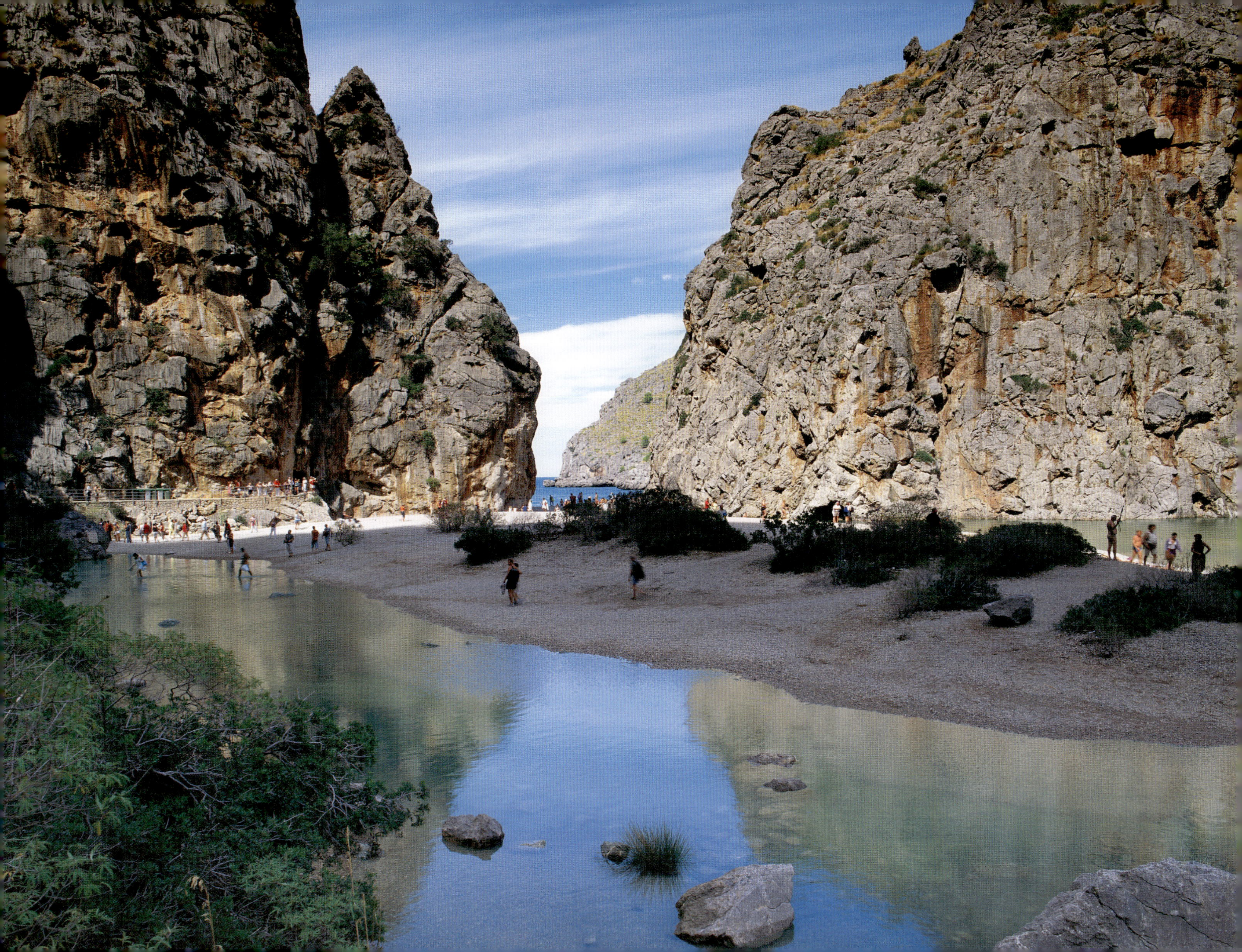

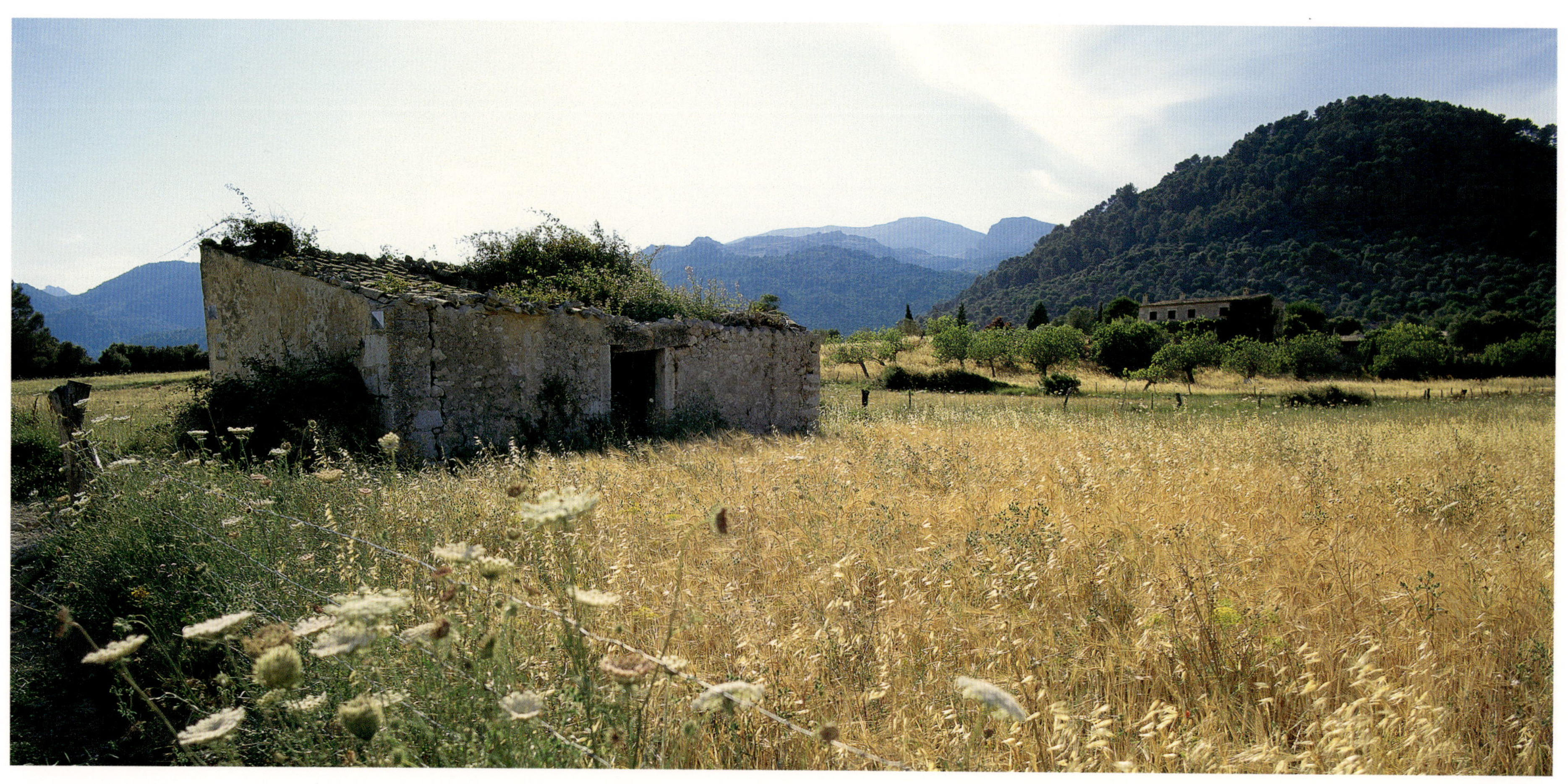

• *Pollença* | Founded on the coast by the Romans as *Pollentia*, after the pillaging of the Vandals in 456, the survivors created the new settlement of Pollença five kilometres inland. The two-arched Roman bridge, the church of Nostra Senyora dels Àngels, built by the Templar Knights, and the Baroque convent of Santo Domingo are places of interest which transport the visitor back to a splendid past.

• *Pollença* | Fundada en la costa por los romanos como *Pollentia*, después de los saqueos de los vándalos en 456, los supervivientes crearon el nuevo asentamiento de Pollença cinco kilómetros tierra adentro. El puente romano de dos arcos, la iglesia de Nostra Senyora dels Àngels, erigida por los templarios, y el convento barroco de Santo Domingo son lugares a visitar y que nos remontan a un espléndido pasado.

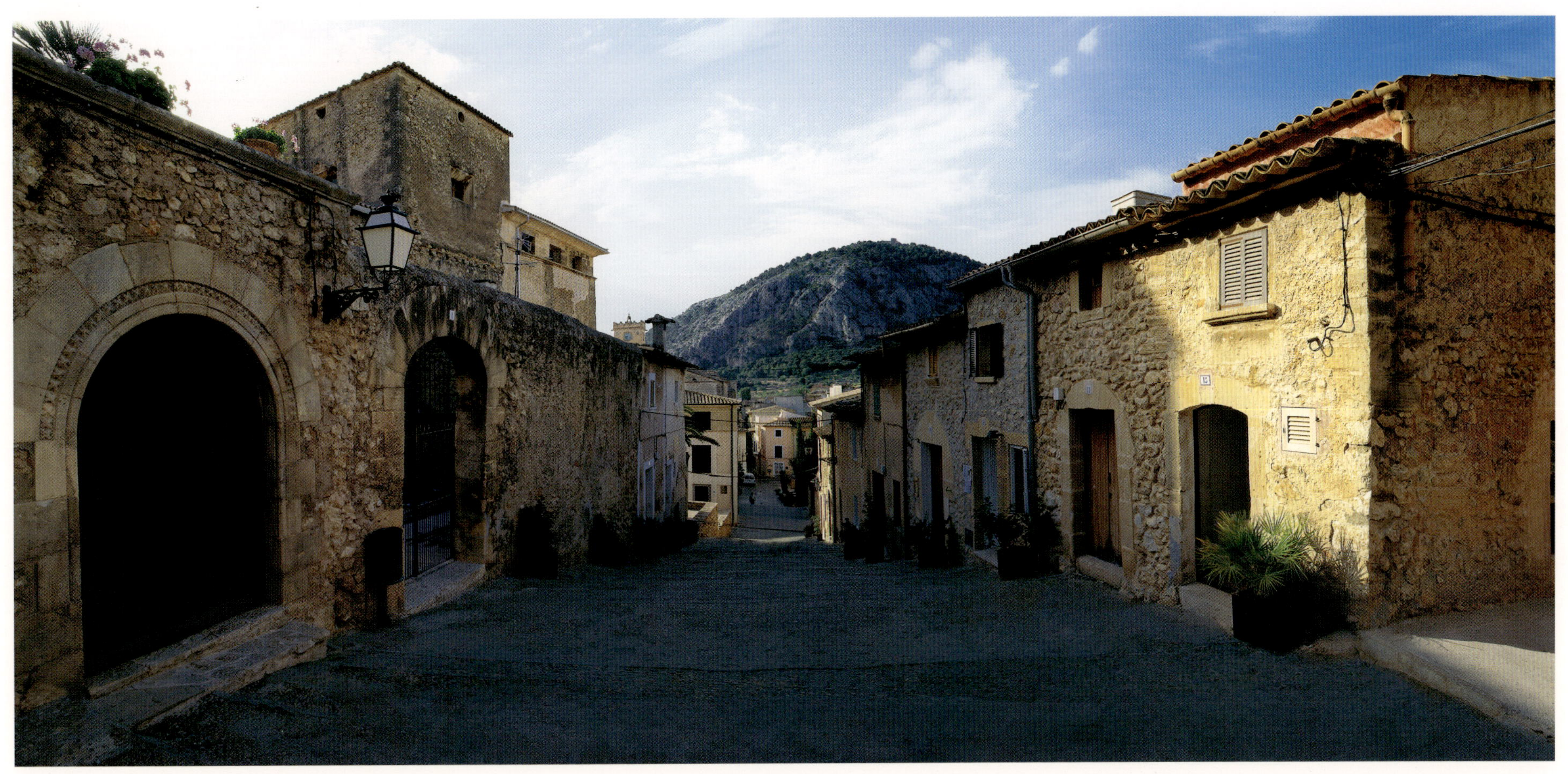

• *Pollença* | Dieser Ort wurde von den Römern gegründet und *Pollentia* getauft. Nach den Plünderungen durch die Wandalen gründeten die Überlebenden 5 km weiter landeinwärts die neue Siedlung Pollença. Bei der Besichtigung der römischen Brücke mit den beiden Bögen, der Kirche Nostra Senyora dels Àngels, die von den Templern errichtet wurde, und des barocken Klosters Santo Domingo und fühlt man sich weit in die Vergangenheit zurückversetzt.

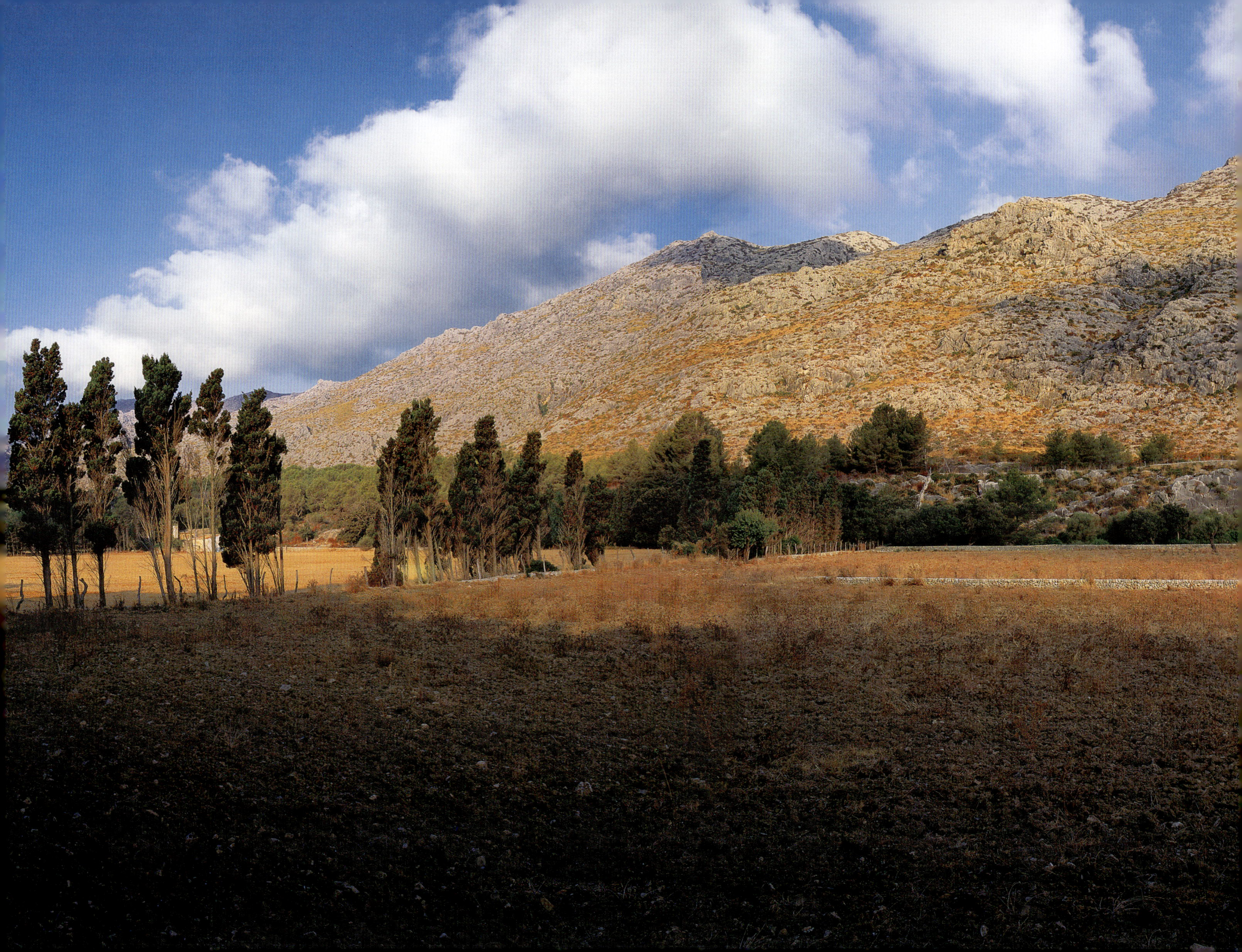

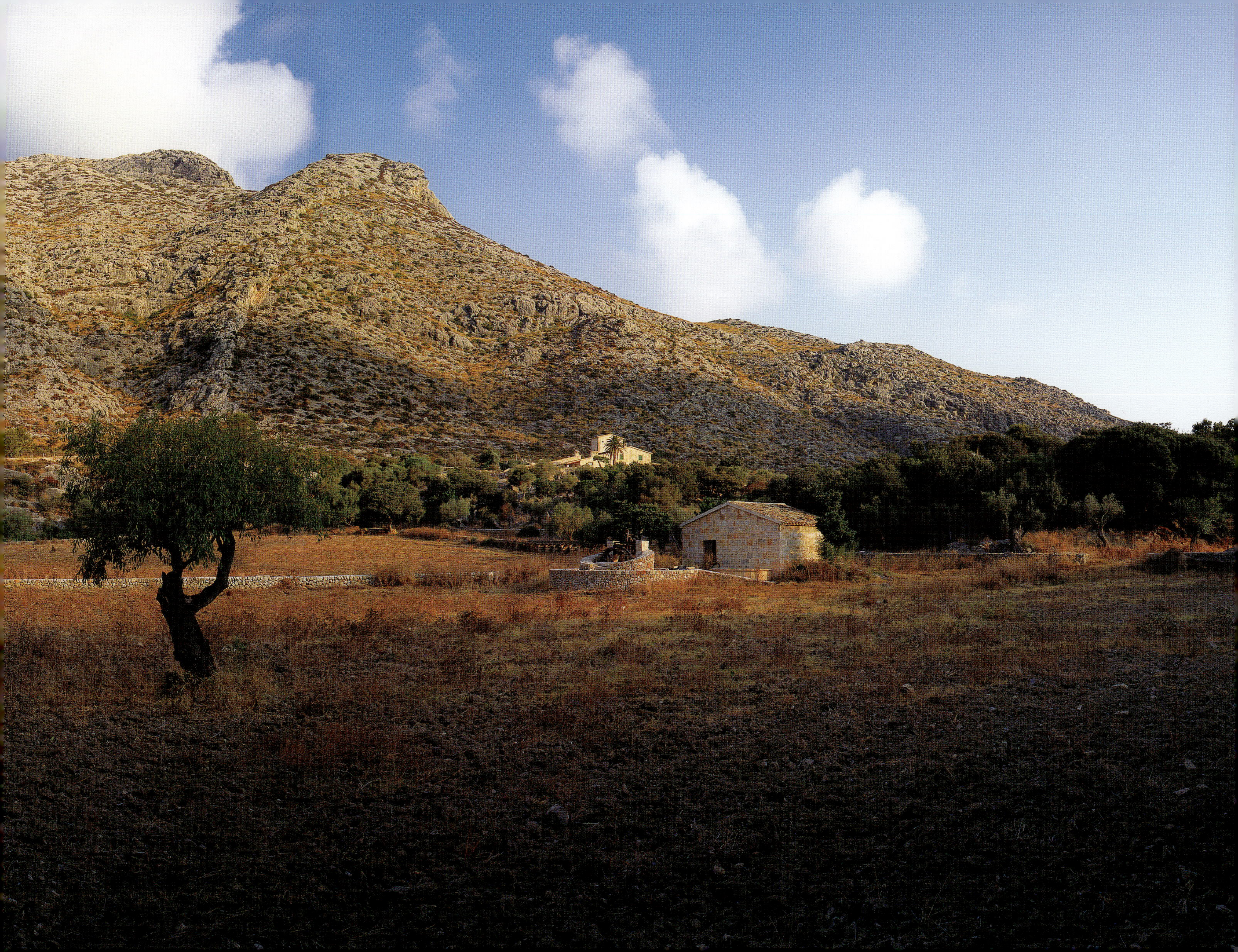

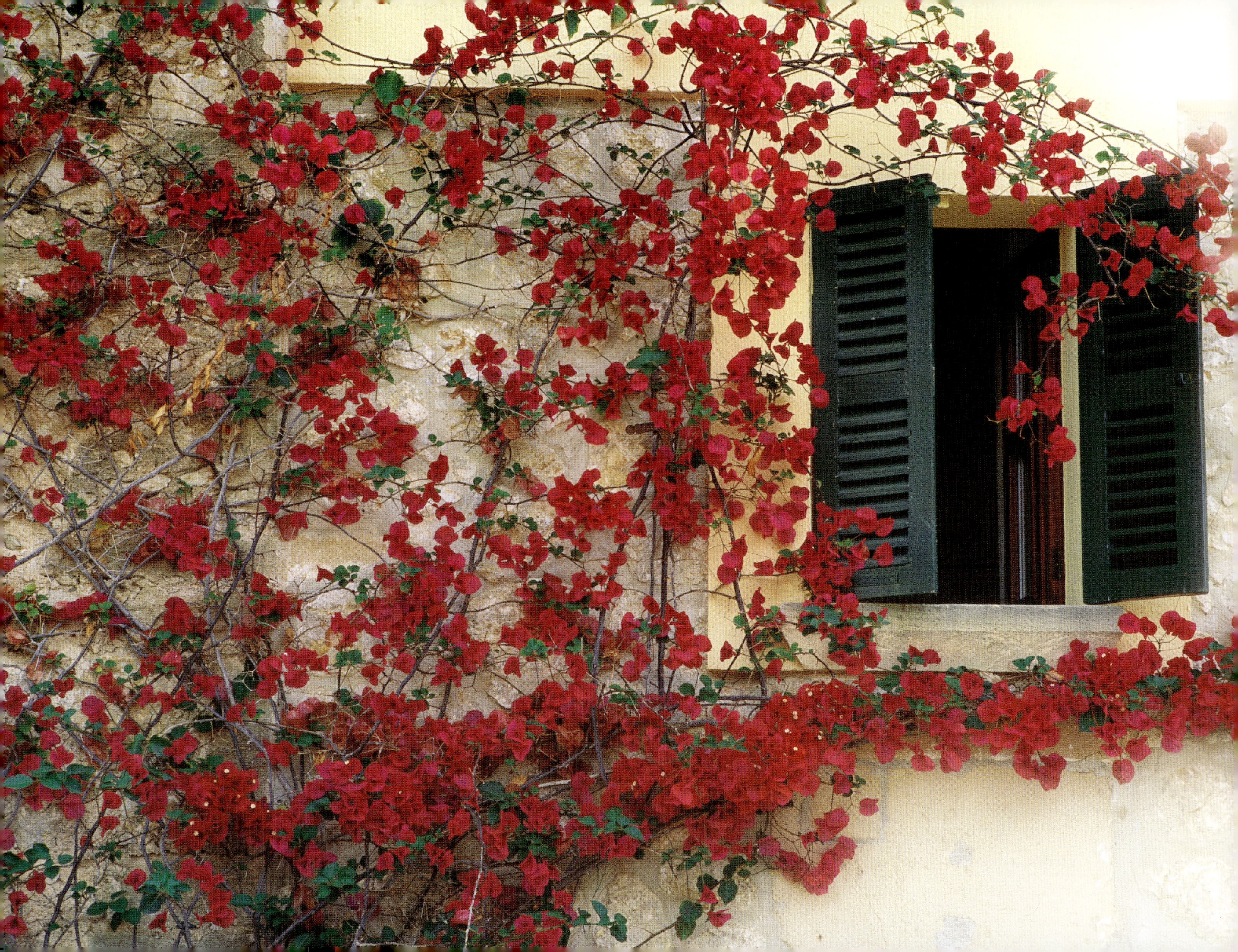

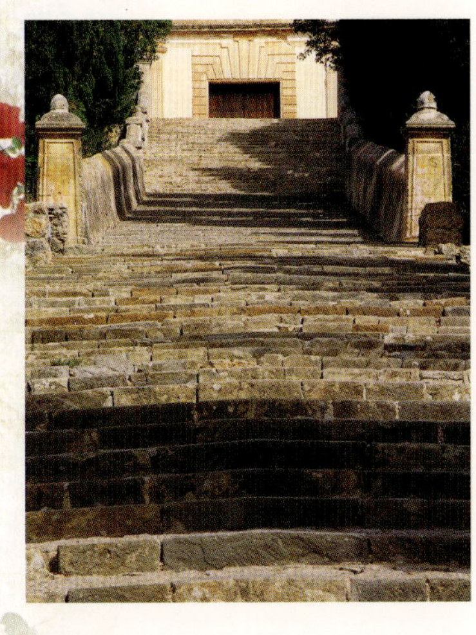

Although founded originally by the Romans, it was the Arabs who gave it the appearance that we see today: the ochre stone of the buildings, the labyrinth of narrow winding streets and the large number of sections of steps. One of the most famous landmarks is the stairway that climbs up to the *Puig del Calvari* (mount Calvary), 365 steps that lead to the Baroque chapel. This is the setting for the most spectacular festival in the area that takes place every Easter Friday. It consists of a recreation of the 13 stations of the Calvary, followed by a simulated crucifixion at the top of the hill, the Passion represented in all senses of the word.

Aunque fundada originalmente por los romanos, fueron los árabes quienes le dieron el aspecto con el que hoy la vemos: la piedra ocre de los edificios, el laberinto de estrechas calles ondulantes y el gran número de tramos de escaleras. Uno de los hitos más famosos es la escalera que sube hasta el *Puig del Calvari* (Monte Calvario), 365 peldaños que conducen a la capilla barroca. Éste es el escenario para la fiesta más espectacular de la zona que se lleva a cabo todos los Viernes Santos. Consiste en una recreación de las 13 estaciones del Calvario, seguidas de una crucifixión simulada en lo alto de la colina, la pasión representada en todos los sentidos de la palabra.

Obwohl der Ort ursprünglich von den Römern gegründet wurde, verdankt er sein heutiges Aussehen den Arabern. Sie waren es, die die ockerfarbenen Steine der Gebäude benutzten und das Labyrinth aus engen, gewundenen Gassen und die vielen Treppenabschnitte schufen. Besonders berühmt ist die Treppe, die auf den Kalvarienberg, den *Puig del Calvari* führt, nach 365 Stufen erreicht man die barocke Kapelle. Sie ist Schauplatz des bekanntesten Festes in dieser Region, das an jedem Karfreitag stattfindet. An diesem Tag werden die 13 Stationen des Leidensweg Christi nachgestellt, und dann wird die Kreuzigung oben auf dem Hügel gespielt, die Passion Christi im Sinne des Wortes.

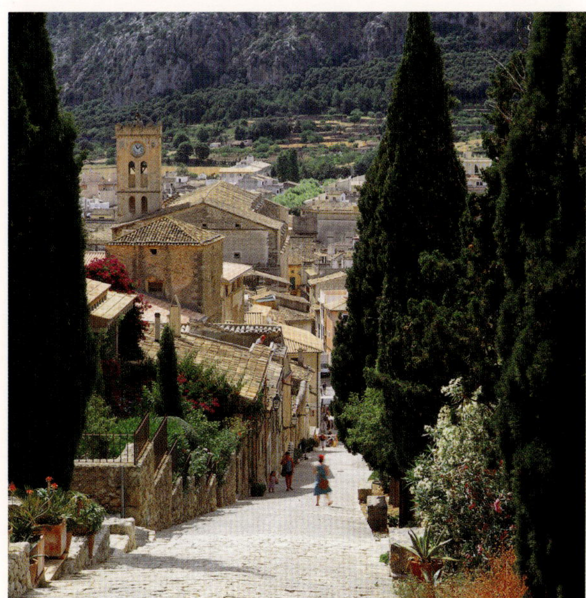

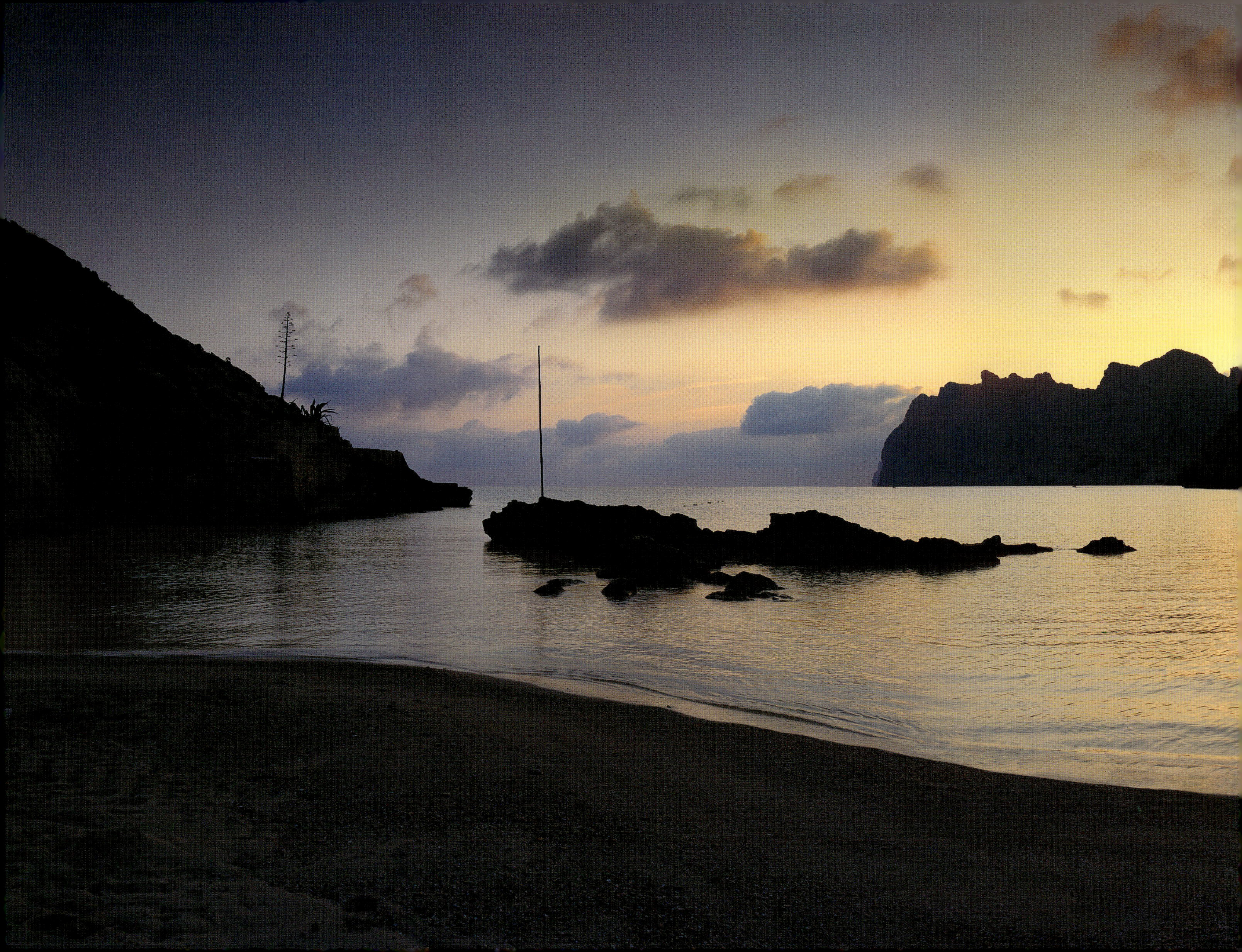

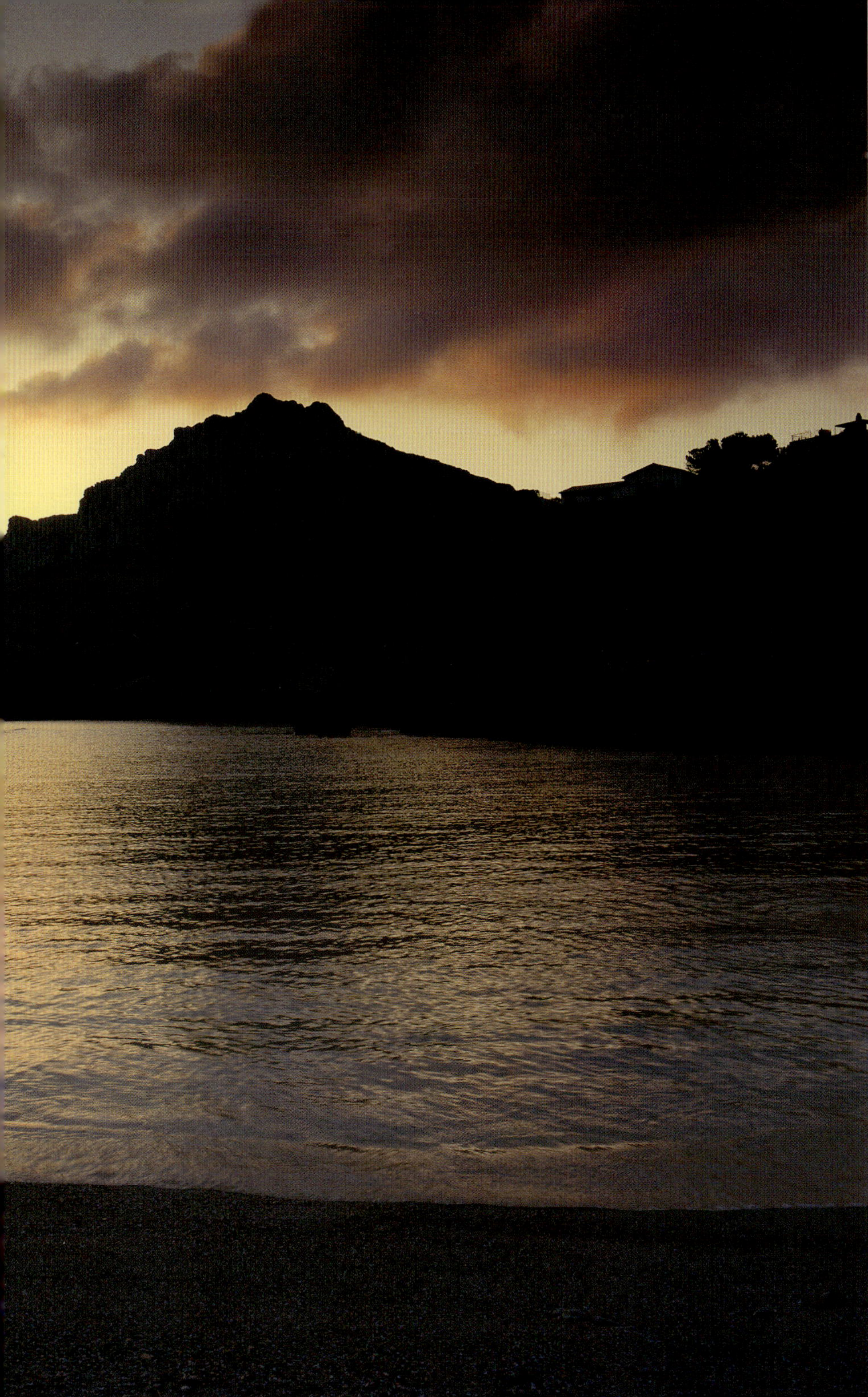

• *Cala Sant Vicenç* | Originally a fishing village, it has gradually become a residential area in recent years. It is situated at a junction of four small coves: Cala Barques, Cala Clara, Cala Molins and Cala Carbó, framed between the impressive range of Cavall Bernat and the Punta de Coves Blanques. At the entrance there is a series of seven funerary caves of great archaeological value for the study of prehistoric Mallorca.

• *Cala Sant Vicenç* | De origen pescador, se ha ido convirtiendo en una zona residencial en los últimos años. Está situada en un conjunto de cuatro calitas: Cala Barques, Cala Clara, Cala Molins y Cala Carbó, enmarcadas entre la impresionante sierra del Cavall Bernat y la Punta de Coves Blanques. En la entrada hay un conjunto de siete cuevas funerarias de gran valor arqueológico para el estudio de la Mallorca prehistórica.

• *Cala Sant Vicenç* | Dieses einstige Fischerdorf hat sich in den letzten Jahren in eine Wohnsiedlung verwandelt. Sie nimmt vier kleinen Buchten ein, Cala Barques, Cala Clara, Cala Molins und Cala Carbó, und diese Buchten werden von der beeindruckenden Bergkette Cavall Bernat und der Landspitze Punta de Coves Blanques umrahmt. An der Einfahrt zu den Buchten befinden sich sieben Begräbnishöhlen, die für das Studium des prähistorischen Mallorcas von großem, archäologischen Interesse sind.

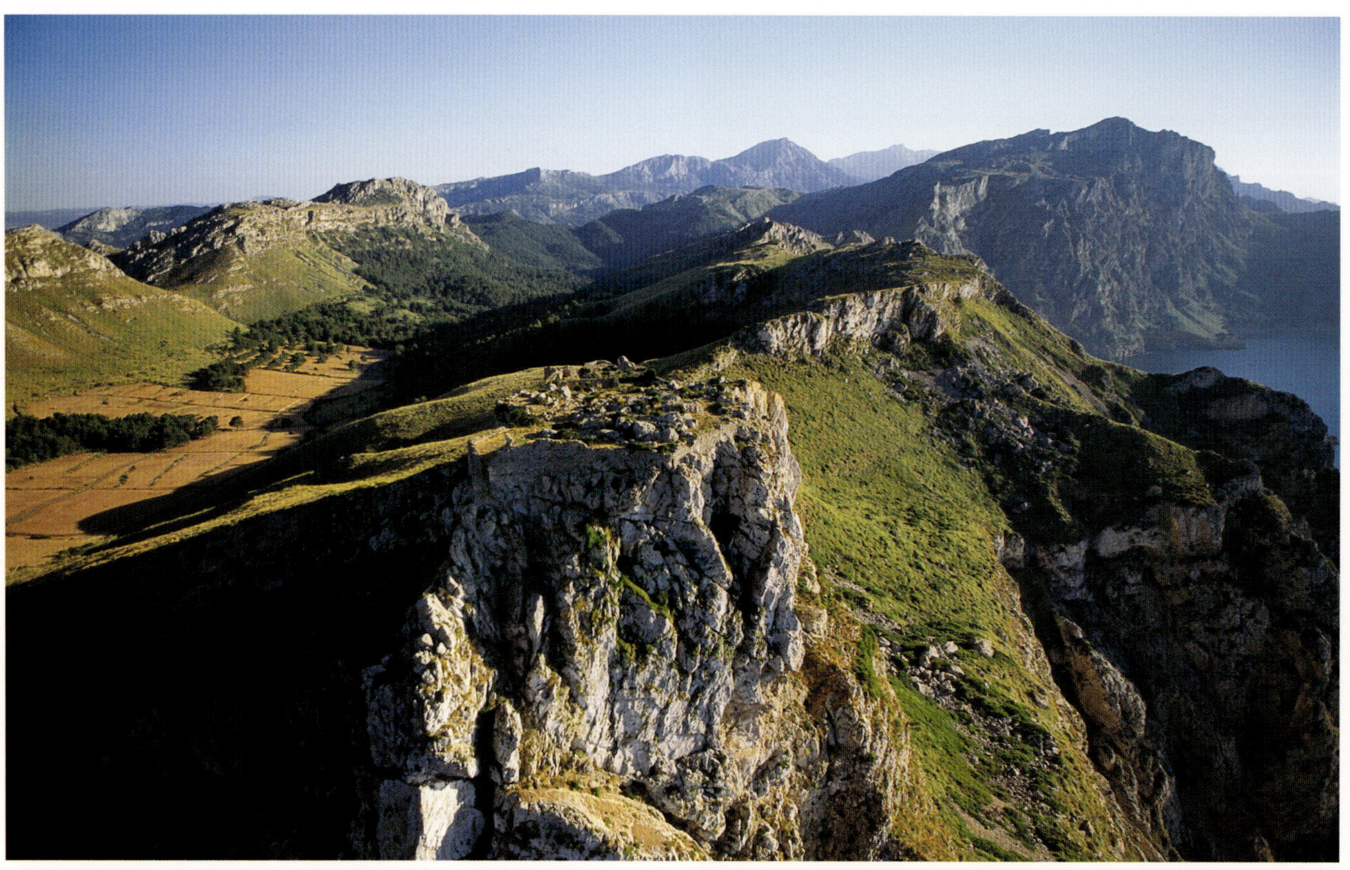

• *Castell del Rei* | This is possibly the most lengendary castle in Mallorca. Today it's ruins stand at a height of 492 metres overlooking spectacular cliffs. Built by the Arabs, it was the last redoubt of Muslim resistance to the Christian troops that invaded the island in 1229, led by Jaume I; and, 113 years later, Jaume III of Mallorca resisted the siege of Pere IV of Aragon for three months, before surrendering. After serving as an observation watchtower it was finally abandoned in 1715.

• *Castell del Rei* | Posiblemente es el castillo más legendario de toda Mallorca, aunque hoy sólo se alza en ruinas a 492 metros sobre unos espectaculares acantilados. Construido por los árabes, fue el último reducto de la resistencia musulmana a las tropas cristianas que invadieron la isla en 1229, liderados por Jaume I; y, 113 años más tarde, Jaume III de Mallorca resistió durante tres meses el asedio de Pere IV de Aragón, antes de rendirse. Después de servir como atalaya de observación fue abandonado definitivamente en 1715.

• *Castell del Rei* | Diese Burg ist von zahlreichen Legenden umwoben, vielleicht wie keine andere auf Mallorca, obwohl heute nur noch eine Ruine geblieben ist, die sich auf einer Höhe von 492 m auf beeindruckenden Steilküsten erhebt. Sie wurde von den Arabern errichtet und war auch die letzte Festung, in der die Moslems gegen die christlichen Truppen, die 1229 unter der Führung von Jakob I. auf die Insel vordrangen, Widerstand leisteten. 113 Jahre später widerstand hier Jakob III. von Mallorca drei Monate lang der Belagerung von Peter IV. von Aragonien, bevor er sich ergab. Nachdem die Burg dann einige Jahrhunderte als Wachturm diente, wurde sie 1715 endgültig verlassen.

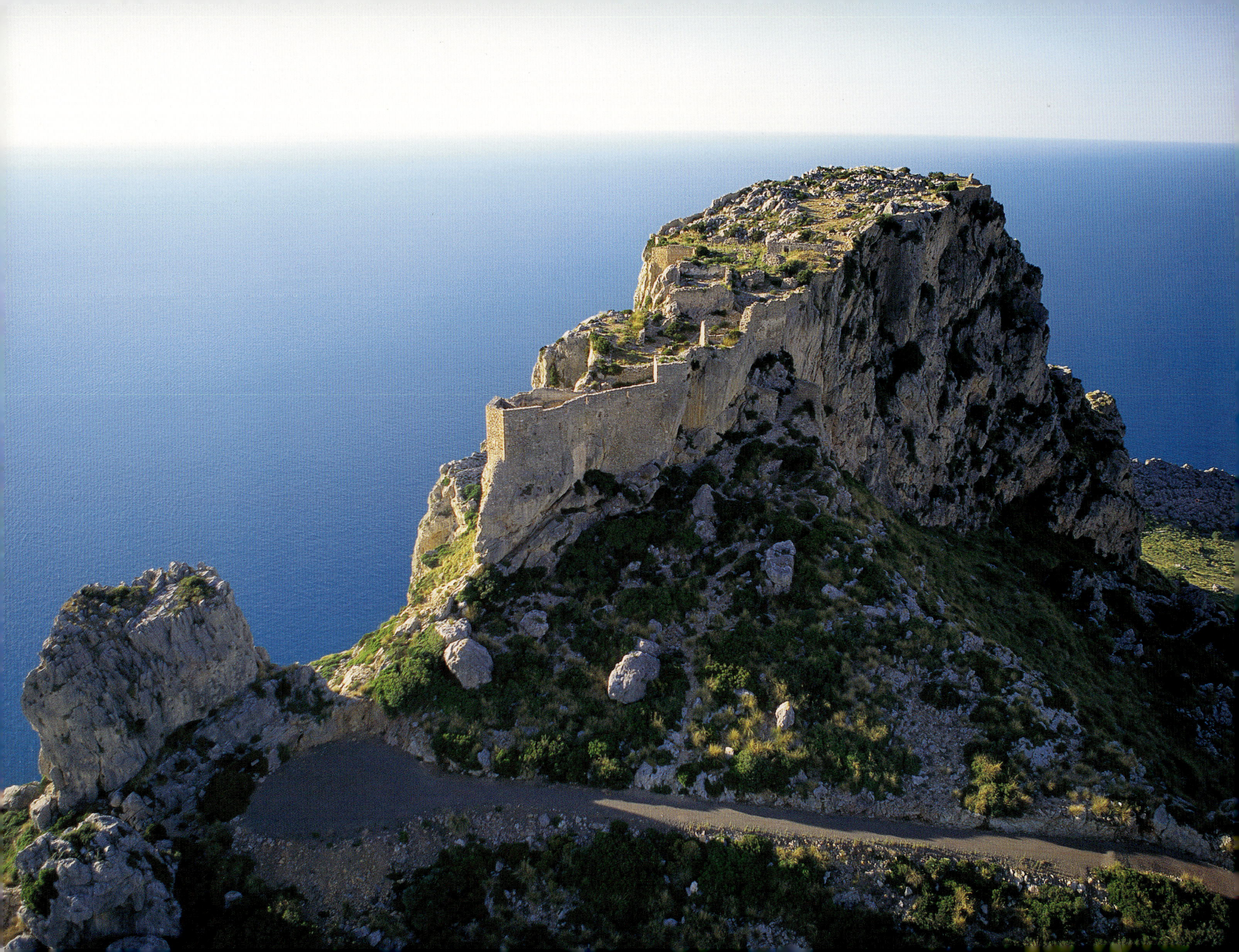

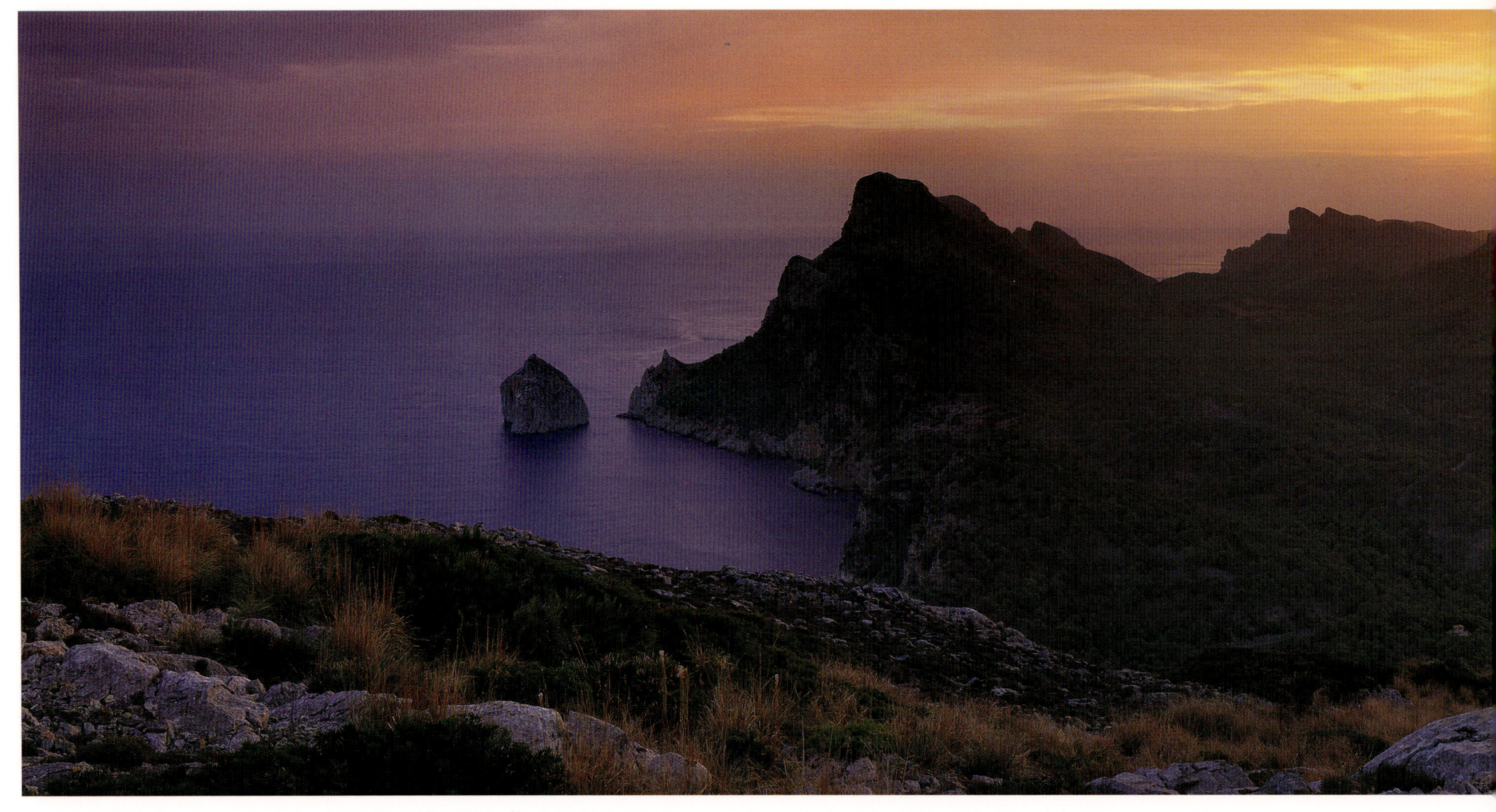

• *Cap de Formentor* | Cap de Formentor is the northernmost area of Mallorca. This spectacular strip of land sticks out like a gigantic gnarled finger from the depths of the Mediterranean. Around its vertical and craggy cliffs are the coves of Cala Bóquer, Cala Figuera, Cala en Gossalba, Cala Murta and Cala Pi de la Posada, safe refuges for mooring yachts. A narrow, winding road leads to the lighthouse that stands 260 metres high overlooking a rocky landscape.

• *Cap de Formentor* | Cap de Formentor es la zona de Mallorca situada más al norte. Esta espectacular franja de tierra sobresale como un gigantesco dedo nudoso de las profundidades del Mediterráneo. Alrededor de sus verticales y escarpados acantilados se encuentran las calas de Cala Bóquer, Cala Figuera, Cala en Gossalba, Cala Murta y Cala Pi de la Posada, refugios seguros para el amarre de los yates. Una carretera estrecha y serpenteante llega hasta el faro que se levanta a 260 metros de altura sobre el paisaje rocoso.

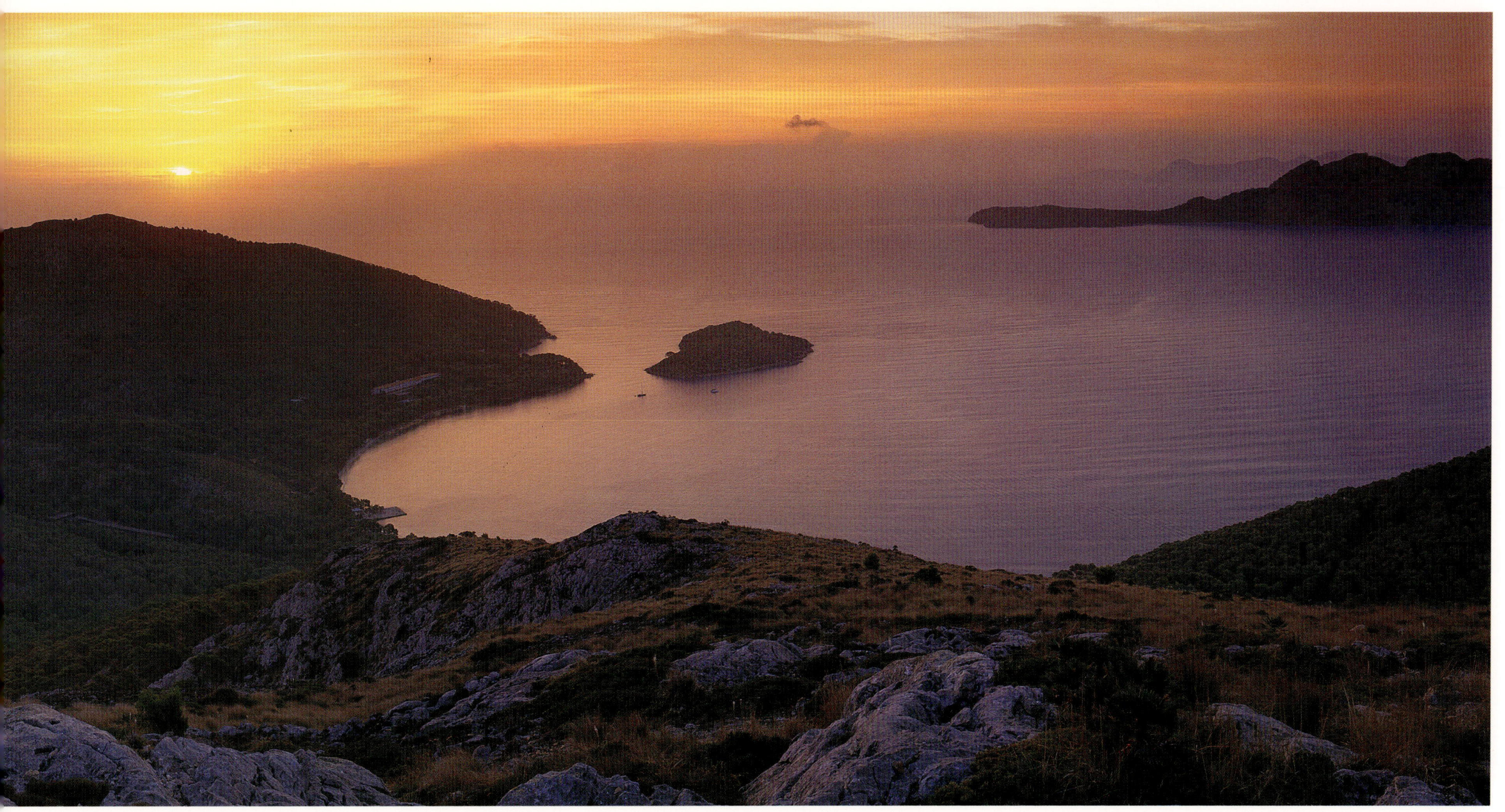

• *Cap de Formentor* | Cap de Formentor ist die nördlichste Region Mallorcas. Dieser beeindruckende Landstreifen ragt wie ein gigantischer, knotiger Finger aus den Tiefen des Mittelmeeres. Zwischen den senkrecht aufsteigenden und stark zerklüfteten Steilküsten liegen die Buchten Cala Bóquer, Cala Figuera, Cala en Gossalba, Cala Murta und Cala Pi de la Posada, wo Jachten einen sicheren Anlegeplatz finden. Eine schmale Landstraße windet sich bis zu dem Leuchtturm, der sich auf 260 Meter Höhe über eine felsige Landschaft erhebt.

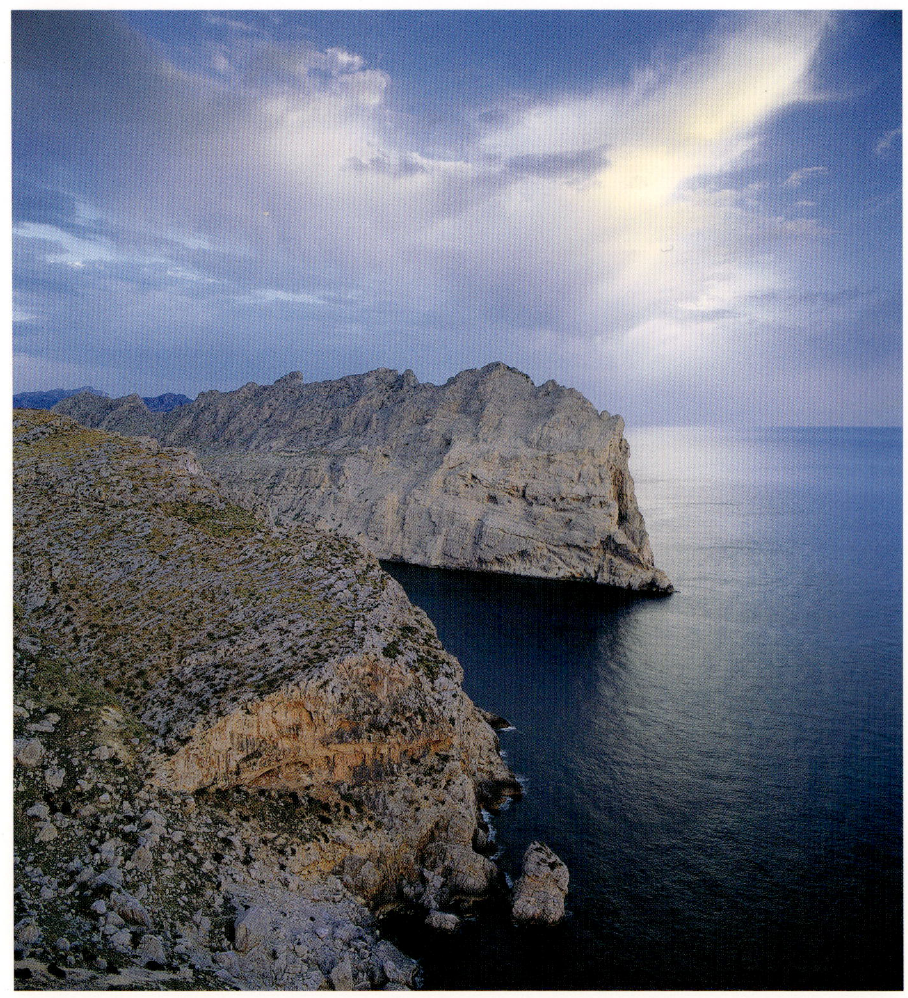

• This cape penetrates approximately 20 kilometres into the sea with cliffs of as much as 400 metres in height and many observation points that provide spectacular panoramic views. The most impressive is the *Mirador d'es Mal Pas*, which overlooks the high cliffs and the islet of Es Colomer. There is also a marvellous view from the Punta de la Nau or from the old Talaia d'Albercutx which originates from the 16th century. The town of Alcúdia with its white sandy beach is visible to the south and, on a clear day, one can even see the island of Menorca, some 65 kilometres to the east.

• Este cabo penetra aproximadamente 20 kilómetros en el mar con acantilados de hasta 400 metros de altura y numerosos puntos de observación que ofrecen panorámicas espectaculares. El más impresionante es el *Mirador d'es Mal Pas*, que se asoma a los altos acantilados y al islote de Es Colomer. Hay también una vista maravillosa desde la Punta de la Nau o desde la antigua Talaia d'Albercutx, del siglo XVI. La ciudad de Alcúdia con su playa de arena blanca es visible al sur y, en un día claro, incluso puede verse la isla de Menorca, a unos 65 kilómetros al este.

• Diese Landzunge dringt ungefähr 20 Kilometer ins Meer ein und ihre Steilküsten sind bis zu 400 Meter hoch. Man stößt auf zahlreiche Aussichtspunkte, von denen man eine überwältigende Aussicht auf die beindruckende Landschaft hat. Der beeindruckendste Aussichtspunkt ist der *Mirador d'es Mal Pas*, von dem aus man die hohen Steilküsten und die Felsinsel Es Colomer betrachten kann. Einen ebenso wundervollen Blick genießt man von der Punta de la Nau und von dem alten Wachturm Talaia d'Albercutx aus dem 16. Jh. Im Süden kann man die Stadt Alcúdia mit ihrem weißen Sandstrand sehen, und an klaren Tagen kann man sogar 65 km weiter im Osten die Insel Menorca erkennen.

Opposite Page / Página opuesta / Andere Seite: Punta de la Nau

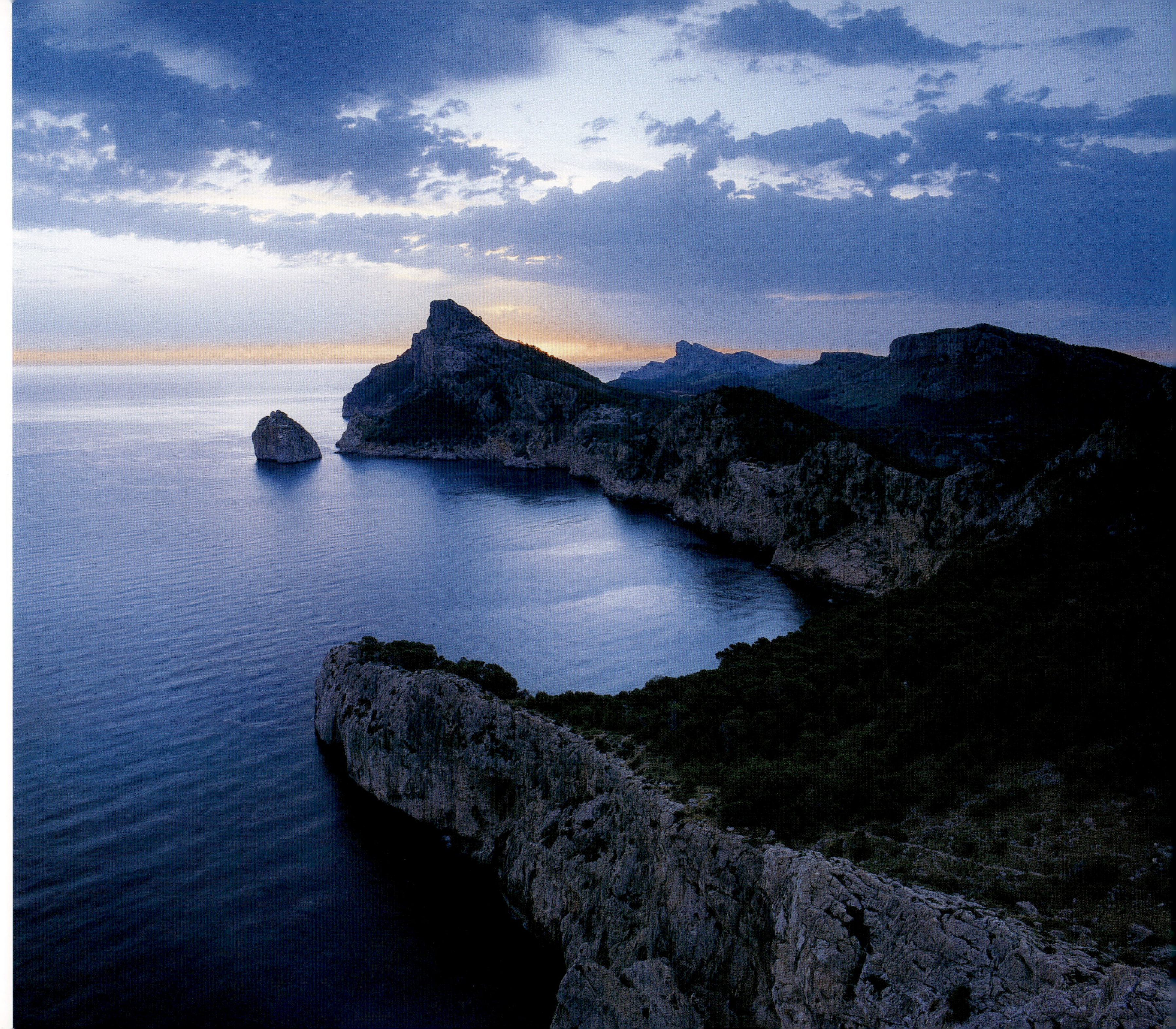

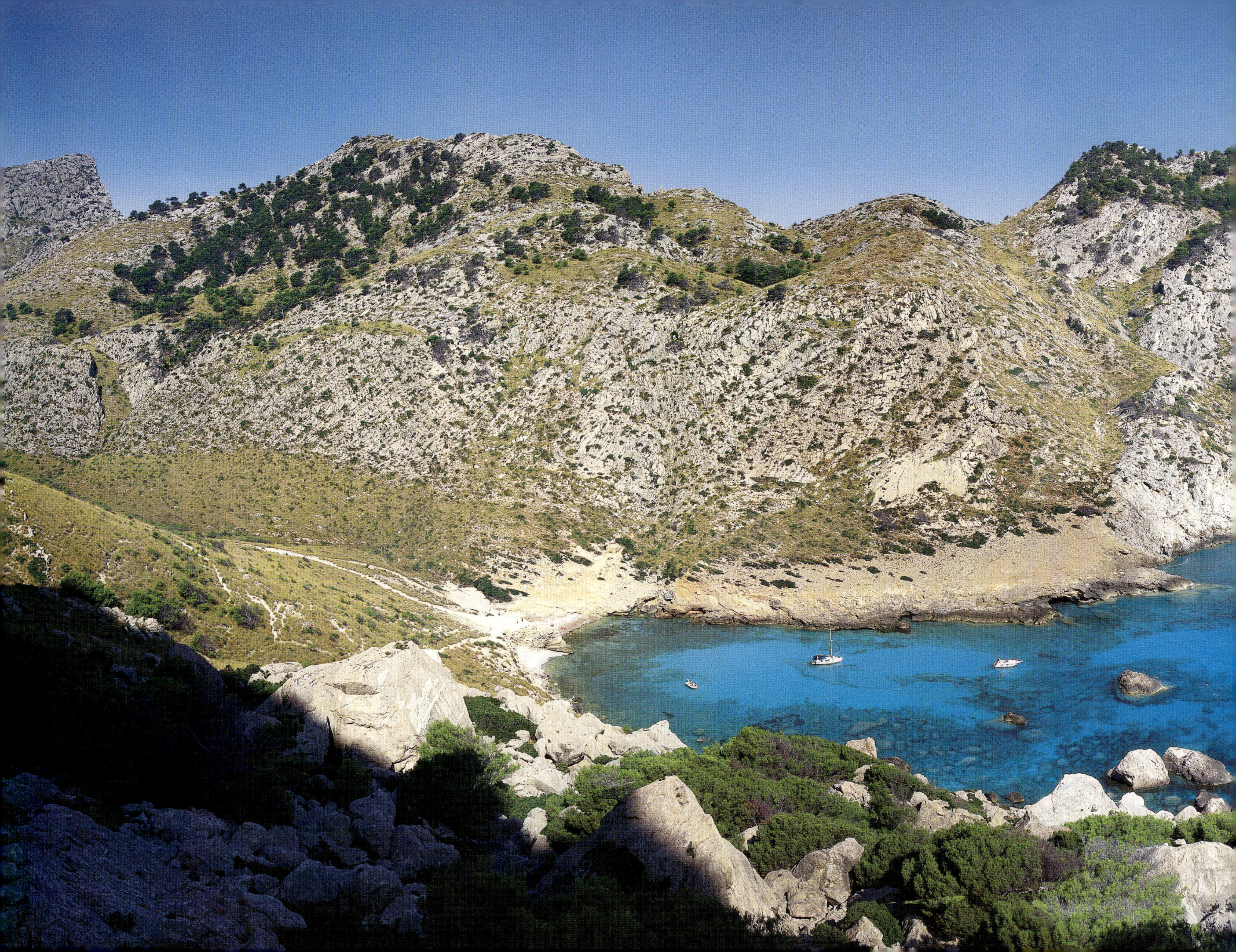

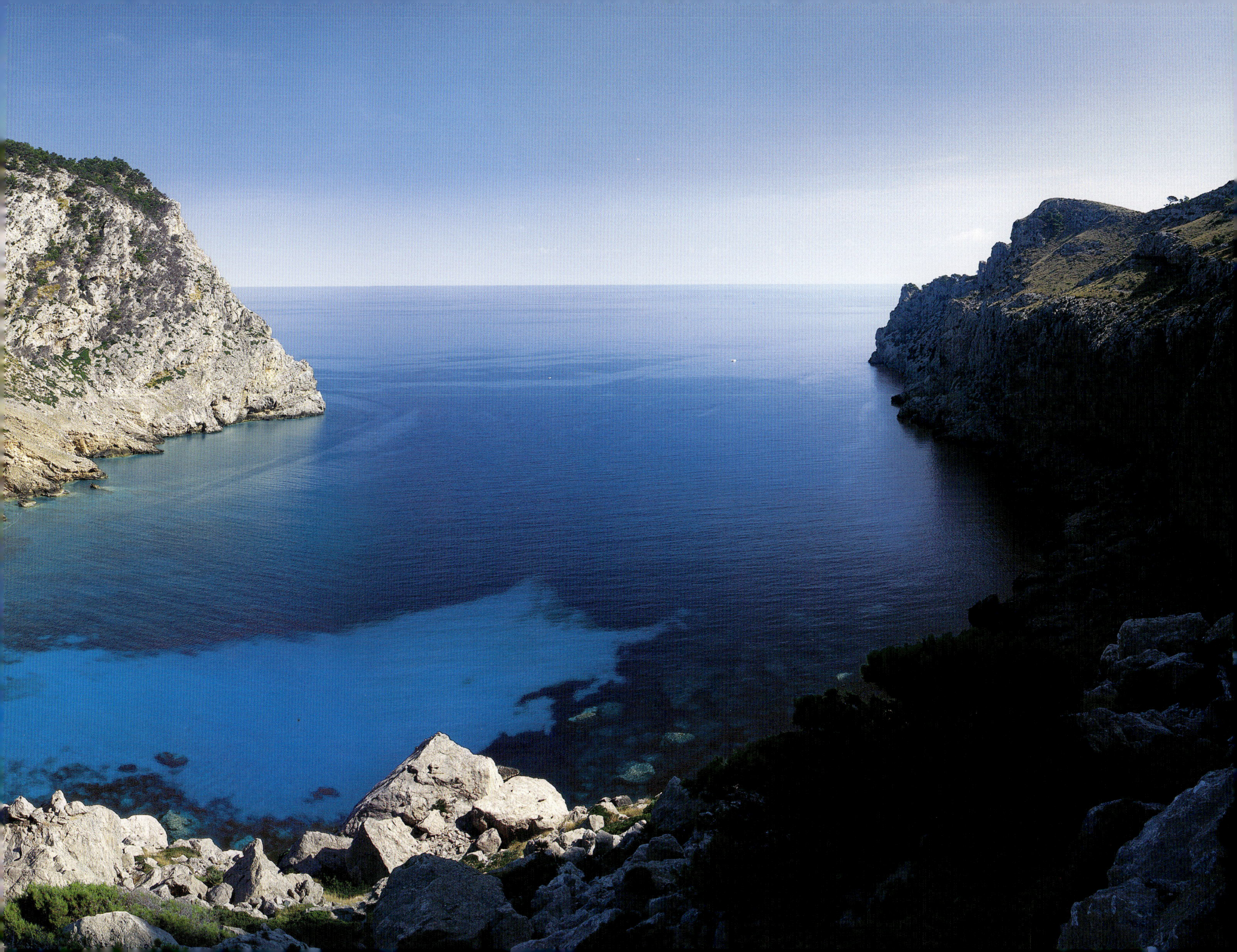

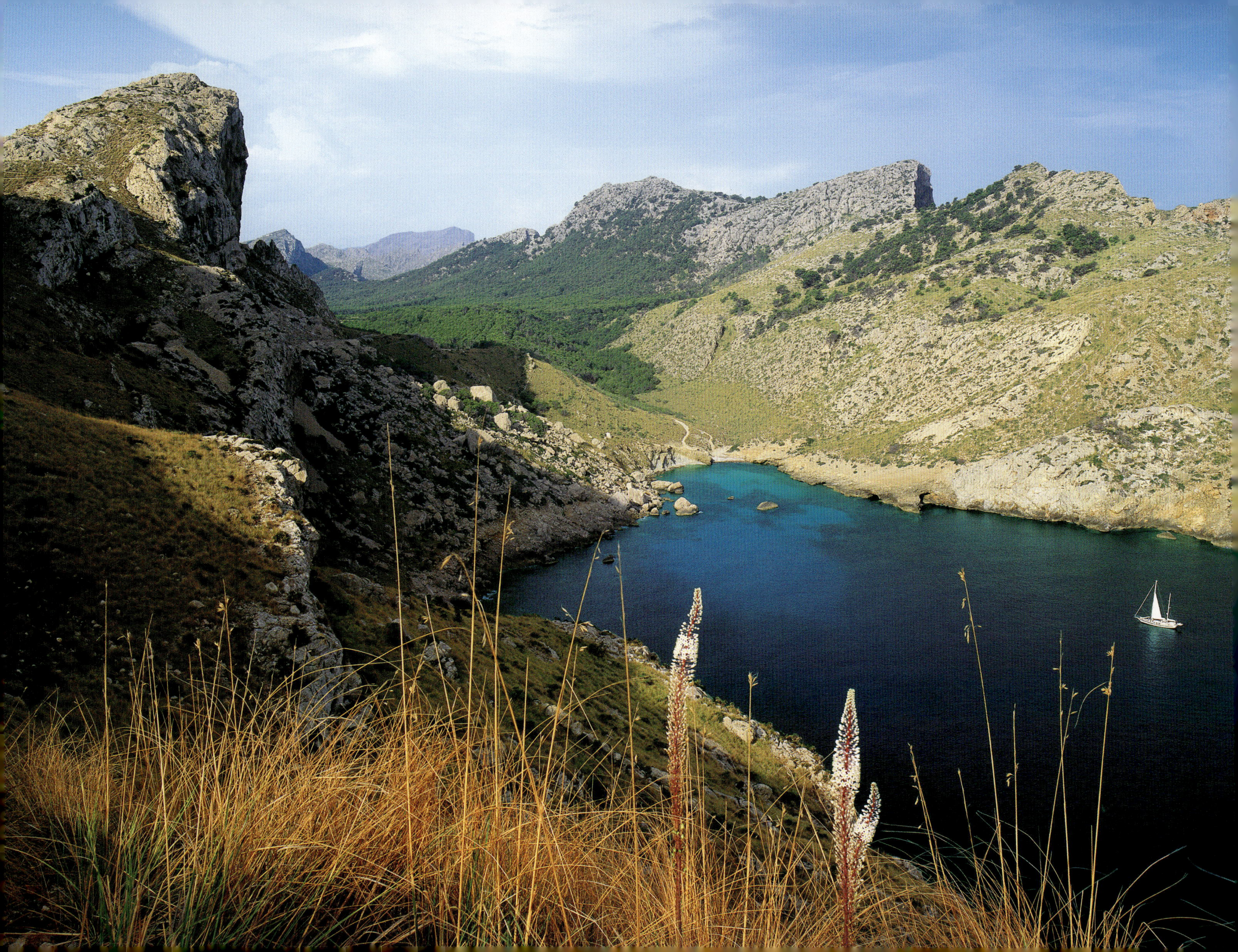

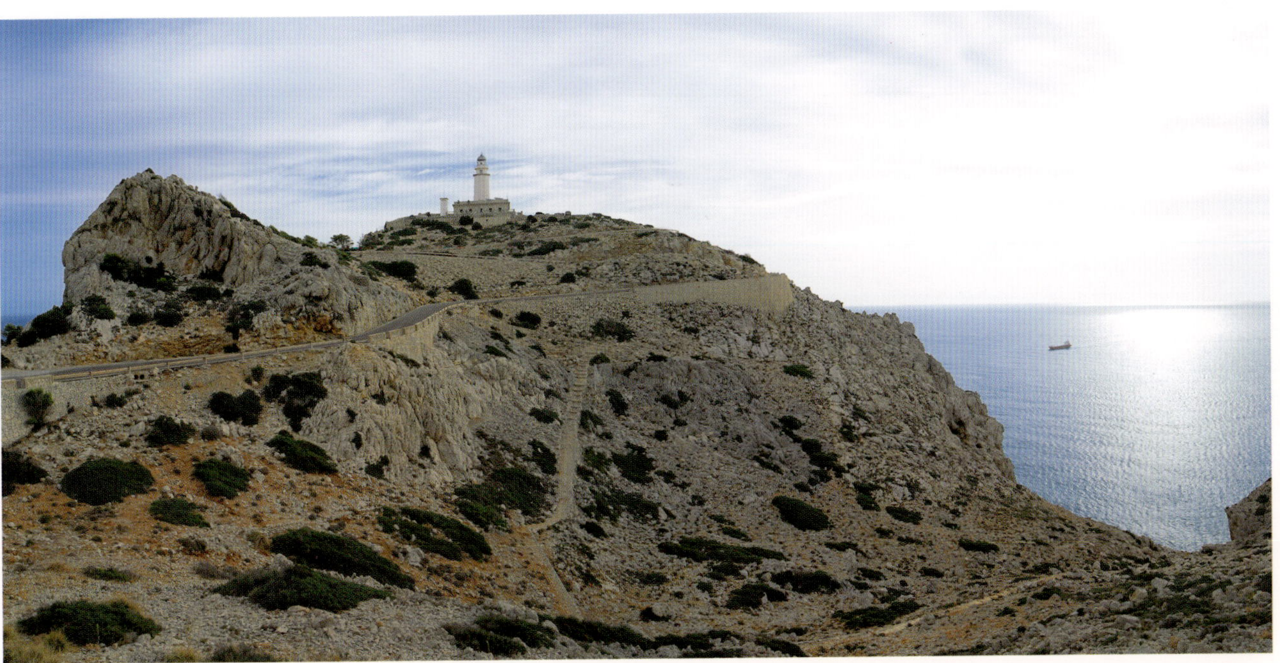

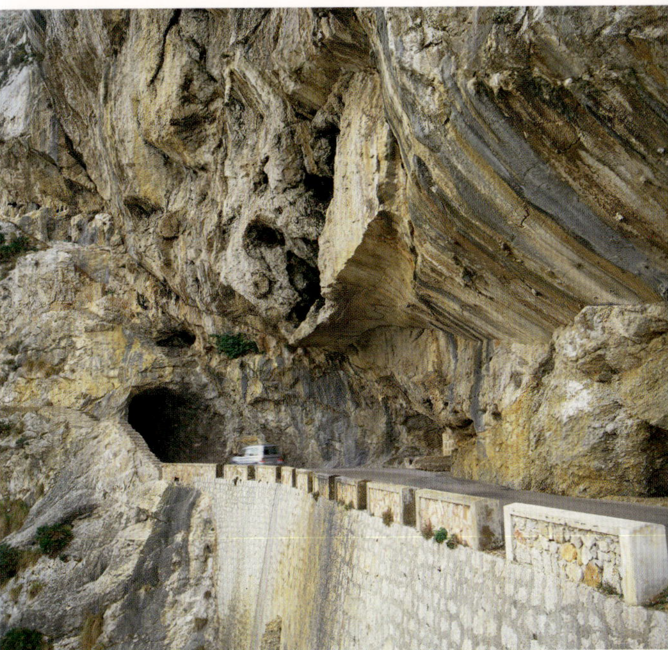

• *Cala Figuera* | The road that winds towards the Formentor lighthouse provides some of the most spectacular views of Cala Figuera de Pollença (there are another two "Cala Figueras" in Mallorca, one in Calvià and the other in Santanyí). The cove can be reached quite easily on foot by a small path that drops to the sea through a landscape of rugged beauty. En route to Formentor lighthouse by road there is a tunnel beneath the peak of Es Fumat, at 334 metres, the highest in the area.

• *Cala Figuera* | La carretera que serpentea hacia el faro de Formentor ofrece algunas de las vistas más espectaculares de Cala Figuera de Pollença (existen otras dos "Cala Figuera" en Mallorca, una en Calvià y la otra en Santanyí). Se puede llegar a esta cala con bastante facilidad desde el km 13,5 por un caminillo que desciende hasta el mar entre un paisaje de belleza agreste y de gran valor ornitológico. En la carretera, hay un túnel bajo el pico de Es Fumat, de 334 metros, el más alto de la zona.

• *Cala Figuera* | Die Landstraße, die sich bis zum Leuchtturm Formentor windet, bietet einen überwältigenden Ausblick auf die Cala Figuera von Pollença. Es gibt noch zwei weitere Buchten mit dem Namen Cala Figuera in Mallorca, eine in Calvià und die andere in Santanyí. Man erreicht diese Bucht relativ leicht ab dem km 13,5 über einen kleinen Weg, der durch eine wilde Landschaft von hohem ornithologischen Wert bis zum Meer führt. Die Landstraße führt unter dem 334 Meter hohem Gipfel, dem höchsten in dieser Region, durch einen Tunnel.

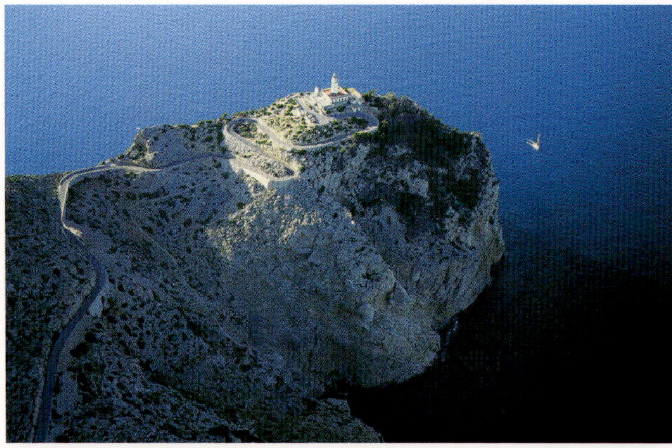

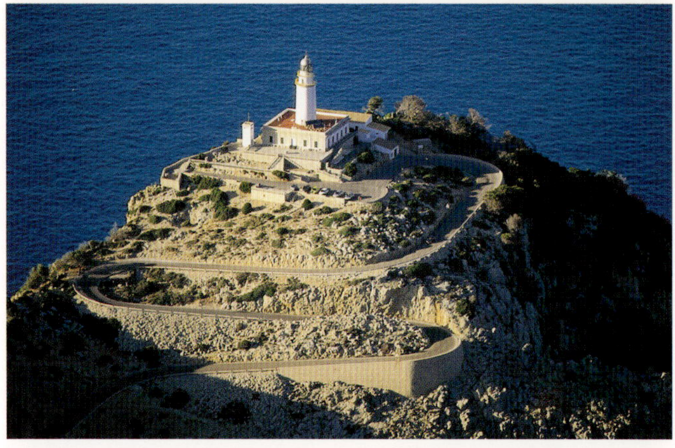

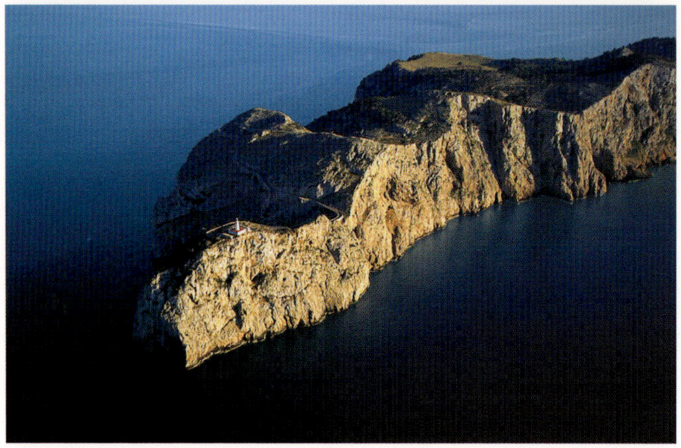

• *The Formentor Lighthouse* | The Formentor lighthouse, situated on the rocky peninsula of dramatic beauty stands at two-hundred metres above sea level, possesses the most imposing views over the open sea and irregular coast. The construction of this Mallorcan icon commenced in 1860 and it began operating on 30 April 1863.

• *El Faro de Formentor* | El faro de Formentor, situado en la misma punta de la península rocosa en un lugar de dramática belleza, se alza ligero a doscientos metros sobre el nivel del mar y presume de las vistas más imponentes sobre una extensión azul de mar abierto y sobre la recortada costa. Este icono mallorquín comenzó a construirse en 1860 e inició su funcionamiento el 30 de abril de 1863.

• *Der Leuchtturm von Formentor* | Der Leuchtturm von Formentor liegt auf der gleichnamigen Landspitze in einer Landschaft von dramatischer Schönheit. Er erhebt sich auf einer Höhe von 200 Metern über dem Meeresspiegel und von hier aus hat man einen beeindruckenden Blick über das unendliche Blau des offenen Meeres und die zerklüftete Küste. Man begann mit der Errichtung dieses Leuchtturms, heute eine Wahrzeichen Mallorcas, im Jahr 1860, und er wurde am 30. April 1863 in Betrieb genommen.

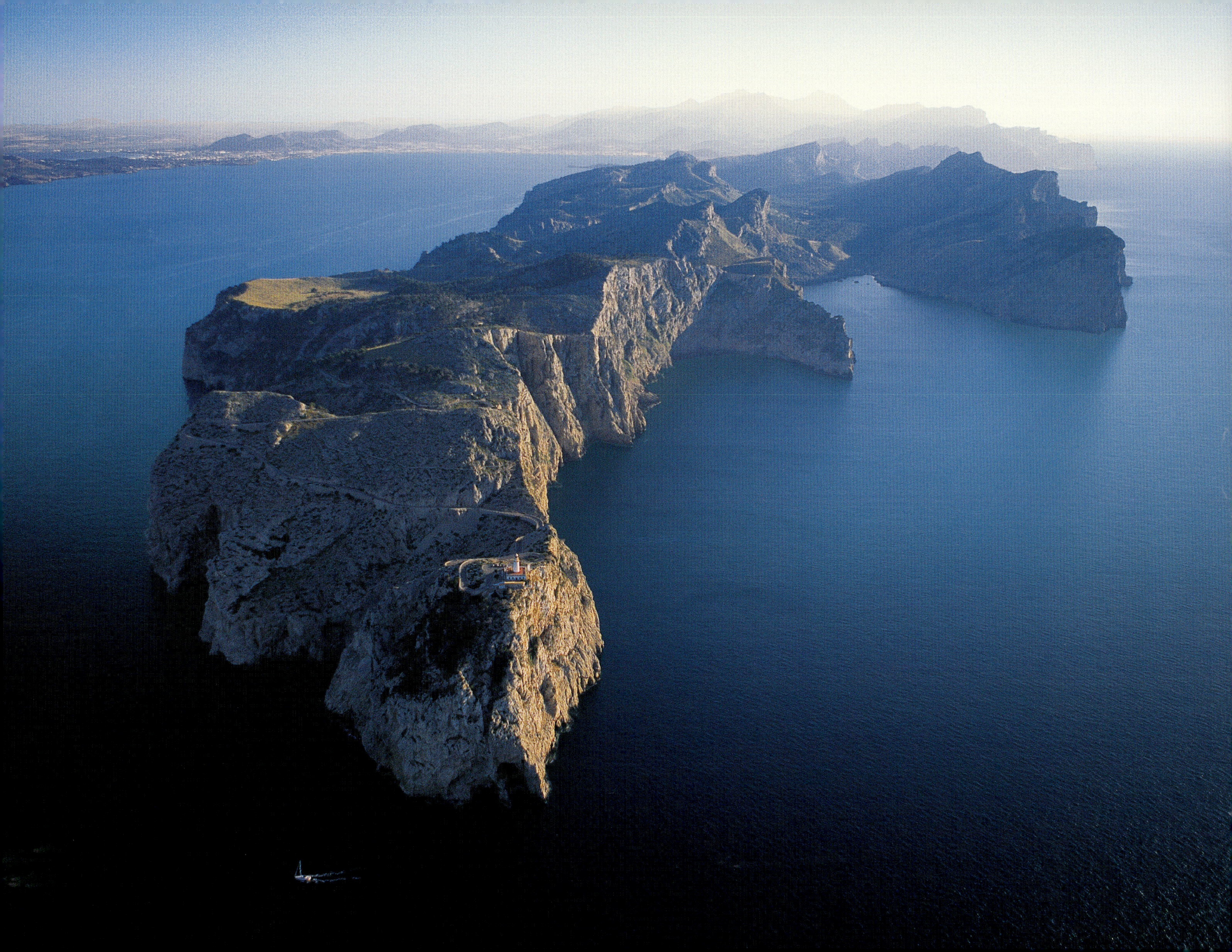

Es Raiguer

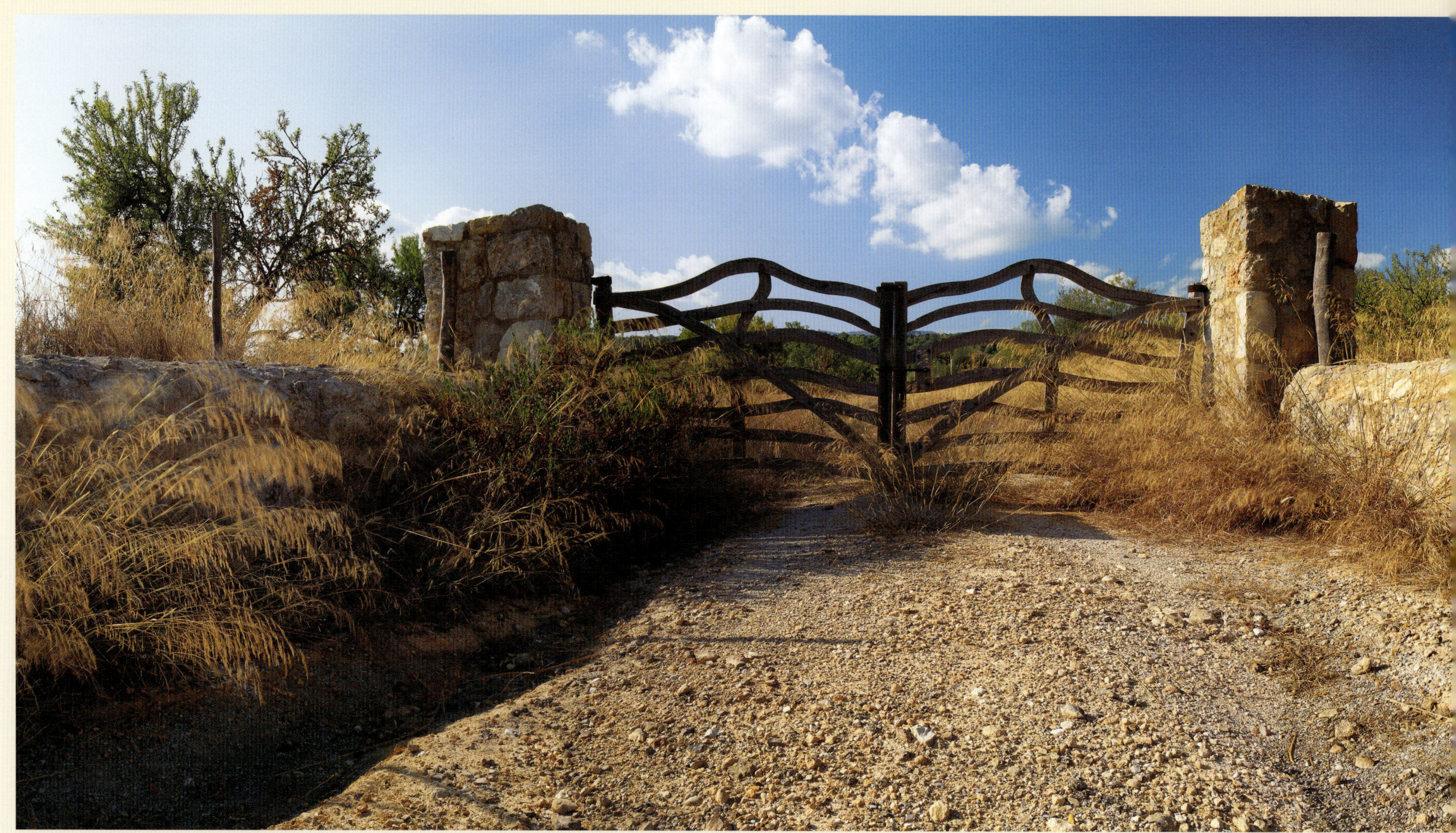

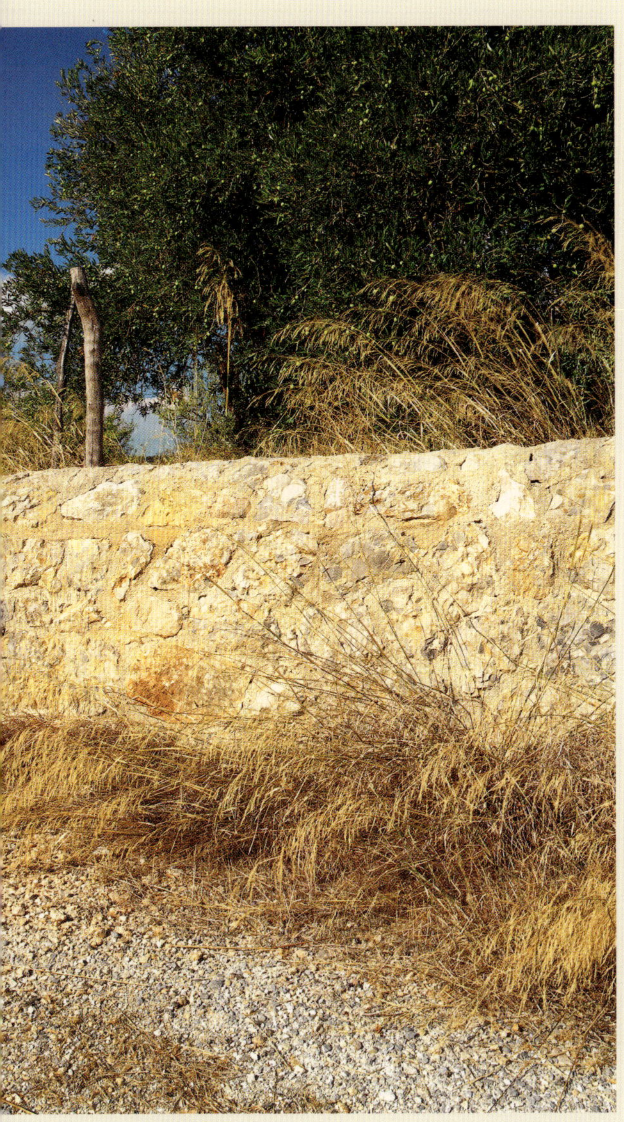

• Es Raiguer (sloping land in Mallorquín language) is the name of the county that extends to the southeast of the Serra de Tramuntana to the plains of Es Pla. This area, scattered with hills and valleys, has some features of a continental climate, which provide it with enough warmth and rain for prosperous agriculture. During the 14th century, almond, carob and olive trees were planted. Farmers began to raise pigs and even Mallorcan horses. Later, fields of corn were sown, vines were planted and sheep began to graze on the green slopes. The town of Inca has been recognised worldwide for its production of fine leather footwear, a tradition that dates back to the medieval cobblers' guild created in 1458.

• Es Raiguer (terreno en pendiente, en mallorquín) es el nombre de la comarca que se extiende al sudeste de la Serra de Tramuntana hasta las llanuras de Es Pla. Esta zona, salpicada de colinas y de valles, presenta algunas características del clima continental, lo que le proporciona suficiente calor y lluvia para una agricultura próspera. Durante el siglo XIV se plantaron almendros, algarrobos y olivos y se comenzaron a criar cerdos e incluso caballos mallorquines. Más tarde se sembraron campos de maíz, se plantaron viñedos y las ovejas comenzaron a pastar en las verdeantes laderas. Inca, la ciudad que ocupa el centro, ha sido reconocida mundialmente por su producción de calzado de cuero fino, una tradición que se remonta al gremio de zapateros medieval creado en 1458.

• Es Raiguer bedeutet auf Mallorquinisch abschüssiges Gelände, und es ist der Name eines Landkreises, der sich vom Südosten der Gebirgskette Serra de Tramuntana bis zu den Ebenen von Es Pla erstreckt. Diese Region voller Anhöhen und Täler weist einige typische Merkmale des kontinentalen Klimas auf, so dass es hier genügend Wärme und Regen für eine ertragreiche Landwirtschaft gibt. Im 14. Jh. pflanzte man hier Mandel-, Johannisbrot- und Olivenbäume, und man begann mit der Zucht von Schweinen und Pferden der mallorquinischen Rasse. Später kamen Maisfelder und Weinberge hinzu, und die Schafe begannen auf den grünen Hängen zu weiden. Inca, die Stadt im Zentrum dieses Landkreises, genießt aufgrund der Schuhe aus feinem Leder, die hier gefertigt werden, weltweiten Ruhm. Die Schuhfertigung geht bereits auf die mittelalterliche Zunft der Schuster zurück, die 1458 gegründet wurde.

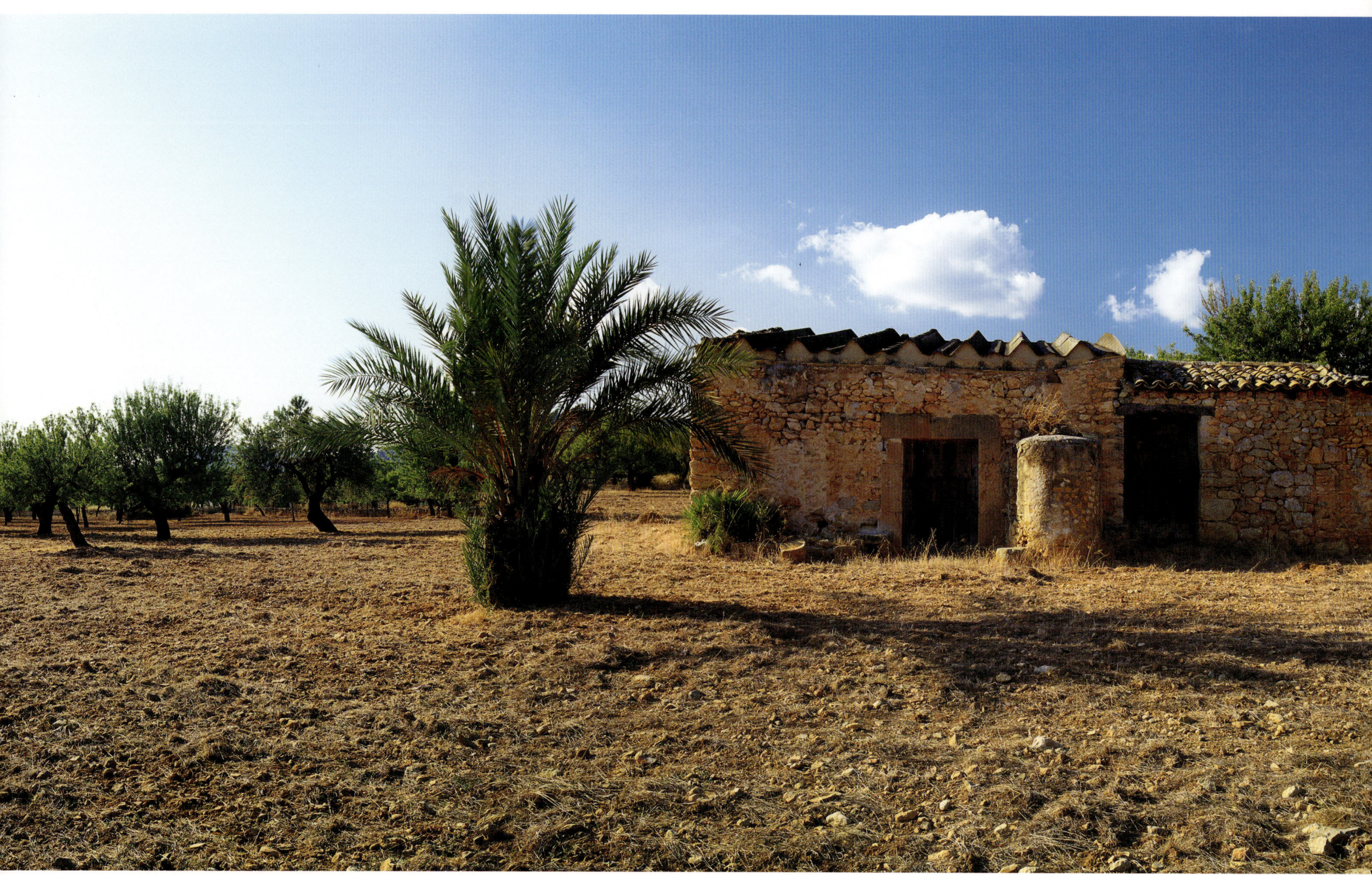

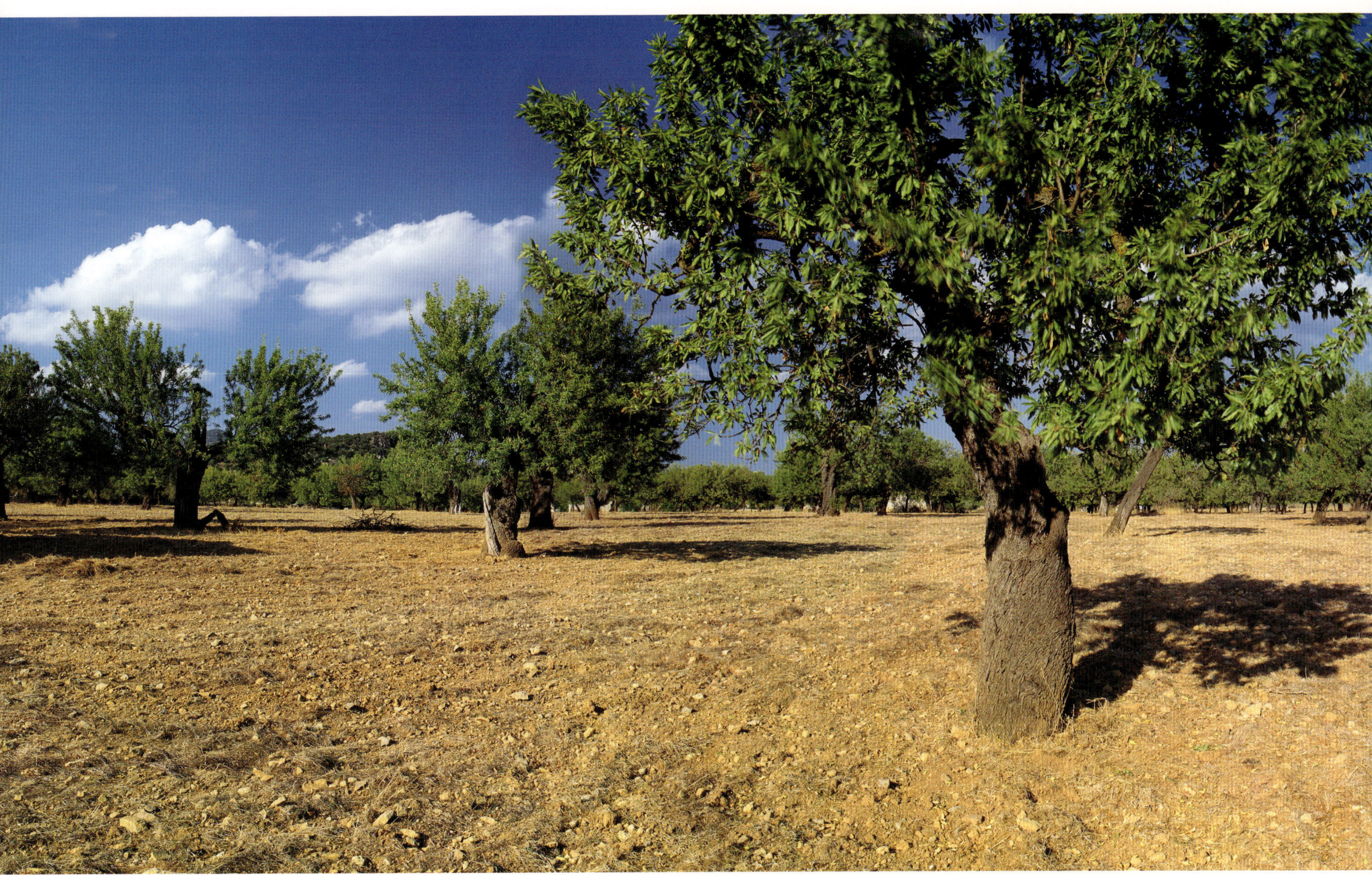

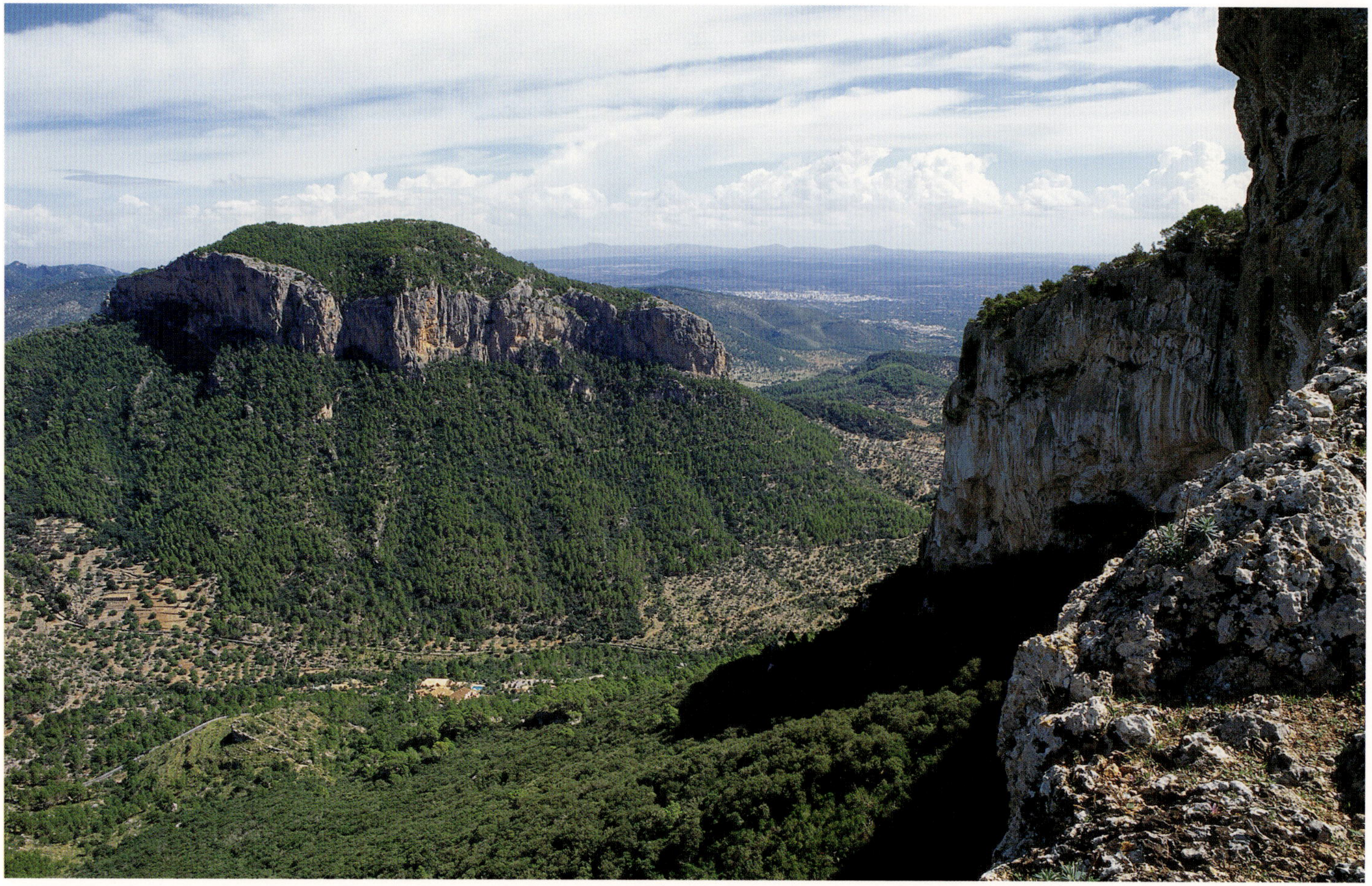

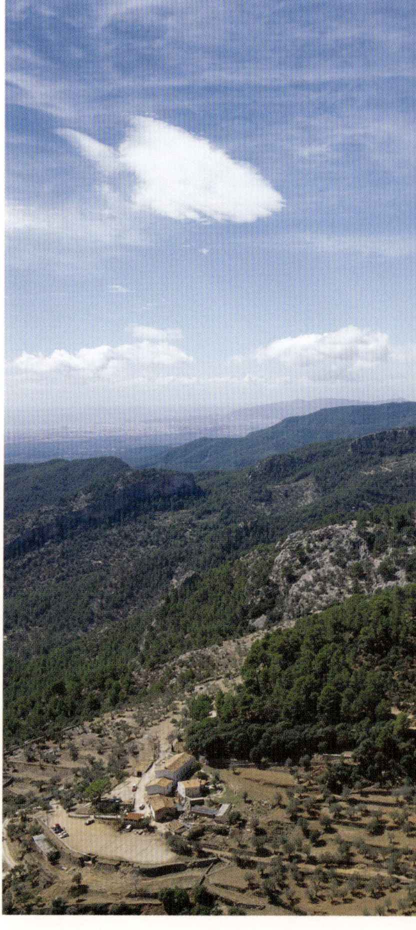

• *Alaró* | The quiant town of Alaró has its origin in an old Arab farmstead called *al'-run*, which means "Roman, Byzantine or Christian", referring to the castle of Alaró (situated on Puig d'Alaró, at 822 m height), which resisted the Muslim forces for eight years and five months. The fortress also became one of the main centres of Arab resistance (almost two years) against the Christian invasion of King Jaime I of Aragon. This castle, today in ruins, is one of the symbols of freedom of Mallorca.

• *Alaró* | El tranquilo municipio de Alaró tiene su origen en una antigua alquería árabe llamada *al'-run*, que significa "romano, bizantino o cristiano", referido al castillo de Alaró (situado en el Puig d'Alaró, a 822 m de altura), que resistió ocho años y cinco meses a las fuerzas musulmanas. A su vez, la fortaleza se convirtió en una de las sedes principales de resistencia árabe (casi dos años) frente a la invasión cristiana del rey Jaime I de Aragón. Este castillo, actualmente en ruinas, es uno de los símbolos de la libertad de Mallorca.

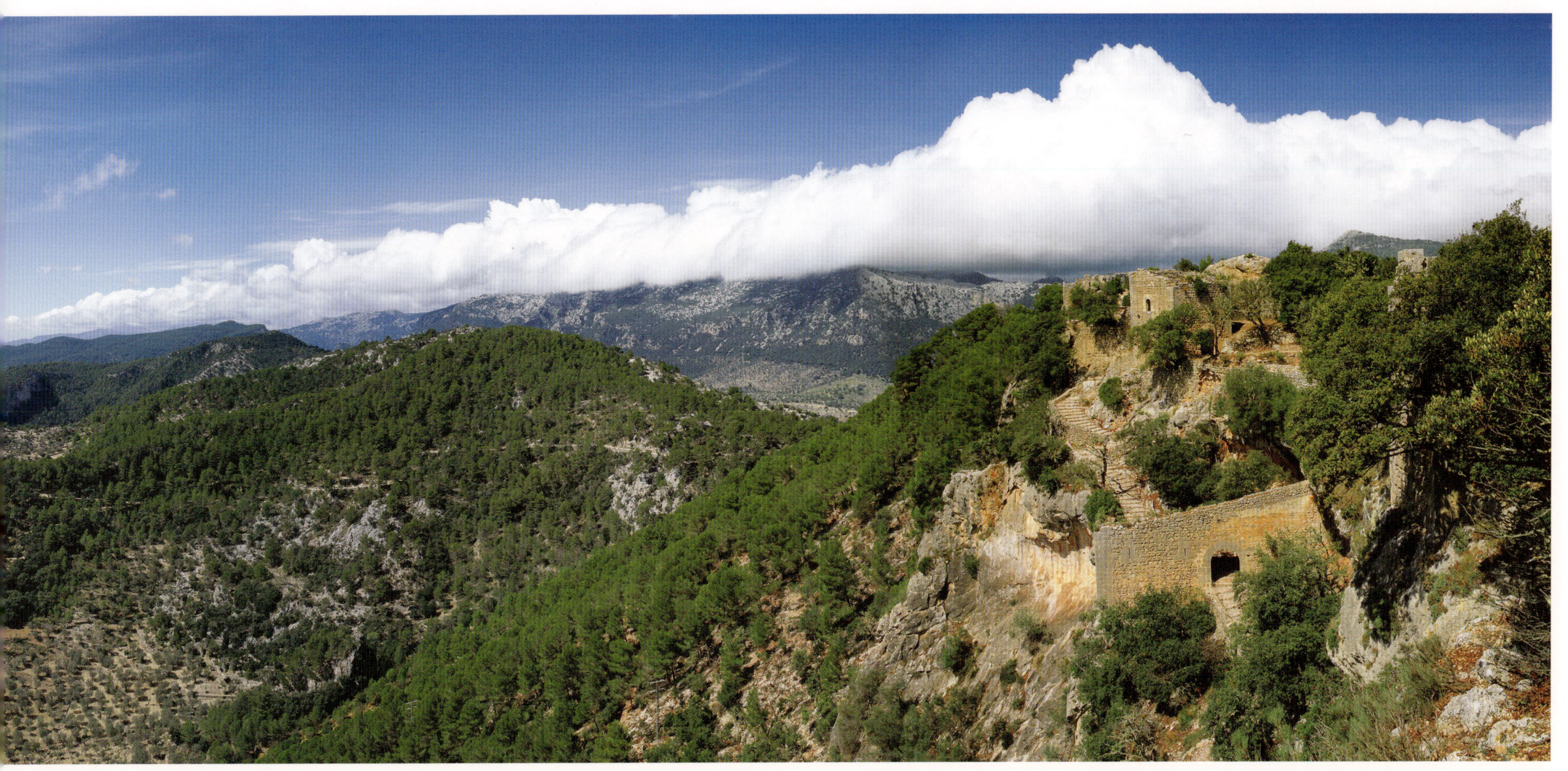

• *Alaró* | Die ruhige Gemeinde Alaró entstand aus einer ehemaligen arabischen Siedlung, die *al'-run* hieß. Dieser Name mit der Bedeutung „römisch, byzantinisch oder christlich" bezieht sich auf die Burg von Alaró, die sich auf 822 m Höhe auf dem Berg Puig d'Alaró erhebt. Diese Burg widerstand acht Jahre und fünf Monate lang den moslemischen Truppen. Ebenso wurde die Burg zu einem der wichtigsten Punkte des arabischen Widerstands gegen die christliche Invasion unter dem König Jakob I. von Aragonien, sie widerstand fast zwei Jahre lang. Diese Burg, heute eine Ruine, ist eines der Symbole der Freiheit Mallorcas.

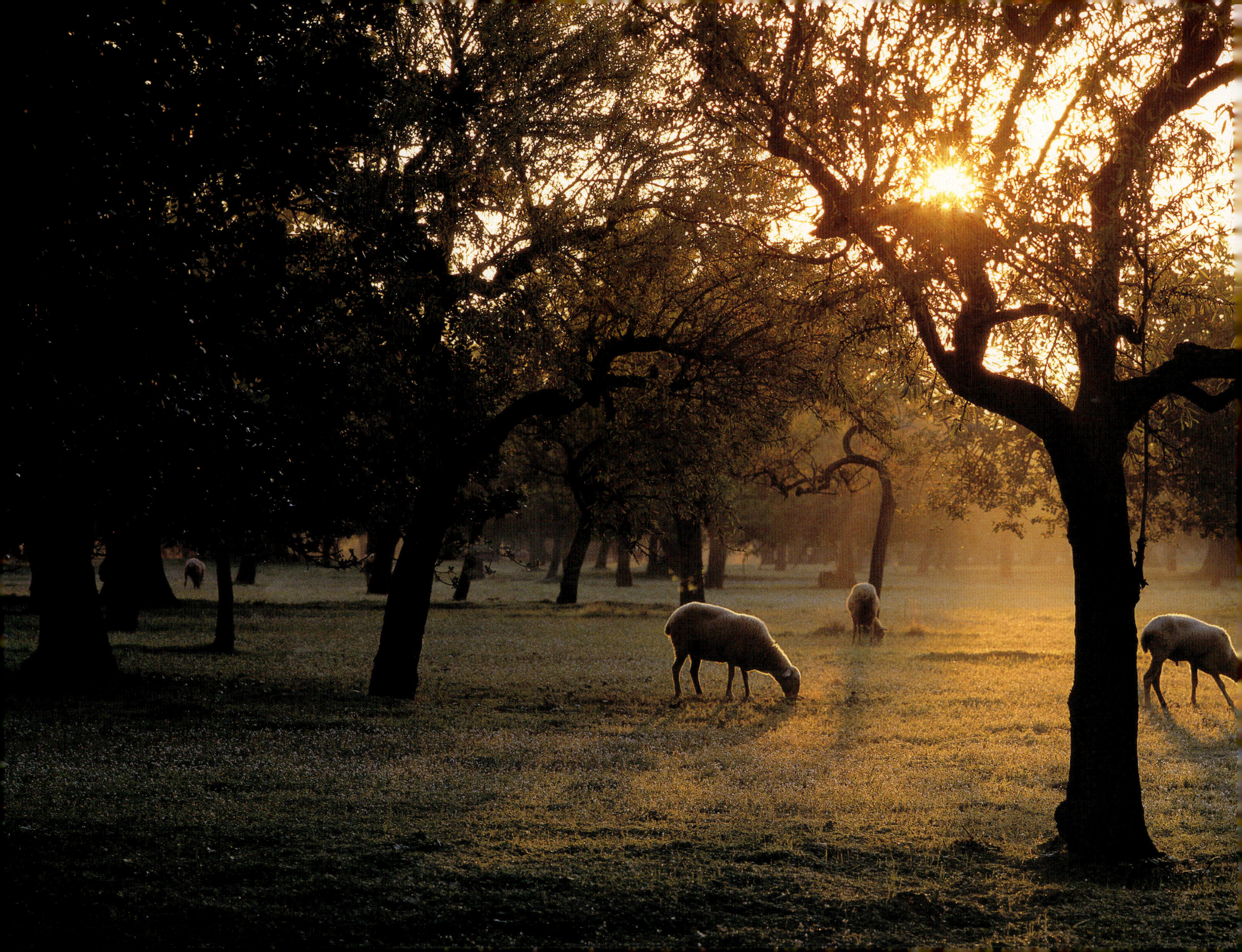

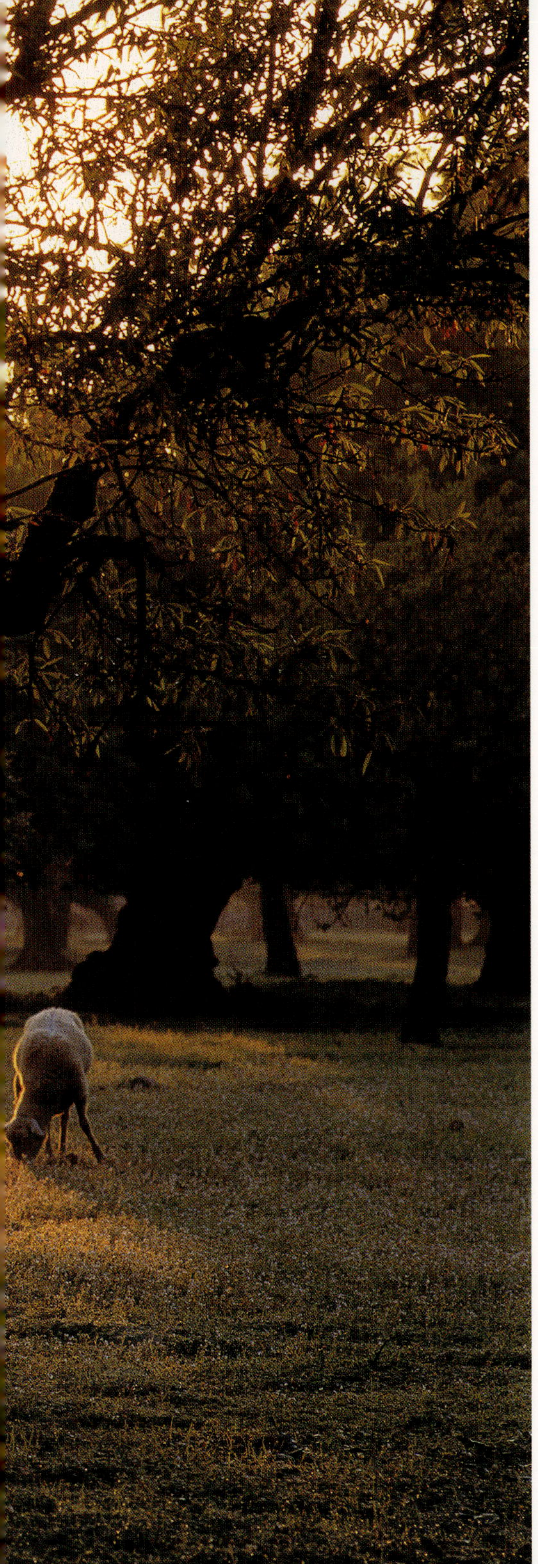

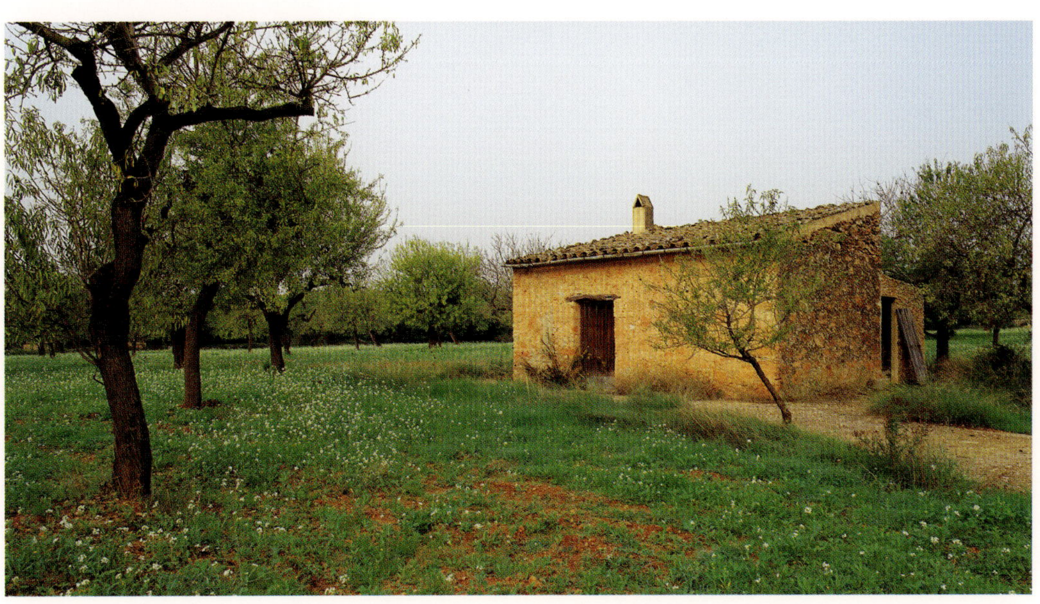

Es Pla

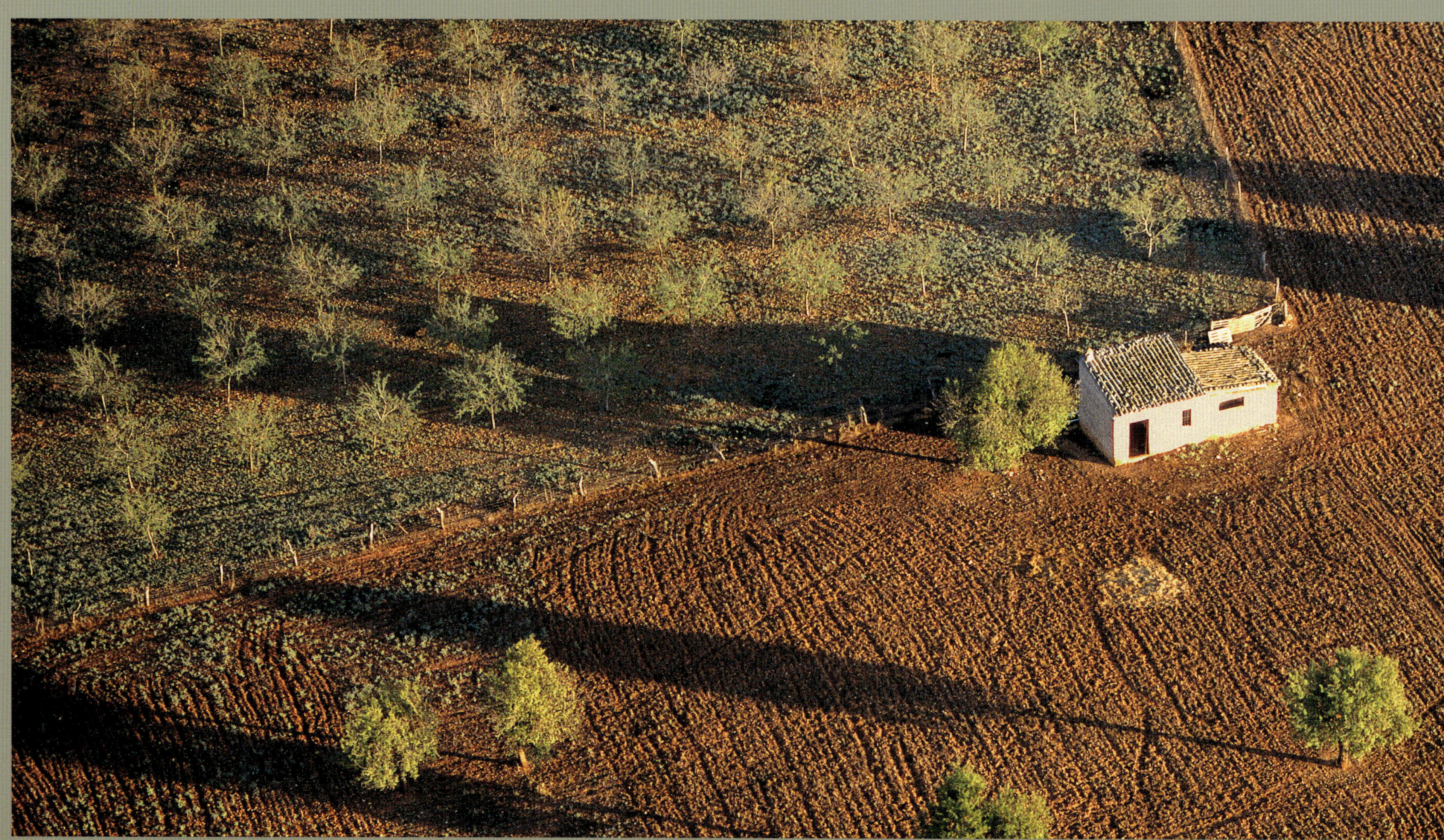

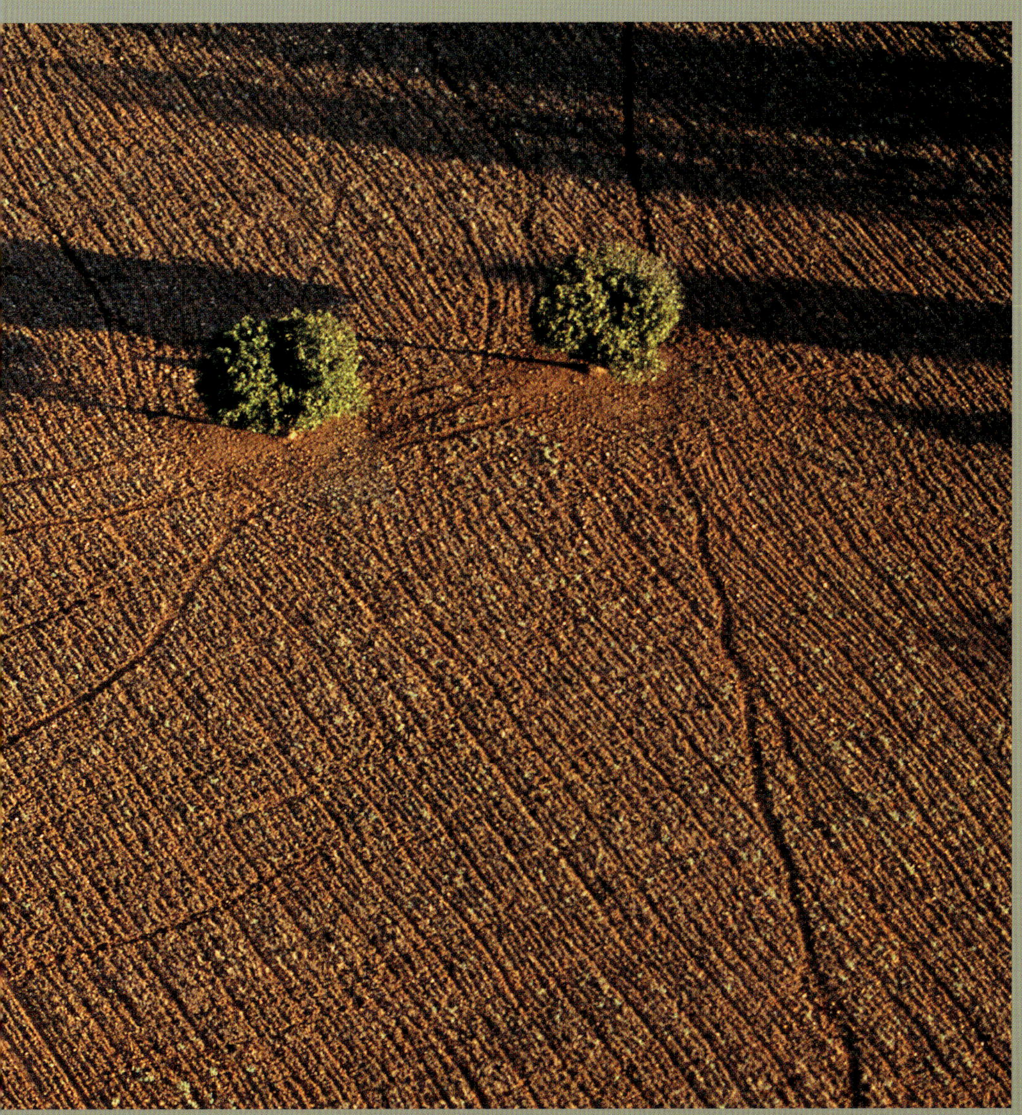

Es Pla is the granary of Mallorca. Situated in the centre of the island, it is an area that beats to a slow, methodical and peaceful tempo. Here flower almond, fig and carob trees, sheep graze on grass-green prairies intrinsic to the landscape, windmills spin lazily and the farmers labour in the fields to make a humble living. This is the place the people from Mallorca call *nostra Mallorca de sempre*: our traditional Mallorca.

The county has been inhabited since approximately 2000 BC. One can still see many talayots, colossal stone structures belonging to the particular Talayotic culture of Mallorca's megalithic era. The Arabs were the first to build terraces and land irrigation systems, given that *Es Pla* does not have natural streams or rivers, rain and underground water were the only source of water available. After the Christian conquest, only the names of certain areas have survived and there are no remains of Arab architecture. However, the legacy of agriculture was something they did leave behind and for the county, which is essentially an agricultural community and the main supplier of grain for the whole of Mallorca, the Arabs were an essential part of the success of *Es Pla*. The Christians also played their part in the growth of *Es Pla* when in 1309, by order of Jaume II, a palace was built in Sineu and the first main thoroughfare of Mallorca was built between Es Pla and Palma. The capital was also the centre of the agricultural market and the towns began to prosper all along this commercial route.

Es Pla es el granero de Mallorca. Situada en el centro de la isla, es un área que late con un tempo lento, metódico y pacífico. Aquí florecen almendros, higueras y algarrobos, las ovejas pastan en resplandecientes praderas verdes, intrínsecas al paisaje, los molinos de viento giran perezosamente y la gente trabaja muchísimo en los campos para llevar una vida humilde. Este es el lugar que los mallorquines llaman *nostra Mallorca de sempre*: nuestra verdadera Mallorca.

La comarca ha estado habitada desde aproximadamente el año 2000 aC. Aún pueden verse muchos talayots, colosales estructuras de piedra pertenecientes a la particular cultura talayótica de la era megalítica mallorquina. Los árabes fueron los primeros que construyeron terrazas y sistemas de irrigación de tierra muy eficaces, dado que *Es Pla* no tiene arroyos o ríos naturales y la lluvia y el agua subterránea son las únicas fuentes disponibles. Después de la conquista cristiana, sólo han sobrevivido los nombres de ciertas áreas y no quedan rastros de la arquitectura árabe. Sin embargo, la herencia de la agricultura fue algo que no dejaron atrás y para la comarca, que es esencialmente una comunidad agrícola y la principal proveedora de granos para toda Mallorca, los árabes fueron una parte esencial del éxito de *Es Pla*. Los cristianos, por su parte, también echaron mano al crecimiento de *Es Pla* cuando en 1309, por orden de Jaume II, se construyó un palacio en Sineu y el primer camino principal de Mallorca fue construido entre este lugar y Palma. La capital también fue el centro del mercado agrícola y los pueblos comenzaron a florecer a lo largo de esta ruta comercial.

Es Pla ist die Kornkammer von Mallorca. Es handelt sich um eine Region im Zentrum der Insel, in der die Zeit langsam, methodisch und friedlich vergeht. Hier blühen Mandel-, Feigen- und Johannisbrotbäume. Die Schafe weiden auf üppigen grünen Wiesen, die diese Landschaft prägen, und die Flügel der Windmühlen drehen sich langsam in Wind. Die Menschen gehen hier der harten Landarbeit nach und führen ein bescheidenes Leben. Die Mallorquiner bezeichnen diese Region als *nostra Mallorca de sempre*: unser wahres Mallorca.

Der Landkreis ist bereits seit ungefähr 2000 Jahren v. Chr. besiedelt. Man sieht hier viele Talayots, riesige Steinstrukturen, die der Talayot-Kultur zugehörig sind, die im megalithischen Zeitalter auf Mallorca verbreitet war. Die Araber waren die ersten, die hier Terrassenbeete und effiziente Bewässerungssysteme schufen. In Es Pla gibt es keine natürlichen Bäche und Flüsse, so dass das Regen- und das Grundwasser einzig für die Wasserversorgung verfügbar waren. Nach der christlichen Eroberung haben nur die Namen einiger Orte überlebt, aber es blieb keine Spur der arabischen Architektur. Jedoch das, was die Araber der Landwirtschaft vermacht haben, blieb erhalten, und insbesondere für diesen Landkreis, der von der Landwirtschaft geprägt und Hauptlieferant für Getreide für ganz Mallorca ist, spielten die Araber eine entscheidende Rolle. Aber auch die Christen hatten am Wachstum von Es Pla teil, als sie 1309 auf Befehl von Jakob II. einen Palast in Sineu errichteten. Auch der erste Hauptweg auf Mallorca wurde zwischen diesem Ort und Palma geschaffen. Die Hauptstadt des Landkreises war auch der Umschlagplatz für landwirtschaftliche Produkte und die Dörfer, die an dieser Handelsroute lagen, erlebten einen starken Aufschwung.

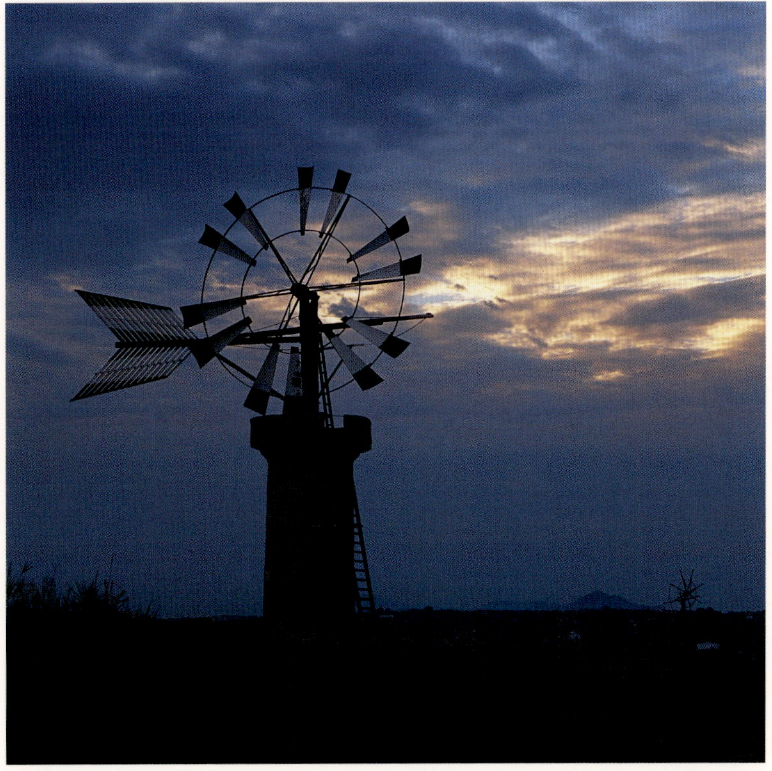

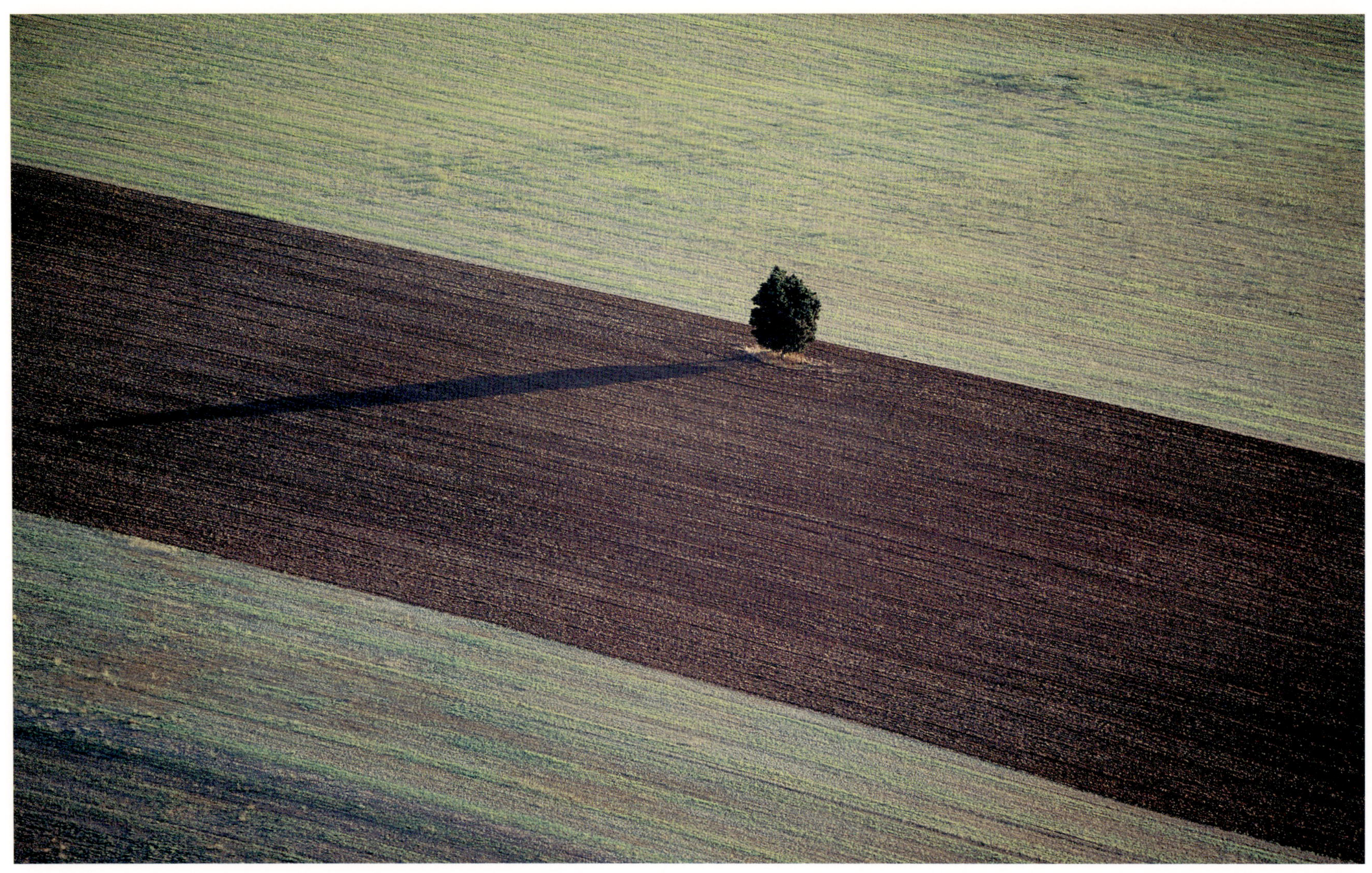

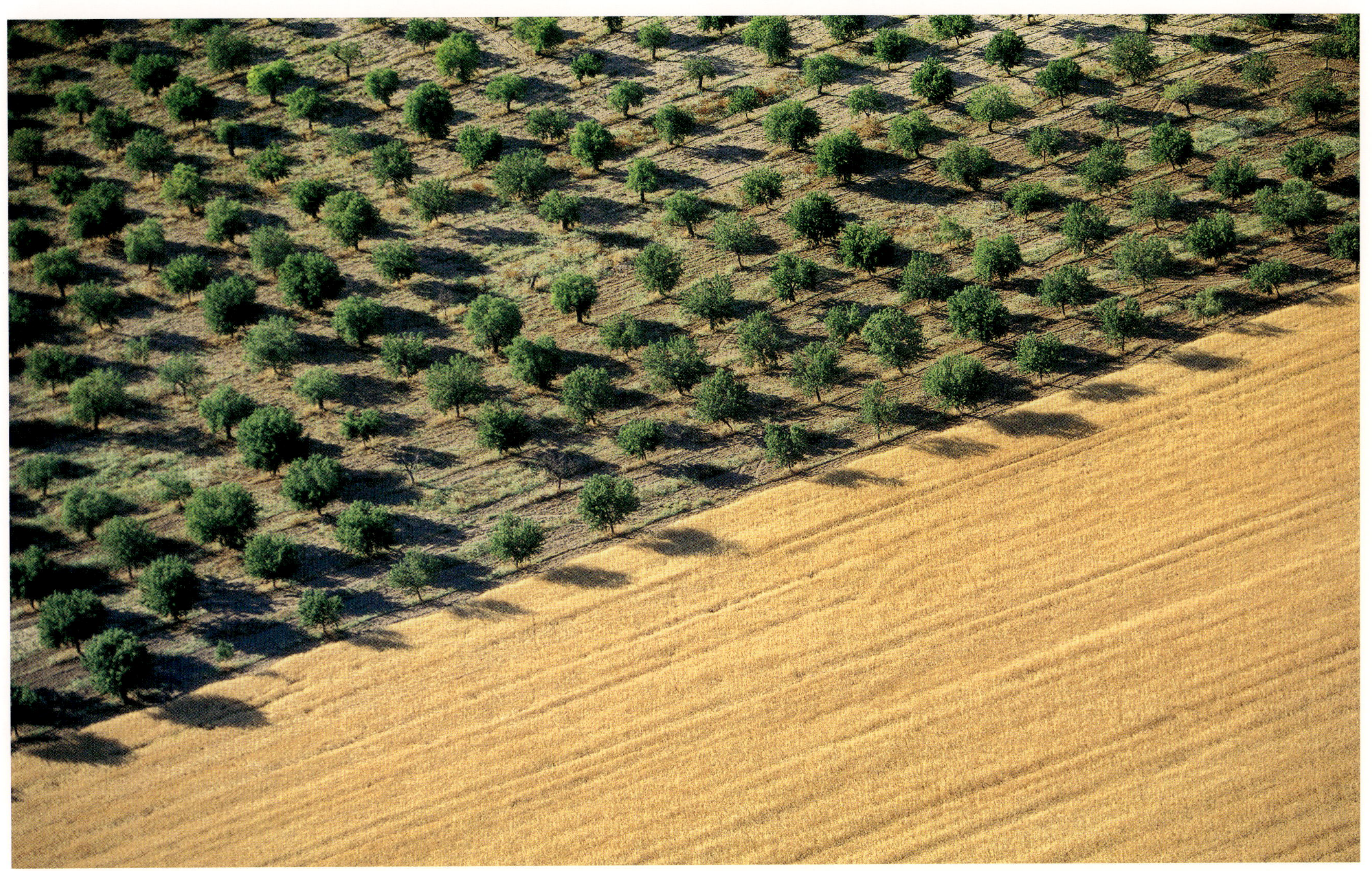

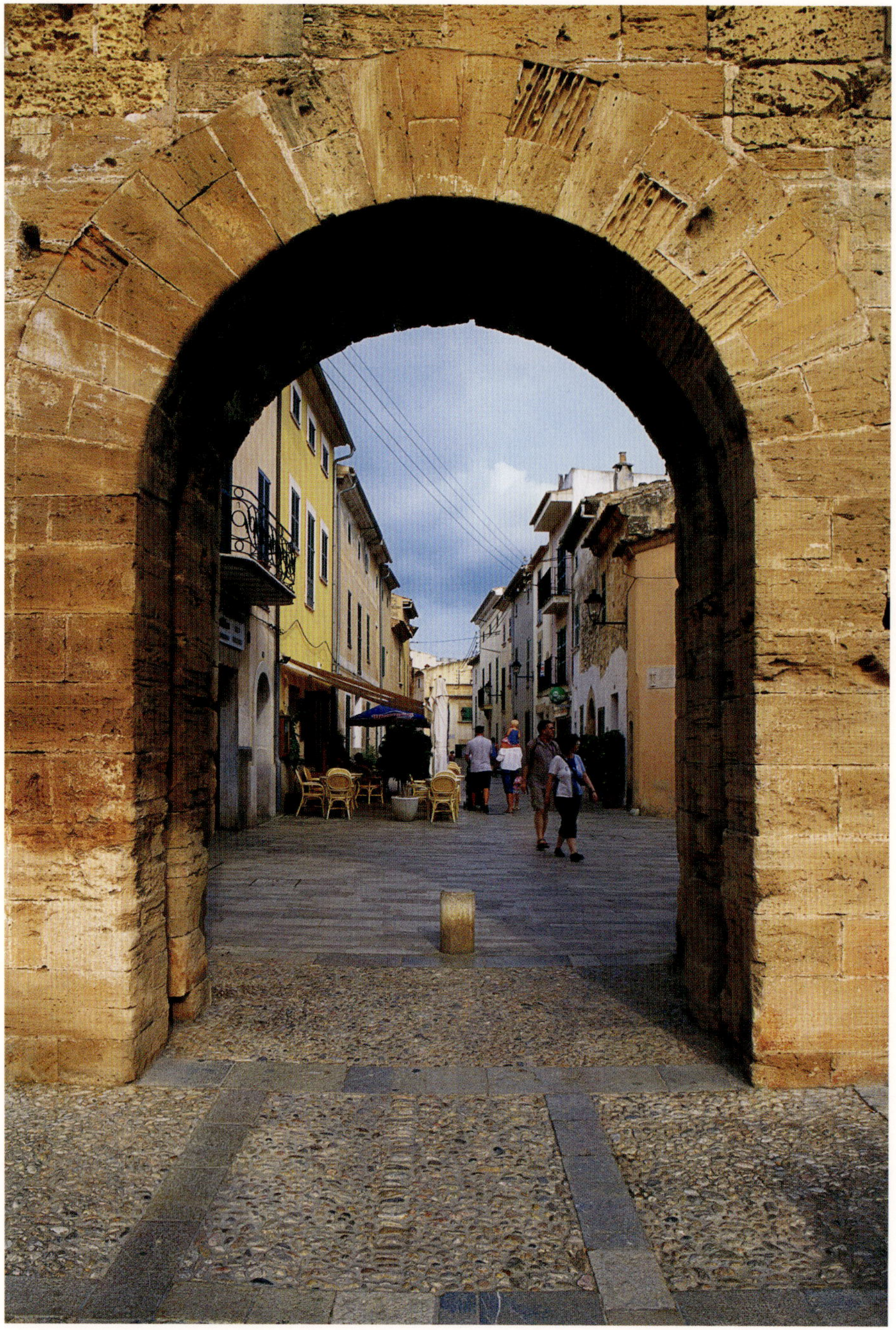

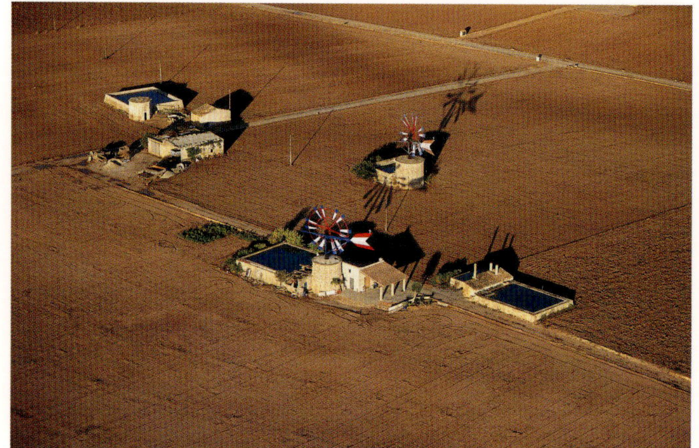

• *Alcúdia and Muro* | The name of the town of Alcúdia comes from the *Arab al-kudia*, meaning hill, which describes perfectly the placement of this town. Close to Alcúdia are the ruins of the Roman city of Pollentia, founded in 123 BC, with the structure of a beautiful amphitheatre and remains of Roman houses. The construction of the medieval walls date back to the 14th century, and feature the Xara Doorway and the Sant Sebastià Doorway. Alongside it is the Gothic church of Sant Jaume, from the 13th century.

The picturesque and relaxing agricultural town of Muro is inland, close to the northeast coast of *Es Pla* and is surrounded by extensive stretches of farmland. Dominating the town is the emblematic church of Sant Joan Baptista which although constructed during the 17th century features elements of Catalan Gothic architecture. The brightness of the Baroque altarpieces is due to the large stained-glass windows and the white stone. Muro is also scattered with old mansions, built by the wealthy landowners of the time.

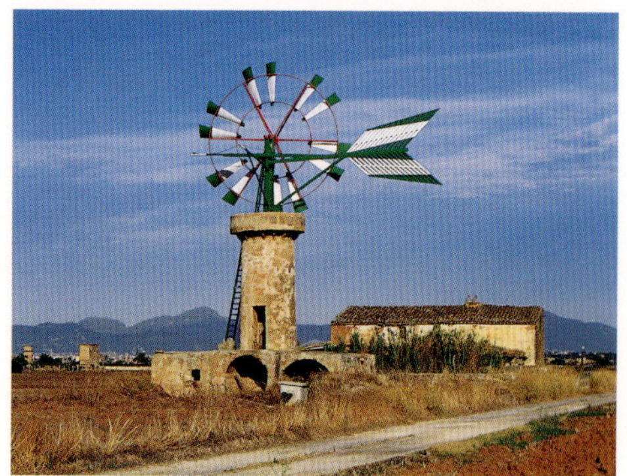

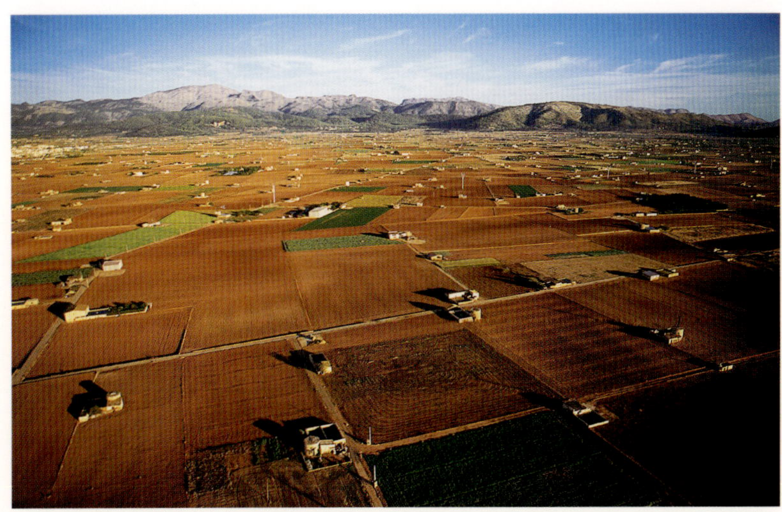

• *Alcúdia y Muro* | El nombre del pueblo de Alcúdia viene del árabe *al-kudia*, que significa colina, lo cual describe muy bien la ubicación de este pueblo. Cerca de Alcúdia están las ruinas de la ciudad romana de Pollentia, fundada en el 123 aC, con la estructura de un hermoso anfiteatro y restos de casas romanas. Del siglo XIV data la construcción de la muralla medieval, muy bien conservada y en la que destacan la Puerta de Xara y la Puerta de Sant Sebastià. Junto a ella se encuentra la iglesia gótica de Sant Jaume, del siglo XIII.

El pintoresco y relajado pueblo agrícola de Muro se encuentra tierra adentro, cerca de la costa nordeste de *Es Pla* y está rodeado de extensas tierras de labranza. Dominando la ciudad, se encuentra la emblemática iglesia de Sant Joan Baptista, del siglo XVII, aunque con elementos de la arquitectura gótica catalana. Destacan los retablos barrocos y su luminosidad gracias a las grandes vidrieras y a la piedra blanca. Muro también está salpicado por antiguas mansiones, construidas por los ricos terratenientes de la época.

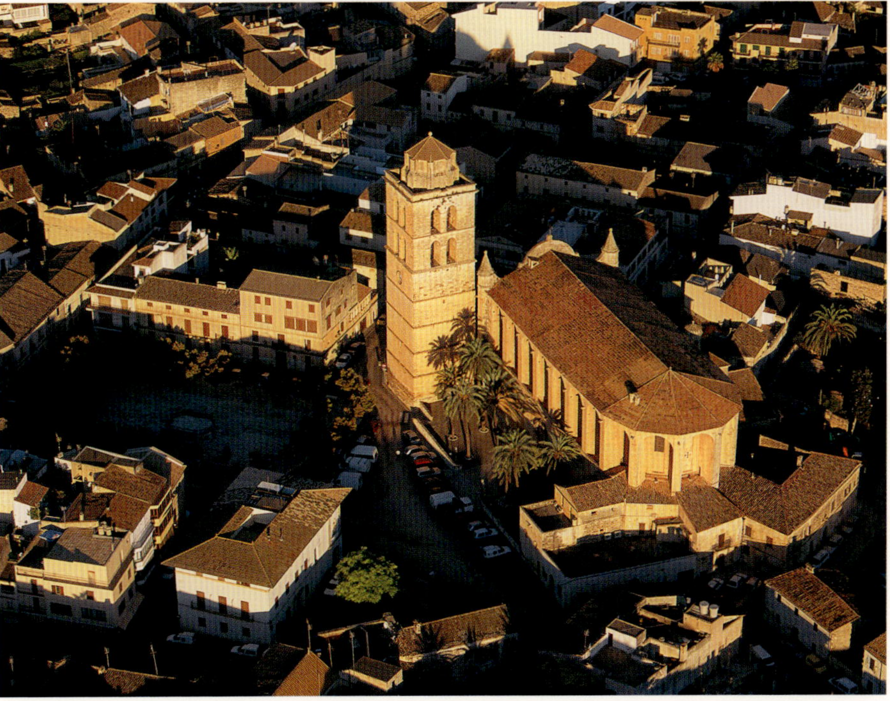

• *Alcúdia und Muro* | Der Name des Dorfes Alcúdia stammt vom arabischen *al-kudia* ab und bedeutet Hügel. Damit ist die Lage des Dorfes ausgezeichnet beschrieben. In der Nähe von Alcúdia befinden sich die Ruinen der römischen Stadt Pollentia, die 123 v. Chr. gegründet wurde. Hier haben sich ein wundervolles Amphitheater und einige Überreste der römischen Häuser erhalten. Die mittelalterliche Mauer stammt aus dem 14. Jh., sie ist sehr gut erhalten. Auffallend sind die Stadttore Porta de Xara und Porta de Sant Sebastià. Direkt an der Mauer befindet sich die gotische Kirche Sant Jaume aus dem 13. Jh.

Das malerische, friedliche Bauerndorf Muro liegt weiter im Inland, in der Nähe der Nordostküste von Es Pla. Es ist von weiten Ackerflächen umgeben. Die auffallende Kirche Sant Joan Baptista beherrscht das Stadtbild. Sie stammt aus dem 17. Jh., weist jedoch einige Elemente der gotischen katalanischen Architektur auf. Besonders interessant sind die barocken Retabel, die großen Kirchenfenster, durch die viel Licht einfällt und der weiße Stein, der sie sehr hell macht. In Muro stehen auch verschiedene alte Herrenhäuser, die sich die reichen Grundbesitzer in der Vergangenheit errichtet haben.

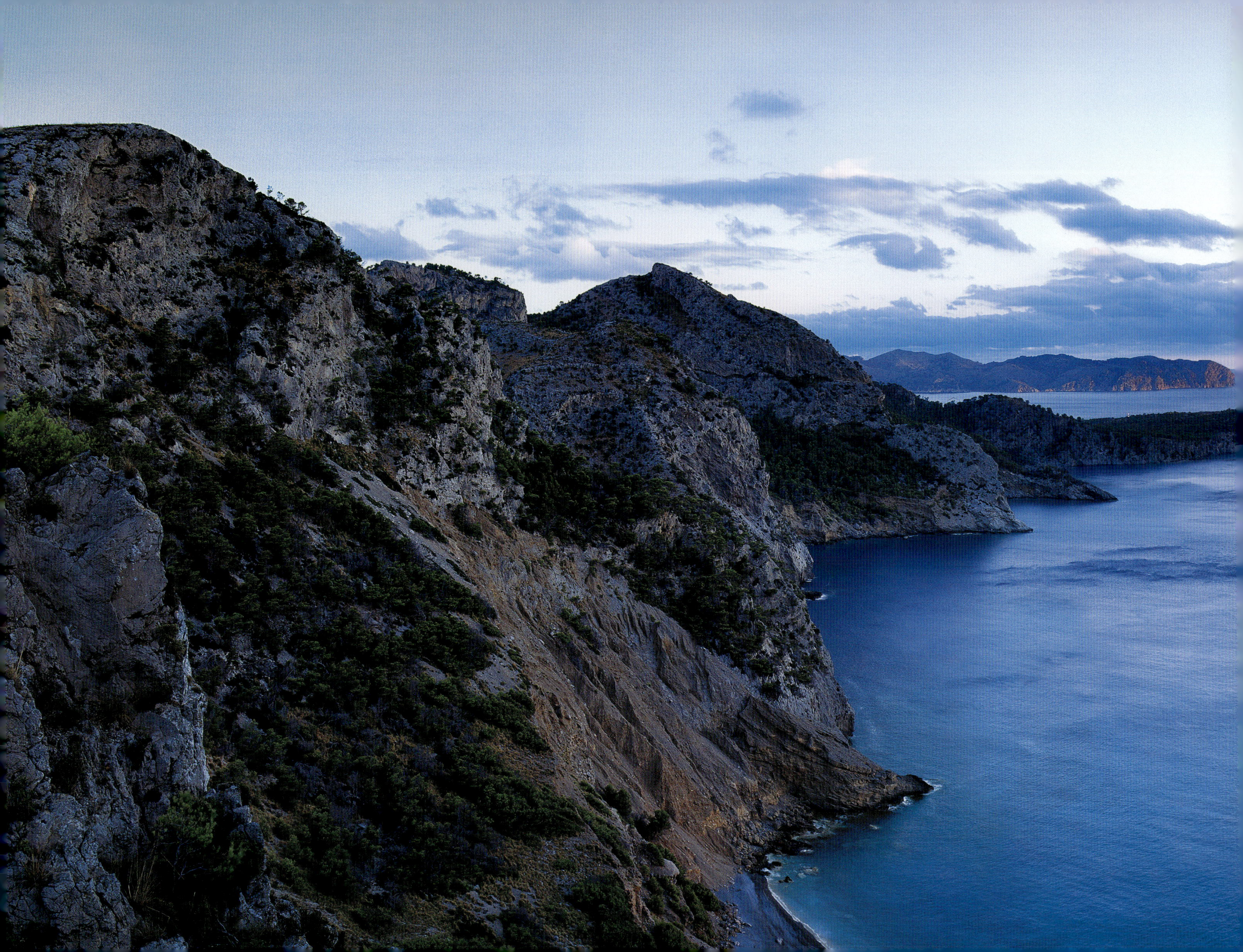

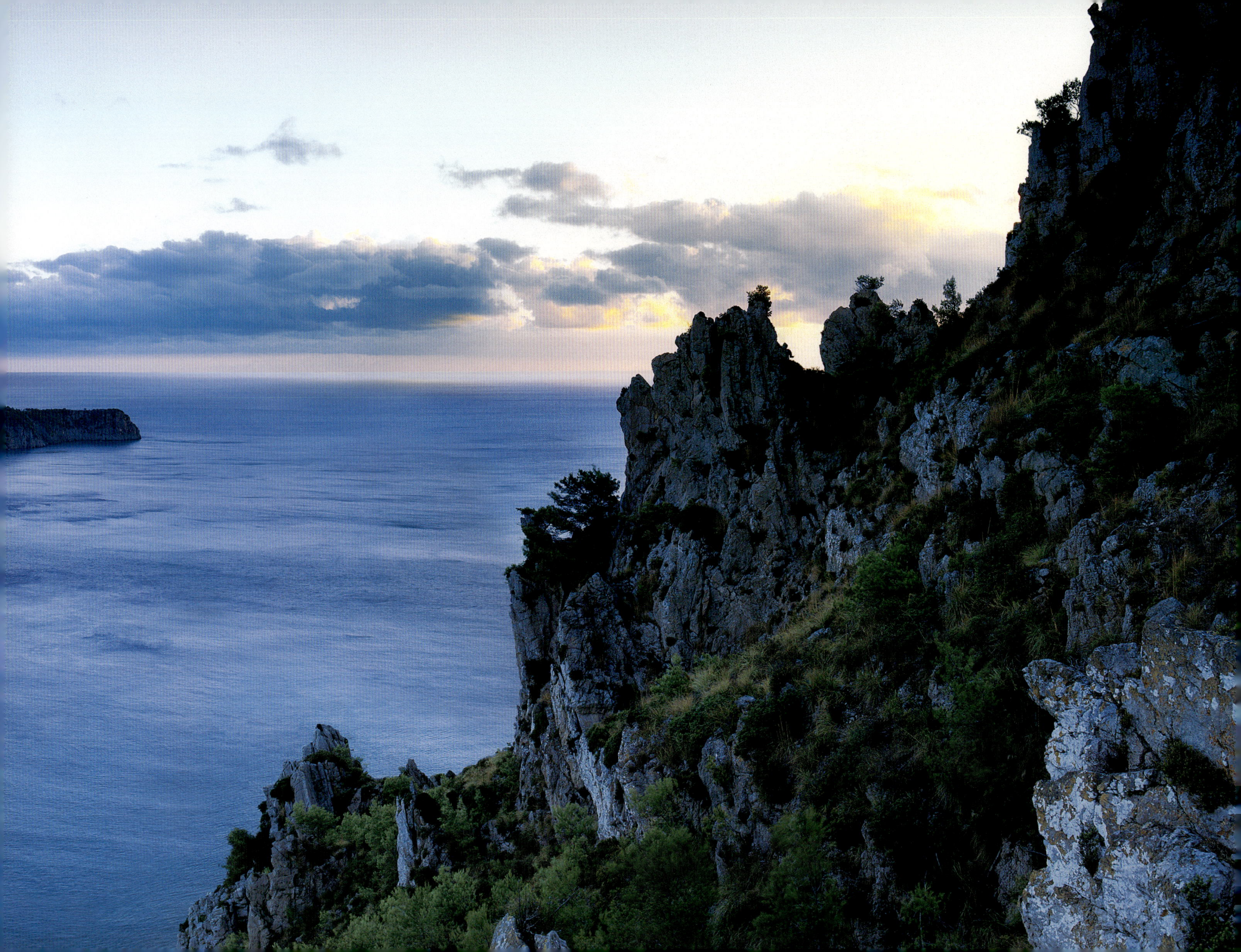

Llevant

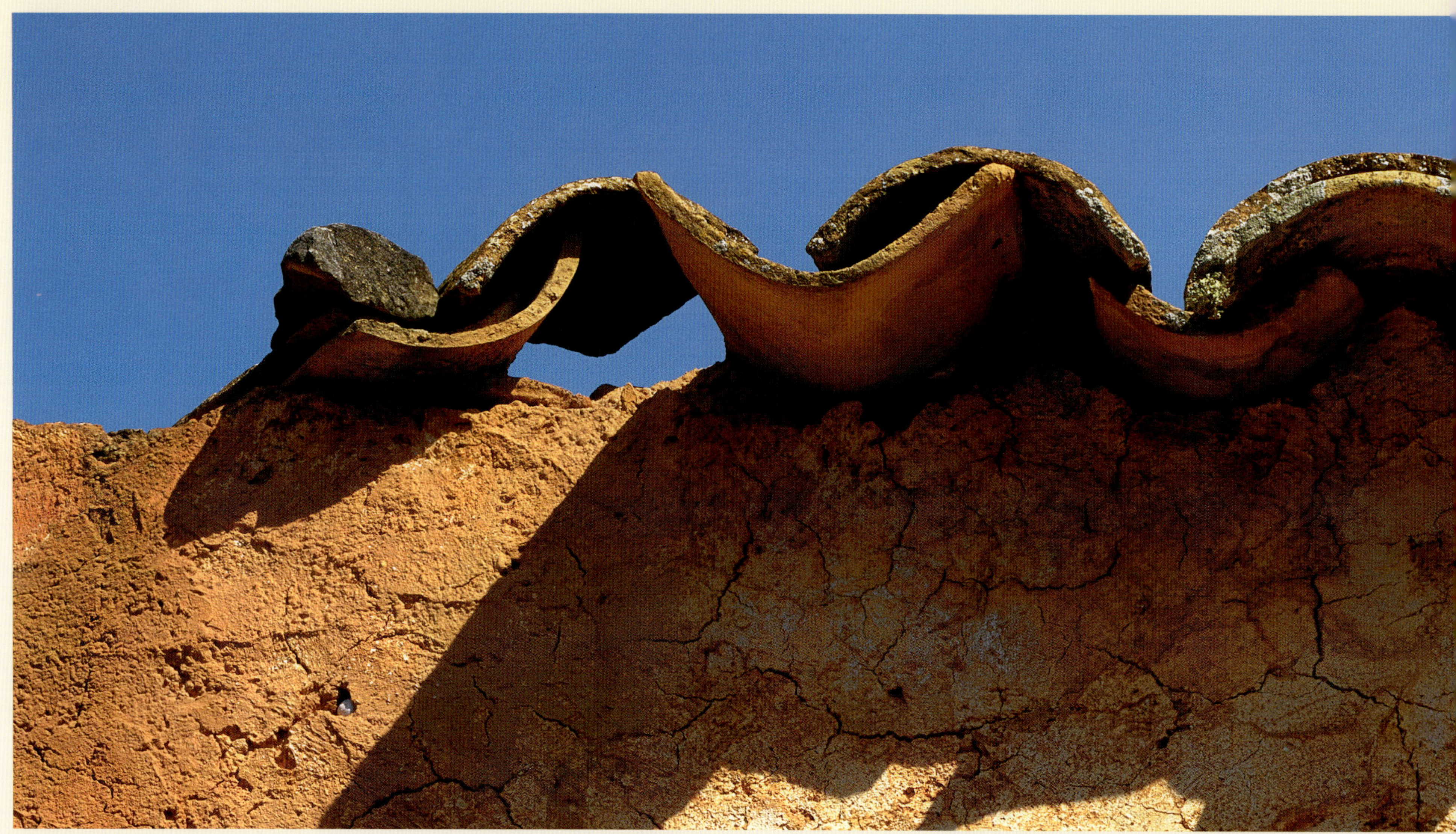

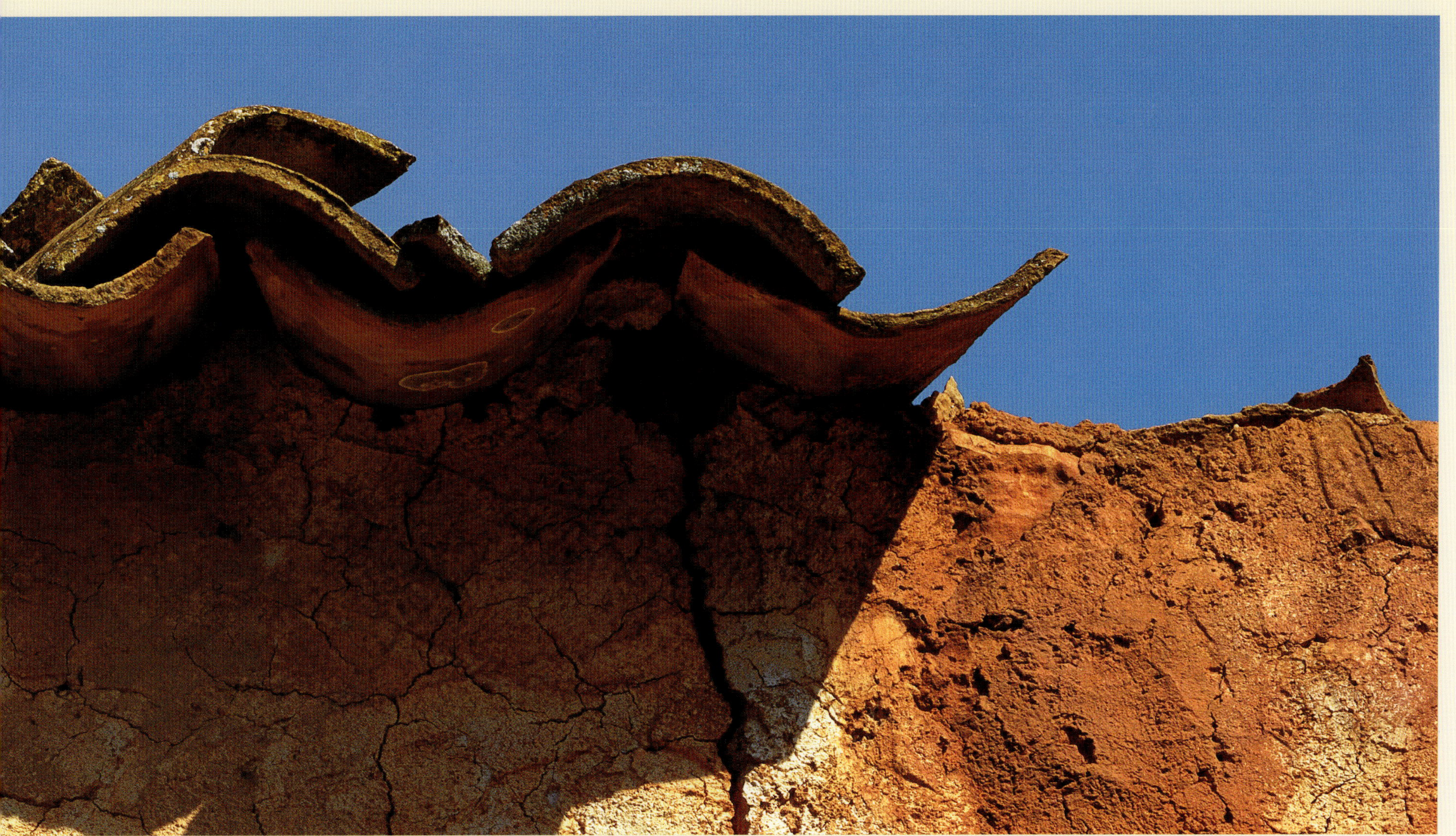

Llevant, which means "where the sun rises", combines many of the geographic characteristics of the island: hills that stretch out into infinity, craggy cliffs, picturesque coves, sandy beaches with turquoise-coloured water and rich farmlands. Nevertheless, here more than any other part of the island, the land has a distinctive Mediterranean quality. The typical vegetation includes pine trees and wild olive trees, scrubland and flourishing yellow broom, heather and rosemary, all covering the limestone rock that reigns over the countryside.

This county has been inhabited since 2000 BC. The mysterious prehistoric structures made from gigantic stones that are found in Ses Païsses, are one of the most important remains of Talayotic culture on the island. The Arabs also left their mark on this region: on the outskirts of Artà are flourishing farmlands originally cultivated and designed by the Arabs. The imposing fortifications speak to us of eras in which pirate attacks were frequent and it is clear that Llevant has not missed any event in the long and colourful history of the island.

The Llevant coastline begins with one of the oldest tourist centres of the island, Colònia de Sant Pere, languidly situated in the bay of Alcúdia, where this small and peaceful town has a square talayot that is still maintained in a surprisingly good condition. The coast climbs until reaching Cap de Ferrutx, situated at the easternmost point of Mallorca. All of this as well as the talulot: Talaia Morella, can be found in the municipal district of Artà. From here, the Llevant coast runs south towards the Coves del Drac, in Manacor, where nature has created an underground paradise of 1,300 metres of stalactites and stalagmites with a deep underground lake.

Llevant, que significa "por donde sale el sol", combina muchas de las características geográficas de la isla: colinas que se pierden en el infinito, escarpados acantilados, pintorescas calas, playas de arena con aguas color turquesa y ricas tierras de labranza. Sin embargo, aquí más que en cualquier otra región de la isla, el terreno tiene una distintiva cualidad mediterránea. La vegetación típica incluiría pinos y olivos salvajes, arbustos de garriga y florecientes retamas amarillas, brezo y romero, todas cubriendo la roca caliza que reina sobre la campiña.

Esta comarca está habitada desde el 2000 aC. Las misteriosas estructuras prehistóricas hechas de gigantescas piedras que se encuentran en Ses Païsses, son uno de los restos más importantes de la cultura talayótica en la isla. Los árabes también dejaron su impronta en esta región: en los alrededores de Artà se encuentran florecientes tierras de labranza originalmente cultivadas y diseñadas por los árabes. Las imponentes fortificaciones nos hablan de épocas en que los ataques de piratas eran frecuentes y queda claro que Llevant no se ha perdido ningún evento en la larga y colorida historia de la isla.

La costa de Llevant comienza con uno de los centros turísticos más veteranos de la isla, Colònia de Sant Pere, lánguidamente situado en la bahía de Alcúdia, este pequeño y tranquilo pueblo tiene un talayot cuadrado que aún se mantiene en un sorprendente buen estado. La costa trepa hasta llegar al Cap de Ferrutx, situado en la punta más al este de Mallorca. Todo esto se encuentra dentro del municipio de Artà y allí también se encuentra un sorprendente talayot: Talaia Morella. Desde aquí, la costa de Llevant corre hacia el sur hasta las Coves del Drac, en Manacor, donde la naturaleza ha creado un paraíso subterráneo de 1.300 m de estalactitas y estalagmitas con un profundo lago subterráneo.

• Der Name der Region Llevant bedeutet „wo die Sonne aufgeht", und hier findet man viele der geographischen Merkmale der Insel: Hügel, die bis ins Unendliche zu reichen scheinen, zerklüftete Steilküsten, malerische Buchten, Sandstrände mit türkisgrünem Wasser und fruchtbare Felder. Die Landschaft ist stark vom Mittelmeer geprägt, viel mehr als andere Regionen der Insel. Die typische Vegetation sind Pinien und wilde Olivenbäume, niedriges Buschwerk und leuchtend gelber Ginster, Heidekraut und Rosmarin, die die überall vorhandenen Kalkfelsen bedecken.

Dieser Landkreis ist schon seit 2000 v. Chr. besiedelt. Die geheimnisvollen prähistorischen Strukturen aus gigantischen Steinen, die man in Ses Païsses sieht, gehören zu den wichtigsten Überresten der Talayot-Kultur der Insel. Auch die Araber haben in dieser Region ihre Spuren hinterlassen. In der Umgebung von Artà befindet sich das fruchtbare Ackerland, das ursprünglich von den Arabern angelegt und genutzt wurde. Beeindruckende Festungen erzählen von Epochen, in denen die Piratenangriffe sehr häufig waren. Es wird deutlich, dass an Llevant kein Ereignis der langen und wechselhaften Geschichte der Insel vorbeigegangen ist.

Die Küste des Llevant beginnt mit einem der ältesten Tourismuszentren der Insel, Colonia de Sant Pere, ein Ort, der sich träge in der Bucht von Alcúdia sonnt. Dieses kleine, friedliche Dorf besitzt einen quadratischen Talayot, der sich in einem überraschend guten Zustand befindet. Die Küste reicht bis zum Cap de Ferrutx, dem östlichsten Punkt Mallorcas. Auch dieser Ort gehört zur Gemeinde Artà und auch hier steht ein überraschender Talayot, Talaia Morella. Von hier aus verläuft die Küste des Llevant nach Süden bis zu den Coves del Drac in Manacor, wo die Natur ein unterirdisches Paradies mit 1300 m Stalaktiten und Stalagmiten mit einem tiefen, unterirdischen See geschaffen hat.

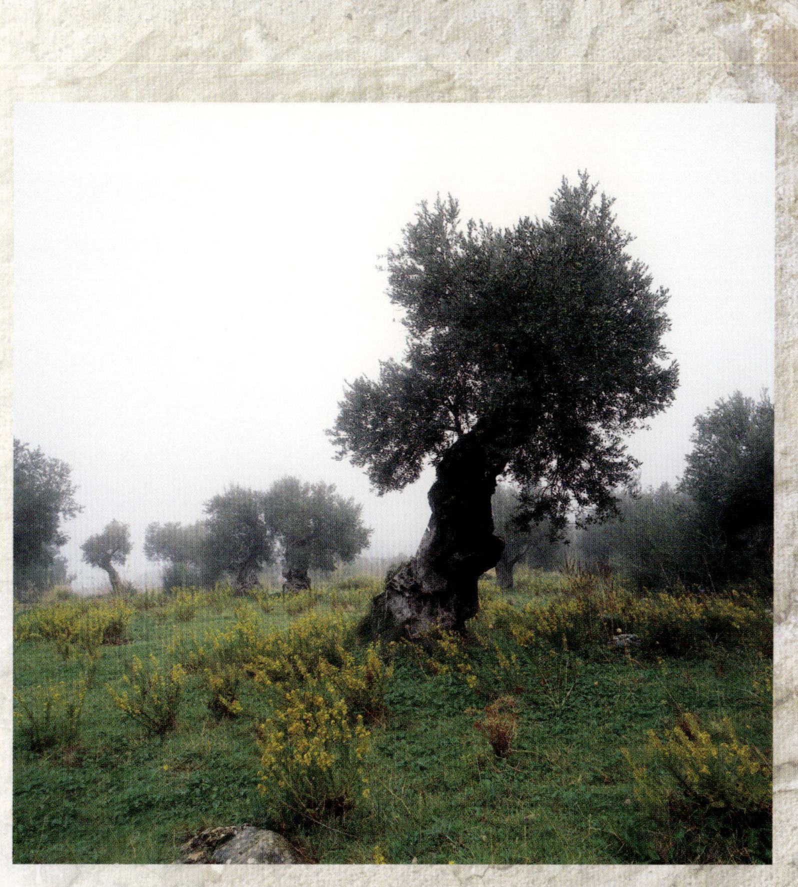

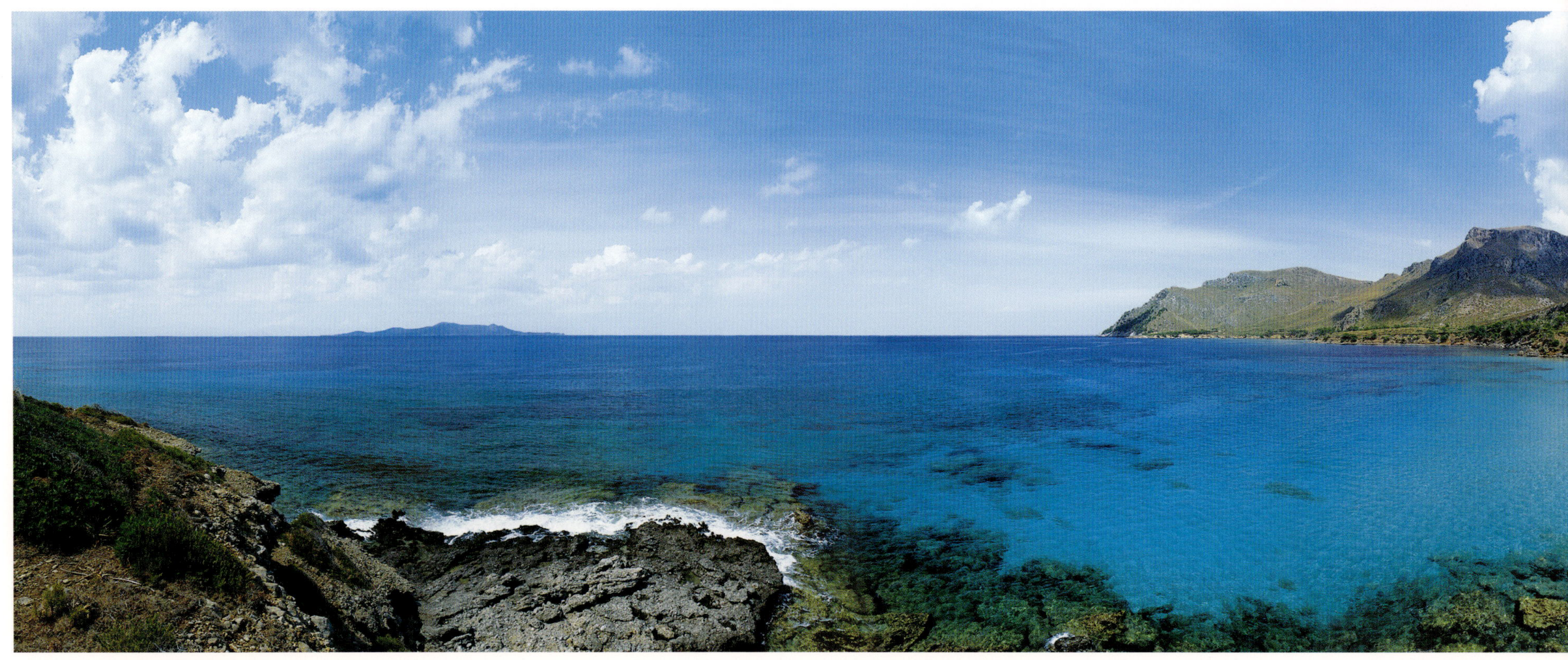

• *Es Caló* | Ecologists consider this section of the Artà coast one of the most fascinating of the island due to its great ornithological, botanical and geological importance. Bird-watching fans discover that this is best part of the island for spotting different birds of prey, especially the osprey and the peregrine falcon. Geologists also consider it one of the most interesting areas on the island: the presence of fossil dunes and high mountains in just a small area make it ideal for lithologic studies.

Es Caló has also long been a centre of intrigue as it was once the favourite spot for smugglers. Although Es Caló does not have a beach, it is very popular for swimming and one can reach this isolated setting of inestimable beauty by following a path from the nearby town of Betlem.

• *Es Caló* | Los ecologistas consideran esta porción de la costa de Artà como una de las más fascinantes de la isla ya que tiene una gran importancia ornitológica, botánica y geológica. Los aficionados a las aves descubren que éste es el mejor lugar de la isla para observar a distintas aves de presa, especialmente el águila pescadora y el halcón peregrino. Los geólogos también lo consideran uno de los lugares más interesantes en la isla: la presencia de dunas fósiles y de altas montañas en tan sólo una pequeña área hacen que esta zona sea ideal para estudios litológicos.

Es Caló también ha sido un lugar de intriga ya que fue rincón favorito de los contrabandistas. Aunque Es Caló no tiene playa, es un lugar bastante popular para nadar y se puede llegar a este entorno solitario, con una belleza inquebrantable, siguiendo un camino desde el cercano pueblo de Betlem.

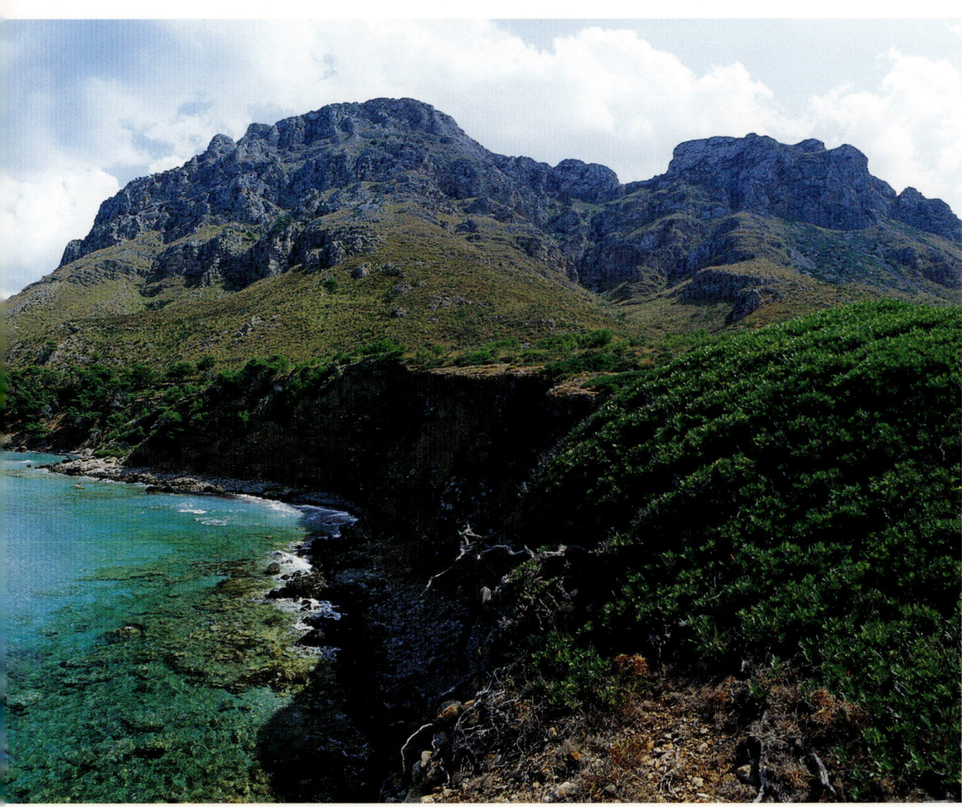

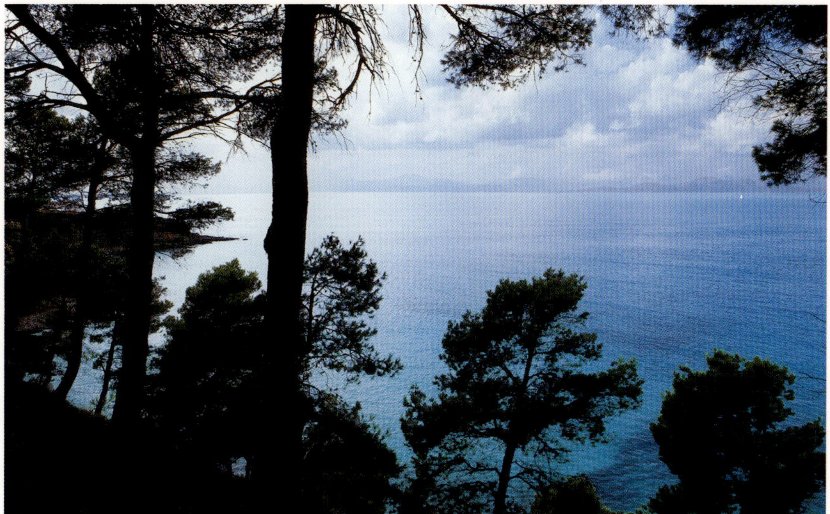

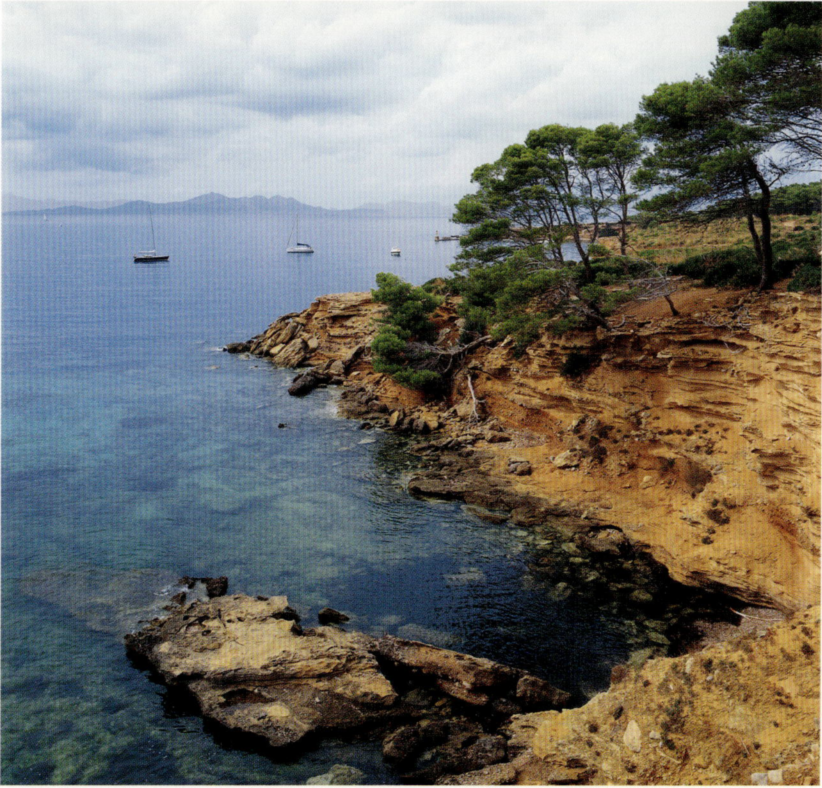

• *Es Caló* | Die Naturschützer betrachten dieses Teilstück der Küste von Artà als einen der faszinierendsten Küstenabschnitte der Insel, der von großer ornithologischer, botanischer und geologischer Bedeutung ist. Die Vogelliebhaber wissen, dass dies der beste Ort auf der Insel ist, um Raubvögel zu beobachten, insbesondere Fischadler und Wanderfalken. Auch die Geologen betrachten diesen Ort als einen der interessantesten der Insel. Das Vorhandensein von fossilen Dünen und hohen Bergen in einem so kleinem Gebiet machen diese Zone ideal für lithologische Studien.

Von Es Caló erzählte man sich auch viele Legenden, denn es war einer der Lieblingsorte der Schmuggler. Obwohl es in Es Caló keinen Strand gibt, ist der Ort zum Schwimmen sehr beliebt . Man erreicht diesen einzigartigen Winkel mit seiner unberührten Schönheit, indem man einem kleinen Weg von dem nahegelegenen Dorf Betlem aus folgt.

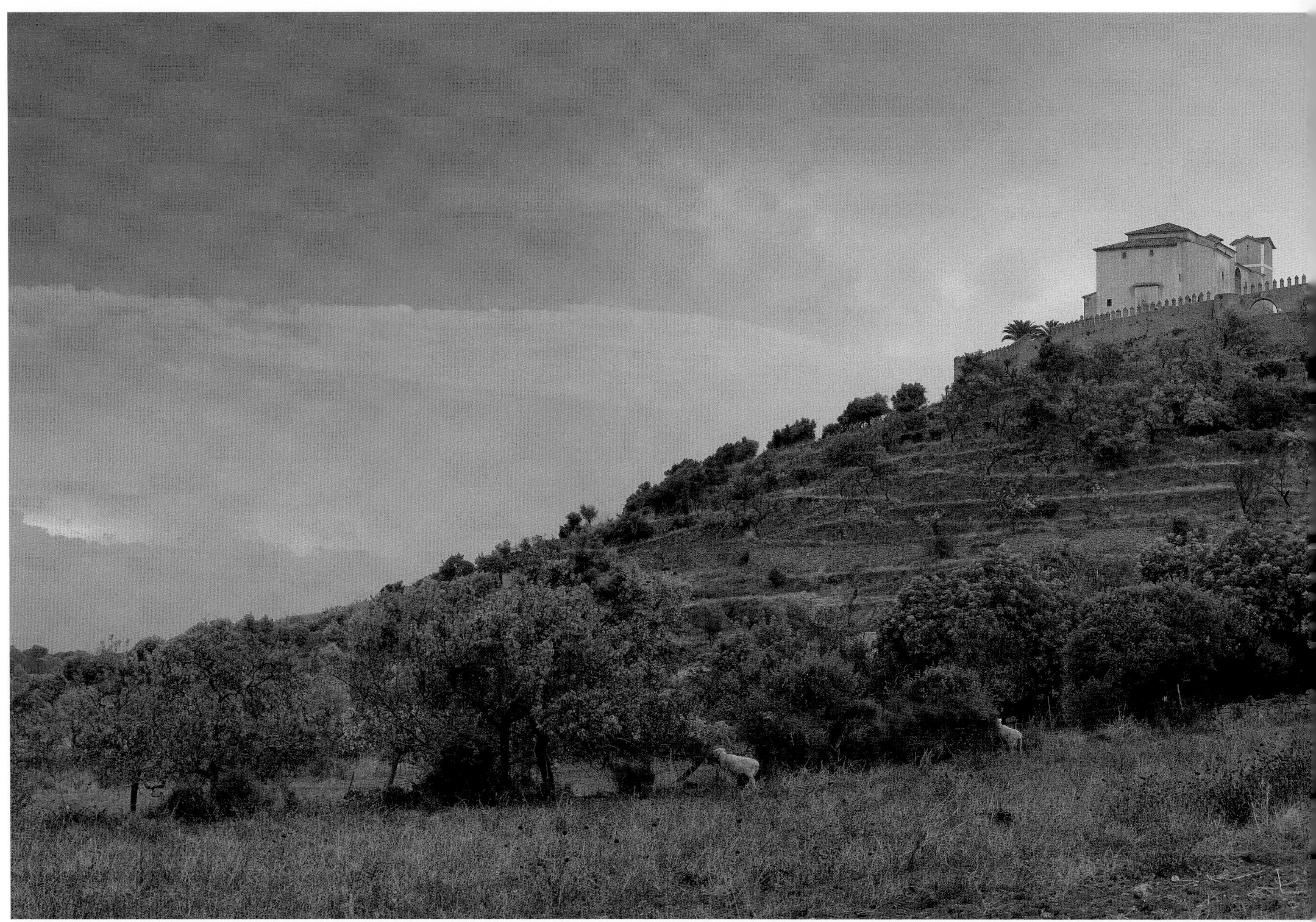

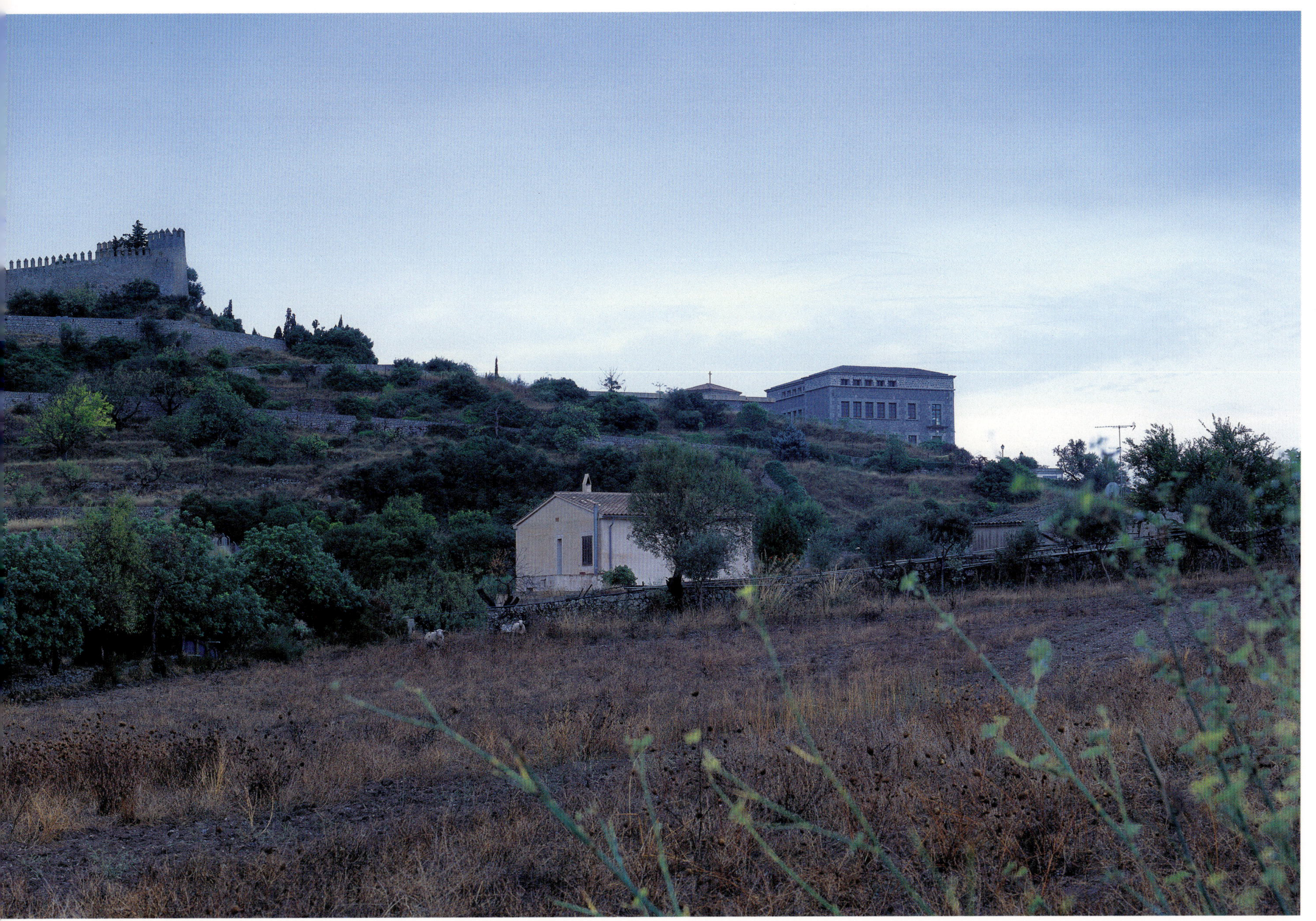

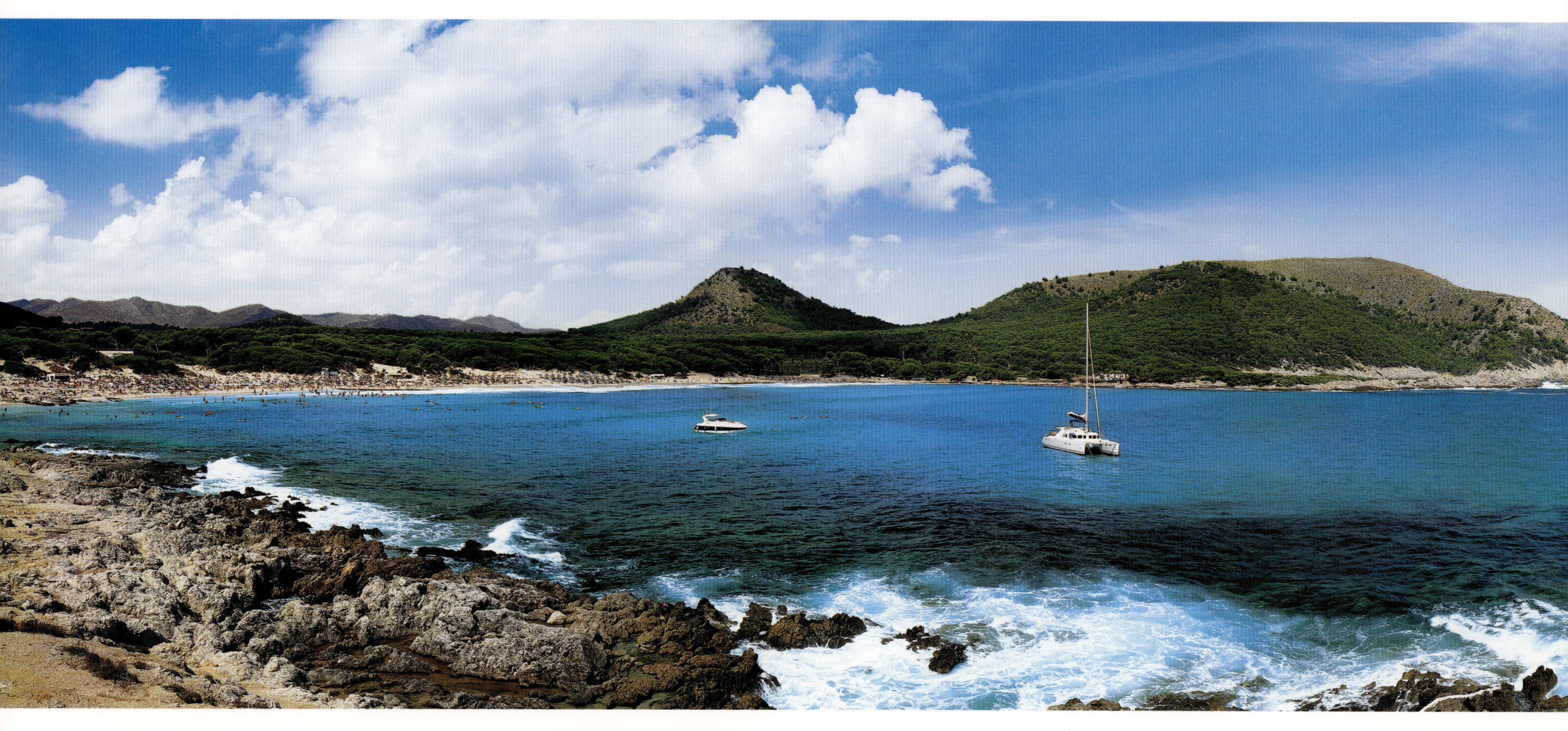

• *Cala Agulla* | This idyllic cove, with its sparkling strip of white sand, its crystalline waters and its landscape framed by pine trees, is the most popular beach of the municipal district of Capdepera. Visitors to the busy tourist centre and fishing port of Cala Ratjada, which is very close to the cove, inevitably reach this pristine refuge to enjoy one of the most picturesque landscapes of Llevant.

• *Cala Agulla* | Esta idílica cala, con su resplandeciente franja de arena blanca, sus aguas cristalinas y su paisaje enmarcado de pinos, es la playa más popular del municipio de Capdepera. Los visitantes del ajetreado centro turístico y del puerto pesquero de Cala Ratjada, que se encuentra muy próximo a la cala, llegan inevitablemente hasta este prístino refugio para disfrutar de uno de los paisajes más pintorescos de Llevant.

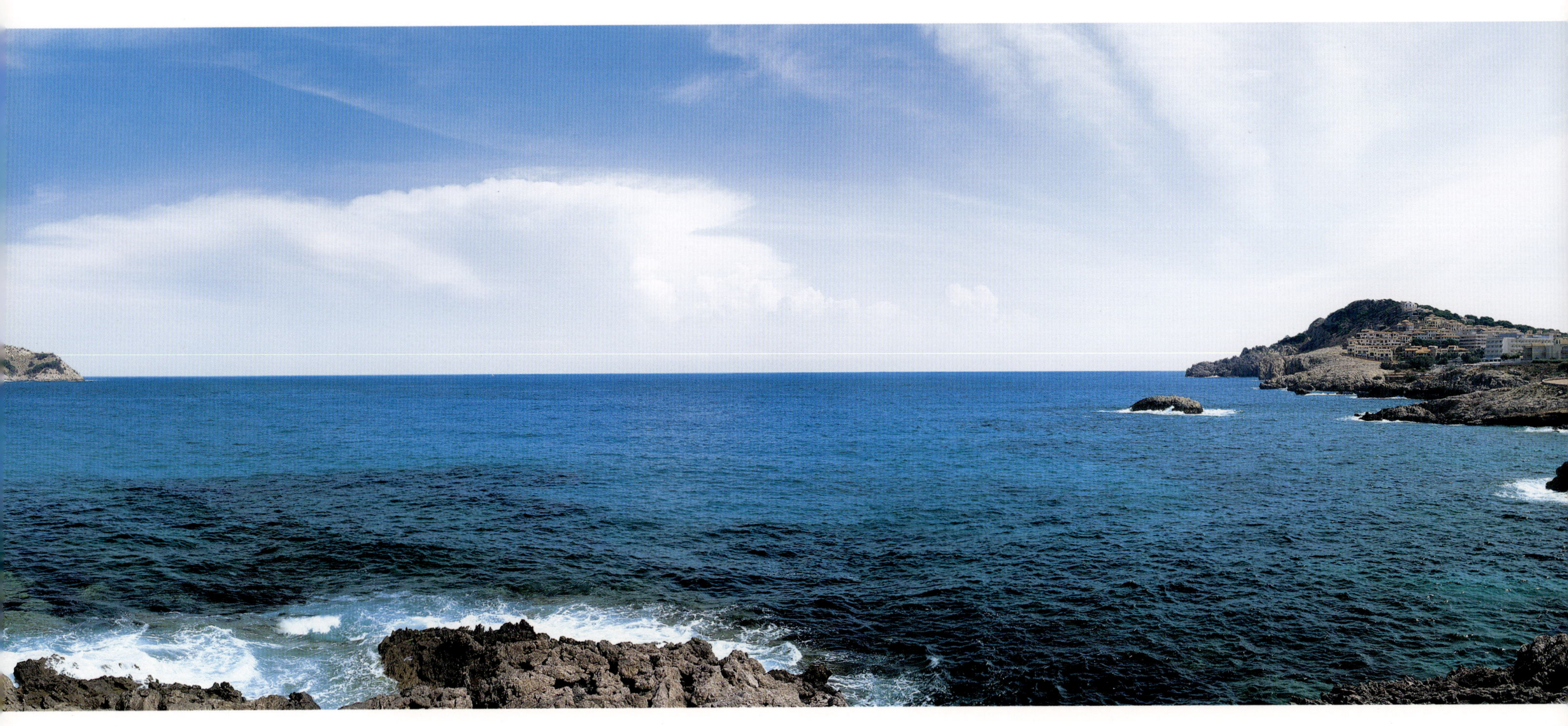

• *Cala Agulla* | Diese idyllische Bucht mit weißem Sandstrand, kristallklarem Wasser und Pinienhainen ist der beliebteste Strand der Gemeinde Capdepera. Die Besucher des geschäftigen Tourismuszentrums und des Fischerhafens von Cala Ratjada in der Nähe dieser Bucht kommen unweigerlich zu diesem von Menschenhand unberührten Zufluchtsort, um eine der malerischsten Landschaften des Llevant zu entdecken.

Migjorn

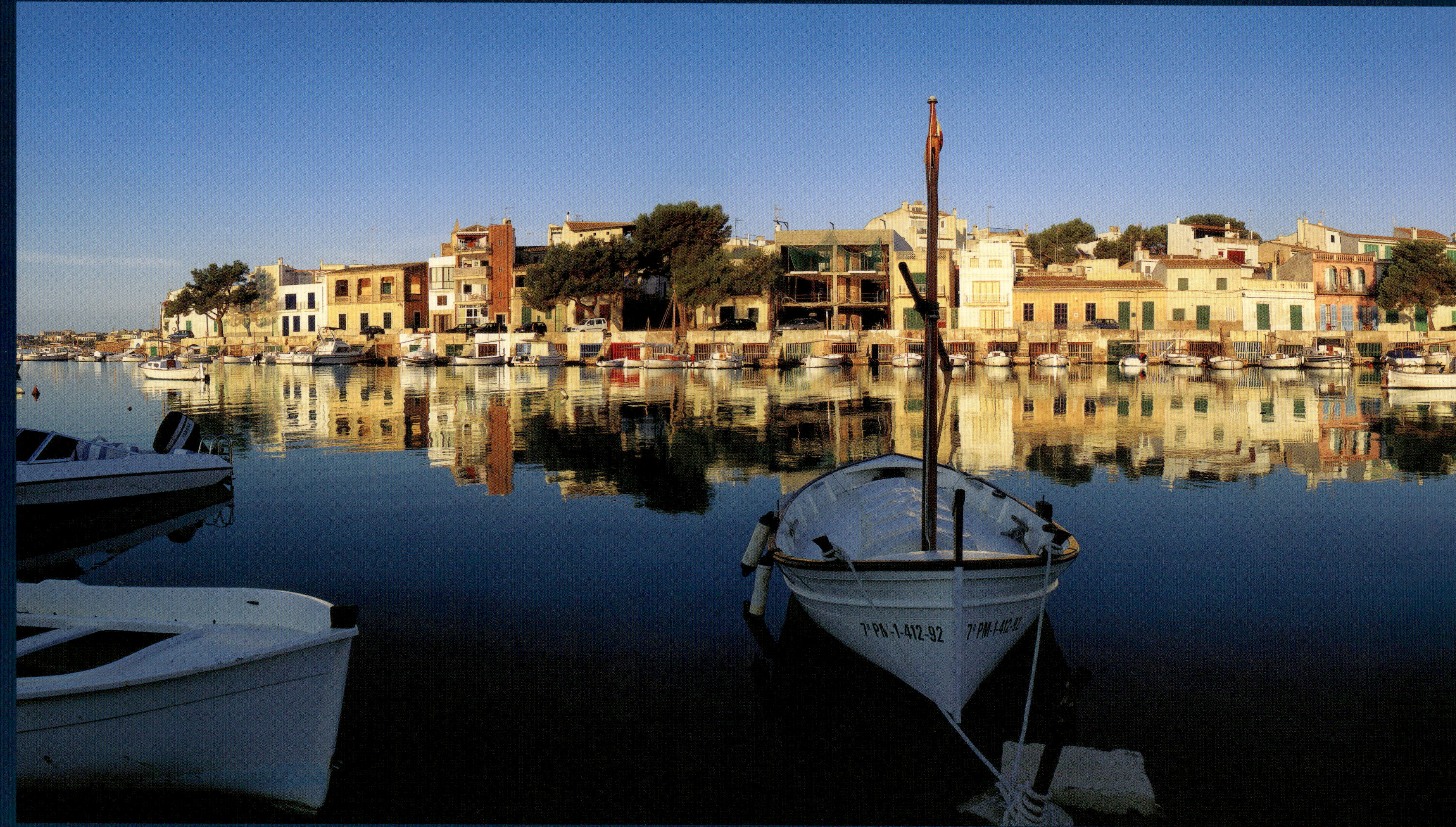

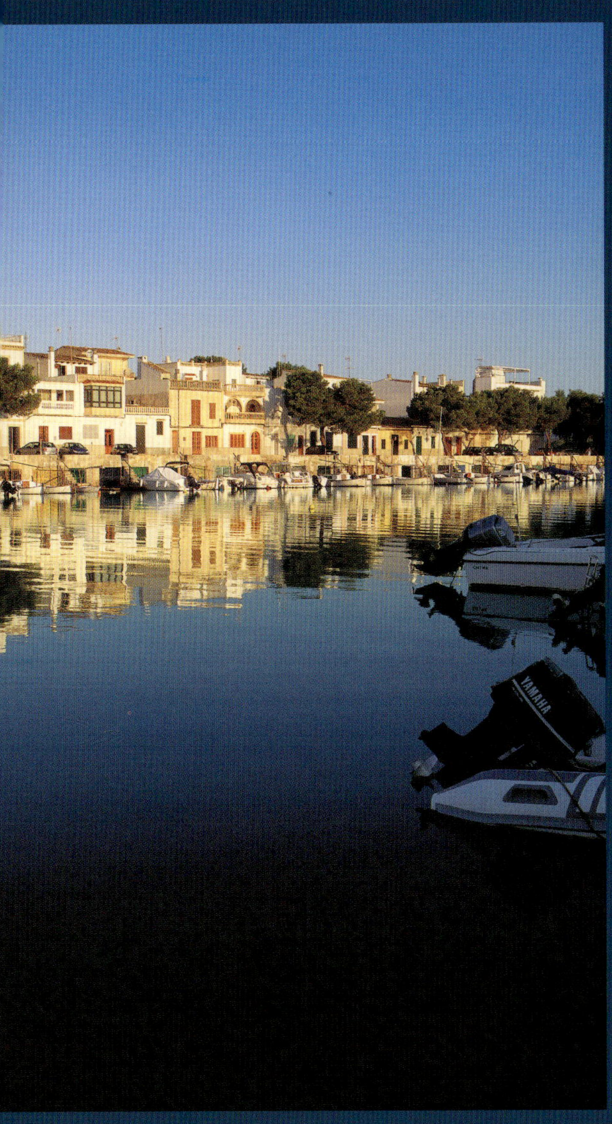

Migjorn is the Mallorcan word for "midday". It experiences the greatest number of sunny days in Mallorca and is the driest of the seven countries, with a much lower rainfall of approximately just one third of the island's average as a whole. Despite this, archaeology indicates that Migjorn was one of the first areas of the island to be inhabited. This is probably due, to a large extent, to the fact that here in the south the coves are well protected and combine with calm seas: Migjorn provided a safe and protected refuge.

Migjorn es la palabra mallorquina para "mediodía". Tiene la mayor cantidad de días soleados al año de Mallorca y es también la más seca de las siete comarcas, con el índice más bajo de precipitaciones: un tercio del promedio de la isla. A pesar de ello, la arqueología indica que Migjorn fue una de las primeras zonas de la isla en ser habitada. Esto probablemente se debe, en gran medida, al hecho de que aquí en el sur, las calas están muy protegidas y se combinan con mares tranquilos: Migjorn proporcionaba un refugio seguro y protegido.

Migjorn ist das mallorquinische Wort für „Mittag oder Süden". Hier gibt es die meisten Sonnentage im Jahr in Mallorca, und es handelt sich auch um den trockensten der sieben Landkreise mit den niedrigsten Niederschlagsmengen, nur ein Drittel des Durchschnittswertes der Insel. Dennoch verraten archäologische Studien, dass Migjorn eine der ersten besiedelten Regionen der Insel war. Das ist wahrscheinlich im großen Maße auf die Tatsache zurückzuführen, dass es hier im Süden sehr gut geschützte Buchten und relativ wenig Seegang gibt. Migjorn war also ein sicherer und geschützter Zufluchtsort.

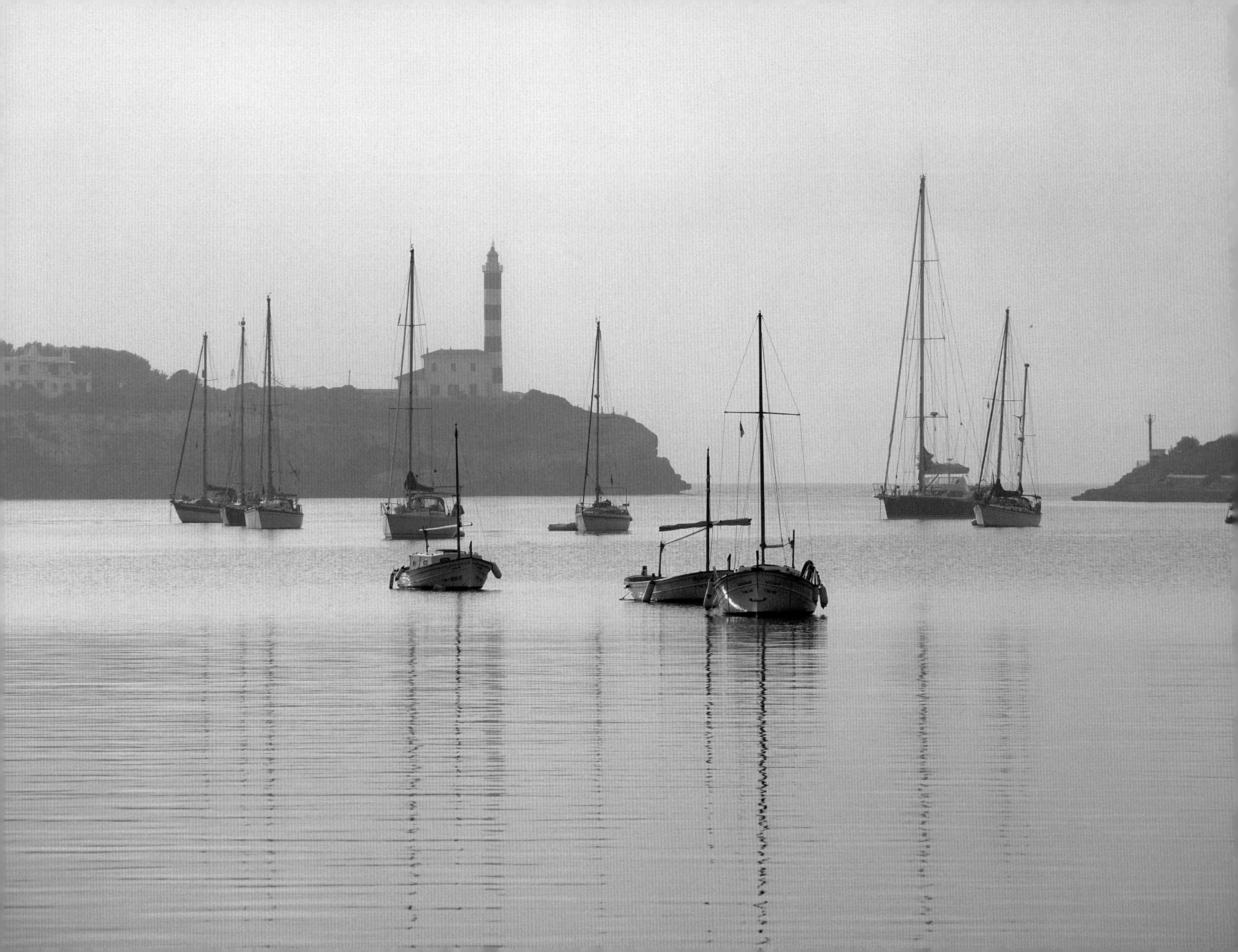

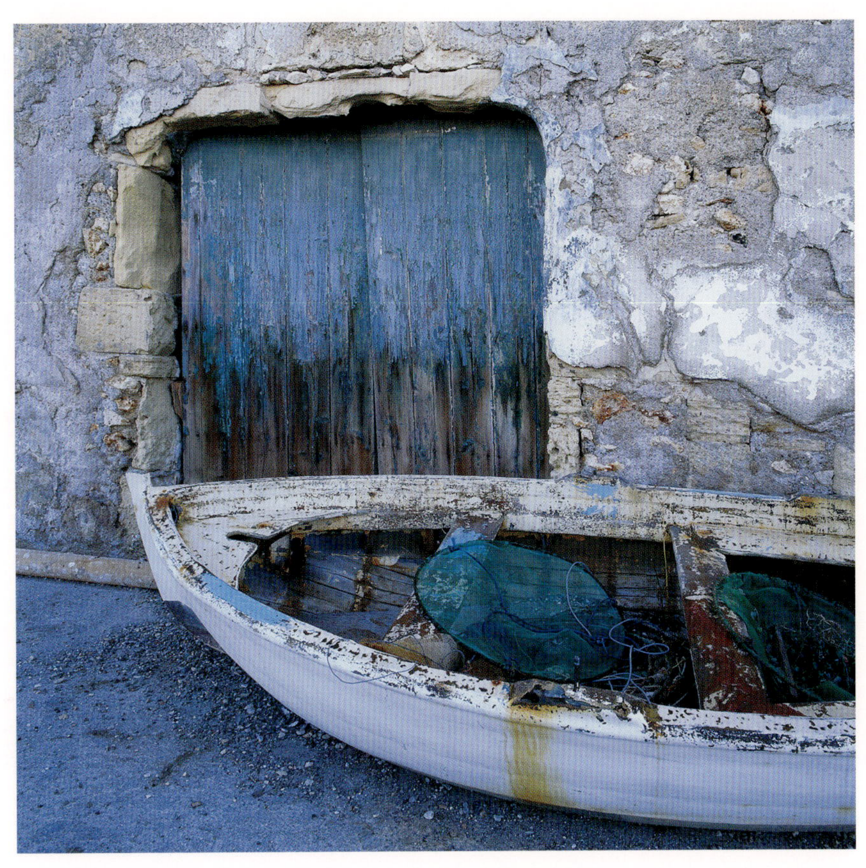

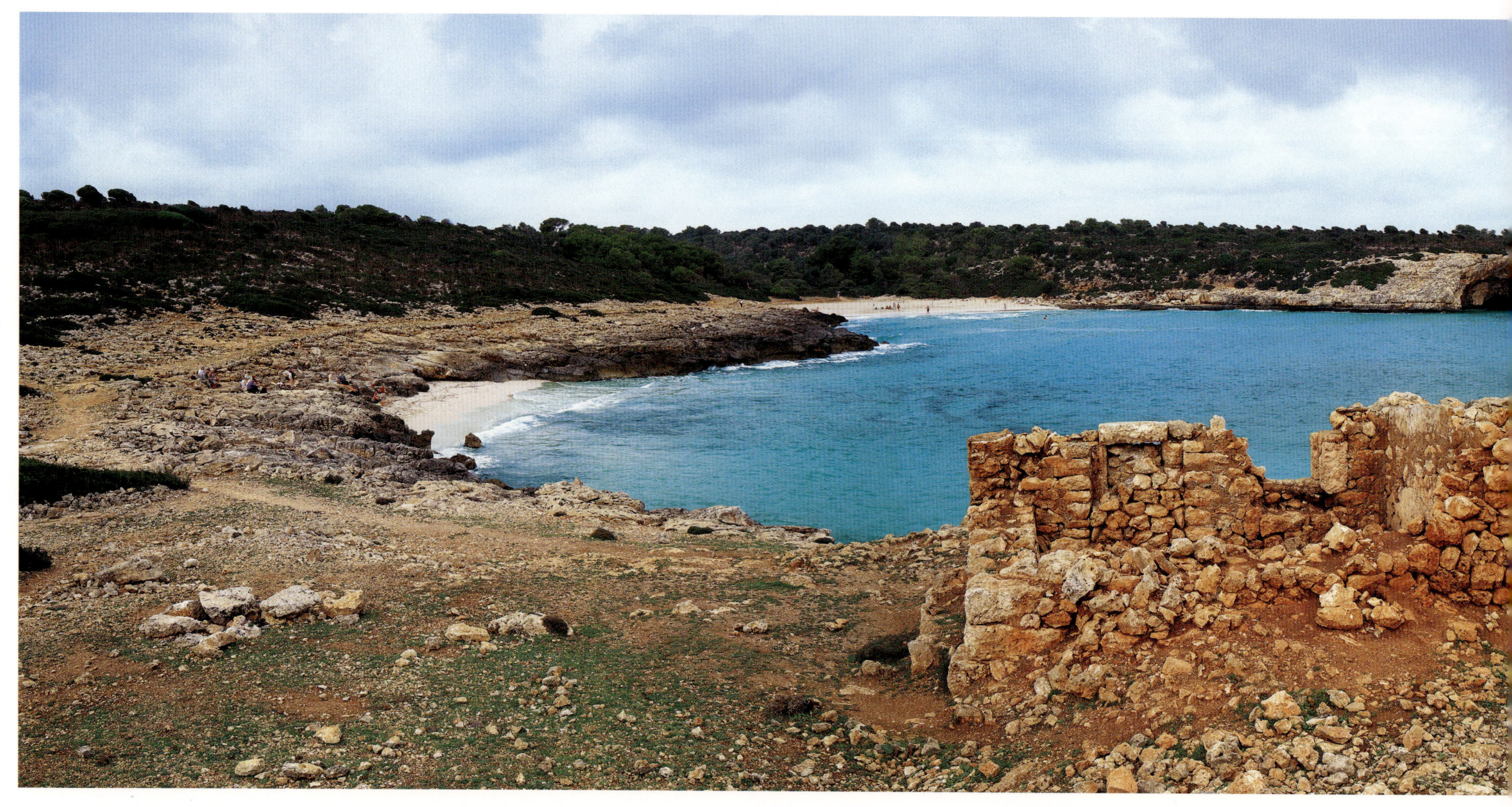

• *Cala Varques* | The coast of Manacor has one of the most impressive unspoilt beaches of the island. Hidden among the cliffs one comes across a beach of fine, white sand 70 metres long and 50 metres wide. This small hideaway is a treasure which is by no means easy to reach - the reason why it remains intact. One of the cliffs hides a cave that contains a labyrinth of cavities and underwater passages that cover an area of 500 metres. Visitors who expect to enjoy a peaceful day of sea and sun may have to compete with one or two cows owned by the locals that venture onto the sands.

• *Cala Varques* | La marina de Manacor conserva una de las playas vírgenes más impresionantes de la isla. Escondida entre los acantilados se encuentra una playa de arenas blancas y finas tan sólo de 70 metros de largo y 50 de ancho. Este pequeño escondite es un tesoro al que no es fácil acceder y es por ese motivo que permanece intacto. Uno de los acantilados esconde una cueva que contiene un laberinto de cavidades y pasajes submarinos, que cubre un área de 500 metros. Los visitantes que esperan disfrutar de un pacífico día de sol y mar, posiblemente deban competir con una o dos vacas del vecindario que se aventuran en la arena.

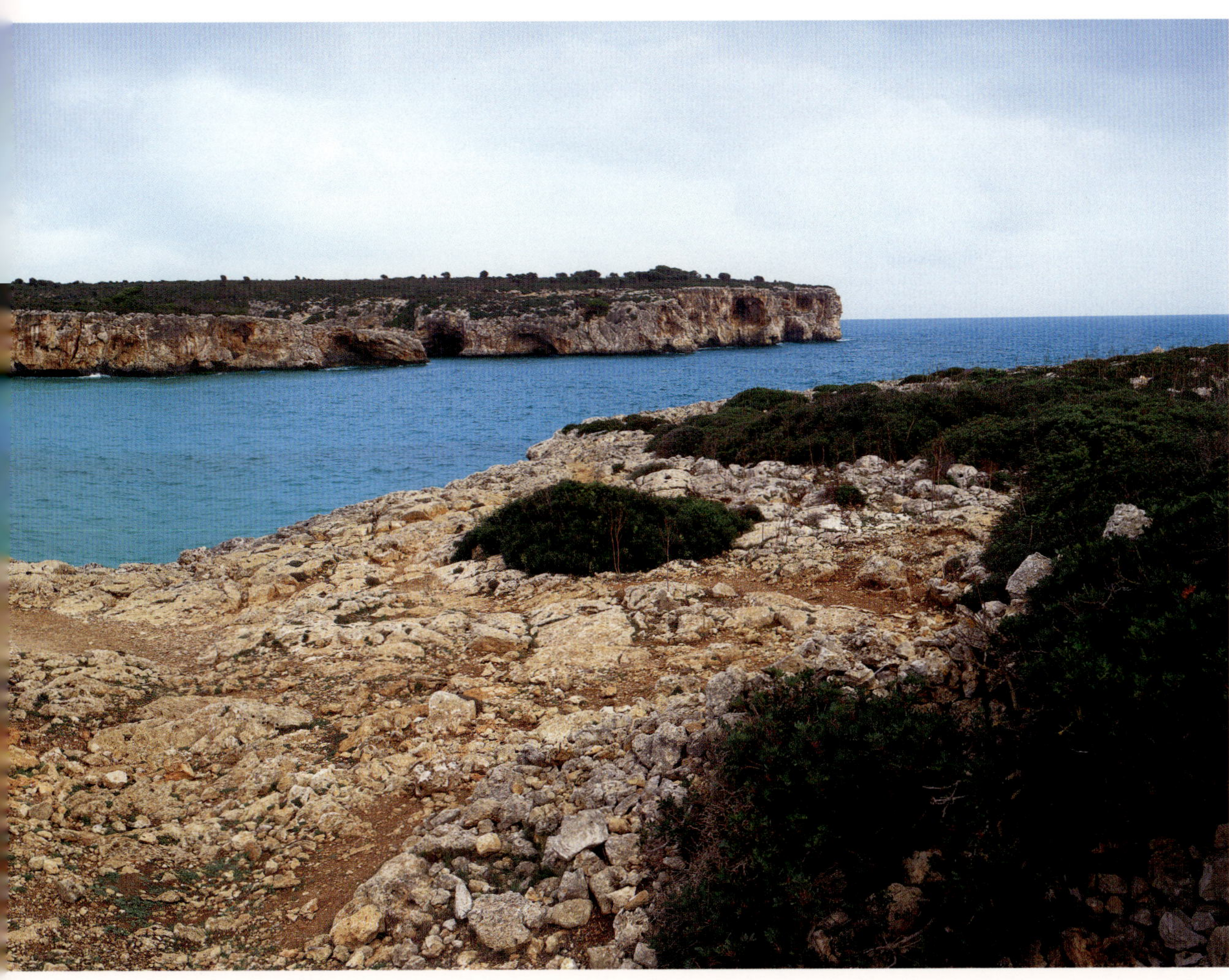

• *Cala Varques* | An der Küste von Manacor befindet sich einer der beeindruckendsten, unberührten Strände der Insel. Zwischen den Steilküsten versteckt sich ein Strand mit weißem, feinem Sand, der nur 70 Meter lang und 50 Meter breit ist. Dieser kleine, versteckte Ort ist ein Schatz der Natur, der nicht einfach zu erreichen ist, und deshalb auch unberührt blieb. In einer der Steilküsten befindet sich eine Höhle mit einem Labyrinth unterirdischer Höhlungen und Gängen unter Wasser, die eine Zone von 500 Metern einnimmt. Die Strandbesucher, die einen friedlichen Tag mit viel Sonne und Meer erwarten, müssen sich wahrscheinlich mit ein paar Kühen aus der Nachbarschaft streiten, die sich im Sand herumtreiben.

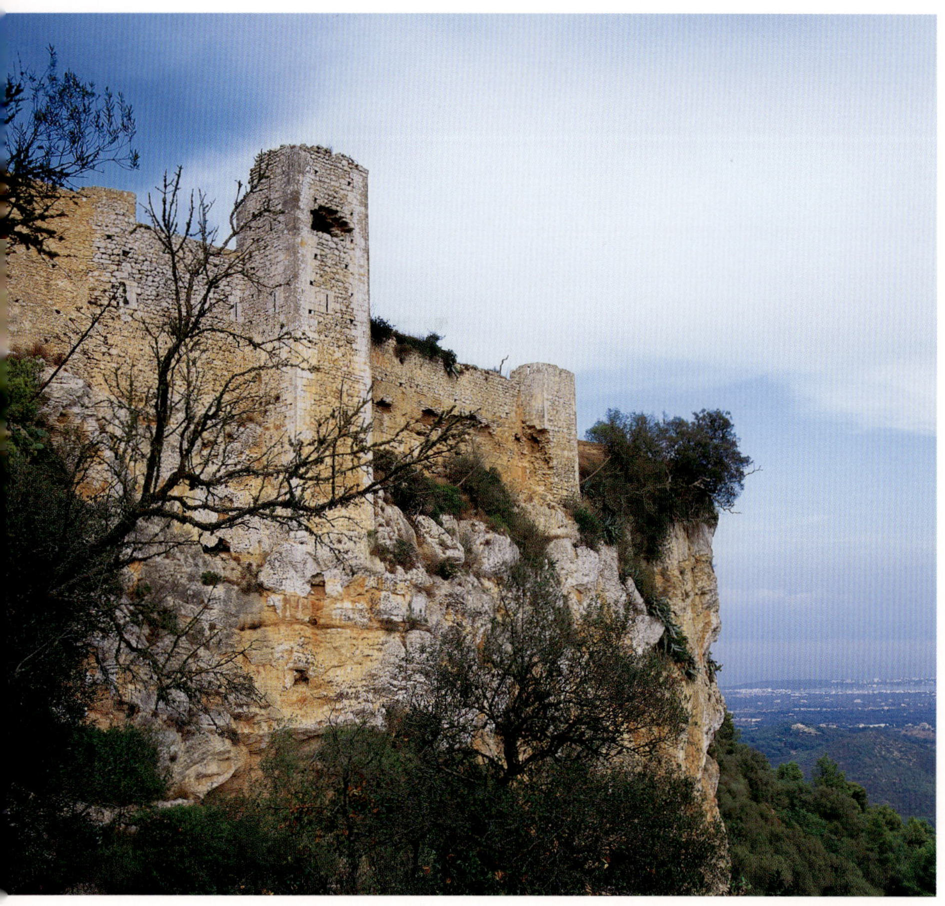

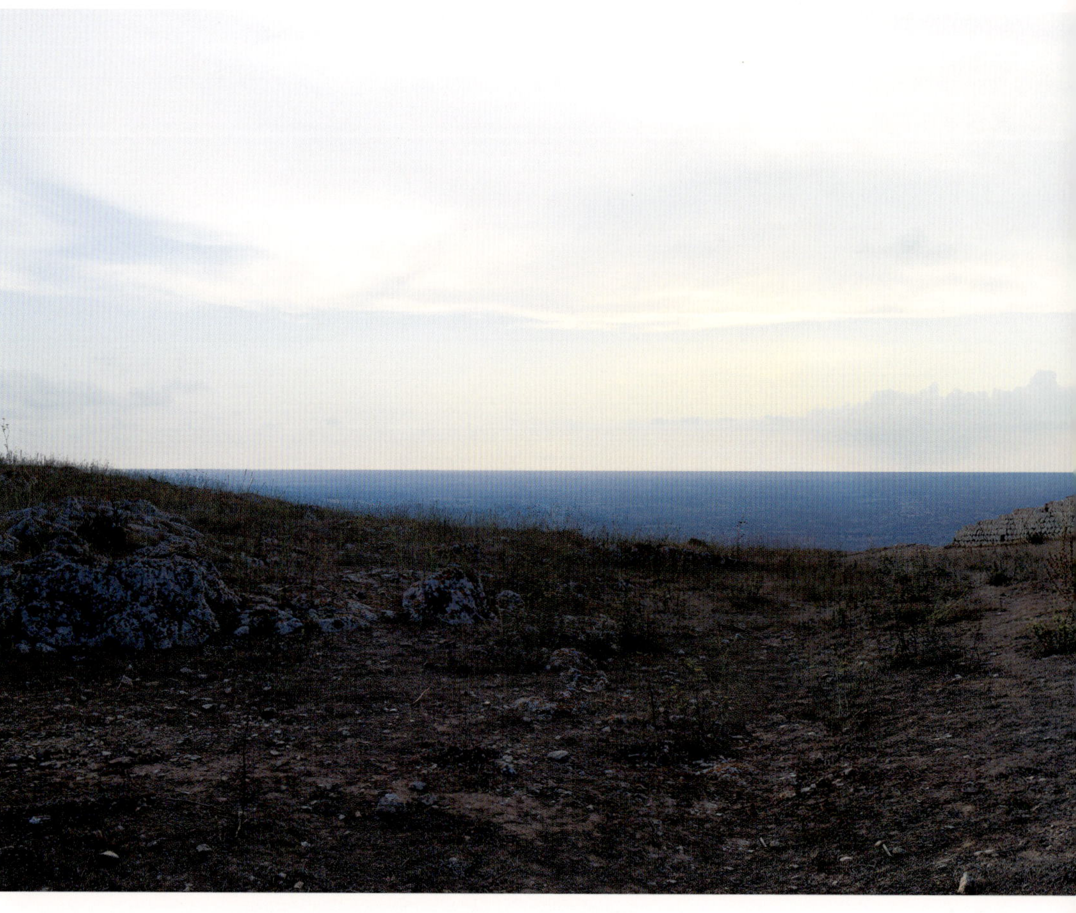

• *Castell de Santueri* | The imposing fortress of Santueri is strategically placed on top of a mountain close to Felanitx. It is believed to have been built over an old Roman military garrison and later used as an administrative centre of the Byzantine Empire. It was later rebuilt as an Arab fortress, which resisted the troops of Jaume I for a year. The current walled fortress of Santueri was built in 1316 and had several towers, the main one being circular.

From its high position at 408 metres above sea level, the castle offers panoramic views of the valley, including Porto Colom, Portopetro and a vast coastal strip of Migjorn.

• *Castell de Santueri* | La imponente fortaleza de Santueri está estratégicamente ubicada sobre una montaña cerca de Felanitx. Se cree que fue construida sobre una antigua guarnición militar romana y luego utilizada como centro administrativo del imperio Bizantino. Posteriormente fue reconstruida como fortaleza árabe, que resistió a las tropas de Jaume I durante un año. La actual fortaleza amurallada de Santueri fue construida en 1316 y constaba de varias torres, la principal de las cuales era de forma circular.

Desde su elevada posición a 408 metros de altura, el castillo ofrece vistas panorámicas del valle, incluyendo Porto Colom, Portopetro y una vasta franja costera de Migjorn.

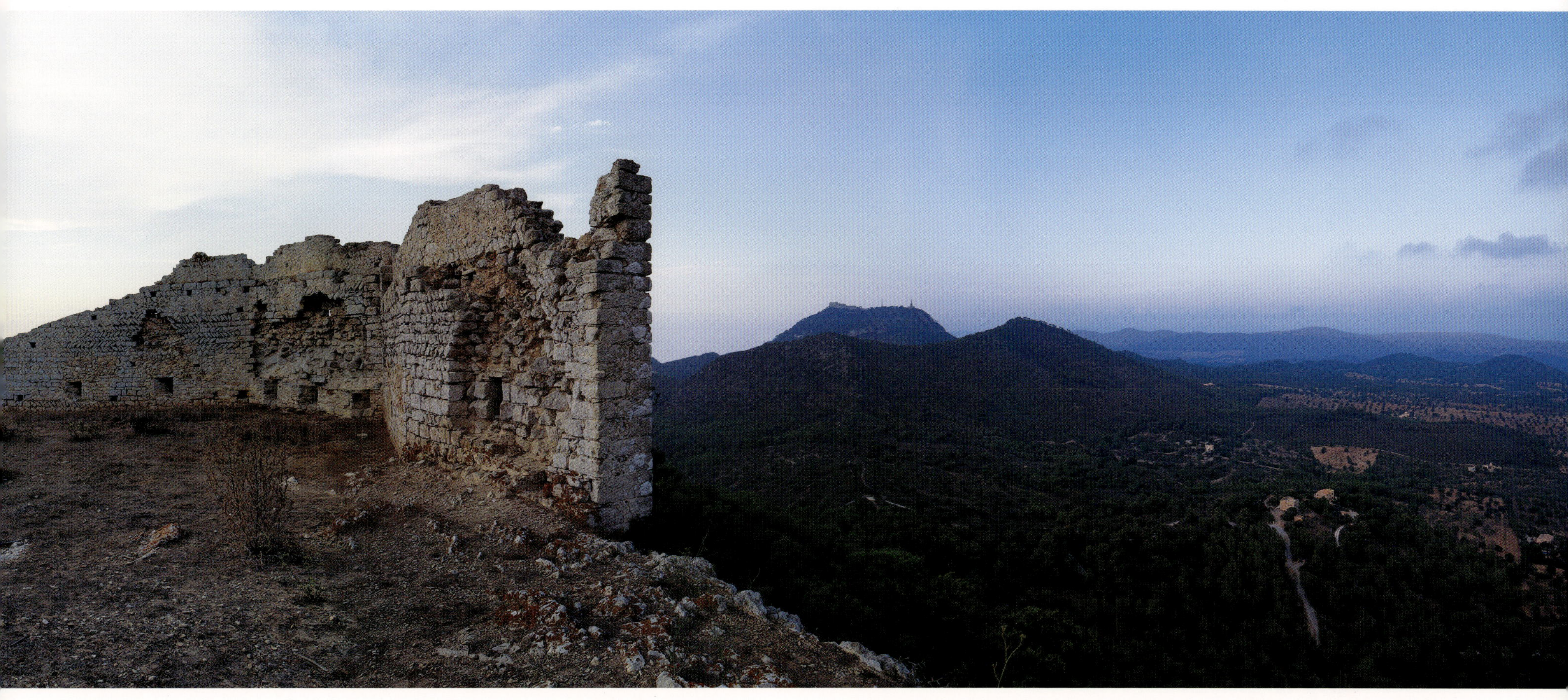

• *Castell de Santueri* | Die beeindruckende Festung Santueri liegt strategisch günstig auf dem Berg in der Nähe von Felanitx. Man glaubt, dass sie auf einer ehemaligen, römischen Garnison errichtet wurde und später als Verwaltungszentrum des byzantinischen Reiches diente. Später wurde sie dann als arabische Festung wieder aufgebaut, und hier widerstanden die Araber den Truppen Jakob I. während eines ganzen Jahres. Die heutige ummauerte Festung von Santueri wurde 1316 errichtet und bestand aus mehreren Türmen, der Hauptturm hatte einen runden Grundriss.

Die Burg liegt auch einer Höhe von 408 Metern, deshalb hat man von hier einen wundervollen Panoramablick über das Tal mit Porto Colom, Portopetro und einem weiten Küstenstreifen von Migjorn.

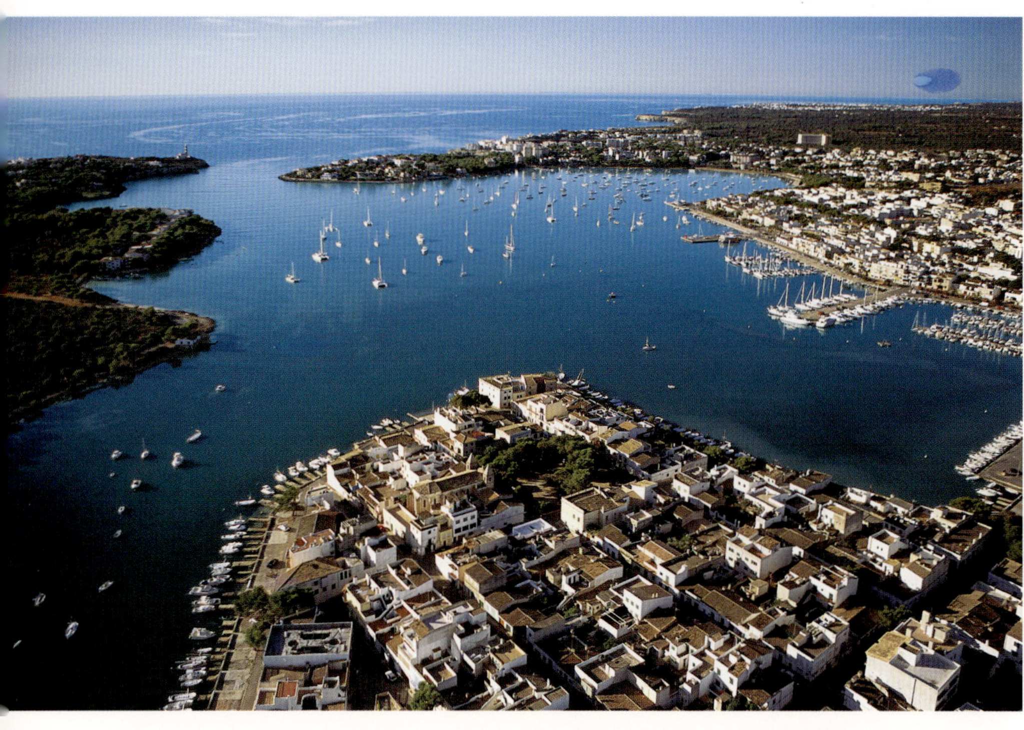

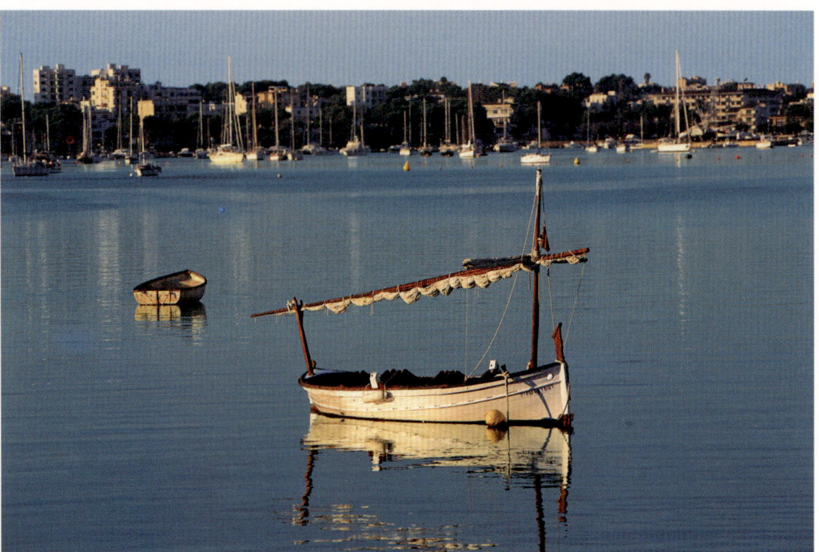

• *Porto Colom* | Porto Colom, close to Felanitx, just a few kilometres inland, is one of the many towns that claim to be the birthplace of Christopher Columbus. Whatever the case, Porto Colom is a small, charming village, established around an attractive natural port. In past times, this traditional fishing village became a flourishing port, which exported wine to France from the vineyards of Felanitx. When the vineyards suffered a virulent disease that affected a large part of the island's winemaking industry, Porto Colom gradually returned to its traditional source of income: fishing. Today, this picturesque port is still essentially a traditional fishing village and a popular holiday destination.

• *Porto Colom* | Porto Colom, situado cerca de Felanitx, a tan sólo unos pocos kilómetros tierra adentro, es uno de los muchos sitios que reivindican ser cuna del nacimiento de Cristóbal Colón. Sea cual fuere el caso, Porto Colom es una aldea pequeña y encantadora, establecida alrededor de un atractivo puerto natural. En tiempos, esta tradicional aldea pesquera se convirtió en un puerto floreciente, que exportaba vino a Francia de los viñedos de Felanitx. Cuando los viñedos sufrieron una virulenta enfermedad que afectó a gran parte de la industria vitivinícola de la isla, Porto Colom volvió gradualmente a su tradicional fuente de ingresos: la pesca. Hoy en día, este pintoresco puerto es aún, esencialmente, una tradicional aldea pesquera y un popular destino para las vacaciones.

• *Porto Colom* | Porto Colom liegt in der Nähe von Felanitx ein paar Kilometer landeinwärts. Es handelt sich um einen der vielen Orte, der von sich behauptet, Geburtsort von Christoph Kolumbus zu sein. Egal, ob das nun der Wahrheit entspricht oder nicht, so ist Porto Colom doch auf jeden Fall ein kleiner und ganz bezaubernder Ort, der um einen schönen Naturhafen entstand. In der Vergangenheit entwickelte sich dieses traditionelle Fischerdorf zu einem belebten Hafen, von dem aus man Wein aus den Weinbergen von Felanitx nach Frankreich exportierte. Als die Weinstöcke unter einer schweren Krankheit zu leiden begannen, die einen großen Teil der Weinstöcke der Insel befiel, griff man in Porto Colom allmählich wieder auf die traditionelle Einnahmequelle zurück, den Fischfang. Heute ist dieser malerische Hafen im Wesentlichen ein traditionelles Fischerdorf und ein beliebter Ferienort.

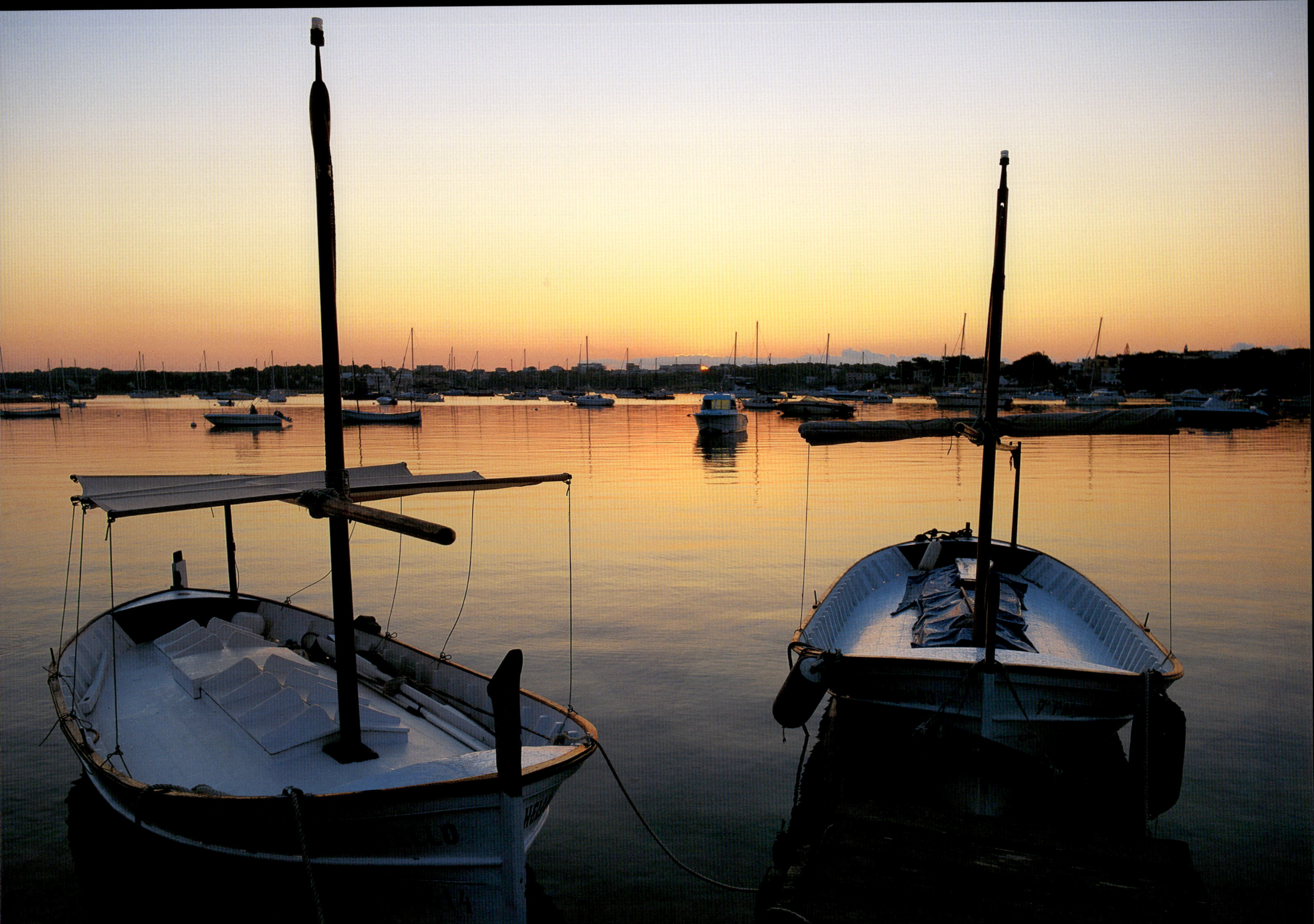

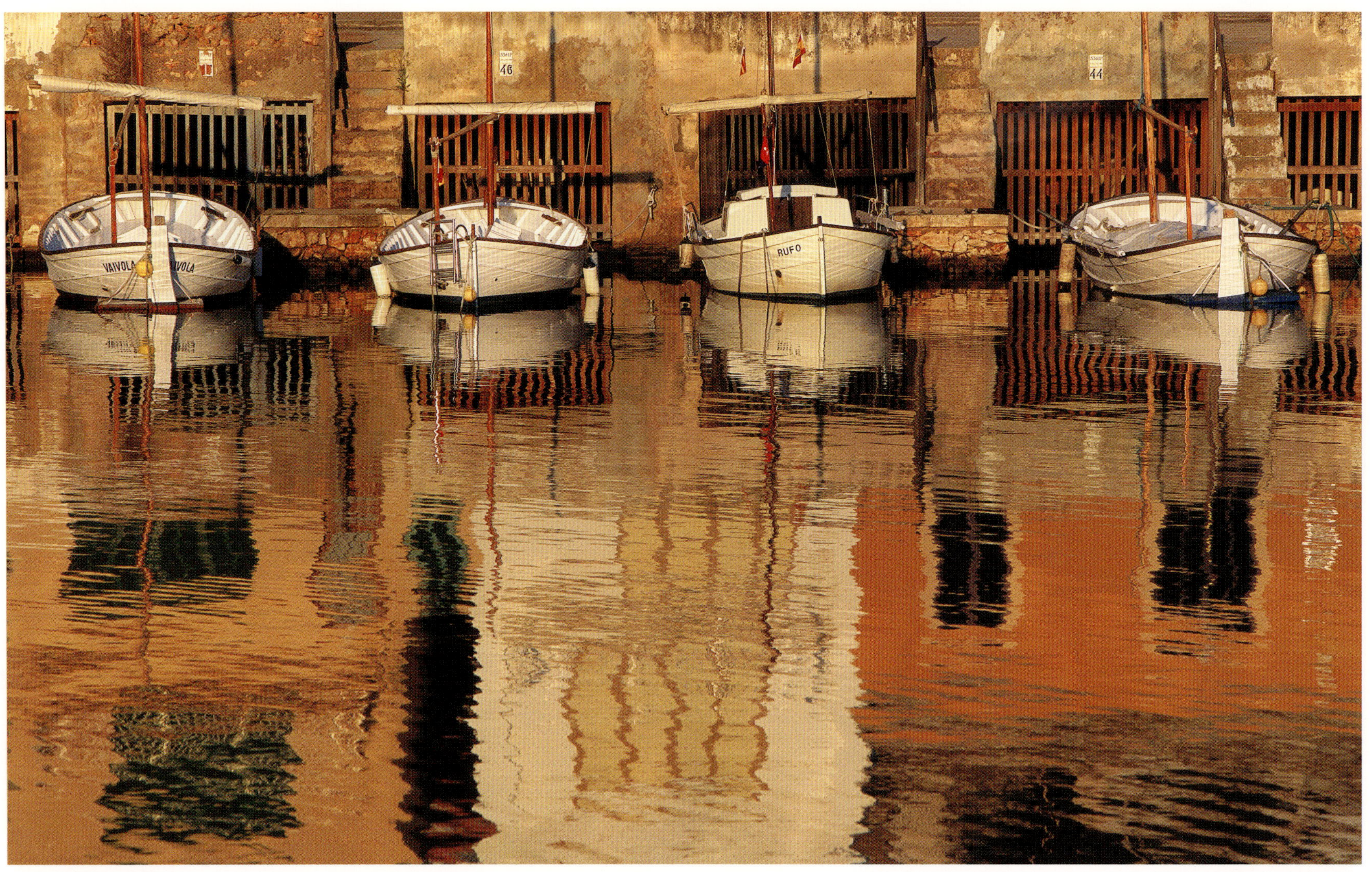
46
44
VAIVOLA
RUFO

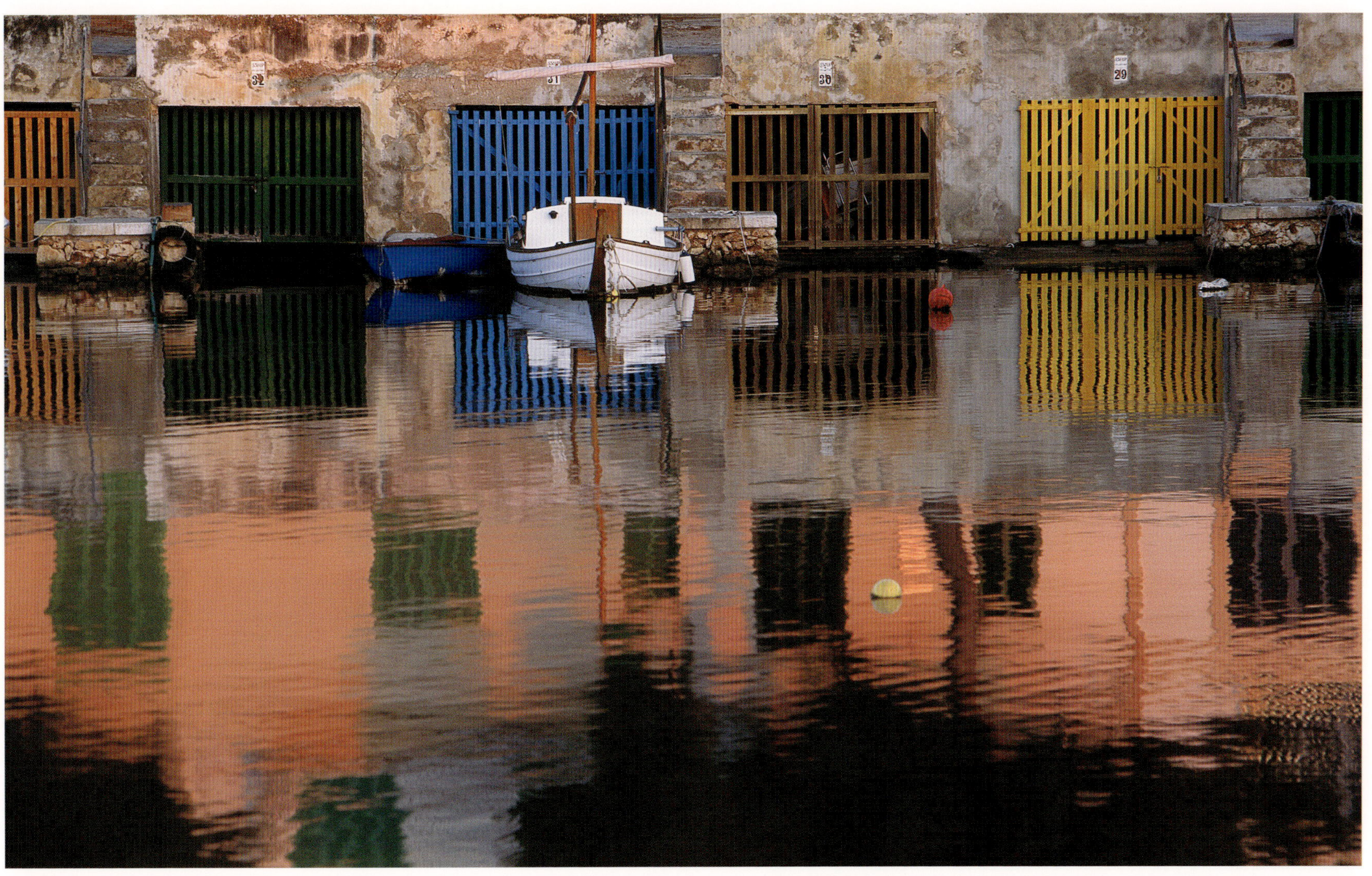
32
31
30
29

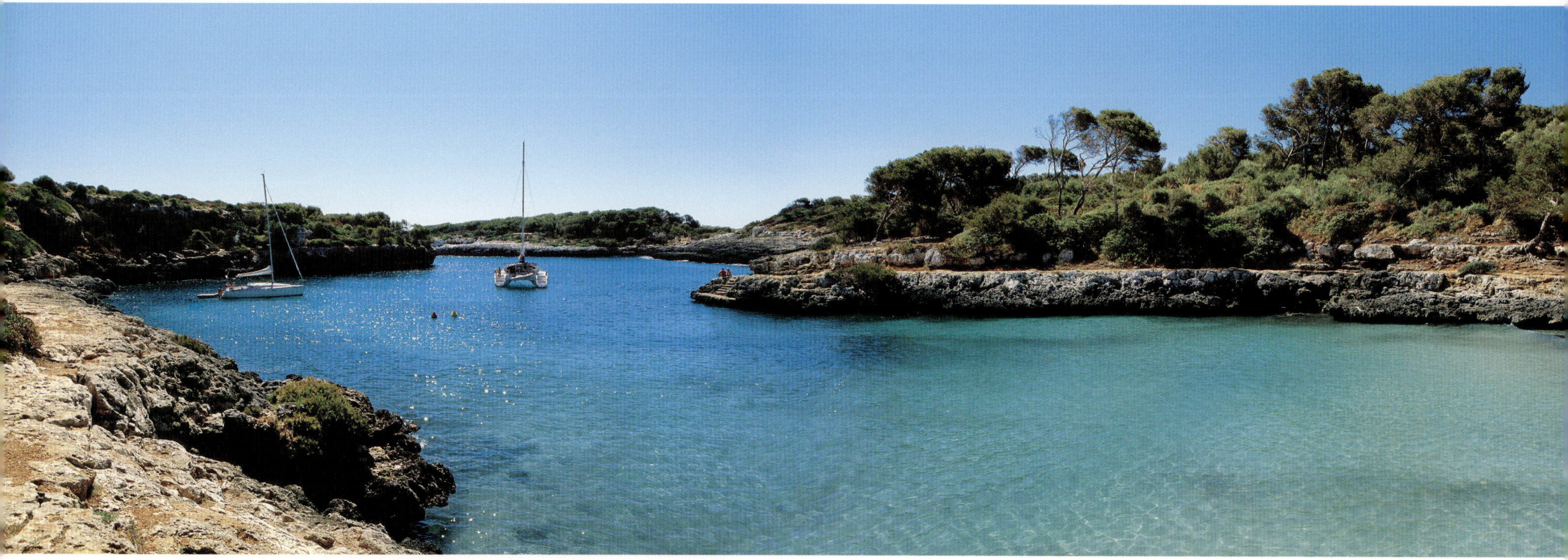

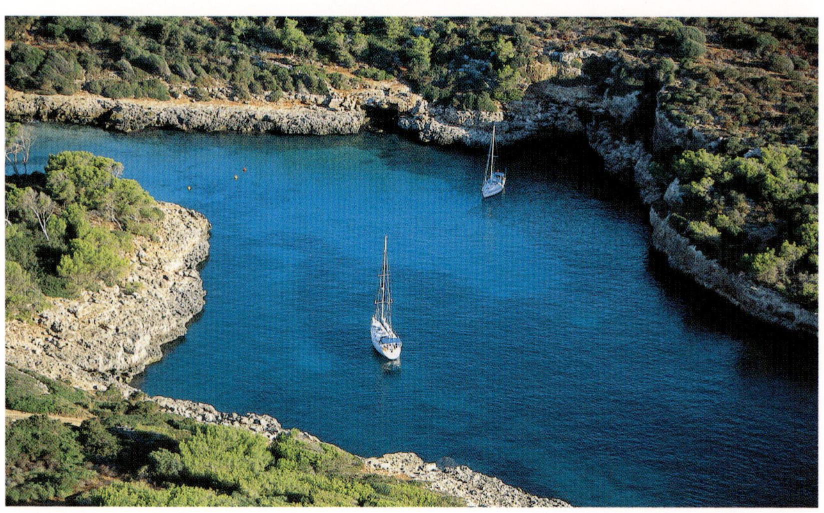

• *Cala Mondragó* | Protected by two rocky capes, this long and narrow bay is bordered by green pine forests. The National Park of Mondragó, whose 785 hectares make up two crystalline coves, S'Amarador and Mondragó, dunes, marshes and cliffs, farmland and low hills, was declared a protected area in 1992. Since then, the number of visitors to this magnificent area in the municipal district of Santanyí has increased considerably. Many visitors choose to walk along the clearly marked paths in the park for the opportunity of spotting the variety of birds species found in the area.

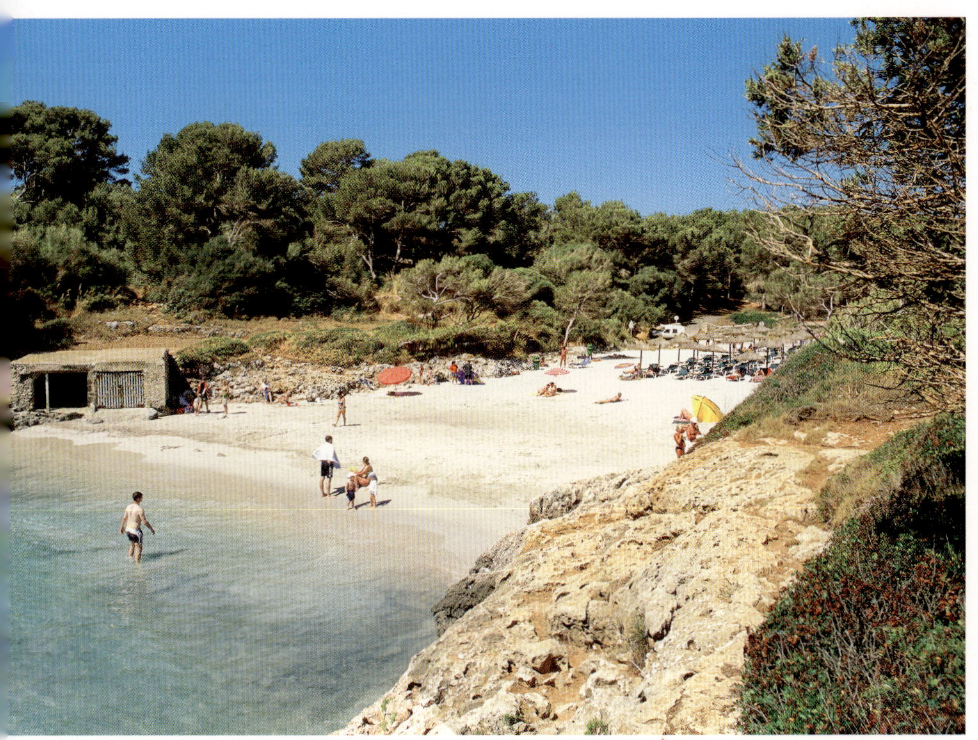

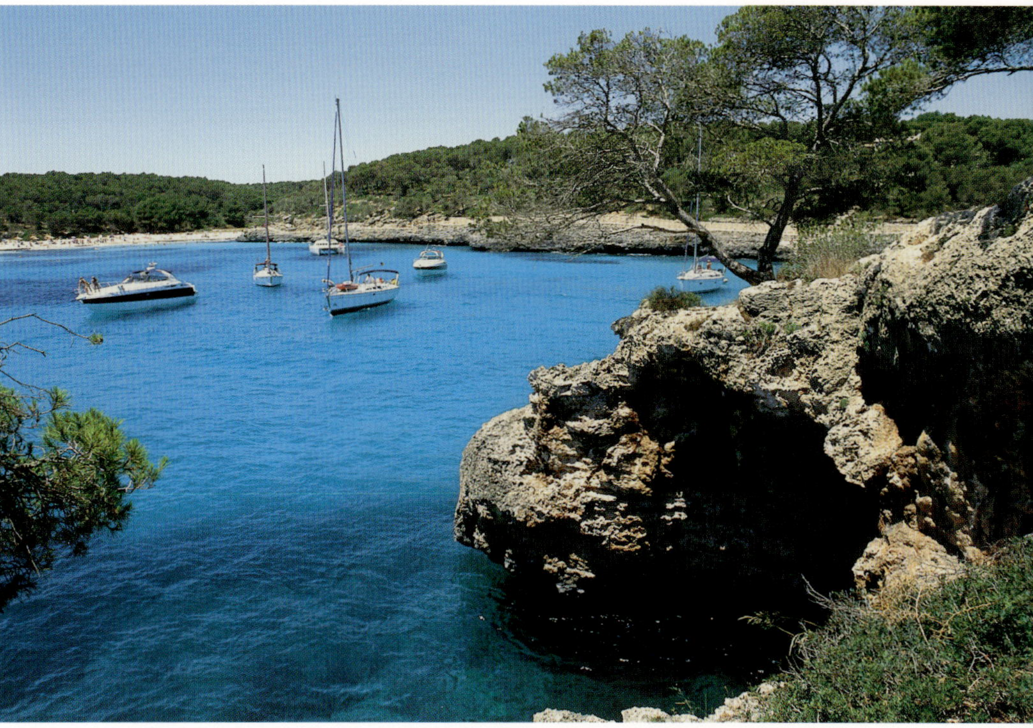

• *Cala Mondragó* | Protegida por dos cabos rocosos, esta larga y angosta bahía tiene una formación similar a la de un fiordo, bordeada por un verde bosque de pinos. El Parque Natural de Mondragó, cuyas 785 hectáreas comprenden dos calas cristalinas, S'Amarador y Mondragó, dunas, pantanos y acantilados, tierras de labranza y colinas bajas, fue declarada como área protegida en 1992. Desde entonces, la cantidad de visitantes a este impresionante lugar en el municipio de Santanyí, ha aumentado de manera considerable, muchos de los cuáles eligen pasear por los distintos senderos perfectamente marcados en el parque y donde reciben una buena recompensa con la observación de las aves.

• *Cala Mondragó* | Diese Bucht, geschützt von zwei felsigen Landzungen, ähnelt in der Form einem Fjord, der von einem grünen Pinienwald gesäumt ist. In dem 785 Hektar großen Naturpark Mondragó befinden sich zwei Buchten mit kristallklarem Wasser, S'Amarador und Mondragó, Dünen, Sümpfe und Steilküsten, Ackerflächen und niedrige Hügel. Das Gebiet wurde 1992 unter Naturschutz gestellt. Seitdem haben sich die Besucherzahlen an diesem beeindruckenden Ort in Kreis Santanyí stark erhöht. Viele Besucher machen einen Spaziergang auf den gut gekennzeichneten Pfaden in diesem Park und beobachten die vielen verschiedenen Vogelarten.

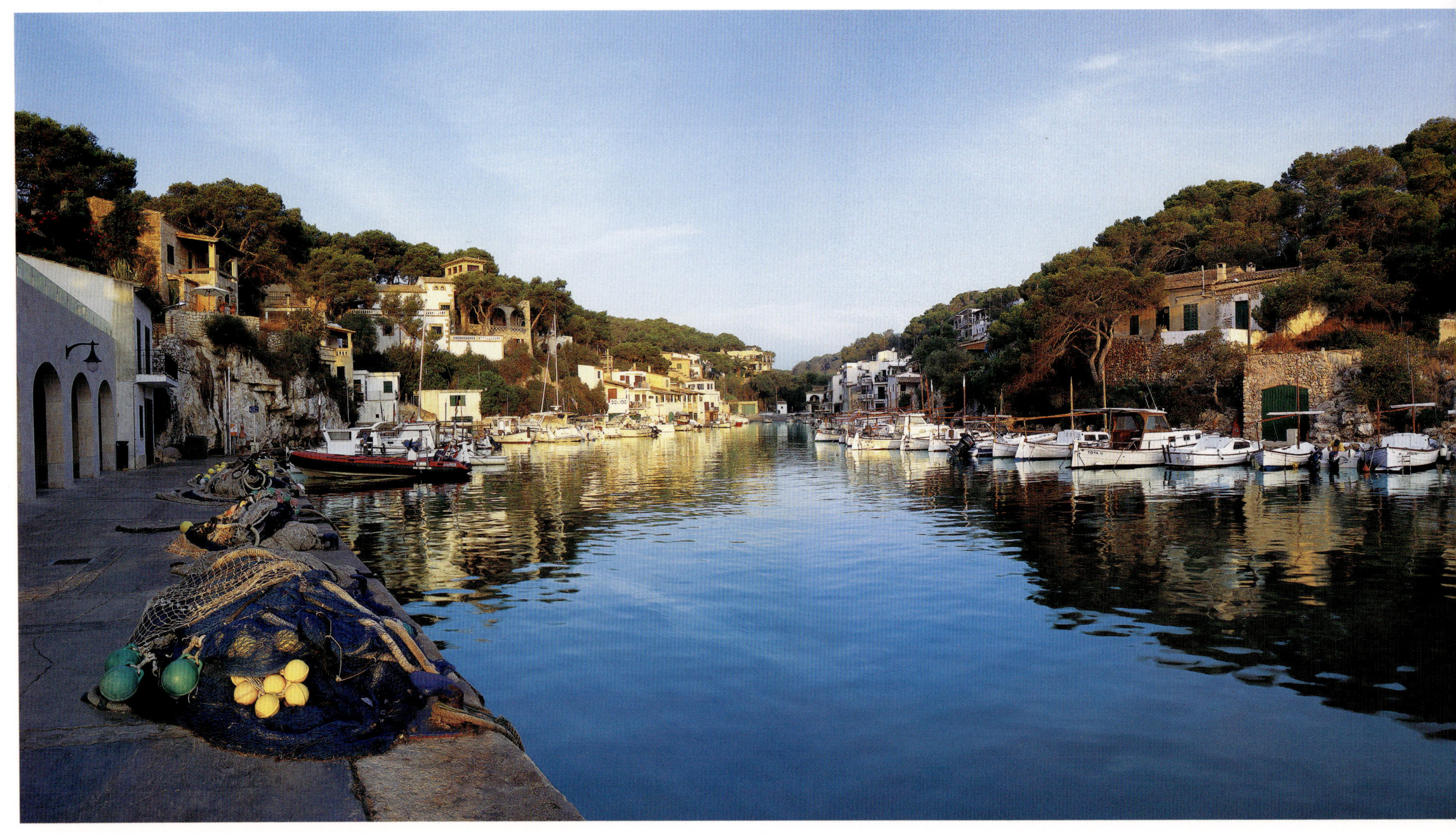

Cala Figuera | The sea, in this small fishing village of Cala Figuera, penetratrates inland almost like a Norwegian fjord. The small, pleasant cove is divided into two, Caló d'en Boira and Caló d'en Busques, where the fishing market still retains its atmosphere of yesteryear. The picturesque character of Cala Figuera has made this spot a popular target for local painters who try to capture the charm of old Mallorca.

Cala Figuera | El mar, en esta pequeña aldea pesquera de Cala Figuera, penetra casi como un fiordo noruego en la tierra. Esta pequeña y apacible cala se divide en dos, Caló d'en Boira y Caló d'en Busques, donde la lonja de pescado aún conserva su atmósfera de tiempos pasados. El pintoresco carácter de Cala Figuera ha hecho de este lugar un objeto popular para los pintores locales que intentan capturar el encanto de la vieja Mallorca.

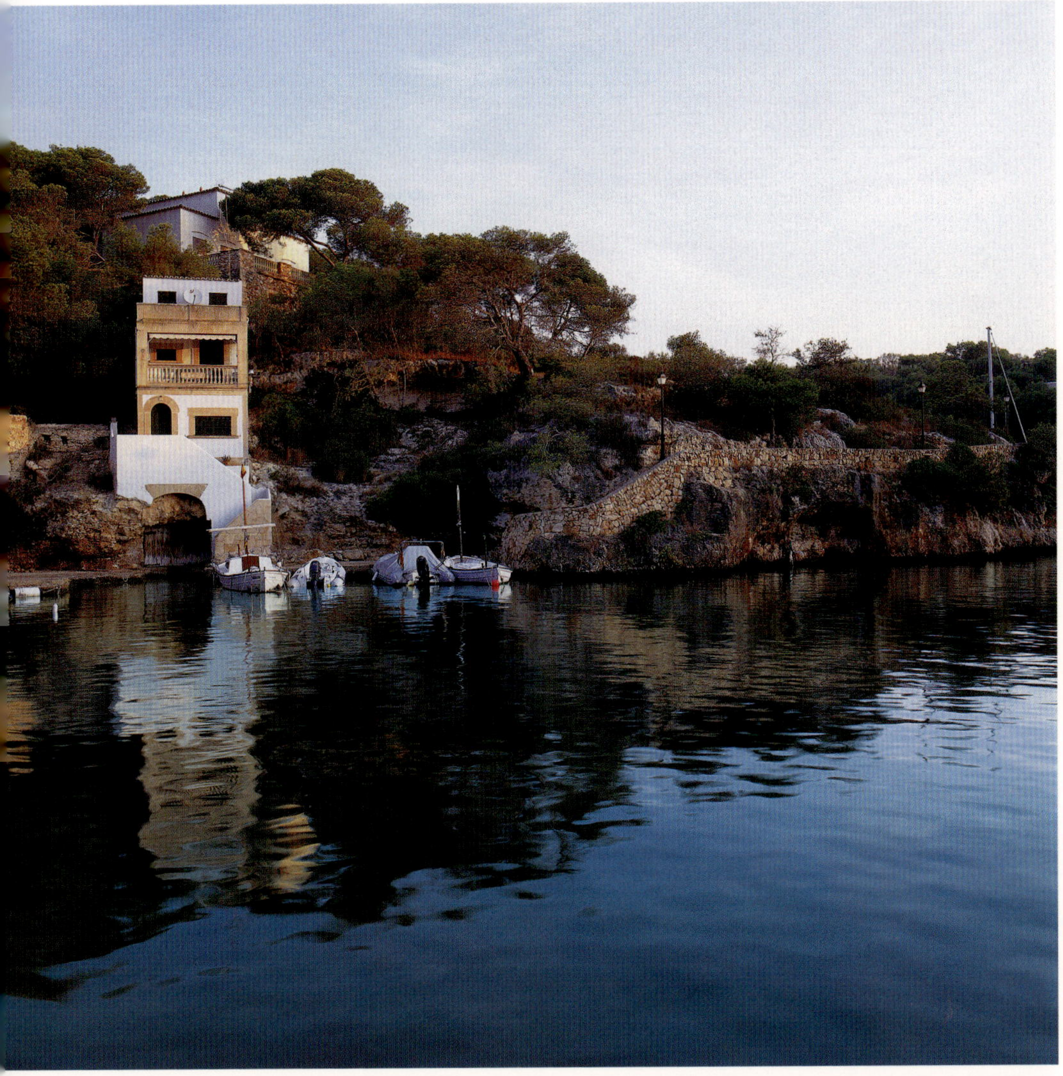

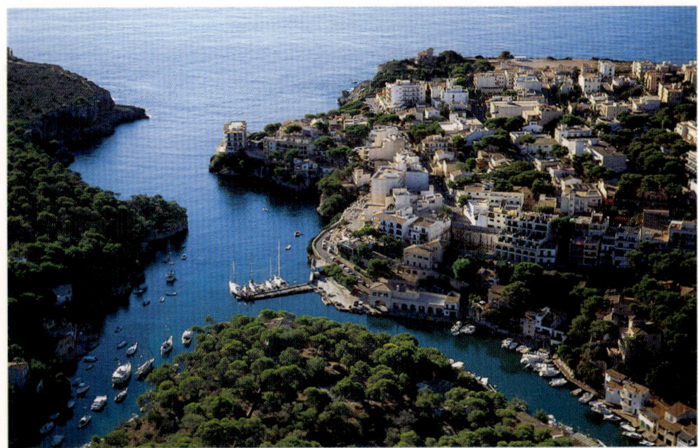

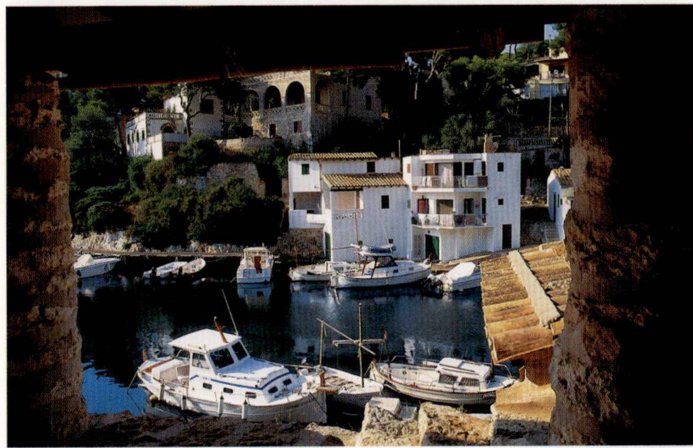

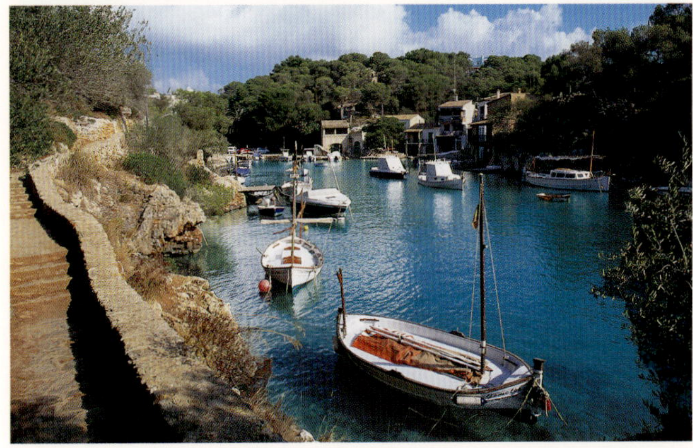

• *Cala Figuera* | Das Meer dringt bei diesem kleinen Fischerdorf von Cala Figuera fast wie ein norwegischer Fjord in das Land ein. Diese kleine friedliche Bucht unterteilt sich in zwei kleinere Buchten, Caló d'en Boira und Caló d'en Busques, wo die Auktionshalle für den Fisch noch den Charme der Vergangenheit bewahrt hat. Die malerische Cala Figuera ist bei den lokalen Malern sehr beliebt, die hier versuchen, den Zauber des ehemaligen Mallorcas einzufangen.

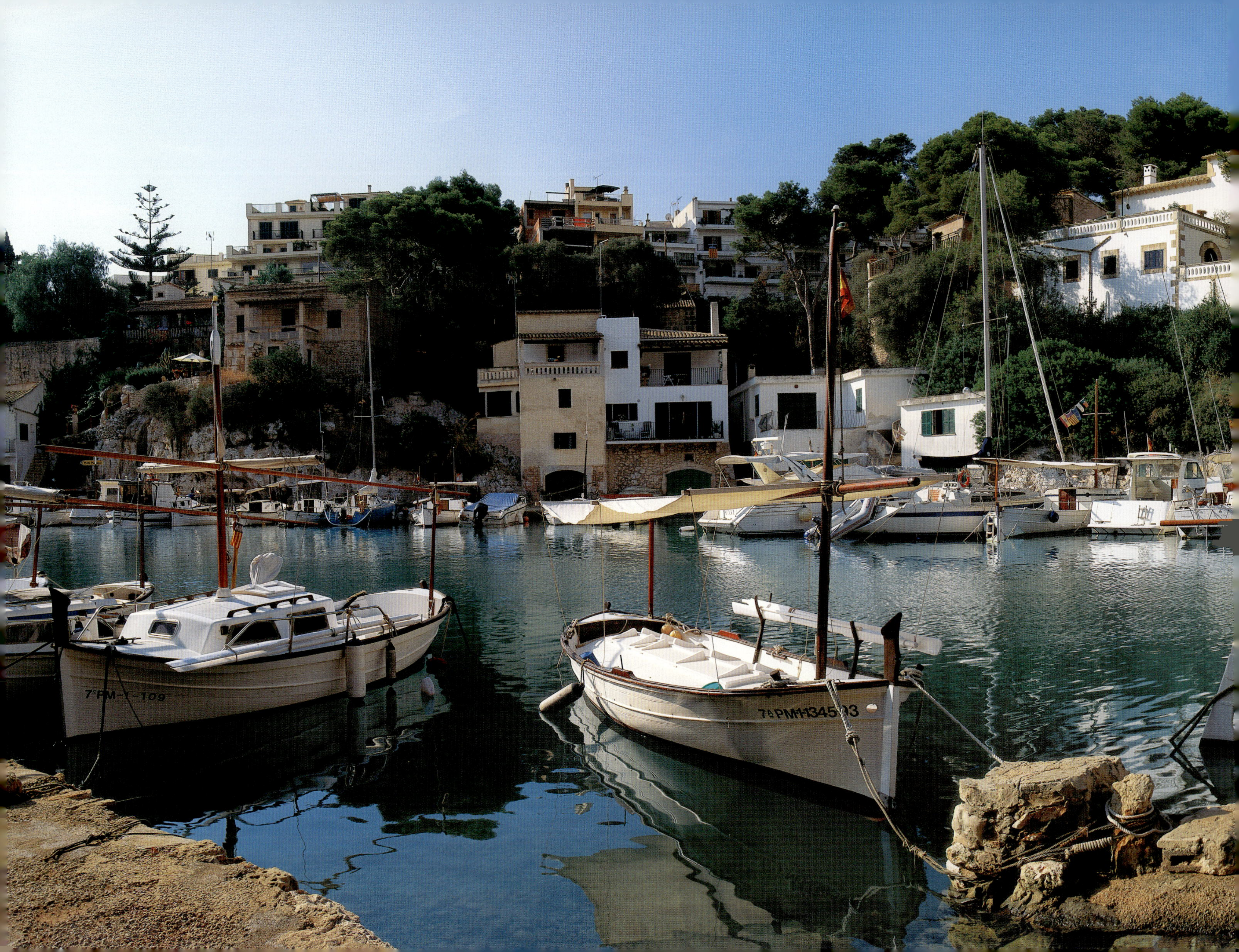

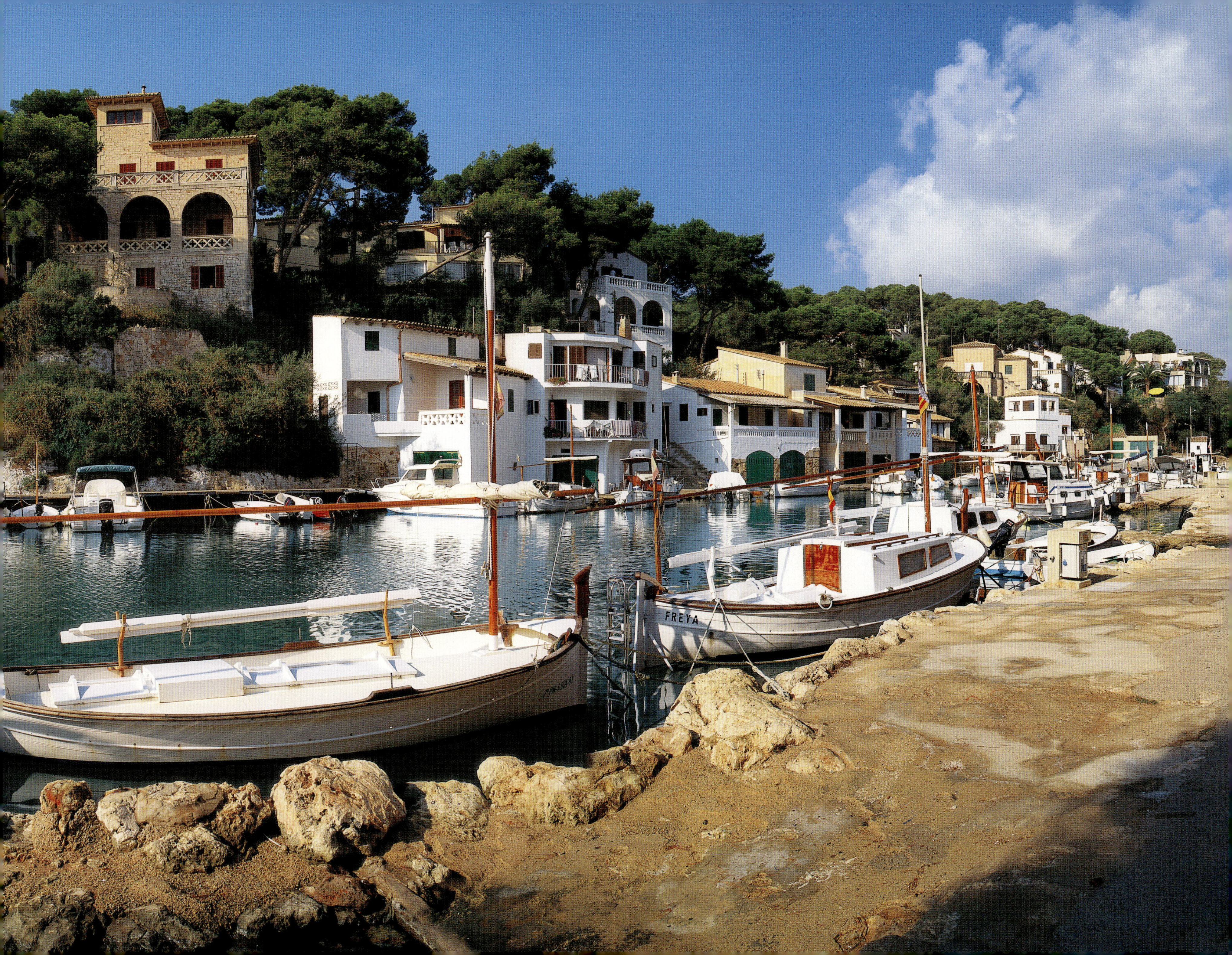
FREYA

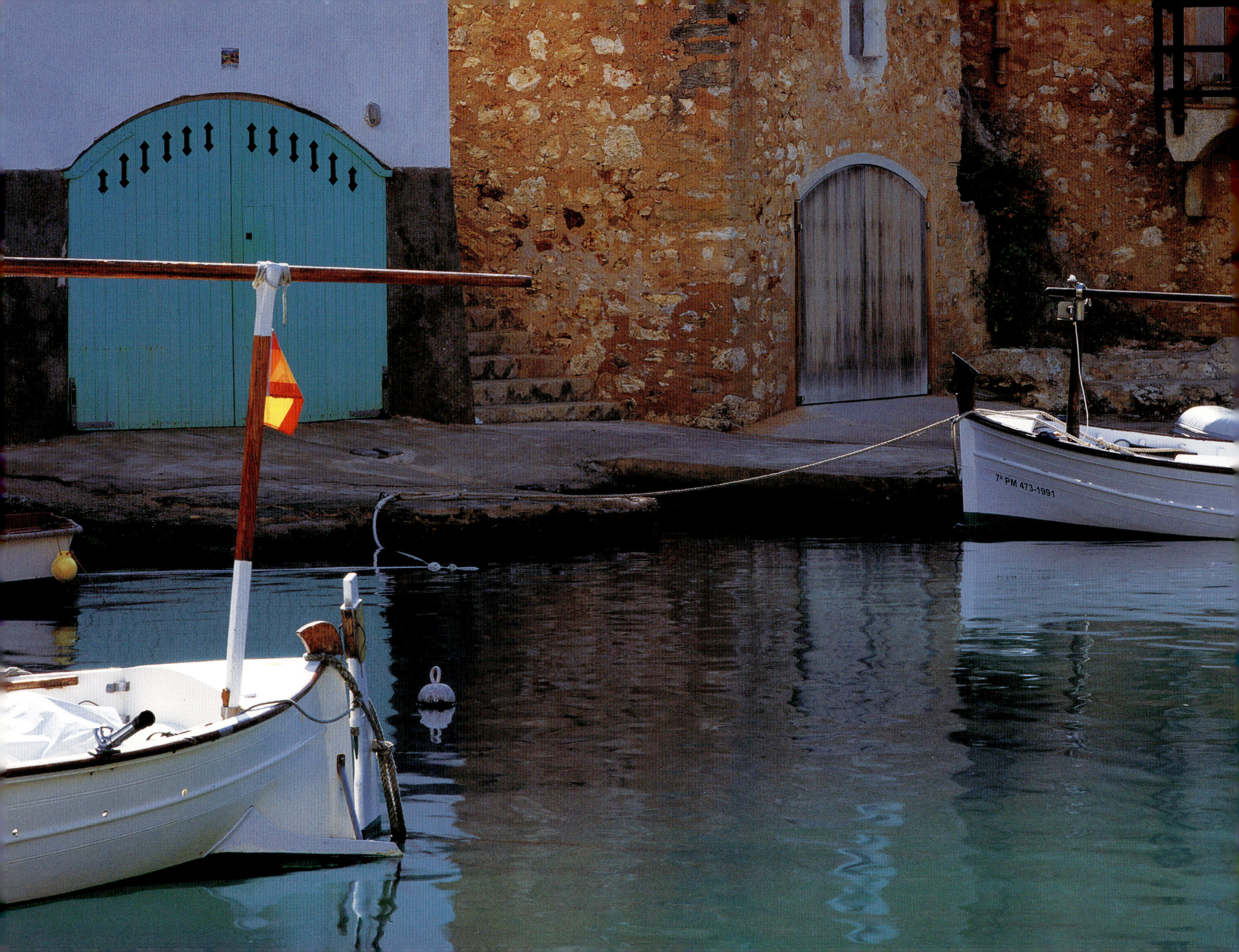
7ª PM 473-1991

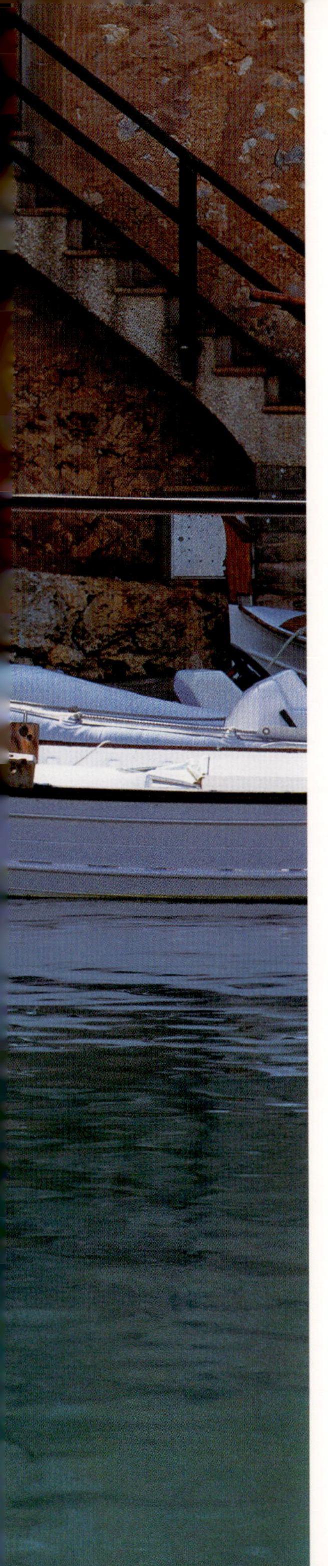

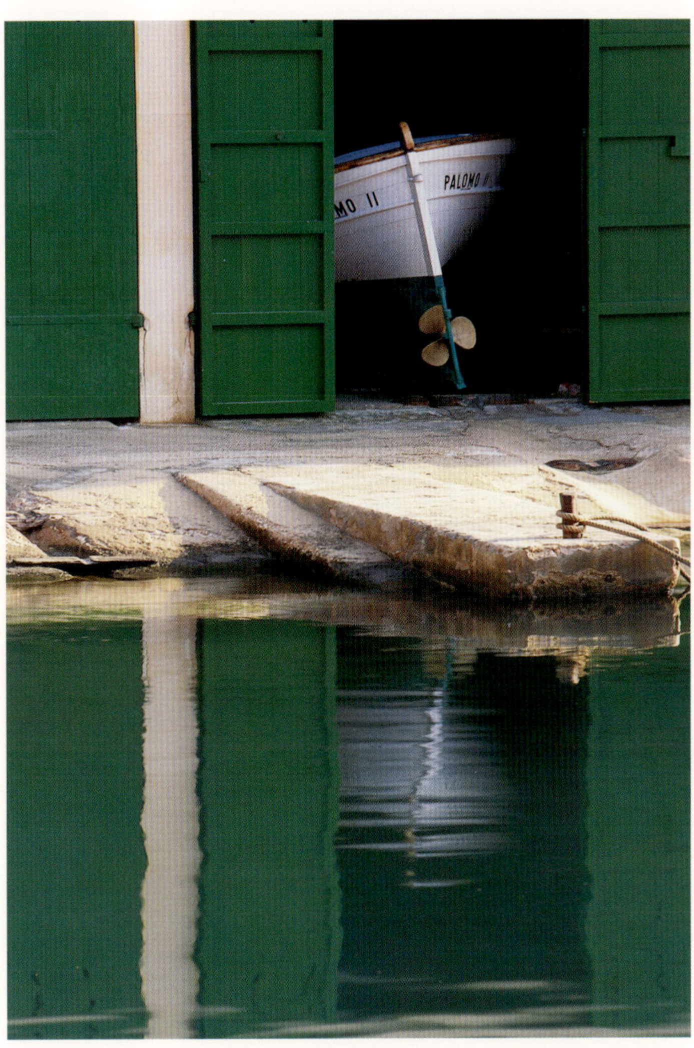
MO II
PALOMO

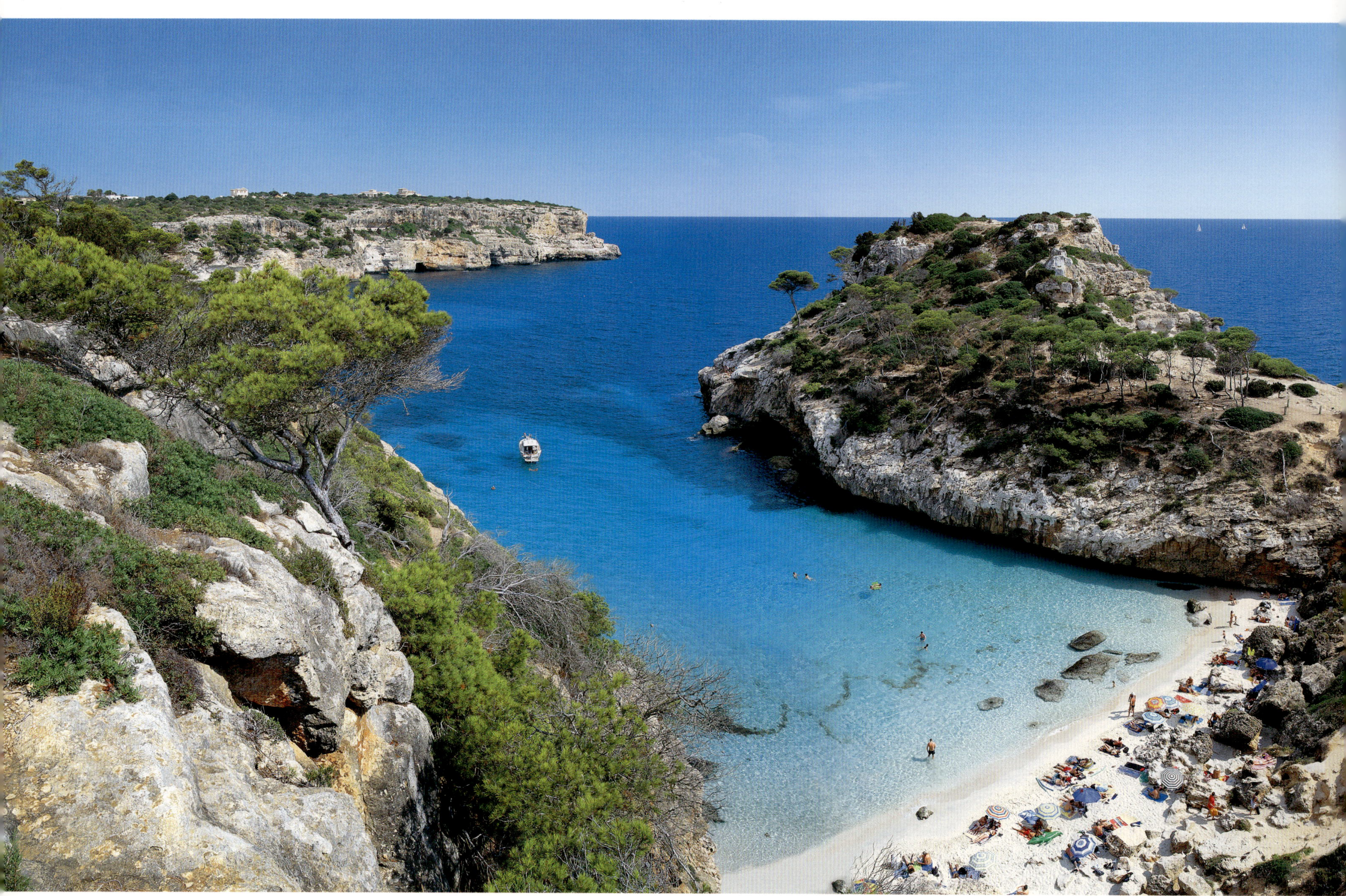

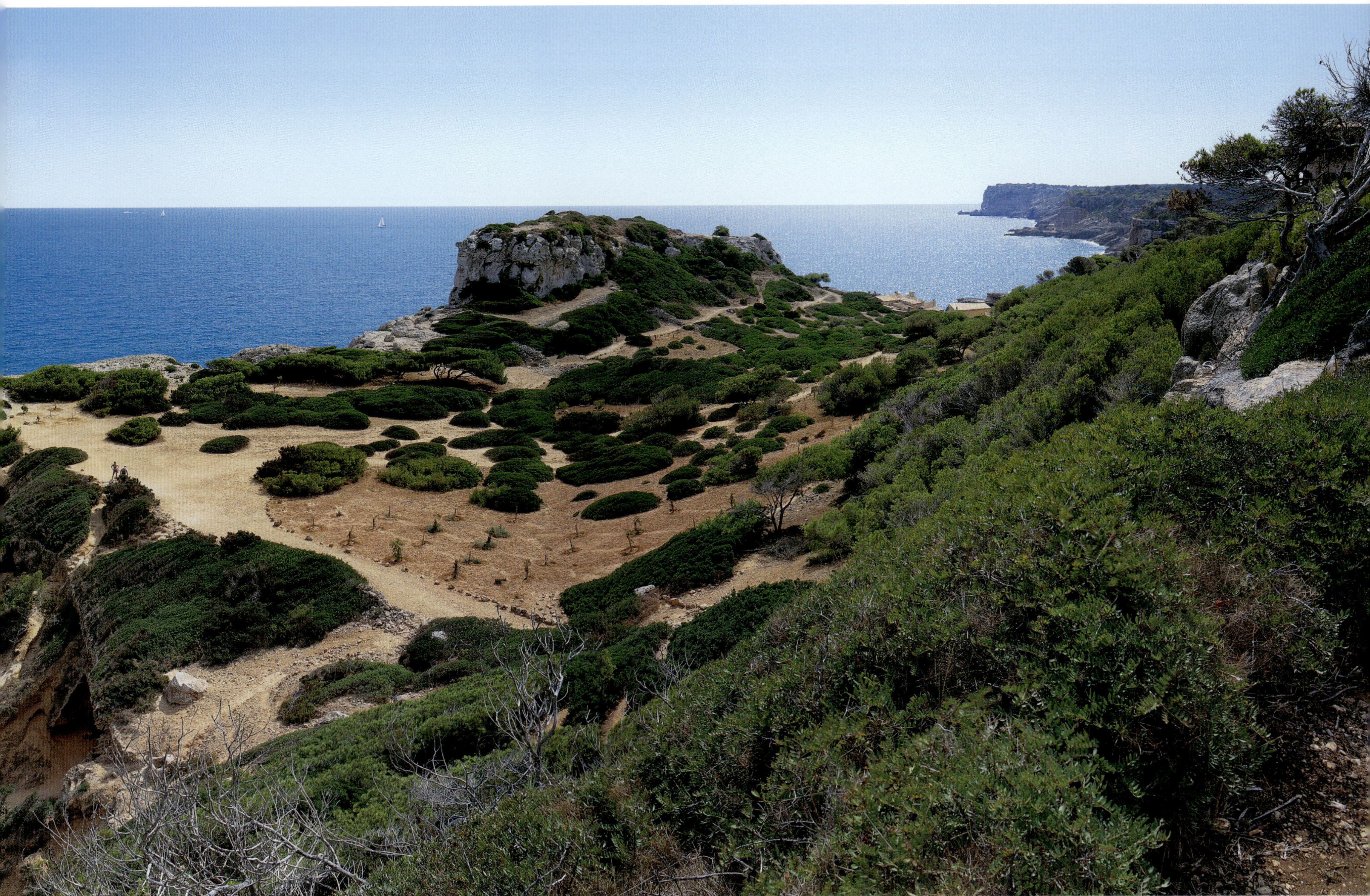

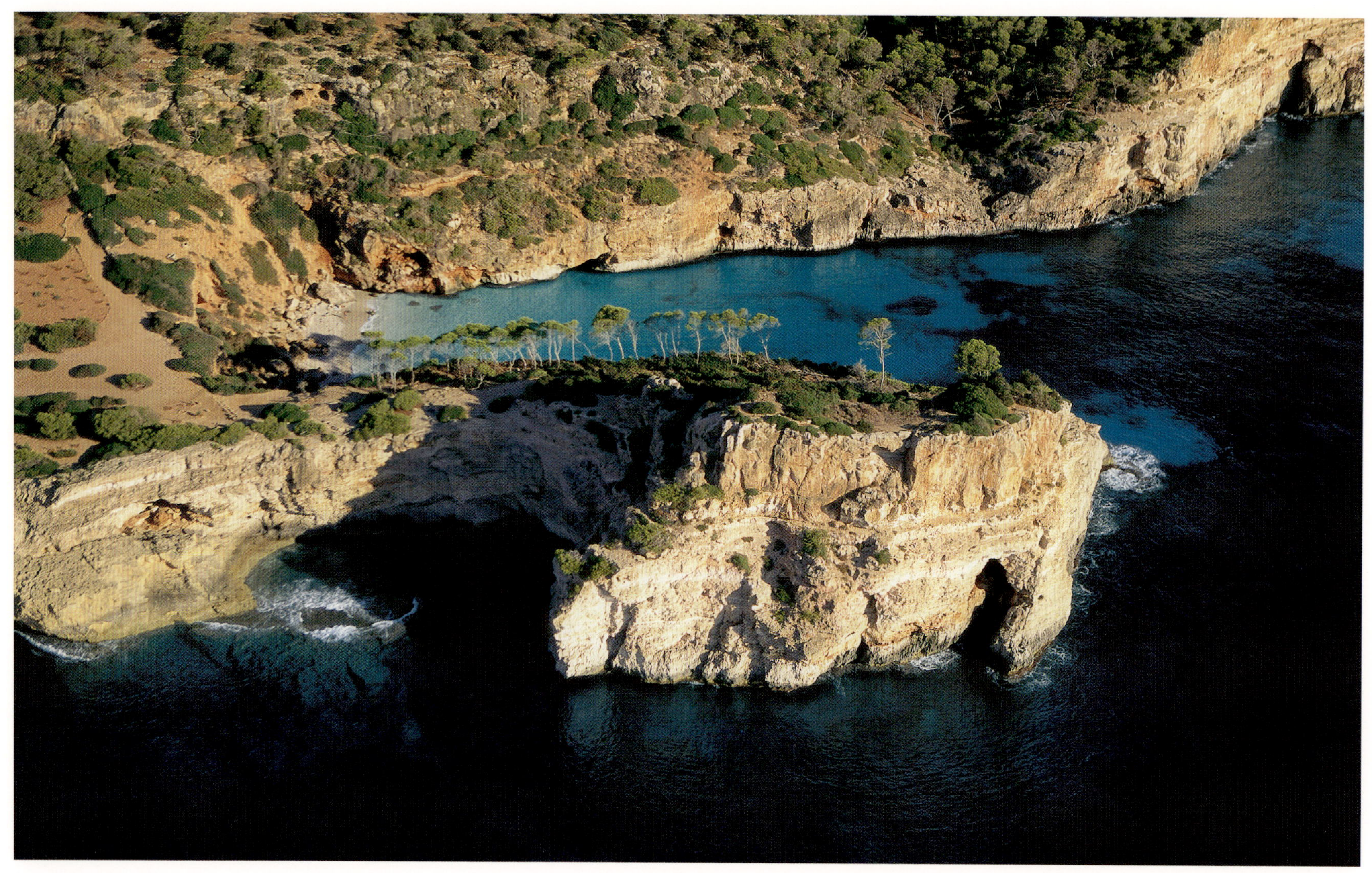

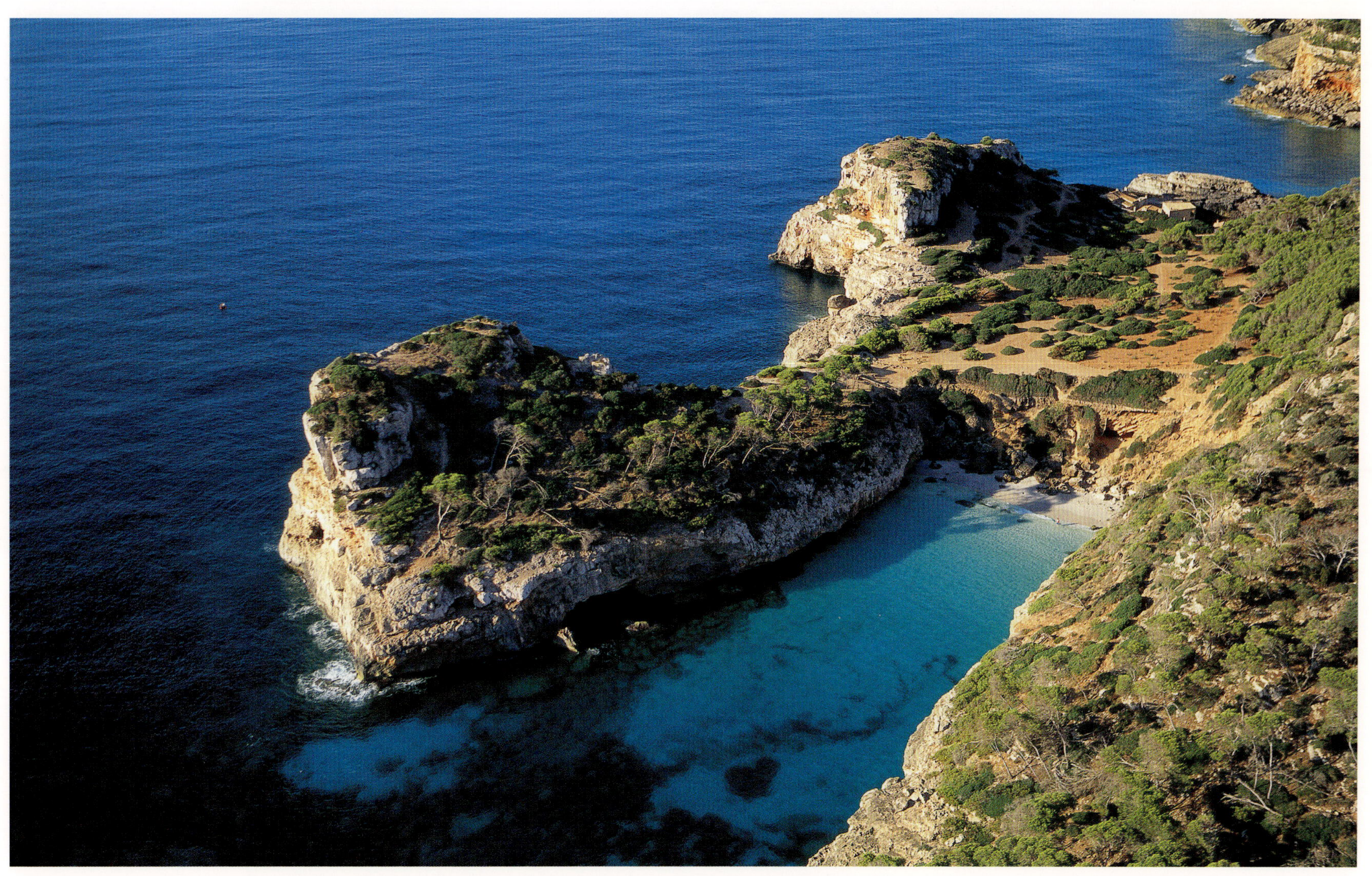

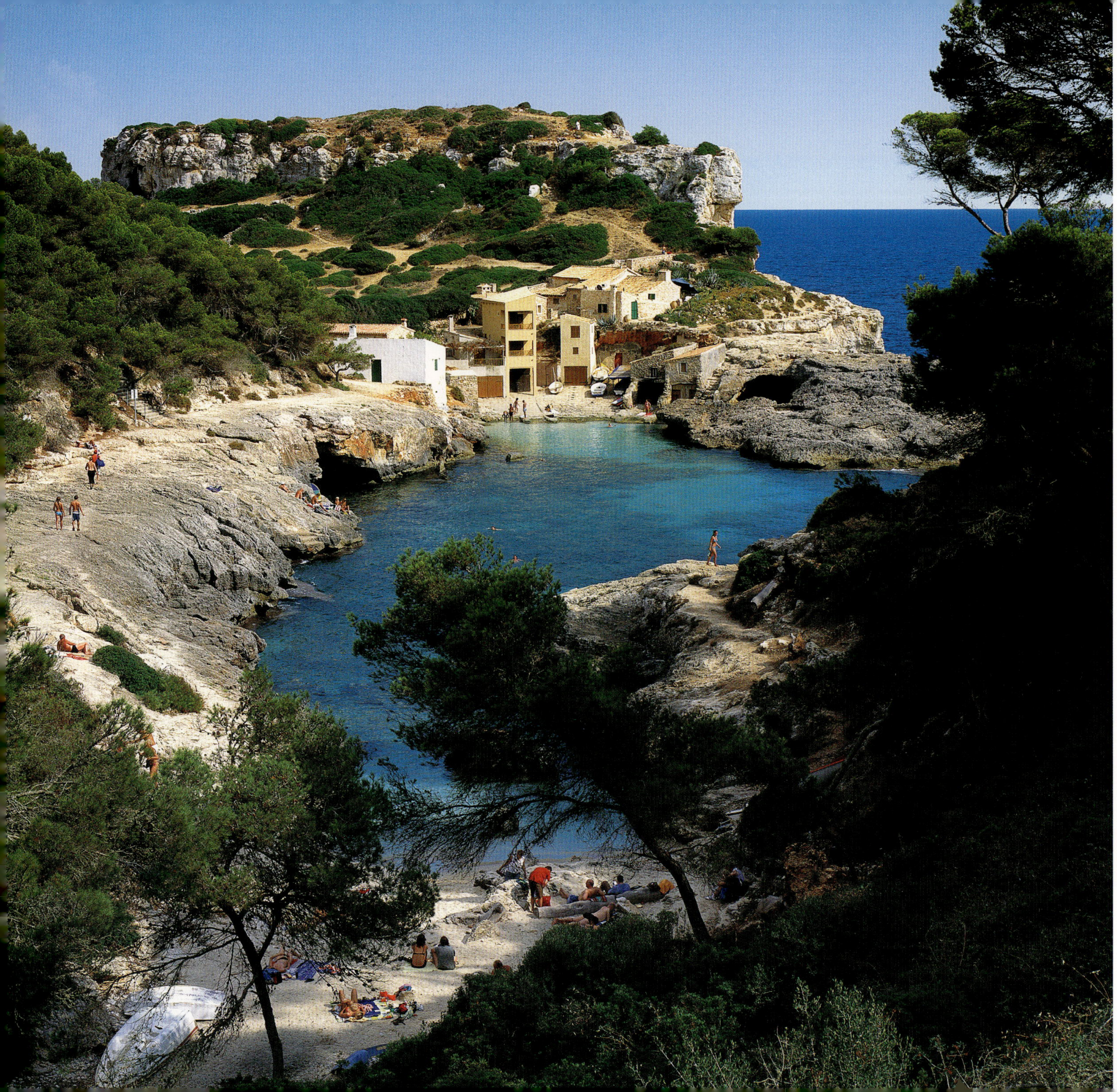

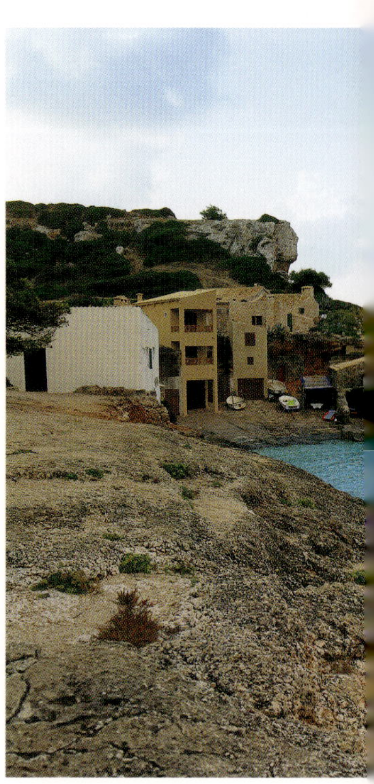

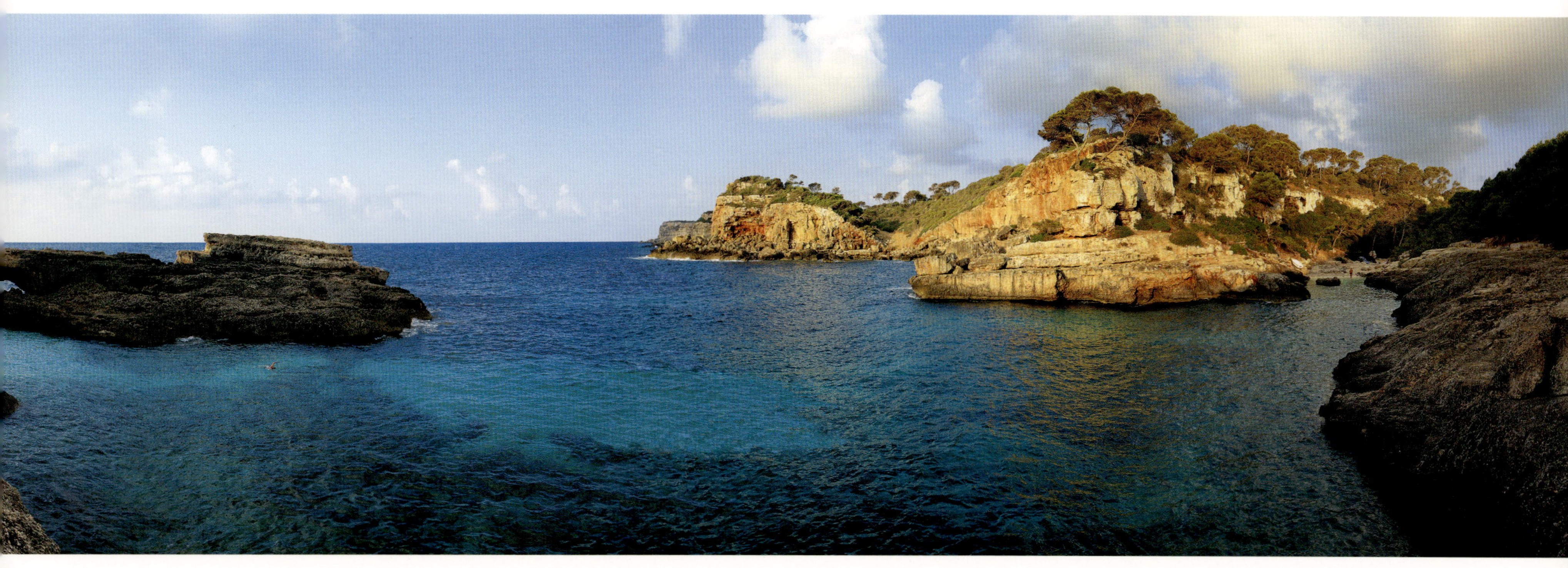

• *Caló des Moro and Cala S'Almunia* | The rocky coast on this side of the island is ridged and extends to the south, the cliffs rise up from the ground, forming isolated and protected coves that reveal more beaches and coves with a palette of colours, including waters of sapphire blue. One of them is the still unspoilt Caló des Moro, surrounded by earthy cliffs blessed with fine, white sands while in S'Almunia, without sand, bathers lie in the sun on the smooth rocks. Access to these beaches is difficult, which gives it an isolated and beautiful nature.

• *Caló des Moro y Cala S'Almunia* | La rocosa costa de este lado de la isla se riza y extiende hacia el sur, los acantilados se elevan desde la tierra, formando ensenadas aisladas y protegidas que revelan más playas y calas con una paleta de colores del agua que llega hasta el azul zafiro. Una de ellas es la aún virgen Caló des Moro, rodeada por acantilados terrosos y bendecida con arenas finas y blancas mientras que en S'Almunia, sin arena, los bañistas se tumban al sol sobre las lisas rocas. El acceso a estas playas es difícil, lo que les proporciona un carácter aislado y hermoso.

• *Caló des Moro und Cala S'Almunia* | Die felsige Küste dieses Teils der Insel erstreckt sich Richtung Süden, die Steilküsten ragen senkrecht nach oben und formen einsame, geschützte Einbuchtungen, in denen sich Strände und kleinere Buchten befinden, deren Wasser sich in allen möglichen Nuancen von Grün und Blau bis hin zu Saphirblau zeigt. Eine dieser Buchten ist die Caló des Moro, in der die Natur am besten in ihrem ursprünglichen Zustand bewahrt blieb. Sie ist von erdigen Steilküsten umgeben und von weißem, feinen Sand bedeckt. In S'Almuina hingegen gibt es keinen Sand, und die Badegäste sonnen sich auf den glatten Felsen. Der Zugang zu diesen Stränden ist relativ schwierig, deshalb sind sie so einsam und schön.

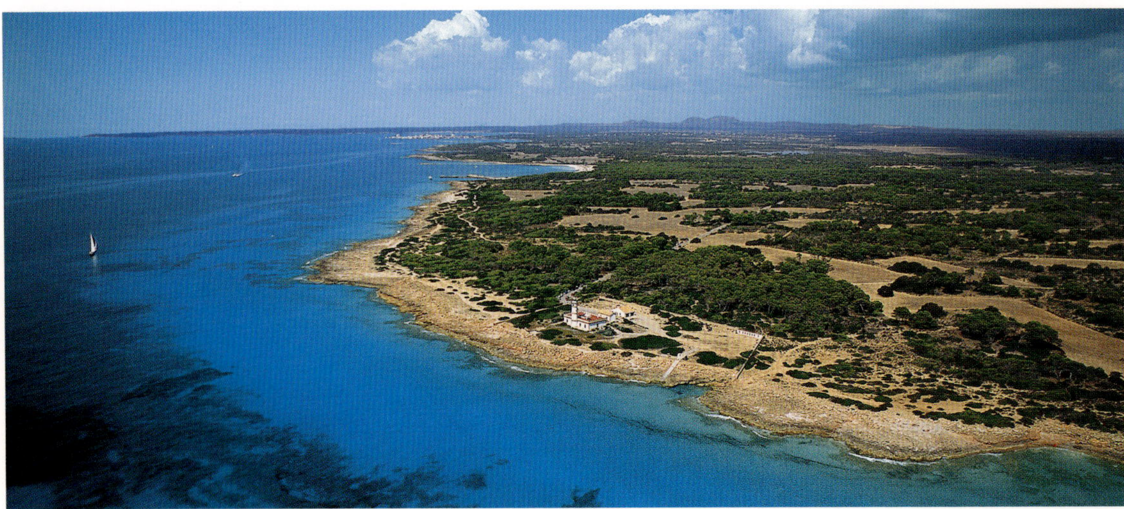

• *The southernmost part of Mallorca* | In summer, the temperatures in Migjorn rise and the dry land hardens and cracks beneath a cloudless sky. The plants that are found in this area have evolved naturally to survive the harsh climatic conditions experienced in this region. As well as tanning the enthusiastic sun worshippers who crowd into this coastline, the relentless sunrays have another function: to crystallise the salt water in the lagoons of Ses Salines, thus producing a large amount of salt for Mallorca. From Cap de Ses Salines, the southernmost point of the island, the land is practically flat, scattered here, and there with clumps of savin and bushes in the dunes. Towards the horizon from here is the island of Cabrera, which means "island of the goats". The National Park of Cabrera, more or less uninhabited, has an interesting history. It was used as a prisoner camp during the Napoleonic War and was used as a base by Berber pirates.

As we round the coast, we come across the beaches of Llucmajor, the town of which is inland. Cala Pi, between craggy cliffs more than 30 metres high, is one of the most protected coves on the island. In a few kilometres comes Cap Blanc, the large cape at nearly 90 metres in height, which marks the entrance to the Bahía de Palma. Once again, Ciutat is in sight. The trip around the island has revealed a great deal about Mallorca: the diversity of the landscape and the great variety of cultures that have influenced its colourful history make Mallorca a place of surprises and wonders.

• *La parte más al sur de Mallorca* | En verano, las temperaturas en Migjorn se elevan y la reseca tierra se endurece y agrieta bajo un cielo sin nubes. Las plantas que sobreviven en este terreno inhóspito lo hacen porque la naturaleza ha adaptado inteligentemente a estas especies para su difícil existencia. Además de broncear a los entusiastas adoradores del sol que se amontonan en estas costas, los implacables rayos solares tienen otra función: cristalizar la sal del agua del mar en las lagunas de Ses Salines, produciendo así una gran cantidad de sal para Mallorca. Desde Cap de Ses Salines, la punta más al sur de la isla, la tierra es virtualmente plana, salpicada aquí y allí con sabinares y arbustos en las dunas. Hacia el horizonte desde aquí, se encuentra la isla de Cabrera, que significa la "isla de las cabras". El Parque Nacional de Cabrera, más o menos deshabitado, tiene una historia interesante. Sirvió como un campo de prisioneros durante la guerra napoleónica y fue utilizado como base por los piratas de Berbería.

A medida que rodeamos la costa, nos encontramos las playas de Llucmajor, donde, tierra adentro, se encuentra el pueblo. Cala Pi, entre escarpados acantilados de más de 30 metros de altura, es una de las calas más protegidas de la isla. A unos pocos kilómetros se encuentra Cap Blanc, el gran cabo de 90 metros de altura, que marca la entrada a la Bahía de Palma. Una vez más, *Ciutat* queda a la vista. El viaje alrededor de la isla ha revelado mucho sobre Mallorca: la diversidad del paisaje, la gran variedad de culturas que han influido en su colorida historia hacen de Mallorca un lugar de sorpresas y maravillas.

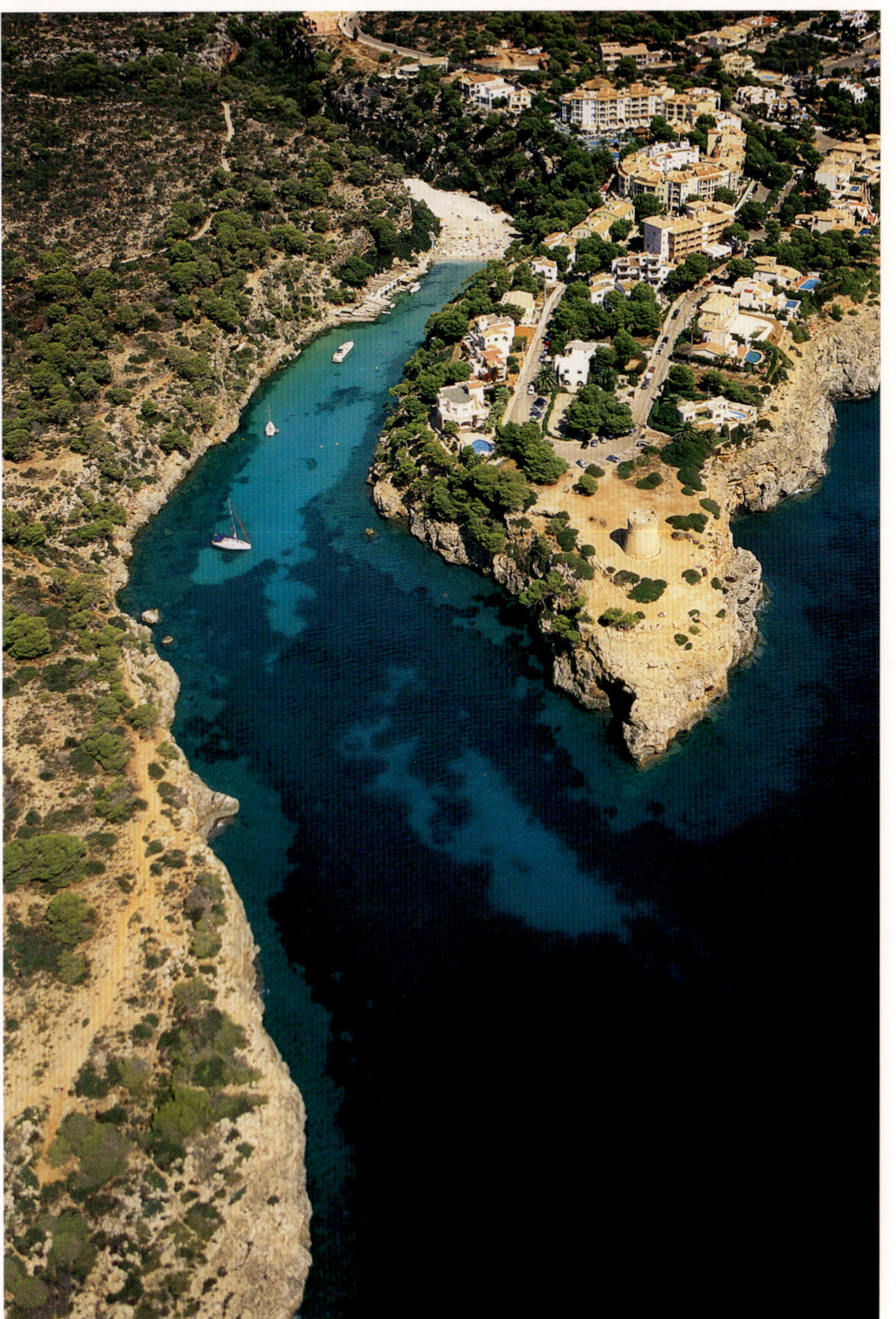

• *Der südlichste Teil Mallorcas* | Im Sommer sind die Temperaturen in Migjorn sehr hoch und die ausgetrocknete Erde wird unter dem wolkenlosen Himmel hart und rissig. Die Pflanzen, die auf diesem feindlichen Boden überleben, tun dies, weil die Natur diese Arten intelligent an ihre harte Umgebung angepasst hat. Die unerbittliche Sonne an diesen Küsten dient nicht nur dazu, die Sonnenanbeter zu bräunen, sondern sie kristallisiert auch das Salz im Meereswasser in den Lagunen von Ses Salines, wo große Mengen an Salz für Mallorca gewonnen werden. Ab dem Cap de Ses Salines, dem südlichsten Teil der Insel, ist das Land flach, und hin und wieder wachsen Sadebäume und Sträucher in den Dünen. Am Horizont sieht man die Insel Cabrera, die Ziegeninsel. Der Nationalpark von Cabrera, der mehr oder weniger unbewohnt ist, blickt auf eine interessante Geschichte zurück. Während der Napoleonischen Kriege diente die Insel als Gefangenenlager und wurde dann von den Piraten der Barbareskenstaaten als Stützpunkt benutzt.

Wenn man der Küste weiter folgt, erreicht man die Strände von Llucmajor, und landeinwärts liegt das Dorf selbst. Die Cala Pi zwischen zerklüfteten, über 30 Meter hohen Steilküsten ist eine der geschütztesten Buchten der Insel. Einige Kilometer weiter liegt Cap Blanc, das große, 90 Meter hohe Kap, das die Einfahrt zu der Bucht von Palma ausweist. Und wieder einmal sieht man *Ciutat*. Die Reise rund um die Insel hat viel von Mallorca gezeigt, die Verschiedenartigkeit der Landschaft und die zahlreichen Kulturen, die an der farbenfrohen Geschichte Mallorcas teilhatten, und die aus der Insel einen Ort der Überraschungen und Wunder gemacht haben.

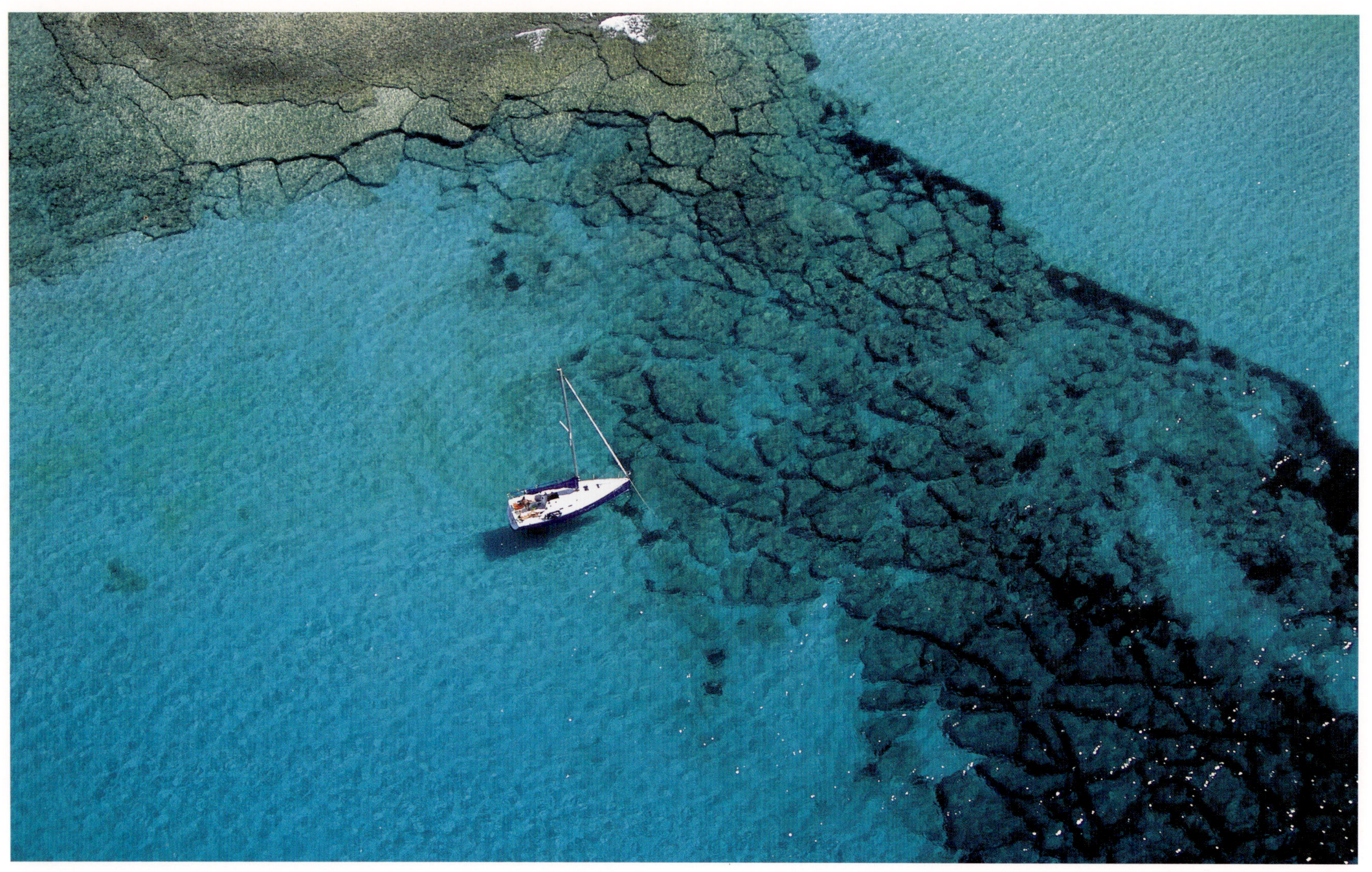

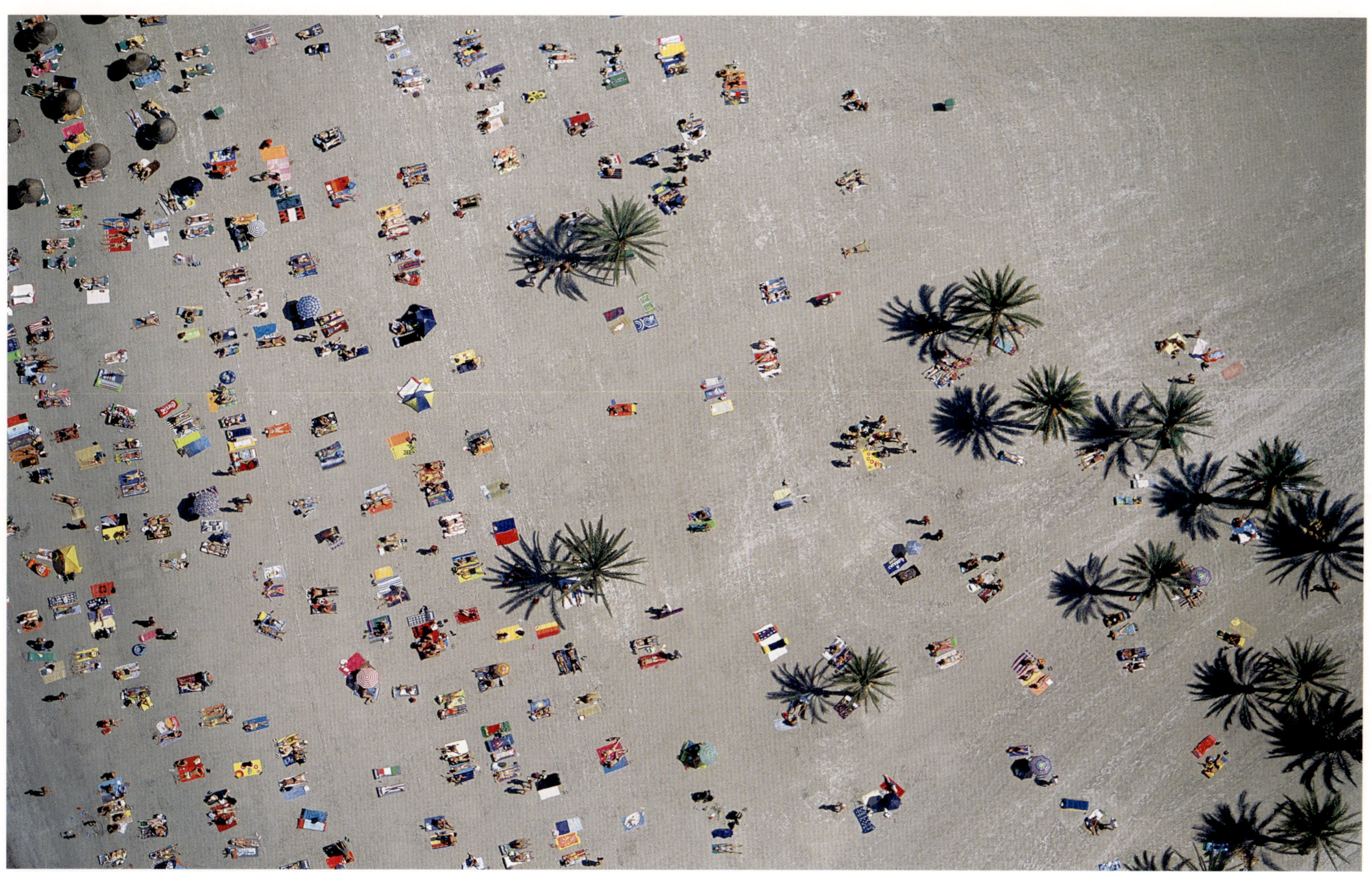

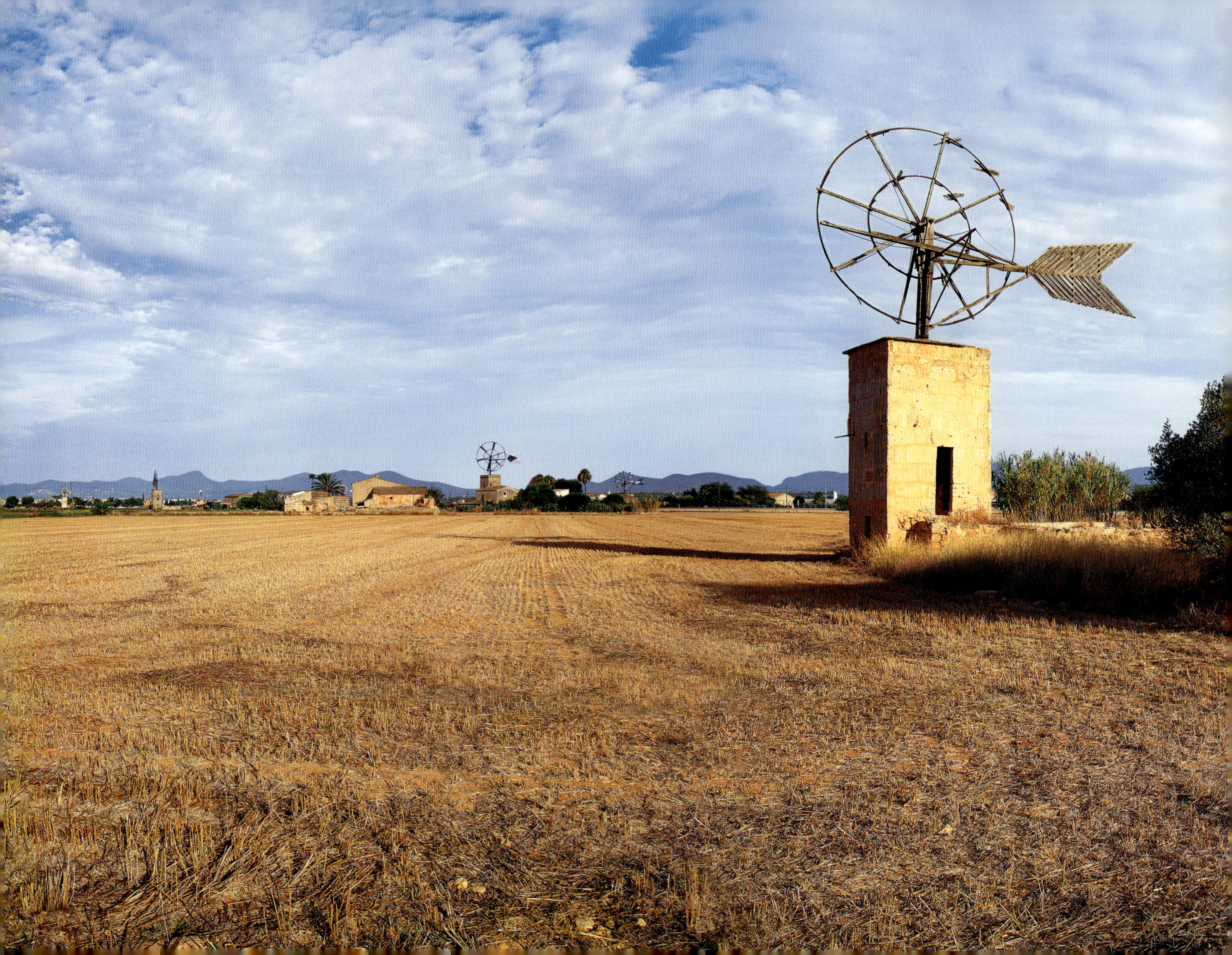

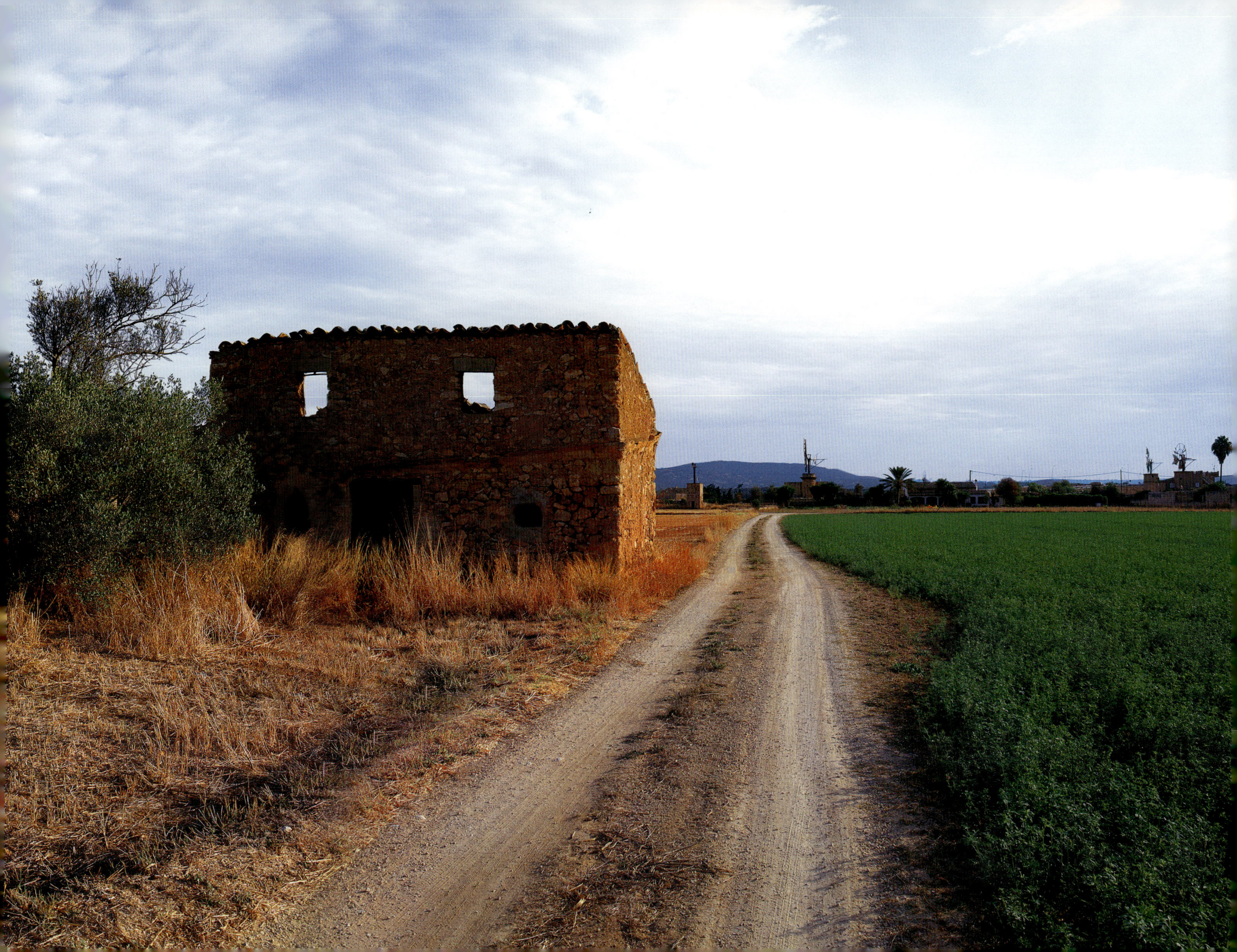

Possessions

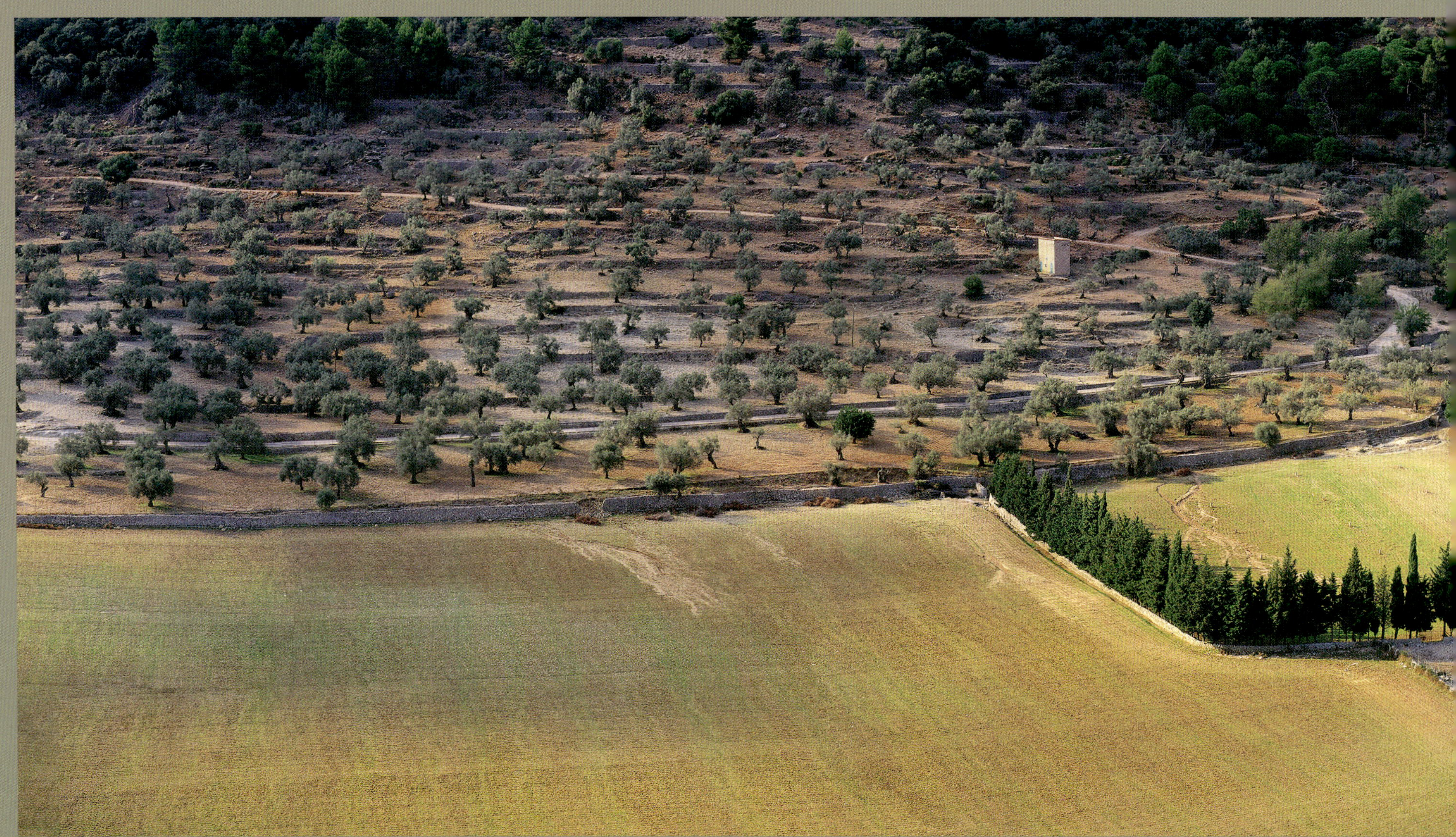

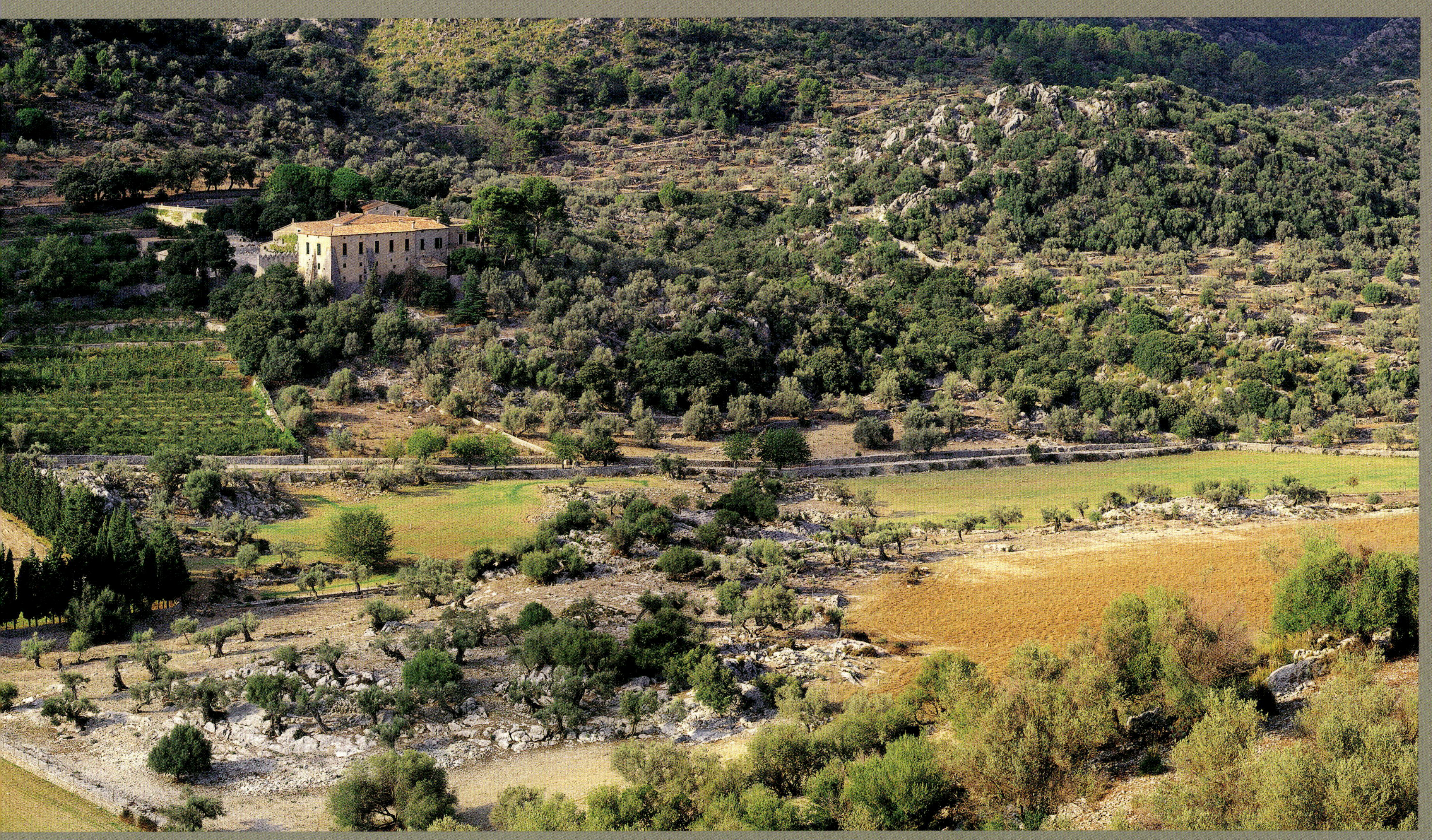

Since the 14th century, the large rural estates of Mallorca have been called *possessions* (the equivalent of the Catalan *mas or masia*, farmhouse or country house in English, and the *lloc* in Menorca), a name imposed on the old generic names of Arab origin, the *alquerías and rafals* or farmsteads.

The owners of the *possessions* were called *Senyors* (lords) and mainly formed part of the landowning nobility, who derived their income from the land and controlled the corn and oil trade, the basic products of traditional Mallorca. The *Senyors* rented their land to the *amos*, who were the people who worked the large estates. Their economic status was high and they would usually be faithful allies of the nobility. The *missatges* and day labourers were the landless peasants. The day labourers worked in specific seasons on the *possessions* and depended on a tough and insecure day's work while the *missatges* were the day labourers who were established on the *possessió.*

The *possessió* was a veritable unit of production with a heavy tendency towards self-sufficiency. The functioning centre and therefore the habitat of the *possessions* were the houses, *casas*, given the plural name because they had diverse buildings, usually around a *clastra* (courtyard), which included the home of the lords and that of the *amos*, as well as different productive rooms such as the *tafona* (oil mill), the *celler* (wine cellar), flour mill, etc., as well as the spaces for livestock such as the *sestadors* and *boals* (stables for sheep and oxen respectively). Some *possessions* had a chapel.

Over the centuries, for a variety of reasons, the buildings of the *possessions* have experienced different constructive models. In Mallorca there are houses of possessions that have a completely fortified structure, such as Canyamel (Capdepera); others have a defence tower, such as Son Marroig (Deià) or Son Fortesa (Manacor). Others constitute authentic Baroque palaces, such as Alfàbia (Bunyola) and La Granja (Esporles), or neoclassical, such as Raixa (Bunyola). Some are more austere but very large mountain houses, such as Son Moragues (Valldemossa). Today, many of them have been reconverted into museums, hotels or restaurants.

Desde el siglo XIV, las grandes fincas rurales de Mallorca se denominan *possessions* (el equivalente al 'mas' o 'masia' catalanes y al 'lloc' menorquín), nombre que se impuso a los antiguos genéricos de origen árabe, las alquerías y los rafales.

Los propietarios de las possessions eran denominados *Senyors* (señores) y mayoritariamente formaban parte de la nobleza terrateniente, quienes tenían la renta de la tierra y controlaban el comercio del maíz y del aceite, los productos básicos de la Mallorca tradicional. Los *Senyors* arrendaban sus tierras a los *amos*, que eran quienes explotaban las grandes fincas. Su estatus económico era alto y solían ser fieles aliados de la nobleza. Los *missatges* y jornaleros eran los campesinos sin propiedad. Los jornaleros trabajaban en determinadas temporadas en las possessions y dependían de un jornal exiguo e inseguro mientras que los *missatges* eran los jornaleros establecidos en la possessió.

La possessió era una auténtica unidad de producción con una gran tendencia al autoabastecimiento. El centro de funcionamiento y por tanto el hábitat de las possessions eran las casas, denominadas en plural porque contaban con diversos edificios, habitualmente alrededor de una *clastra* (patio), que acogían la casa de los señores y la casa de los amos, además de diferentes estancias productivas como la *tafona* (el molino de aceite), el *celler* (la bodega), el molino harinero, etc., además de estancias ganaderas como los *sestadors* y *boals* (establos para ovejas y bueyes respectivamente). Algunas possessions tenían capilla.

A lo largo de los siglos, y por diversidad de motivos, las edificaciones de las possessions han conocido modelos constructivos diferentes. En Mallorca hay casas de possessions que presentan una construcción completamente fortificada, como Canyamel (Capdepera); otras cuentan con torre de defensa, como Son Marroig (Deià) o Son Fortesa (Manacor). Otras constituyen auténticos palacios barrocos, como Alfàbia (Bunyola) y la Granja (Esporles), o neoclásicos, como Raixa (Bunyola). Y algunas son casas de montaña, más austeras, pero de gran volumen, como Son Moragues (Valldemossa). En la actualidad, muchas de ellas han sido reconvertidas en museos, hoteles o restaurantes.

• Seit dem 14. Jh. werden die großen Landgüter Mallorcas als *possessions* bezeichnet, wobei unter diesem Namen die alten Güter arabischen Ursprungs, die *Alquerias* und *Rafales*. zusammengefasst werden. Das Wort *Possessions* entspricht dem katalanischen *Mas* oder *Masia* und dem menorquinischem *Lloc*.

Die Eigentümer dieser *Possessions* wurden als *Senyors* (Herren) bezeichnet und gehörten zum größten Teil dem Landadel an. Sie erhielten den Pachtzins und kontrollierten den Handel mit Mais und Öl, die Hauptprodukte des alten Mallorcas. Die *Senyors* verpachteten den Boden an die *Amos*, die die großen Güter bewirtschafteten. Sie genossen einen hohen wirtschaftlichen Stand und waren dem Adel meist treu verbunden. Die *Missatges* und Tagelöhner waren die Bauern ohne Eigentum. Die Tagelöhner arbeiteten in bestimmten Monaten auf den *Possessions* und lebten von einem schmal bemessenen und unsicherem Tagelohn, während die *Missatges* die Knechte waren, die auf den *Possessió* fest arbeiteten.

Die *Possessió* war eine wahre Produktionseinheit mit einer starken Tendenz zur Selbstversorgung. Das funktionelle Zentrum und somit der Lebensraum der Possessions waren die Häuser, auf die man sich immer im Plural bezog, da es sich stets um mehrere Gebäude handelte. Sie umgaben normalerweise einen Innenhof (*Clastra*), wo sich das Haus der Herren und der *Amos* befand, und auch diverse Produktionsstätten wie die *Tafona* (Ölmühle), die *Celler* (Bodega); die Mehlmühle usw. Außerdem befanden sich hier die Ställe, die so genannten *Sestadors* (Schafställe) und *Boals* (Ochsenställe). In einigen Possessions gab es auch eine Kapelle.

Im Laufe der Jahrhunderte erbaute man die Gebäude dieser Possessions aus verschiedenen Gründen in unterschiedlichen Stilen. Auf Mallorca gibt es Possessions, die insgesamt als Festung angelegt sind, beispielsweise Canyamel (Capdepera), andere wiederum besitzen einen Verteidigungsturm wie Son Marroig (Deià) und Son Fortesa (Manacor). Andere hingegen sind wahre Barockpaläste, beispielsweise Alfàbia (Bunyola) und La Granja (Esporles), oder es handelt sich um neoklassische Gebäude wie Raixa (Bunyola). Dann gibt es die Berghäuser in einem schlichteren Stil, aber sehr groß, beispielsweise Son Moragues (Valldemossa). In der Gegenwart werden viele dieser Gebäude als Museen, Hotels oder Restaurants genutzt.

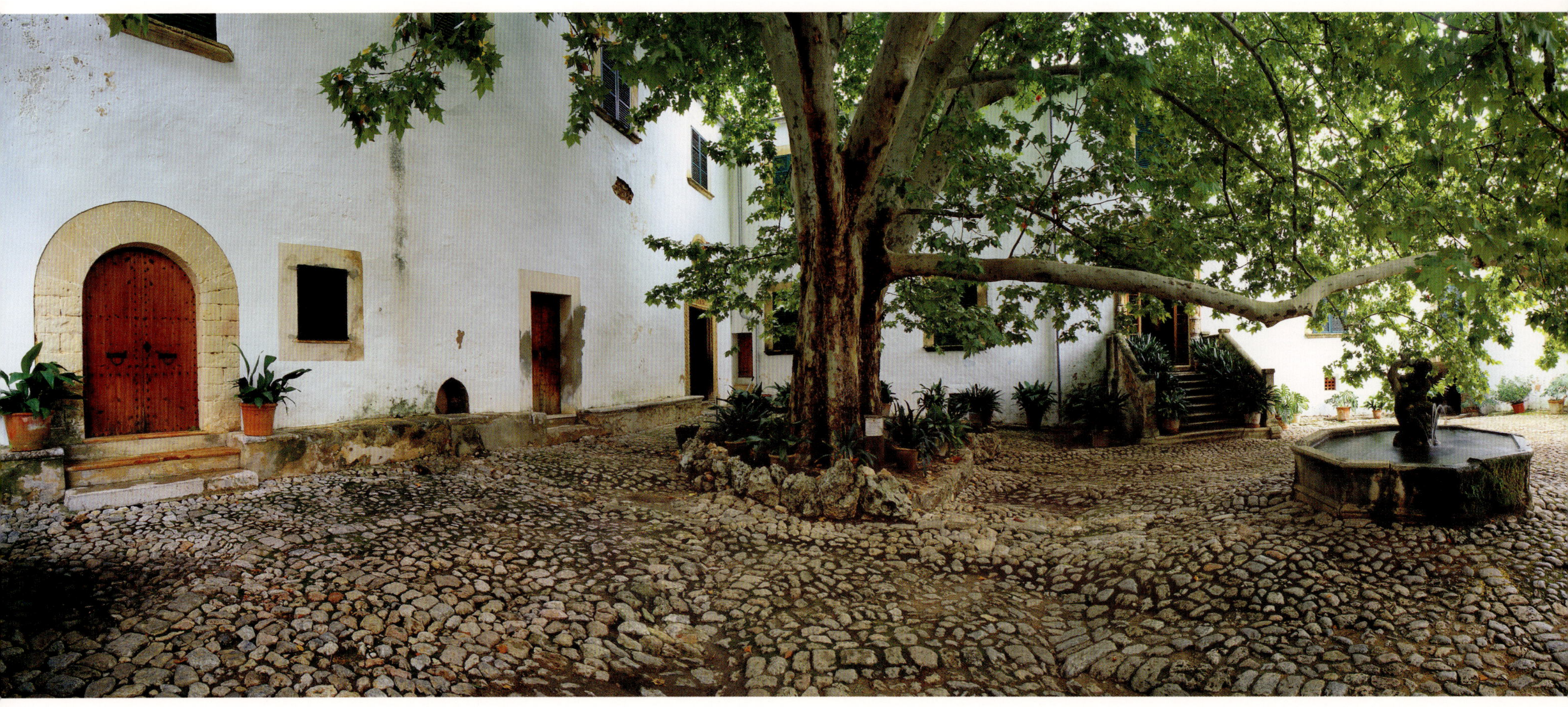

• *Alfàbia* | Situated in the municipal district of Bunyola, close to the entrance to the Sóller tunnel, this *possessió* is of unknown origin, although the history of Alfabia and its gardens is documented in the period of Arab domination. The current monumental nature of Alfabia and its gardens is due to the taste and artistic patronage of two families from the Mallorcan nobility who were joined in the 18th century. A simple façade painted in pale marble with a Baroque doorway welcomes visitors and the Renaissance ornamented carvings adorn the columns of the threshold.

• *Alfàbia* | Situada en el municipio de Bunyola, cerca de la entrada al túnel de Sóller, esta possessió es de orígenes inciertos, aunque la historia de la casa de Alfabia y sus jardines está documentada en época de la dominación árabe. El actual carácter monumental de la casa de Alfabia y sus jardines, se debe al gusto y al patrocinio artístico de dos familias de la nobleza mallorquina que se unieron en el siglo XVIII. Una fachada simple pintada de marfil pálido con una puerta barroca saluda a los visitantes y las tallas ornamentadas del renacimiento adornan las columnas del umbral.

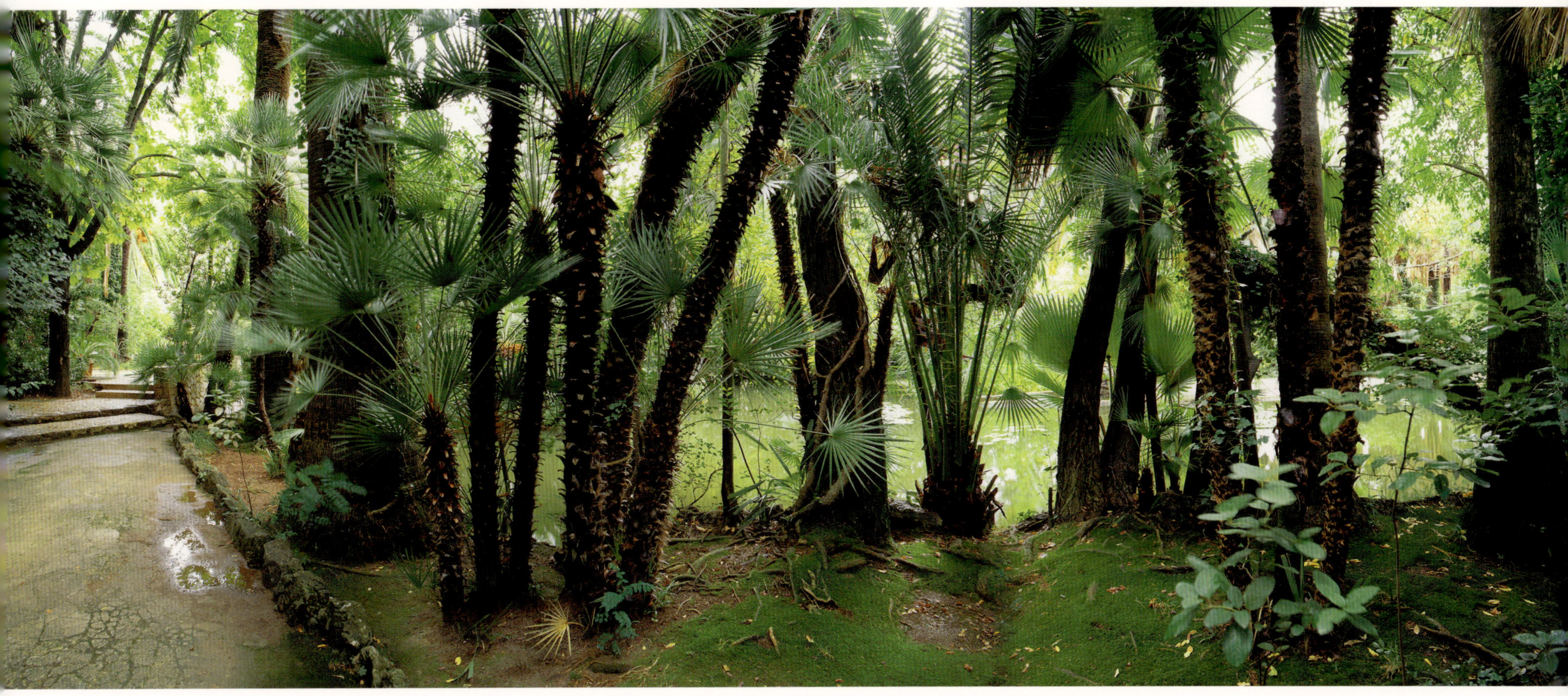

• *Alfàbia* | Diese Possessió liegt in der Gemeinde Bunyola in der Nähe der Einfahrt zum Tunnel von Sóller. Ihre Ursprünge sind nicht bekannt, obwohl die Existenz des Hauses von Alfabia und dessen Gärten bereits in der Epoche der arabischen Herrschaft schriftlich festgehalten wurde. Der heutige Charakter des Hauses von Alfabia und seiner Gärten ist auf den künstlerischen Geschmack zweier Familien des mallorquinischen Adels zurückzuführen, die sich im 18. Jh. vereinten und das Haus und die Gärten umgestalteten. Eine einfache Fassade in einem blassen Marmorweiß mit einer Barocktür empfängt die Besucher. Renaissanceschnitzereien verzieren die Säulen an der Türschwelle.

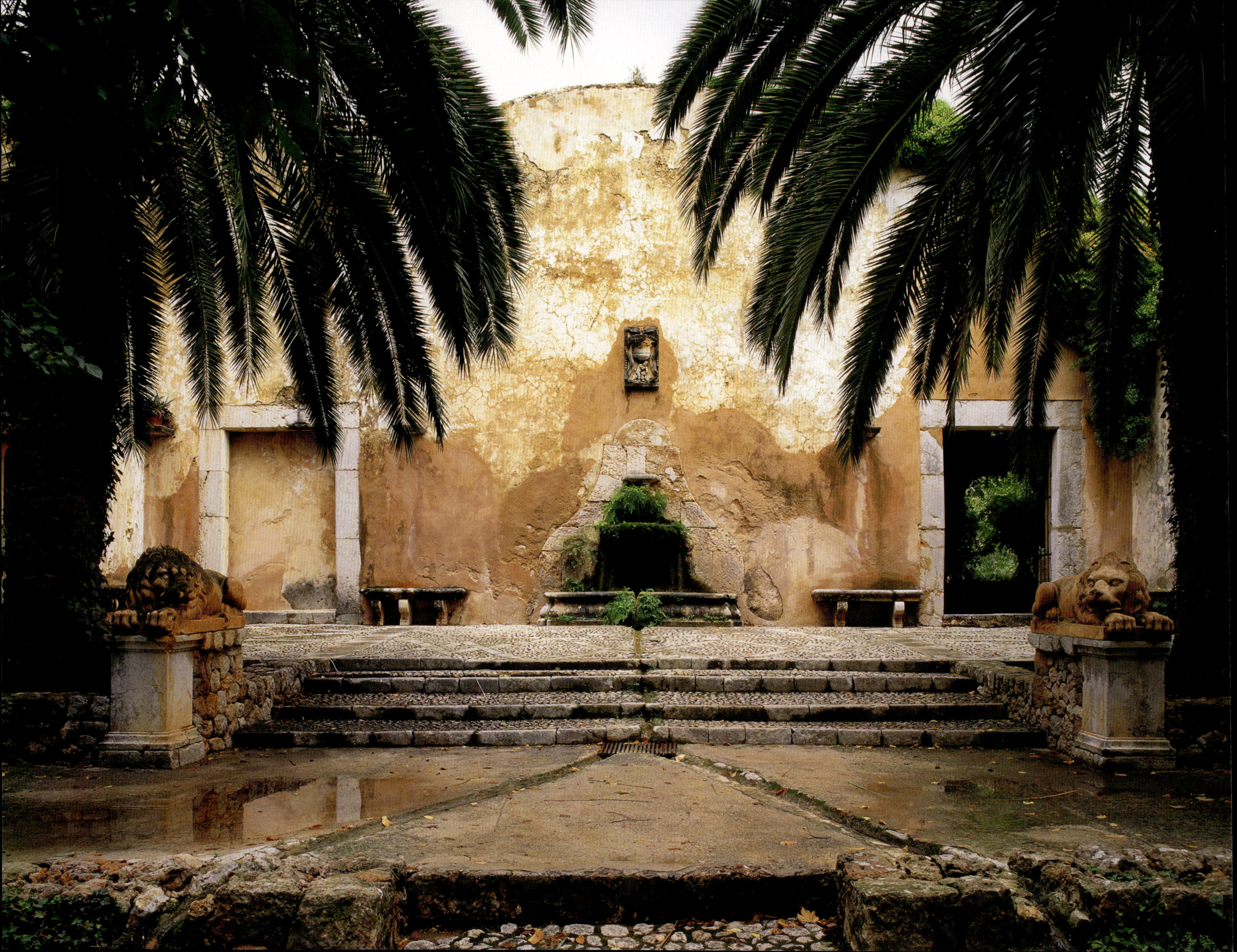

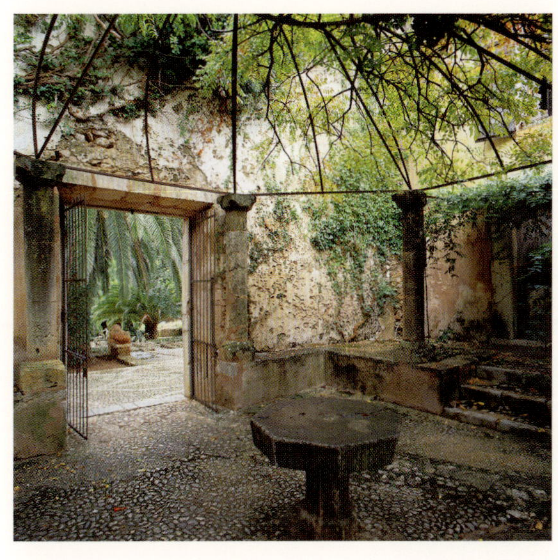

During the 18th century the estate was improved with two gardens. The most spectacular part of the upper garden is the pergola with its interplay of water, the origin of which dates back to Italian Renaissance, spread across Europe in the 16th century. The lower garden possesses an exotic air due to its tropical nature and the small lake with water lilies. Here one can find an extensive variety of palm trees, among which feature the *garballons* (a European fan palm), an autochthonous species of the island that is practically extinct.

Durante el siglo XVIII la finca fue mejorada con dos jardines. Lo más emblemático que presenta el jardín superior es la pérgola con sus juegos de agua cuyo origen se remonta a las villas del Renacimiento en Italia, extendidos por toda Europa en el siglo XVI. El jardín inferior tiene un aire exótico por su carácter tropical y por el pequeño lago con nenúfares. En él podemos encontrar una extensa variedad de palmeras, entre las cuales destacan los *garballons* (palmitos), una especie autóctona de la isla que está prácticamente extinguida.

Im 18. Jh. fügte man dem Gutshaus noch zwei Gärten hinzu. Das auffallendste Element des oberen Gartens ist der Laubengang mit den Wasserspielen, die an italienische Renaissancevillen erinnern, ein Stil, der sich im 16. Jh. in ganz Europa ausbreitete. Der untere Garten hat einen fast tropischen Charakter und einen kleinen See mit Seerosen, der ihn exotisch wirken lässt. Hier befinden sich viele verschiedene Palmensorten, unter anderem die *Garballons* (Zwergpalmen), eine einheimische Art der Insel, die fast ausgestorben ist.

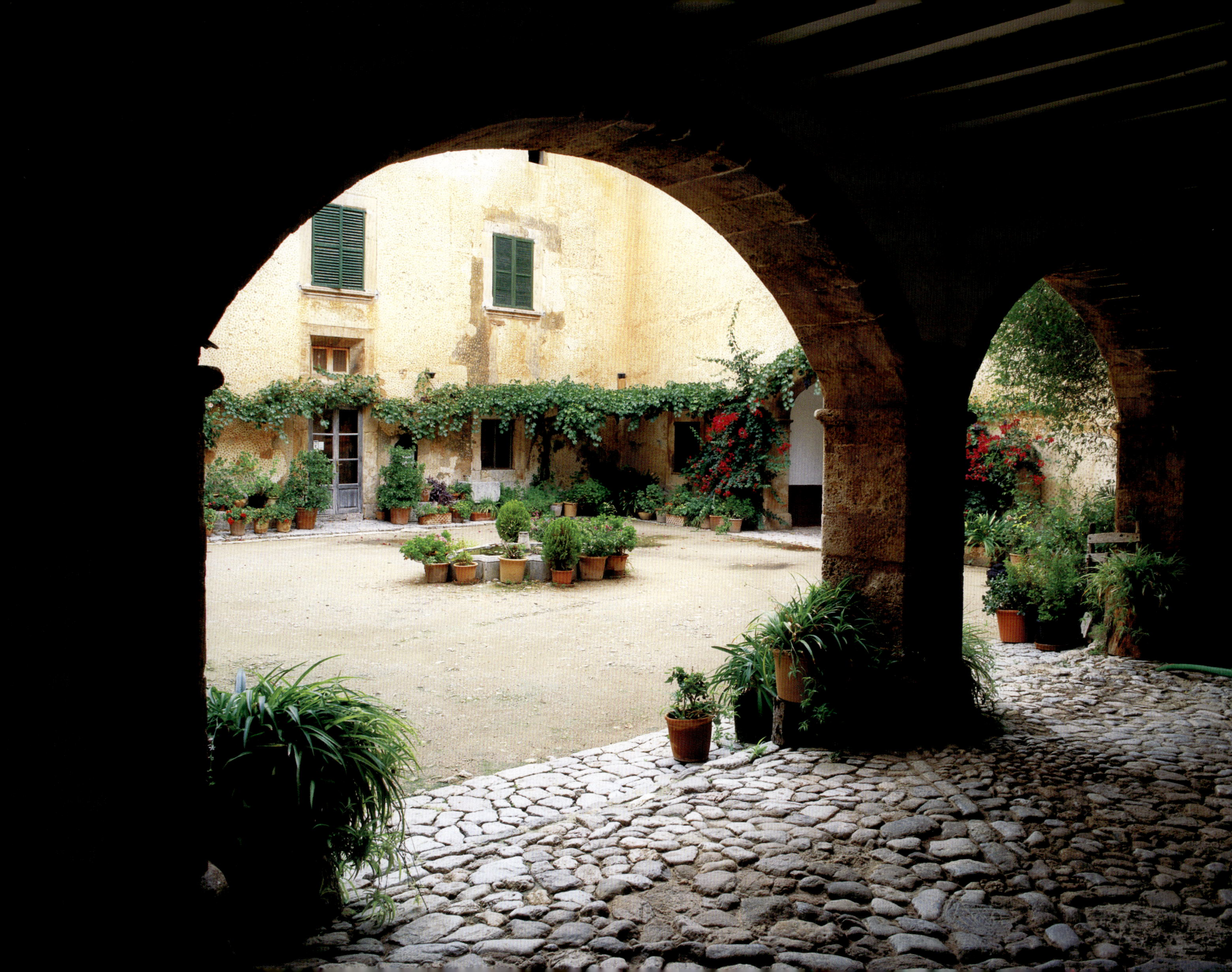

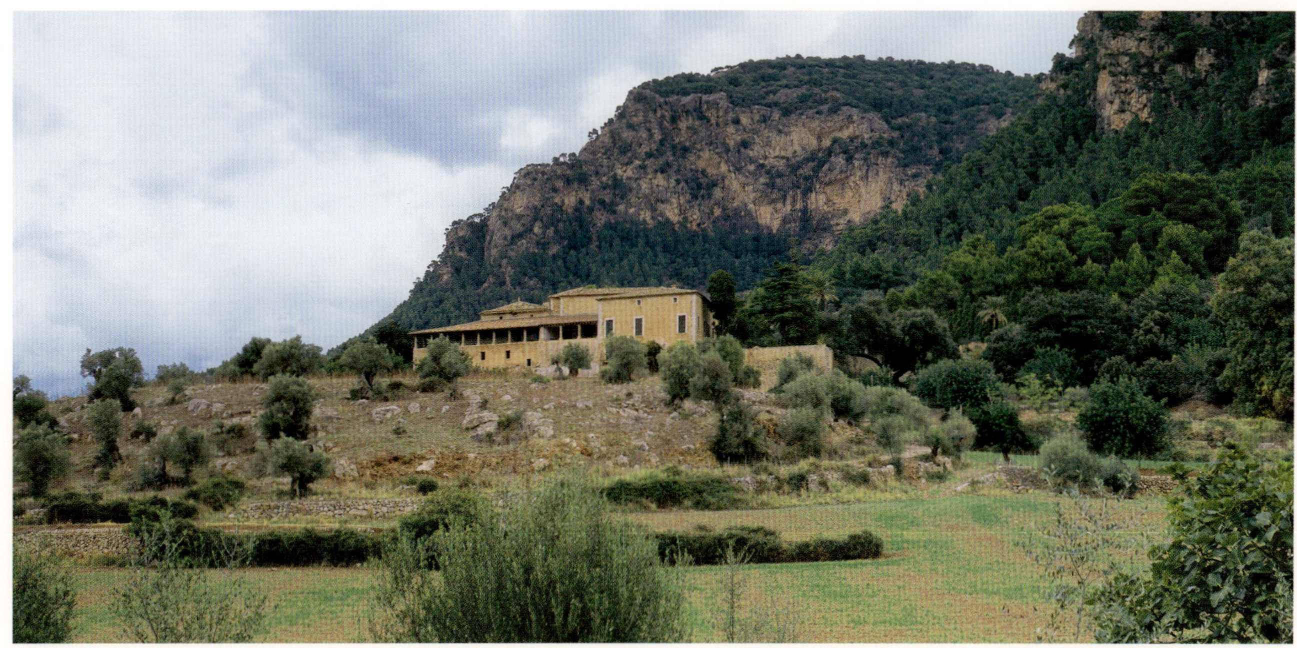

• *Son Moragues* | This beautiful *possessió* now houses a well-known restaurant of Mallorcan cuisine and dominates the landscape from the top of a hill in the municipal district of Valldemossa. It belonged to an old aristocratic Mallorcan family, the Moragues, who in 1883 sold it to Archduke Louis Salvador of Austria. From an architectural point of view, Son Moragues is similar to many rural mansions in Mallorca, which were built big in the form of a cube with a central rectangular courtyard. The façade, very sober in appearance, with a semicircular arch portal and symmetrical windows, has an ornamental touch from the decorative effect known as *pedra brodada* (embroidered stone) by which small pieces of flint are placed on plasterwork walls before the plaster is dry, giving the impression of depth and a sense of movement.

• *Son Moragues* | Esta hermosa possessió alberga ahora un conocido restaurante de cocina mallorquina y domina al paisaje desde la cima de una colina dentro del término municipal de Valldemossa. Perteneció a una vieja familia aristocrática mallorquina, los Moragues, quienes en 1883 se la vendieron al Archiduque Luis Salvador de Austria. Desde el punto de vista arquitectónico, Son Moragues es similar a muchas mansiones rurales de Mallorca, que eran edificios grandes con forma de cubo fortificados con un patio rectangular central. La fachada, muy sobria, con un portal de arco de medio punto y ventanas simétricas, tiene un toque ornamental por el efecto decorativo conocido como *pedra brodada* (piedra bordada) por el cual se colocaban pedazos pequeños de pedernal en paredes estucadas antes de que el yeso se secara, dando la impresión de profundidad y de sentido del movimiento.

• *Son Moragues* | In dieser wunderschönen Possessió befindet sich ein bekanntes Restaurant, in dem mallorquinische Speisen serviert werden. Das Gebäude beherrscht auf einer Anhöhe in der Gemeinde Valldemossa die Umgebung. Es gehörte einst der alten, mallorquinischen Adelsfamilie Moragues, die es 1883 an den Erzherzog Luis Salvator von Österreich verkaufte. Architektonisch gleicht Son Moragues vielen der Landhäuser Mallorcas. Meist handelt es sich um große, würfelförmige und befestigte Gebäude mit einem rechteckigen, zentralen Innenhof. Die Fassade ist sehr schlicht und besitzt ein Portal mit einem Halbkreisbogen und symmetrisch angeordneten Fenstern. Als Verzierung dienen die Steinelemente, die als *Pedra brodada* (Steinstickerei) bezeichnet werden. Sie bestehen aus kleinen Stücken Hornstein, die in den Putz eingesetzt wurden, bevor der Gips trocknete. Sie schaffen einen Eindruck von Tiefe und Bewegung.

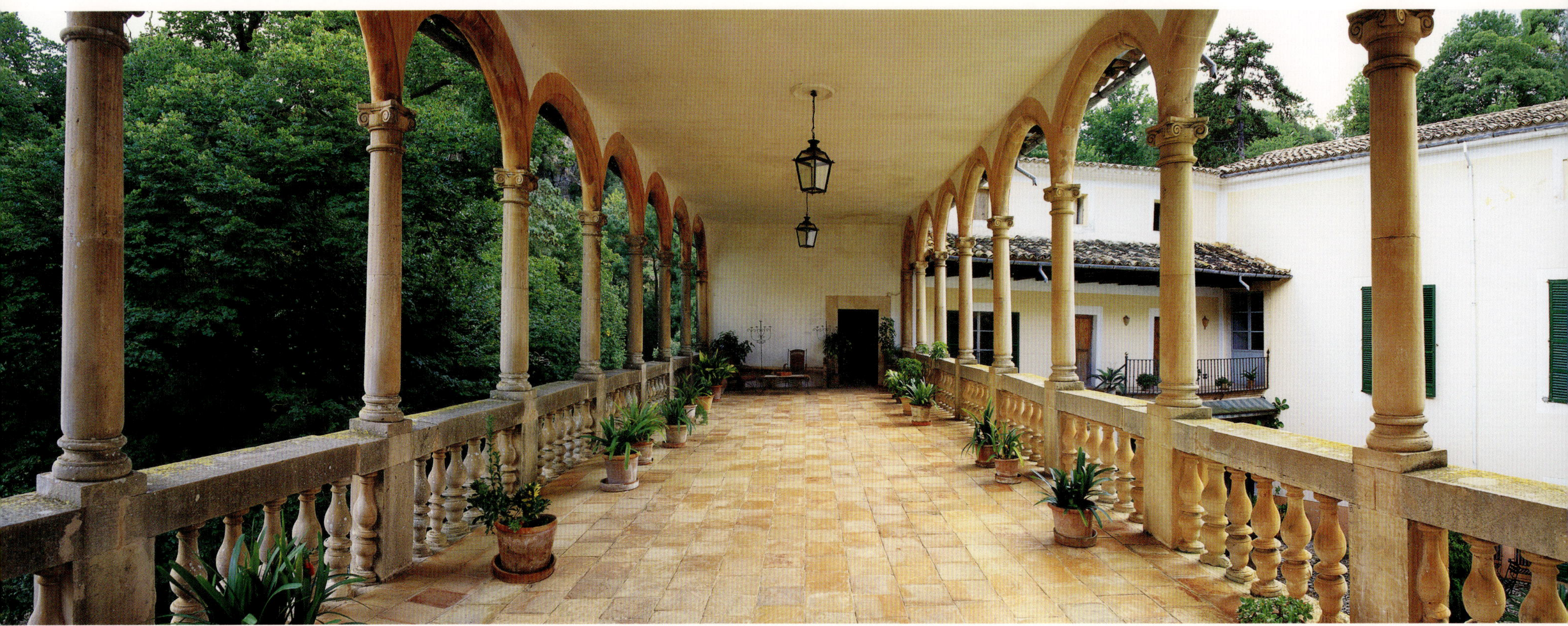

• *La Granja* | Hidden between two mountains, in the municipal district of Esporles, the notable beauty of this mansion caused such an impression on the writer George Sand that she wrote: "If one of our great landscape painters were to visit Mallorca one day, I recommend they pay attention to a country house called Granja de Fortuny…". Surrounded by rich vegetation, this area is characterised by many water springs, among which features the Font Major. Known in the times of the Arabs as *Alpic*, in the Middle Ages it became the property of Cistercian monks, who used it for agricultural purposes, thus the name (*granja* means farm). Architecturally it is complex because of additions made over time. Of note is a magnificent *loggia* with semicircular arches and a Baroque coat of arms crowning the portal. Today La Granja has become a fascinating museum dedicated to traditional rural life in Mallorca and on certain days folklore shows are performed.

• *La Granja* | Escondida entre dos montañas, en el municipio de Esporles, la notable belleza de esta mansión produjo tal impresión en la escritora George Sand, que escribió: "Si uno de nuestros grandes pintores paisajistas visita alguna vez Mallorca, recomiendo que preste atención a una casa de campo llamada Granja de Fortuny…". Rodeada por una rica vegetación, esta zona se caracteriza por sus numerosas fuentes de agua, entre las que destaca la Font Major. Conocida en tiempos de los árabes como *Alpic*, en la Edad Media pasó a ser propiedad de los monjes cistercienses, quienes la dedicaron a actividades agrícolas y de ahí su nombre. Arquitectónicamente es compleja debido a los añadidos

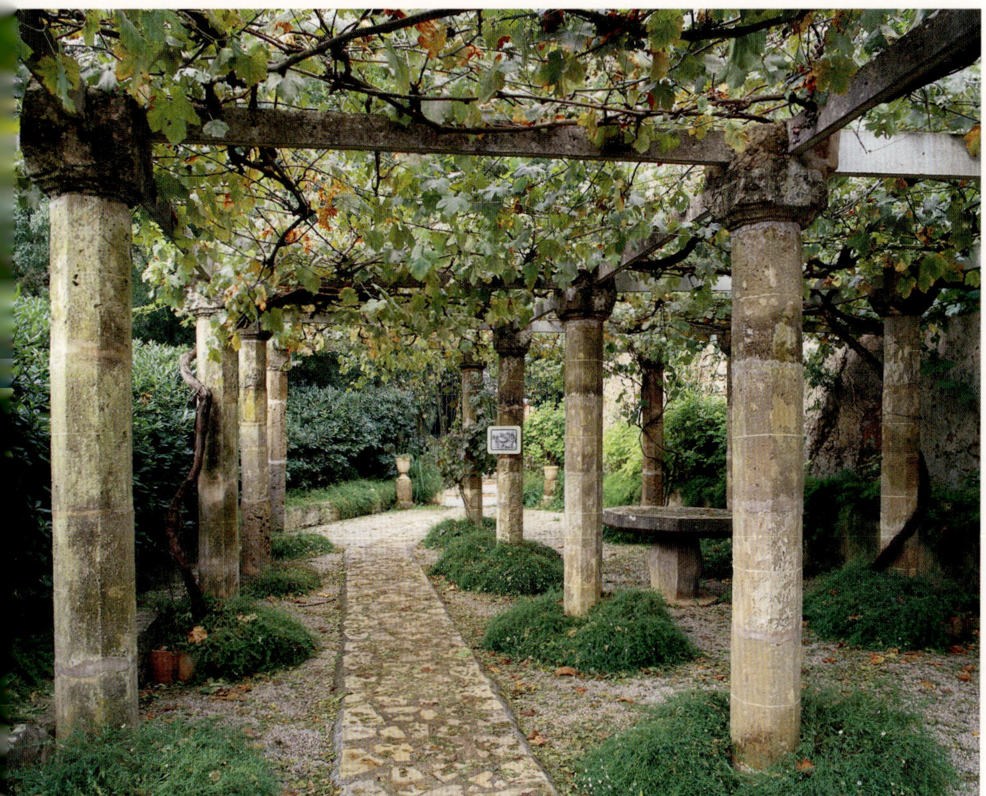

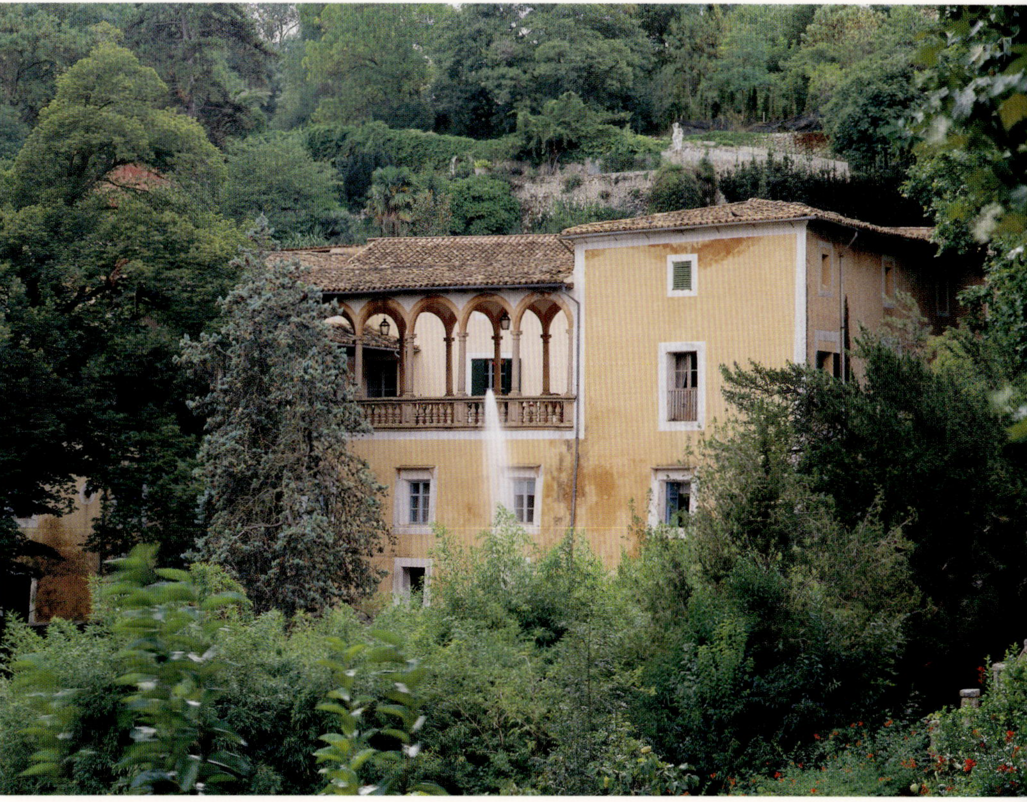

incorporados con el paso del tiempo. Destacan una magnífica *loggia* con arcos de medio punto y un escudo barroco que corona el portal. Ahora La Granja se ha convertido en un museo fascinante dedicado a la vida rural tradicional de Mallorca y algunos días por semana se representan espectáculos folclóricos.

• *La Granja* | Dieses Herrenhaus in der Gemeinde Esporles liegt versteckt zwischen zwei Bergen. Die Schönheit des Landhauses beeindruckte die Schriftstellerin George Sand so sehr, dass sie schrieb: „Falls einer unserer großen Landschaftsmaler Mallorca einmal besuchen würde, dann empfehle ich ihm, auf ein Landhaus mit dem Namen Granja de Fortuny zu achten...." Das Herrenhaus ist von einer üppigen Vegetation umgeben, denn in dieser Region gibt es zahlreiche Quellen, unter anderem die Font Major. In der Zeit der Araber hieß das Gut *Alpic*, und im Mittelalter ging es in das Eigentum von Zisterziensermönchen über, die sich der Landwirtschaft widmeten, daher der Name La Granja (das Bauerngut). Architektonisch handelt es sich um ein komplexes Gebäude, dem man im Laufe der Zeit immer weitere Anbauten hinzufügte. Auffallend ist die wundervolle Loggia mit Halbkreisbögen und einem Barockwappen über dem Portal. Heute ist La Granja ein faszinierendes Museum, in dem man das traditionelle Leben auf dem Lande auf Mallorca zeigt. An einigen Wochentagen finden volkstümliche Aufführungen statt.

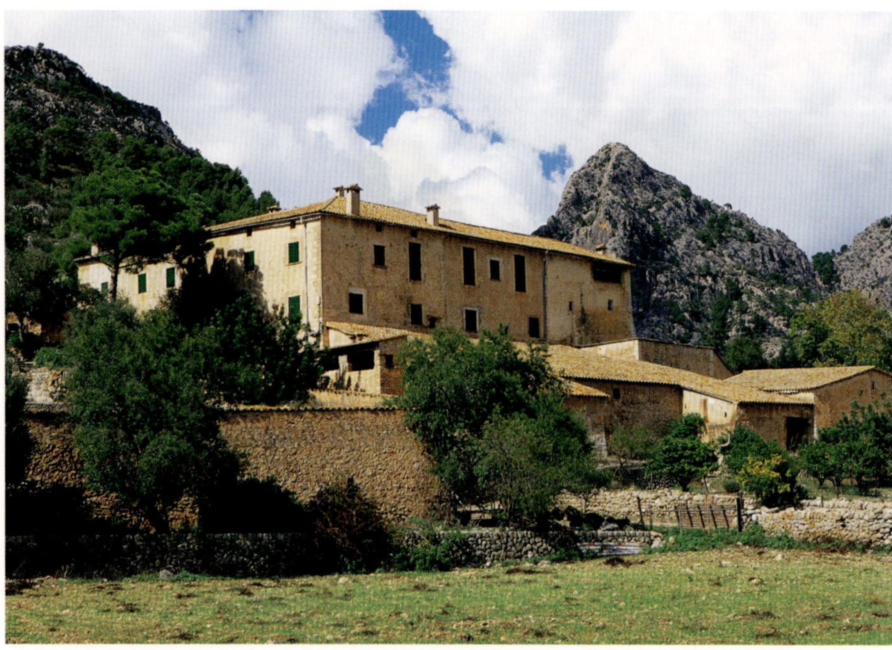

• *Coma-sema* | Situated in the municipal district of da Bunyola, Coma-sema, serious, large and proud, is one of the oldest *possessions* and the best-conserved on the island, personifying the primordial heart of Mallorca with its simple and wild beauty. The buildings of Coma-sema stand around the northwest, northeast and southeast sides of a *clastra* (cloister) open to the southwest and paved which centralises the entrance to the *casas*. The cloister extends behind a wall of fortified appearance, with 11 battlements, and with access via an adjoining portal with voussoired semicircular arch. Over the portal one can make out with some difficulty a relief with a symbol of Christ, the coat of arms of the Palou and the date 1648.

• *Coma-sema* | Situada en el municipio de Bunyola, Coma-sema, seria, masiva y orgullosa, es una de las *possessions* más antiguas y que mejor se conservan de la isla, y personifica el corazón primordial de Mallorca con su belleza simple y salvaje. Las edificaciones de Coma-sema se alzan alrededor de los laterales noroeste, nordeste y sudeste de una clastra abierta al suroeste y adoquinada que centraliza la entrada a las casas. La clastra se extiende tras una muralla, de aspecto fortificado, con 11 almenas, y con acceso por un contundente portal de arco de medio punto dovelado. Sobre el portal, se aprecia con cierta dificultad un relieve con el símbolo de Cristo, el escudo de los Palou y la fecha de 1648.

• *Coma-sema* | Dieses massive, ernste und stolze Gebäude steht in der Gemeinde Bunyola. Es handelt sich um eine der ältesten und am besten erhaltenen Possessions der Insel, in seiner einfachen und wilden Schönheit das ursprüngliche Herz der Insel. Die Gebäude von Coma-sema umgeben auf der Nordwest-, Nordost- und Südostseite einen gepflasterten Hof, der sich nach Südwesten öffnet und in dem sich die Eingänge zu den einzelnen Häusern befinden. Der Hof liegt hinter einer befestigten Mauer mit 11 Zinnen, und man betritt ihn durch ein massives Portal mit einem Halbrundbogen mit Keilstein. Über dem Portal kann man schwach ein Relief mit dem Symbol Christi, das Wappen der Palou und das Datum 1648 erkennen.

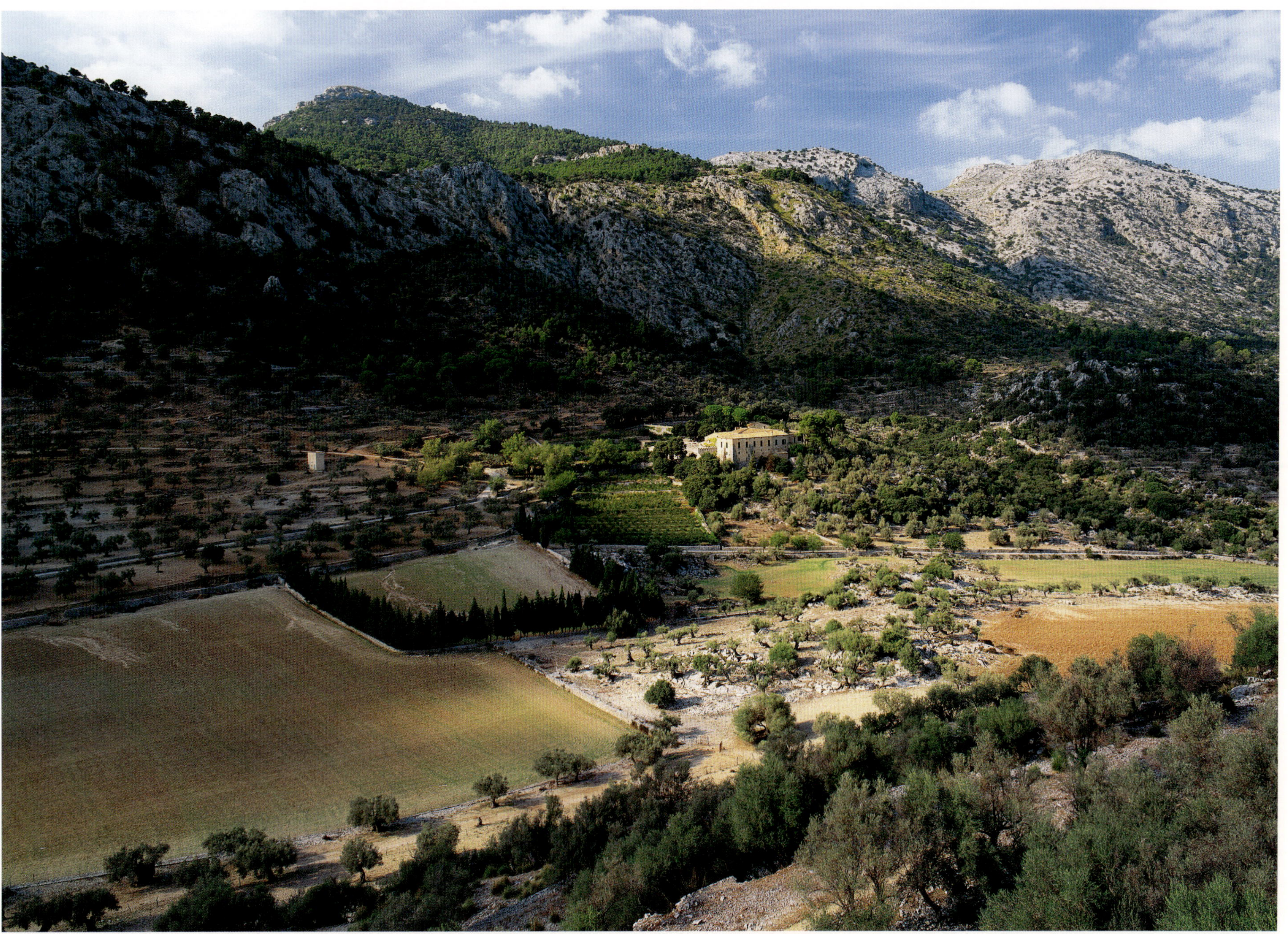

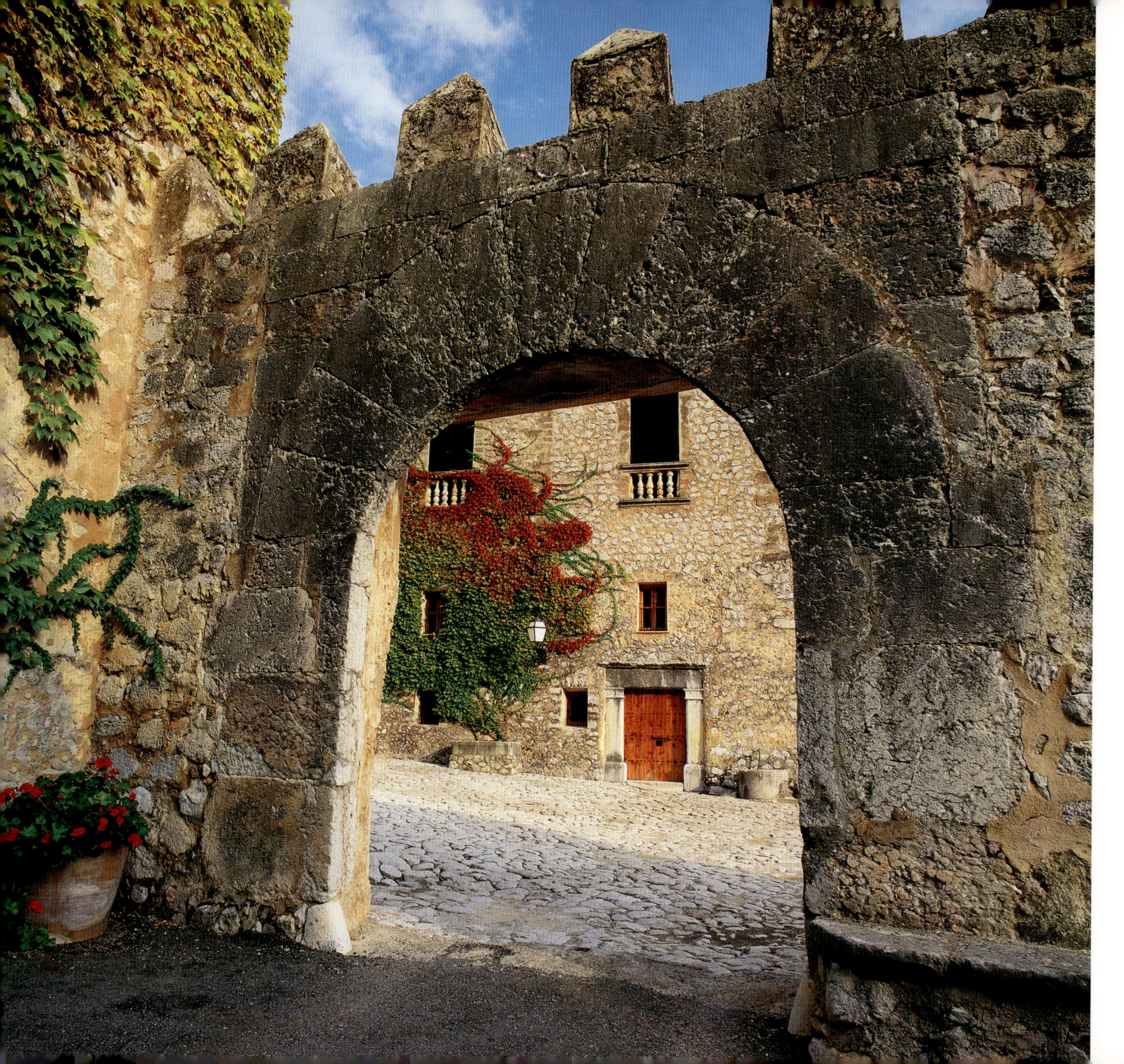

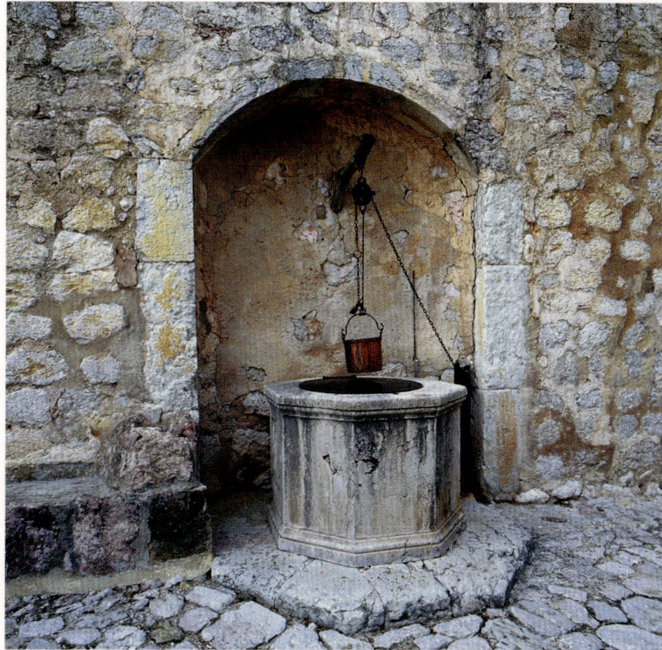

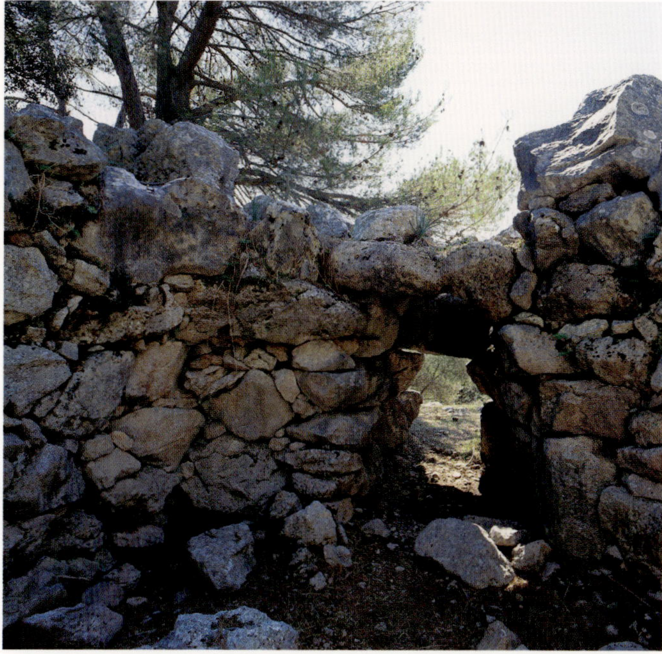

• Coma-sema was once one of the wealthiest *possessions* on the island of Mallorca. The olive groves produce oil known around the island for its perfect acidity. The Fortuny family, who have owned the Coma-sema property for many generations, run the estate that still maintain its old olive groves and apple orchards, an extensive agricultural area and important oak groves, which is considered of high environmental value.

• Coma-sema fue alguna vez una de las *possessions* más ricas en la isla de Mallorca. Los olivares producen un aceite conocido en toda la isla por su acidez perfecta. La familia Fortuny, que ha sido los dueña de la propiedad de Coma-sema durante muchas generaciones, administra la finca que todavía conserva sus olivares y manzanares antiguos, una extensa área agrícola e importantes robledales, que se considera de alto valor medioambiental.

• Coma-sema war einst eine der reichsten Possessions der Insel. Die Olivenhaine brachten ein Öl hervor, das aufgrund seines perfekten Säuregehalts auf der ganzen Insel beliebt war. Die Familie Fortuny, die viele Generationen lang die Eigentümer von Coma-sema waren, verwalten das Landgut, das seine alten Olivenhaine und Apfelbaumpflanzungen bewahrt hat, ebenso wie die großen Ackerflächen und Eichenwälder, die einen hohen landschaftlichen Wert besitzen.

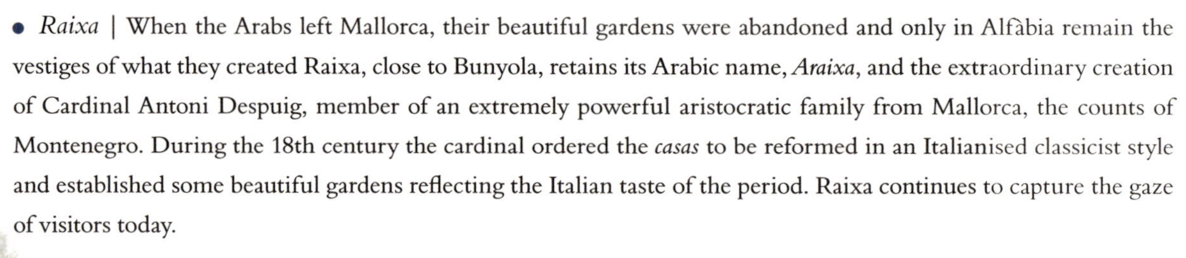

• *Raixa* | When the Arabs left Mallorca, their beautiful gardens were abandoned and only in Alfàbia remain the vestiges of what they created Raixa, close to Bunyola, retains its Arabic name, *Araixa*, and the extraordinary creation of Cardinal Antoni Despuig, member of an extremely powerful aristocratic family from Mallorca, the counts of Montenegro. During the 18th century the cardinal ordered the *casas* to be reformed in an Italianised classicist style and established some beautiful gardens reflecting the Italian taste of the period. Raixa continues to capture the gaze of visitors today.

• *Raixa* | Cuando los árabes dejaron Mallorca, sus hermosos jardines fueron abandonados y solamente en Alfàbia quedan los vestigios de lo que crearon. Raixa, cerca de Bunyola, conserva su nombre árabe, *Araixa*, y la extraordinaria creación del cardenal Antoni Despuig, miembro de una familia aristocrática extremadamente poderosa de Mallorca, los condes de Montenegro. El cardenal, durante el siglo XVIII, mandó reformar las casas en un estilo clasicista italianizante y organizó unos jardines realmante notables según el gusto italiano de la época. Raixa aún hoy sigue cautivando las miradas del visitante.

• *Raixa* | Als die Araber Mallorca verließen, blieben auch ihre wundervollen Gärten sich selbst überlassen und nur noch in Alfàbia sind Überreste von dem zu sehen, was sie geschaffen hatten. Raixa in der Nähe von Bunyola hat seinen arabischen Namen *Araixa* bewahrt, ebenso wie das, was der Kardinal Antoni Despuig, Mitglied der außerordentlich mächtigen mallorquinischen Adelsfamilie, der Grafen von Montenegro, geschaffen hatte. Der Kardinal ließ das Haus im 18. Jh. in einem italienisch angehauchten, klassizistischen Stil restaurieren und schuf wirklich bemerkenswerte Gärten im italienischen Stil der Epoche. Auch heute noch bezaubert Raixa seine Besucher.

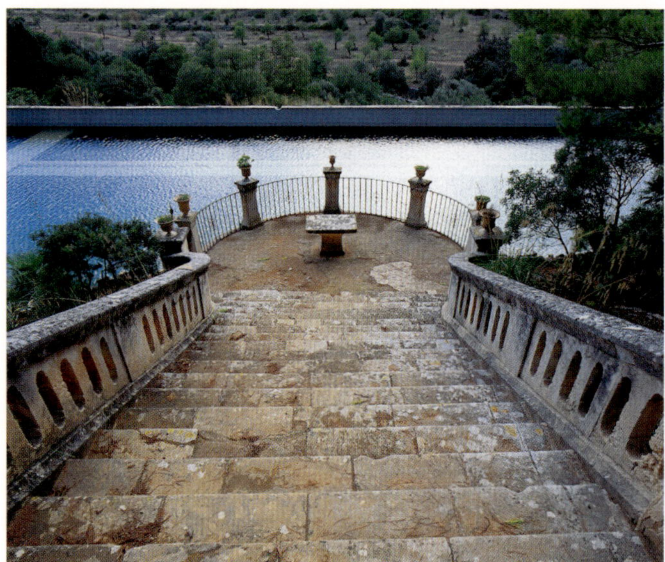

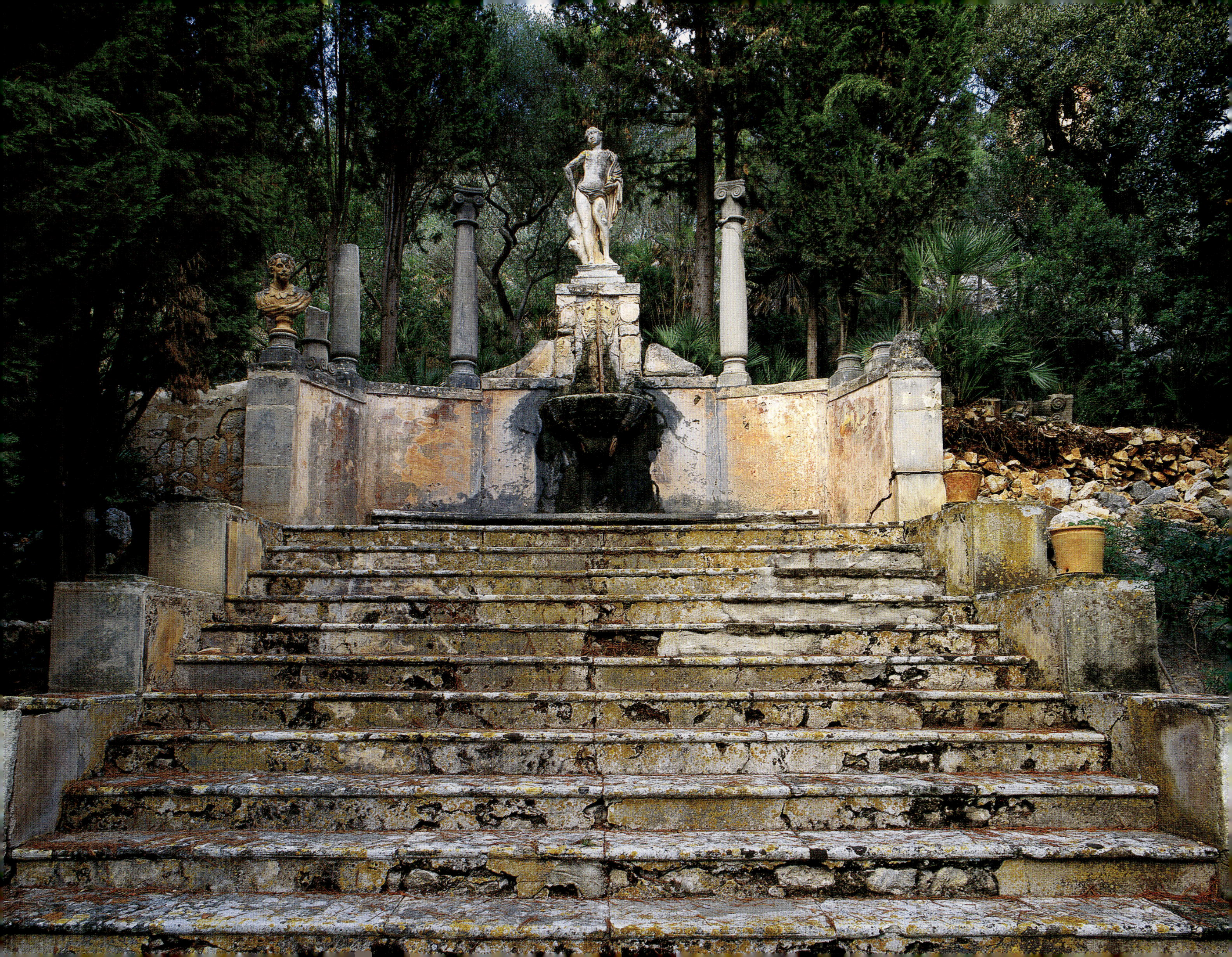

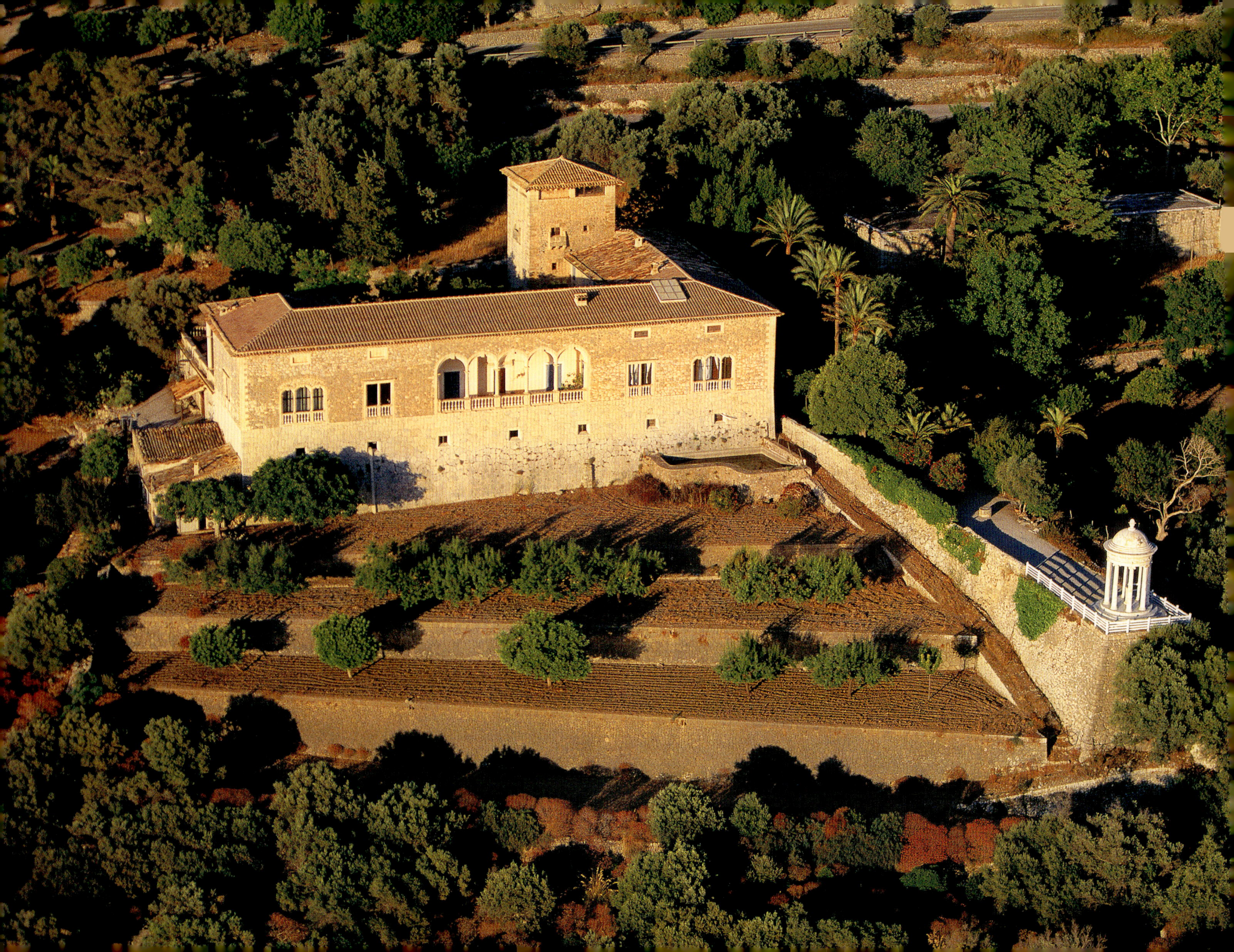

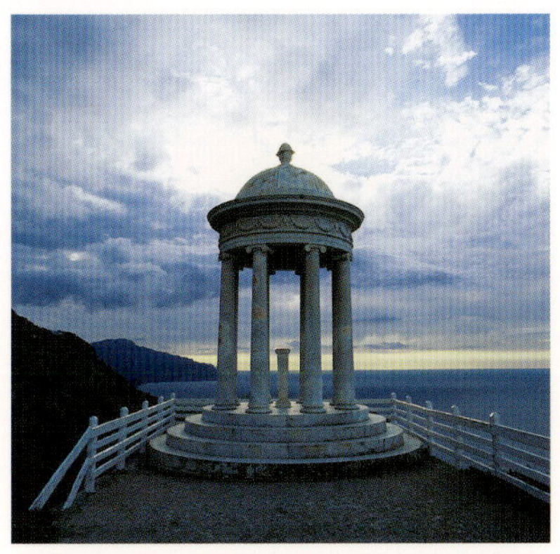

• *Son Marroig* | Archduke Louis Salvador of Austria bought Son Marroig, on the coast of Deià, shortly after arriving in Mallorca at the end of the 1860s when he settled permanently in the *possessió*. In his writings, he described it as one of the most beautiful places in the world, a place that had the power to touch his soul. Many of the doors and windows open out to the great blue extension of the Mediterranean Sea and the views are impressive. The creation by the Archduke of a classical style shrine, built completely of Carrara marble, was his homage to the mythical spirit of Mallorca. It currently houses the Archduke's Museum.

• *Son Marroig* | El Archiduque Luis Salvador de Austria compró Son Marroig, en la costa de Deià, poco después de llegar a Mallorca a fines de la década de 1860, aunque fue en 1880 cuando residió de forma permanente en la possessió. En sus escritos, lo describe como uno de los lugares más hermosos del mundo, aquel que tenía el poder de tocar los acordes más profundos en su corazón. Muchas de las puertas y ventanas se abren a la gran extensión azul del Mediterráneo y las vistas son impresionantes. La creación del Archiduque de un templete de estilo clásico, construido completamente de mármol de Carrara, fue su homenaje al espíritu mítico de Mallorca. Actualmente aloja el Museu de l'Arxiduc.

• *Son Marroig* | Der Erzherzog Luis Salvator von Österreich erwarb Son Marroig an der Küste von Deià kurz nach seiner Ankunft in Mallorca, Ende 1860. Aber erst im Jahr 1880 entschloss er sich dazu, ständig in dieser Possessió zu leben. In seinen Schriften beschreibt er diesen Ort als einen der schönsten Plätze der Welt, ein Ort, der die Macht hatte, die schönsten Akkorde tief im Herzen erklingen zu lassen. Viele der Türen und Fenster öffnen sich auf das unendliche Blau des Mittelmeeres, und der Ausblick ist überwältigend. Der Erzherzog ließ sich einen Rundtempel im klassischen Stil errichten, vollständig aus Carrara-Marmor. Damit wollte er dem mystischen Geist Mallorcas huldigen. Heute ist in diesem Anwesen das Erzherzogsmuseum, das Museu de l'Arxiduc, untergebracht.

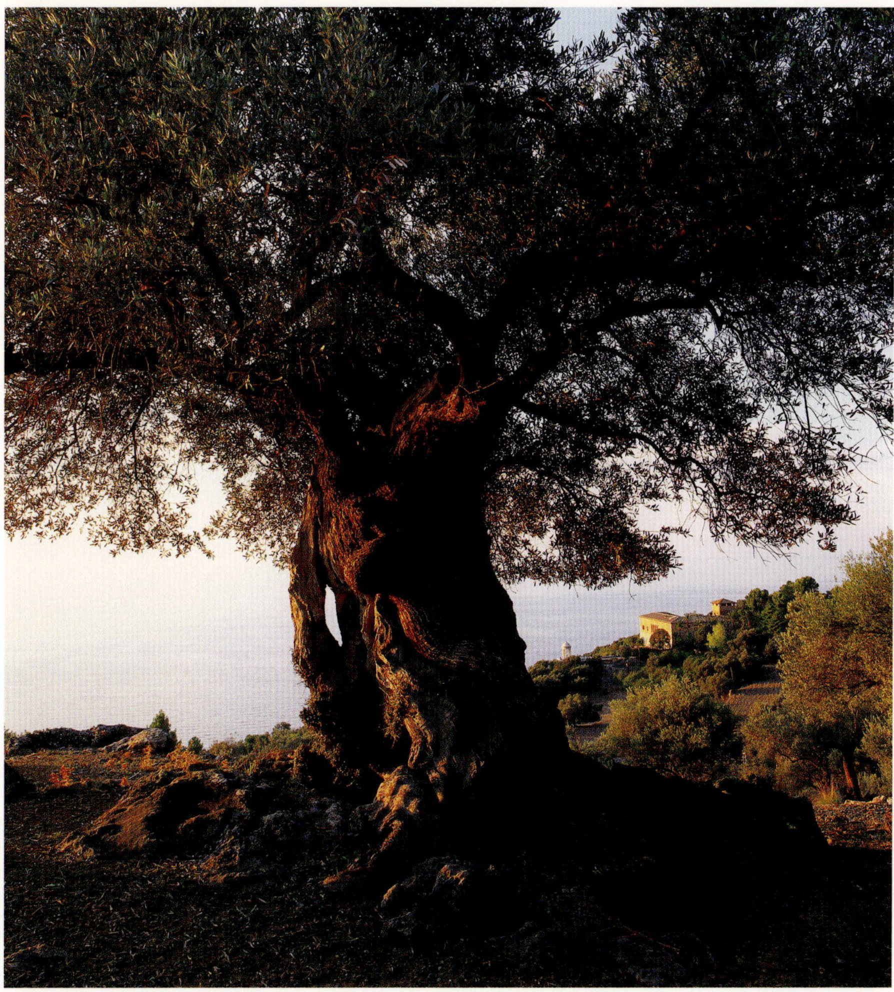

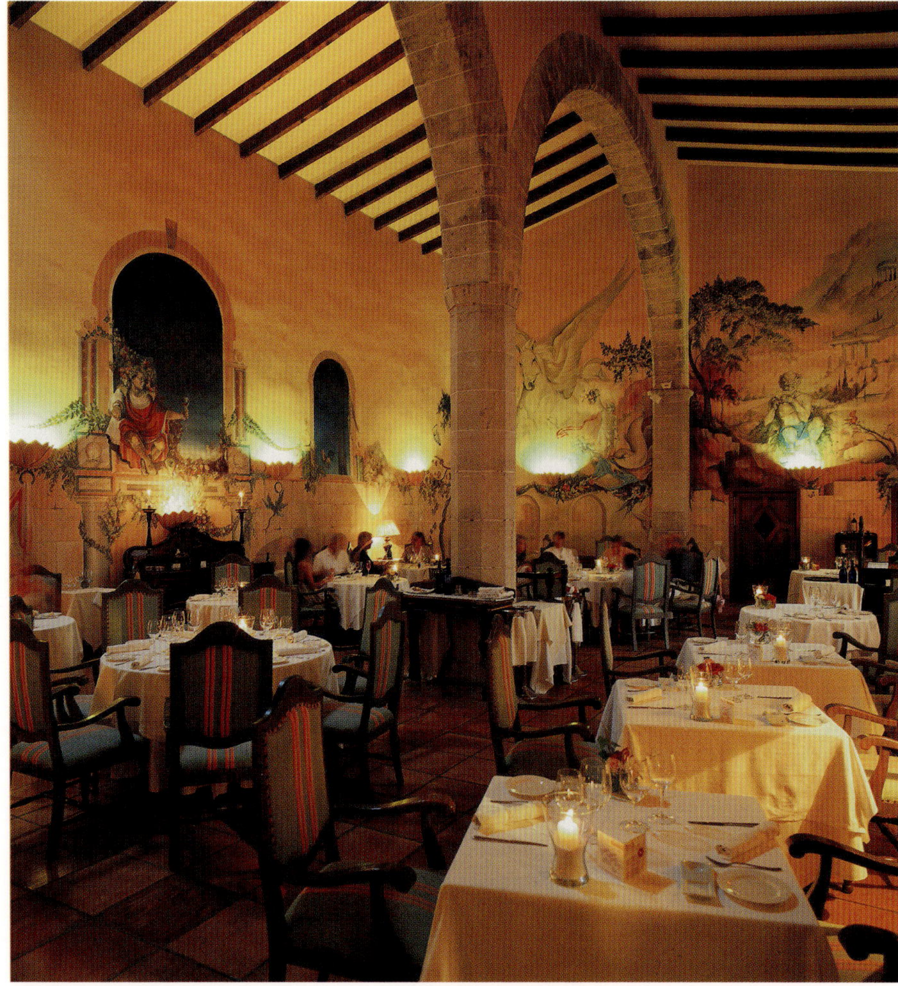

• *Can Moragues* | Not far from the village surrounded by vineyards of Santa María del Camí, winding along the Alaró way, one comes to a *possessió* of carefully kept lawns and gardens that surrounds a mansion of golden stone. This magnificent *possessió* has been recently rebuilt as Reads Hotel over the ruins of the 500-year old Can Moragues *possessió*. This hotel conserves the rural essence of Mallorca: its rustic calm and natural beauty.

• *Can Moragues* | No lejos de la aldea rodeada de viñedos de Santa María del Camí, serpenteando por el viejo camino de Alaró, se encuentra una propiedad de cuidados céspedes y jardines que rodean una mansión de piedra dorada. Esta magnífica propiedad se ha reconstruido recientemente como el Reads Hotel. sobre las ruinas de la propiedad de Can Moragues de 500 años de antigüedad. Este hotel conserva la esencia campestre de Mallorca: su tranquilidad rural y su belleza natural.

• *Can Moragues* | Nicht weit von dem Dorf Santa Maria del Camí und umgeben von Weinstöcken windet sich der alte Weg von Alaró bis zu einem Anwesen, auf dem gepflegte Rasenflächen und Gärten ein altes Gutshaus aus goldenem Stein umgeben. Dieser wundervolle Besitz wurde vor kurzer Zeit auf den Ruinen des alten Besitzes Can Moragues, der auf 500 Jahre Geschichte zurückblickt, wieder erbaut und als Reads Hotel eröffnet. In diesem Hotel spürt man das Wesen des ländlichen Mallorcas, die ländliche Stille und die Schönheit der Natur.

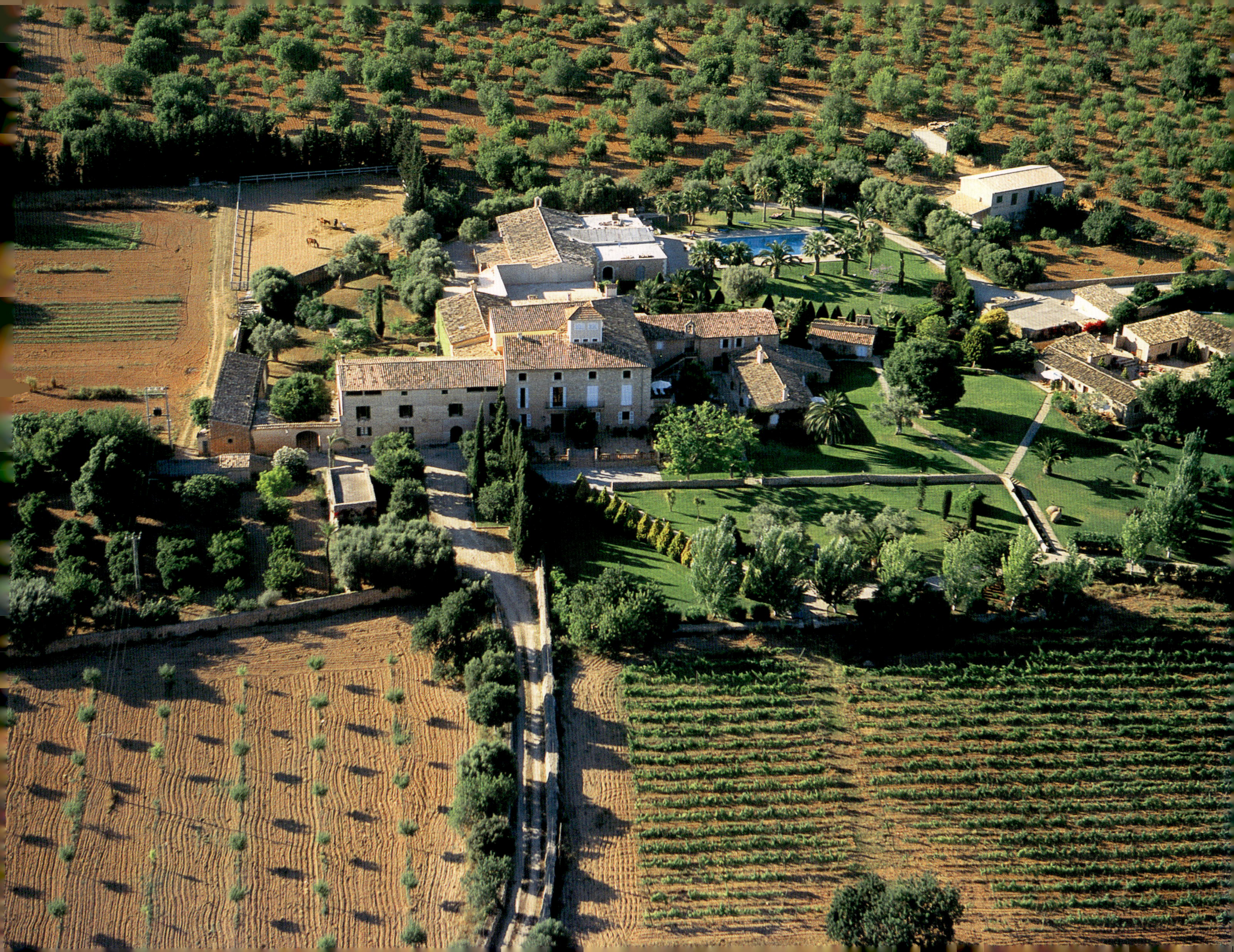

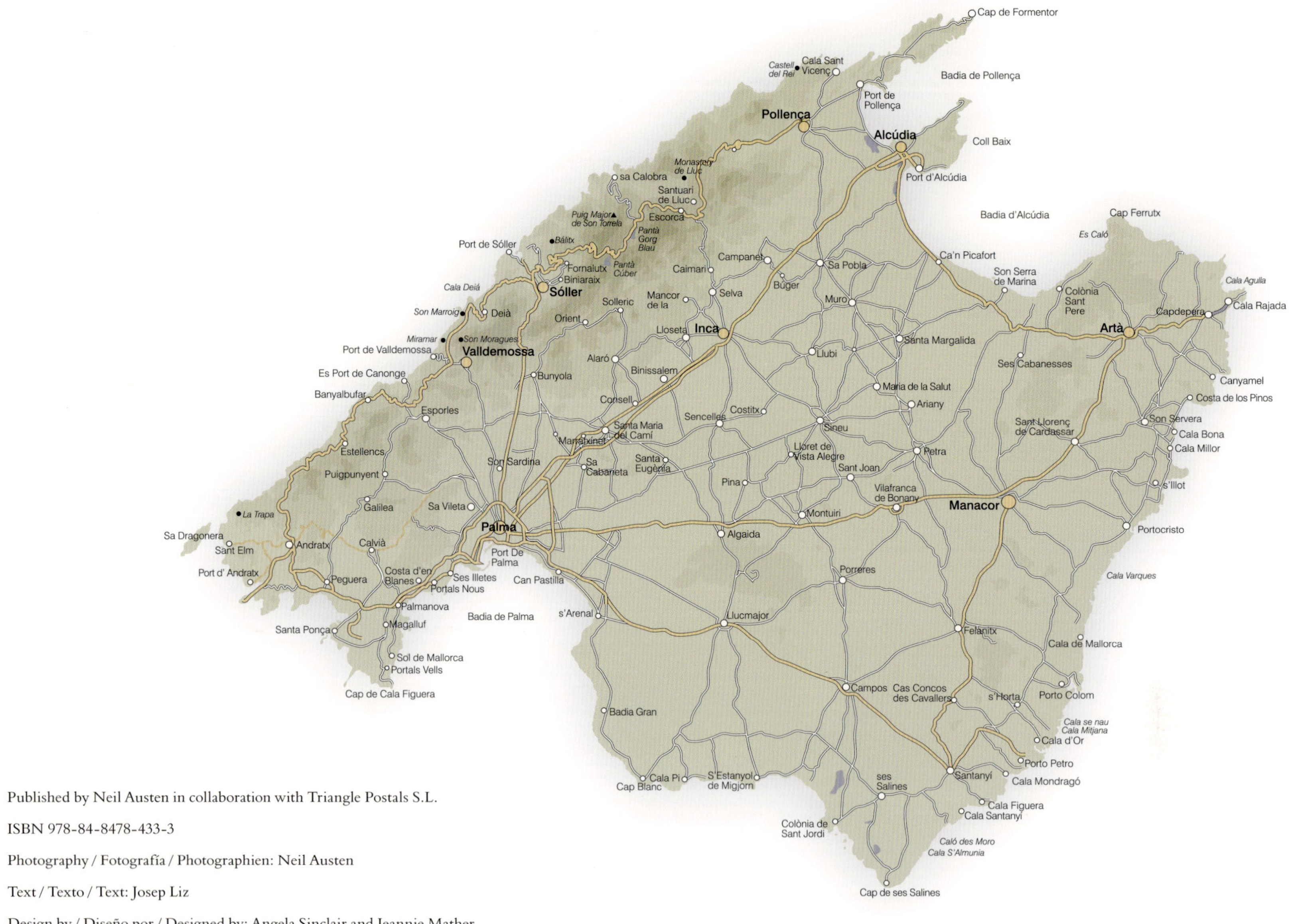

Published by Neil Austen in collaboration with Triangle Postals S.L.

ISBN 978-84-8478-433-3

Photography / Fotografía / Photographien: Neil Austen

Text / Texto / Text: Josep Liz

Design by / Diseño por / Designed by: Angela Sinclair and Jeannie Mather